JN062521

366 days of Classical music

1日1ページでわかる クラシック音楽の魅力

366日の西洋音楽

はじめに

クラシック音楽の対になる言葉はポピュラー音楽でしょうか。クラシック vs ポピュラーという対比は、19 世紀中頃から 20 世紀中頃までの音楽の聴き方を支配したにすぎません。

ヨーロッパでは 19 世紀中頃から 1 世紀前の音楽を盛んに演奏するようになります。つまり、バッハやハイドン、あるいはモーツァルトの音楽が「過去の音楽」として聴かれるようになります。これを「クラシック音楽」と呼んだわけです。

しかし、バッハやモーツァルトが生きた時代の人たちにとっては、これらの曲は「ポピュラー音楽」だったのです。

ポピュラーとは「慣れ親しんだ」という意味ですので、現代でもクラシックの音楽家にとって「ク

音楽の都、オーストリアのウィーンの
街並み。モーツァルトやベートーヴェン
など、ゆかりのある人物が大勢います。

ラシック音楽」は「ポピュラー」な音楽なのです。

この本は読者の皆さんが「クラシック音楽」を「ポピュラー音楽」にしていただくためのお手伝いする本だといえるかもしれません。

しかも366日、クラシック音楽を1日1曲ずつ紹介していきます。366の音楽作品を「音楽史」「主題」「ジャンル」「逸話」「作曲・演奏」「周辺」「謎」といった7つの共通テーマから考察します。

1日1ページを読むだけで、音楽作品をより楽しむための幅広い知識を身につけていただけると思います。

久保田 慶一

本書の読み方

本書では、西洋音楽を7つのテーマで紹介しています。閏年にも対応した1年366日を1日1テーマ、つまり1週間で7つのテーマを学ぶことができます。例えば、2021年の場合、1月1日は金曜日になりますので、金曜日は「音楽史」、土曜日は「主題」、日曜日は「ジャンル」、月曜日は「逸話」、火曜日は「作曲・演奏」、水曜日は「周辺」、木曜日は「謎」を学ぶことになるというわけです。下記の空欄に、曜日を書き込んでから、ぜひ本書を読み始めてください。

曜日	音楽史	古代ギリシャから中世・ルネサンス、バロック、古典、ロマン、現代と音楽の歴史をひも解きます。
曜日	主題	西洋音楽のテーマとなる宗教や神話、物語のあらすじを解説します。
曜日	ジャンル	管弦楽、交響曲、オペラなどの西洋音楽のジャンルを紹介します。
曜日	逸話	本人や家族の珍エピソードから恋愛や病気による苦悩まで作曲家の波瀾万丈な人生を紹介します。
曜日	作曲・演奏	歴代の作曲家たちが編み出し、発展していった作曲や演奏の技法やテクニックを解説します。
曜日	周辺	歴史上の出来事や偉人、世界の文化など、西洋音楽に影響を与えた事柄を解説します。
曜日	謎	いわくつきの曲、表には出ていない曲に込められた真の意図など、いまだ解き明かされていない名曲に潜む謎に迫ります。

※本書では曲のタイトルを、複数の楽曲が含まれる場合は『___』、単一の楽曲や楽章や表題は「___」で表記しています。

レゴリオ聖歌

001

クラシック音楽の原点となった教会音楽

洋のクラシック音楽のルーツは、9～10世紀頃に成立したものが伝えられるグレゴリ
歌とされています。キリスト教の礼拝で、ラテン語で書かれた聖書にある言葉や神へ
りの言葉に抑揚をつけて語ったことに由来します。
レゴリオ聖歌の登場以前から、キリスト教の教会では地域ごとにさまざまな聖歌が歌
ていました。6世紀末から7世紀初頭に在位していたローマ教皇のグレゴリウス1世は
制度を整備した功績から、聖歌もグレゴリオ聖歌と呼ばれるようになりました。
リスト教がヨーロッパ全土に普及していくのに伴い、グレゴリオ聖歌は西洋音楽のあら
基盤となっていきました。そこから、ルネサンス、バロックと西洋音楽は発展していきま
ちなみに、グレゴリオ聖歌ではネウマという記号を使って旋律の高低の動きを記録し
ましたが、このネウマが発展したものが、現代の私たちにもなじみの深い音符です。
レゴリオ聖歌の音楽的な特徴は、ひとつの旋律が斉唱（単旋律／モノフォニー）のみ
われ、1オクターブの範囲で動き、最後は下行して終わることです。曲の最後の音を「終
」といいますが、グレゴリオ聖歌では、「レ」で終わる旋法は「ドリア旋法」、「ミ」で
る旋法は「フリギア旋法」などと名づけられ、ドからラまで全部で8つの基本となる旋
体系が作られました。これを、「教会旋法」といいます。18世紀にベートーヴェンは
」の音で終わる「リディア旋法」を取り入れた弦楽四重奏を作曲しました。

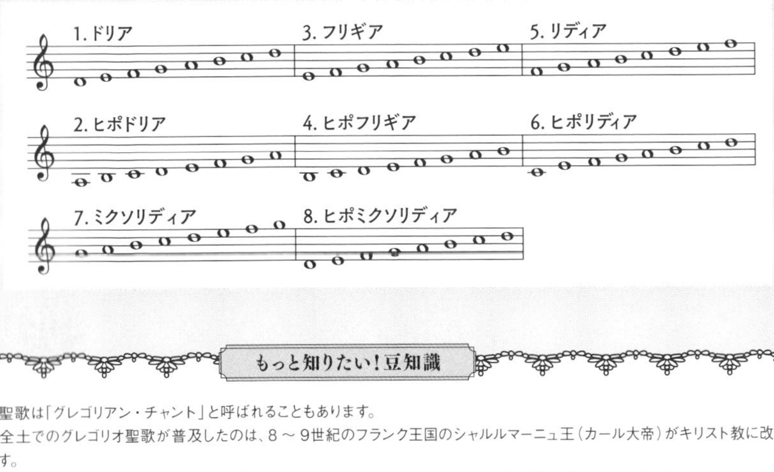

から第
での教
法。

もっと知りたい！豆知識

レゴリオ聖歌は「グレゴリアン・チャント」と呼ばれることもあります。
ーロッパ全土でのグレゴリオ聖歌が普及したのは、8～9世紀のフランク王国のシャルルマーニュ王（カール大帝）がキリスト教に改
たからです。
初、モノフォニーで歌われていたグレゴリオ聖歌ですが、9世紀以降、次第に別の旋律の数が追加されていき、そこから多声音楽（ポ
ォニー）が誕生しました。
ポーツなどの応援歌も「チャント」と呼ばれています。

366 days of

36

西洋音

1月1日

本日のテーマ▼**音楽史**

オの

わ教

ゆす

て

で止

終

法

「

第

8

会

◆

◆

宗

◆

リ

◆

『弦楽四重奏曲』第1番「我が生涯より」 ベドルジハ・スメタナ

002

作曲者の自叙伝的な内容の弦楽四重奏曲

チェコの作曲家であるベドルジハ・スメタナが1876年に完成させた『弦楽四重奏曲』第1番「我が生涯より」は、その副題からもわかるように、作曲者自身の半生が音楽によって回想されています。

全体は4楽章構成になっていて、第1楽章では情熱的でロマンティックだった若き日のスメタナの前向きな気持ちと、その反面で抱えていた将来への不安がテーマになっています。第2楽章は、楽しかった青春時代の思い出がテーマです。スメタナはプラハの大学に入学しましたが、ほとんど授業には出ず、ダンスばかり踊っていたといいます。そのためか、この楽章では楽しげな民俗舞曲風の旋律が展開します。第3楽章は、妻との初恋の思い出が表現されています。チェロの独奏ではじまるこの楽章は、甘美で陶酔的な旋律が奏でられます。

第4楽章は、チェコを代表する指揮者&作曲家として名声を獲得したスメタナの栄光がテーマとなっています。ところが、この楽章の最後はヴァイオリンの高い音が長く伸ばされ、聴き手を不安に陥れます。

1874年頃からスメタナは全身に発疹が出たり、めまいの症状に悩まされるようになりました。やがて耳の調子が悪くなり、幻聴や耳鳴りにも苦しむようになります。楽章の最後の高い音も幻聴の現れともいわれています。そして、とうとう最後には聴力をほぼ完全に失ってしまうのです。

その結果、スメタナは指揮者としての仕事を失ってしまいますが、作曲は精力的に続けます。そして生まれたのが、『弦楽四重奏曲』第1番「我が生涯より」でした。まさに、この曲には作者自身の生涯における幸福と不幸、栄光と悲劇のすべてが込められているといえるのです。

チェコは、中央ヨーロッパの共和国家です。4つの国と接しています。

もっと知りたい！豆知識

◆若き日のスメタナは祖国のチェコでは認められず、スウェーデンなど外国を旅行しながら、音楽活動を続けていました。
◆スメタナの体調不良は梅毒が原因ともいわれています。この病気は、聴覚などに神経障害を引き起こすことがあります。
◆スメタナは1884年に精神病院で息を引き取りました。享年60歳。
◆当時のチェコはオーストリア＝ハンガリー帝国に支配されており、スメタナは祖国の独立を願い、チェコ人のための国民音楽の確立に尽力しました。
◆現在チェコでもっとも人気のある演奏会の「プラハの春国際音楽祭」は、毎年スメタナの命日である5月12日に開幕します。

『子どもの情景』より「トロイメライ(夢)」

ロベルト・シューマン

003

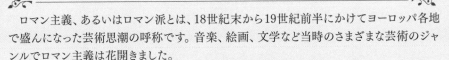

「現実」より「夢」を重視するロマン主義音楽

ロマン主義、あるいはロマン派とは、18世紀末から19世紀前半にかけてヨーロッパ各地で盛んになった芸術思潮の呼称です。音楽、絵画、文学など当時のさまざまな芸術のジャンルでロマン主義は花開きました。

このロマン主義の特徴を一言でいえば、現実にはない空想の世界を求める芸術思潮ということになります。その反対は、合理的で理性的な現実主義（リアリズム）です。ロマン主義の芸術では、エキゾチックな異国や遠い過去の時代、夢、子ども、魔法、民話などが重要な題材となりました。そして、音楽におけるロマン主義を代表する作曲家が、ドイツのロベルト・シューマンです。

シューマンが作った曲のなかでも、ピアノ小品集である『子どもの情景』は、ロマン主義音楽を代表するものとされています。この小品集は全部で13の曲で構成されており、なかでもよく知られているのが7曲目の「トロイメライ（夢）」です。この曲のタイトルは、まさに、「現実」より「夢」に憧れたロマン主義らしいものといえるでしょう。他にも、「見知らぬ国から」や「子どもは眠る」など、『子どもの情景』に収められている曲はどれもロマン主義らしさに溢れたものばかりです。

先にロマン主義は音楽のみならず、絵画や文学など幅広い芸術ジャンルで横断的に見られた芸術思潮と記しましたが、シューマンは作曲のみならず、音楽評論にも力を入れていました。ジャーナリストとしてもロマン主義を推進しようとしていたのです。特に1835年にはパリで初演され物議を醸していた新進作曲家のベルリオーズの『幻想交響曲』（P.299）を分析して、理解を求めた功績は高く評価されています。

もっと知りたい！豆知識

- ◆幼少期からピアノ演奏にも優れた才能を見せていたシューマンでしたが、ピアノの練習のしすぎが原因で、20代後半で指を痛めてしまいました。以後、作曲と文筆に専念するようになります。
- ◆シューマンは作曲活動ではなく、文筆活動が認められてイェーナ大学から哲学博士号を授与されています。
- ◆1841年に作られた『交響曲』第1番は、わずか4日間でできあがったといいます。
- ◆晩年のシューマンは聴覚異常や幻覚に悩まされるようになり、「天使からの霊感で旋律を得た」と主張したり、「作曲中に天使と悪魔が戦っていた」などというようになりました。

『交響曲』第3番「ワーグナー交響曲」

アントン・ブルックナー

004

敬愛する先輩作曲家に献呈された交響曲

オーストリアの作曲家アントン・ブルックナーが1873年に作曲した『交響曲』第3番は、「ワーグナー交響曲」の通称でも知られています。これは、ブルックナーが作曲の途中で、敬愛する先輩作曲家のリヒャルト・ワーグナーの家を訪ね、この曲を献呈したいと申し出たためです。ワーグナーがこれを快諾したため、『交響曲』第3番は「ワーグナー交響曲」とも呼ばれるようになりました。ブルックナーの楽譜を見たワーグナーは、「私はベートーヴェンに到達する者をただひとり知っている。ブルックナー君だよ」と絶賛したと伝えられています。

ところで、ブルックナーの『交響曲』第3番には、作者自身が改訂したものや、弟子が手を入れたものなど、いくつものバージョン(稿)があります。

まず、1875年にウィーン・フィルハーモニー管弦楽団による初演が計画されましたが、あまりに演奏が難しいという理由でオーケストラが演奏を拒否したため、初演はリハーサルの段階で見送られました。そこでブルックナーは1876年に大幅な改訂を試み、第2稿が1877年に完成します。翌年、ブルックナー自身の指揮によってこの改訂稿が『交響曲』第3番として初演されましたが、オーケストラ奏者にも聴衆にも不評で、ブルックナーは大きな挫折を味わいます。このショックがもとで、ブッルクナーはその後約1年間、作曲活動から遠ざかったともいわれています。

しかし、1888年に再度ブルックナーによって大幅に改訂され、第3稿が翌年に完成。1890年にこの改訂稿の初演が行われると、今度は大成功を収めました。現在は、第3稿が決定稿として演奏されるのが一般的ですが、第1稿や第2稿の方を好んで演奏する指揮者もいます。ちなみに、第1稿ではワーグナーの楽劇の旋律が数多く引用されていましたが、第2稿、第3稿と改訂が進むにつれて引用箇所は減っていきました。

タイトルにある「dritte」とは、ドイツ語で「3番」という意味です。

もっと知りたい!豆知識

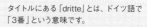

◆ブルックナーがワーグナーの自宅を訪れた際、『交響曲』第3番と旧作の『交響曲』第2番の楽譜を持って両方見せましたが、ワーグナーは新作の方を選びました。

◆自宅を訪れたブルックナーを見たワーグナー夫人は、彼が着ていた服があまりにみすぼらしかったため、はじめは物乞いと勘違いしたといいます。

◆『交響曲』第3番の初稿の演奏時間は約70分でしたが、第2稿が約60分、第3稿が約55分と、だんだんと短くなっていきました。

『交響曲』第1番

ヨハネス・ブラームス

005

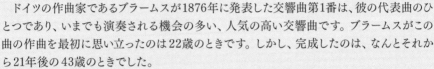

完成までに21年もの歳月がかかった交響曲

ドイツの作曲家であるブラームスが1876年に発表した交響曲第1番は、彼の代表曲のひとつであり、いまでも演奏される機会の多い、人気の高い交響曲です。ブラームスがこの曲の作曲を最初に思い立ったのは22歳のときです。しかし、完成したのは、なんとそれから21年後の43歳のときでした。

10歳のときにピアニストとしてデビューしたブラームスは、ハンガリー出身の高名なヴァイオリニストのE・レメーニの伴奏者として、若い頃からドイツ各地を演奏旅行で回りました。そのなかで、彼は音楽評論家としても著名であったシューマンと出会います。シューマンはすぐにブラームスの音楽的才能を見抜き、「新しい道」と題した評論で彼を紹介しました。

これにより、ブラームスの成功は約束されたようなものでしたが、同時に若き日のブラームスの両肩には、シューマンやメンデルスゾーン、ハイドン、モーツァルト、ベートーヴェンなどのドイツ音楽の伝統を継承し、さらに発展させていくという重荷がのしかかります。

当時の音楽界では、交響曲を発表してはじめて一人前の作曲家として認められるという風潮がありました。ブラームスも交響曲の作曲に取りかかりますが、伝統からの重圧に加え、自分に厳しい自身の性格もあって、なかなか作曲ははかどりませんでした。このとき、ブラームスが特に意識していたのが、ベートーヴェンでした。ベートーヴェンの交響曲に並び立つような傑作を書かなければならないというプレッシャーに、ブラームスは苦しんだのです。

完成した『交響曲』第1番が初演されるや、ベートーヴェンの交響曲を正統的に継ぐ作品と絶賛され、これまでの苦労も報われました。ベートーヴェンは生涯で9つの交響曲を作曲しましたが、ブラームスの『交響曲』第1番は「ベートーヴェンの第10交響曲」とまで呼ばれるようになりました。

もっと知りたい！豆知識

◆ブラームスは生涯で4つの交響曲を作曲しましたが、『交響曲』第1番以降は、数ヶ月から数年という短い期間で完成させています。

◆『交響曲』第1番の第4楽章の第1主題はベートーヴェンの『交響曲』第9番第4楽章の「歓喜の歌」を思わせるものとなっています。これは、ブラームスが意識的に取り入れたものと考えられています。

オペラ『レニャーノの戦い』

ジュゼッペ・ヴェルディ

006

イタリアの史実にもとづいた愛国心を鼓舞するオペラ

オペラ『レニャーノの戦い』は、イタリアのロマン派音楽の作曲家ジュゼッペ・ヴェルディが作曲し、1849年に初演された全4幕からなるオペラです。ヴェルディにとっては14 番目に作曲したオペラで、ジョゼフ・メリーの戯曲『トゥルーズの戦い』をベースに、サルヴァトーレ・カンマラーノが書いた台本をもとに作曲されました。

この戯曲は12世紀後半のイタリアの史実にもとづいています。この当時、神聖ローマ皇帝であるドイツのホーエンシュタウヘン家のフリードリヒ1世（赤髯公）は、北イタリアの都市国家を武力で押さえつけようとしていました。しかし諸都市はロンバルディア同盟を結んでこれに抵抗し、1176年、イタリア都市同盟軍は侵攻してきた神聖ローマ帝国軍を打ち破りました。これが「レニャーノの戦い」です。この勝利により、イタリアの都市国家群はフリードリヒ1世による北イタリア支配の野望を打ち砕いたのです。

イタリアは数多くの都市国家に分裂し、そのために周辺強国の干渉に苦しみ続けていました。そのような歴史のなかで、「レニャーノの戦い」はイタリア人にとって「イタリアが連帯して外国支配に勝利した戦い」として強く意識されるようになります。

そして、ヴェルディが生きていた時代に、イタリアでは長きにわたった分裂状態を解消し、ひとつのイタリアになろうとする国家統一運動（リソルジメント）の機運が盛り上がっていました。そのような世相のなかで、この愛国オペラは作曲されたのです。

イタリアのロンバルディア地方は、ミラノなども含まれるイタリア最大の人口が集まる場所です。

もっと知りたい！豆知識

◆『レニャーノの戦い』の主な登場人物は、フェデリーコ・バルバロッサ（神聖ローマ皇帝）、ロランド（ミラノ軍指揮官）、リーダ（ロランドの妻）、アリーゴ（ヴェローナ軍指揮官）、マルコヴァルド（ドイツ人捕虜）です。

◆1849年1月27日のローマ・アルジェンティーナ劇場で、『レニャーノの戦い』は初演されました。

◆イタリア人の愛国心がテーマであることから、日本では全曲が上演されたことはほぼありません。

『交響曲』第9番

グスタフ・マーラー

作曲家にとって鬼門である9番目の交響曲

オーストリアの作曲家であるグスタフ・マーラーが1910年に完成させた『交響曲』第9番には、ひとつの大きな謎があります。実はこの曲はマーラーが9番目に作曲した交響曲ではなく、10番目に作曲されたものであるということです。

マーラーは、1907年に自身にとって9番目となる交響曲を作曲しました。しかし、その曲には番号がつけられず、『大地の歌』とだけ名づけられます。マーラーが番号をつけなかった理由は、第9番の交響曲が不吉なものだと考えていたからだといわれています。

ベートーヴェンは『交響曲』第9番を発表した4年後に亡くなっており、ドヴォルザークも『交響曲』第9番「新世界より」が最後の交響曲となりました。クラシックの作曲家にとって9番目の交響曲は死を予感させるものだったのです。

そこで、マーラーは9番目に作曲した交響曲にあえて番号をつけず、『大地の歌』と名づけたと考えられています。そして、実質的には『交響曲』第9番であった『大地の歌』の完成後も、特に不幸に見舞われなかったため、その次に作曲した交響曲に安心して第9番と名づけたとされています。

ところが、翌年に『交響曲』第10番を作曲している途中で、マーラーは亡くなってしまいました。結局、彼にとっても9番と名づけた交響曲が最後のものとなってしまったのです。

ちなみに、最終楽章の最後に、マーラーはドイツ語で「ersterbend（死に絶えるように）」と書き、消えるような音での演奏を要求しています。消え行くような非常に微かな音のため、CDなどではこの音は聞き取るのが困難です。

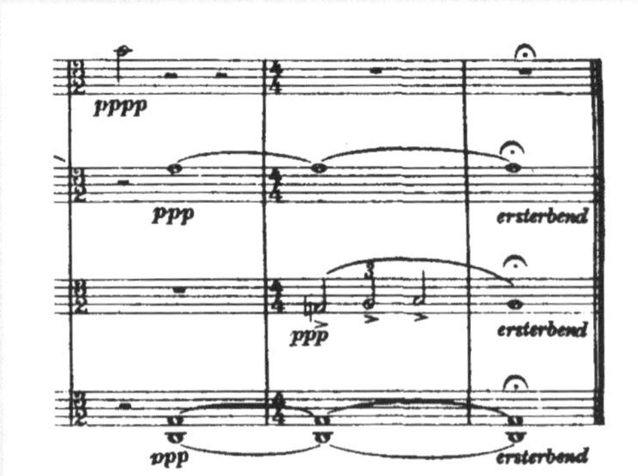

ラストは弦楽器が最弱音で奏で、フェードアウトしていきます。

もっと知りたい！豆知識

◆マーラーは1901年から1904年にかけて、ドイツの詩人フリードリッヒ・リュッケルトの詩集『亡き子をしのぶ歌』から5つの詩を選んで作曲し、同名の歌曲集として発表しました。完成の4年後には、実際に5歳の長女を病気で亡くすという不幸な体験もしています。

◆『交響曲』第9番は、マーラーが他界した翌年にウィーンで初演されました。

『教皇マルチェルスのミサ曲』

ジョヴァンニ・ピエルルイージ・ダ・パレストリーナ

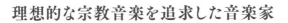

理想的な宗教音楽を追求した音楽家

ヨーロッパのルネサンス時代、大きなできごとがふたつ、ドイツで起こりました。ひとつは、ドイツの金細工師であるグーテンベルクによる活版印刷の発明です。もうひとつは、ルターによる宗教改革です。腐敗したカトリック教会に対して、ルターは「プロテスタント」と呼ばれる、聖書を重視する新しい宗派を起こしました。聖書はラテン語で書かれていたので、一般の人は読めませんでしたが、ルターは聖書をドイツ語に翻訳しました。そして、ドイツ語訳聖書は新しく登場した活版印刷によって広くドイツの民衆に読まれ、宗教改革の成功を導いたのです。

これに対して危機感をもったのが、イタリアのローマにあるカトリックの総本山です。イタリアでは反宗教改革が起こり、トリエントで開催された宗教会議では、プロテスタントに対する対抗策が議論されました。

この頃、ローマでオルガニストとして活躍した音楽家が、ジョヴァンニ・ピエルルイージ・ダ・パレストリーナです。特に、彼が作曲した『教皇マルチェルスのミサ曲』と呼ばれる曲は、公会議で議決された「歌詞の聴き取りやすい音楽」への要請に従って作曲されたものと伝説的にいわれています。

それまでは、グレゴリオ聖歌（P.6）を基礎とした多声部の宗教音楽が発達していましたが、ローマ教皇は、歌詞が聴き取りやすく単旋律のグレゴリオ聖歌に回帰するように求めたのです。しかし、パレストリーナは公会議の要請に対抗する形で、多声部で、なおかつ歌詞がよく聴き取れる音楽が可能であることを示すために作曲したといいます。

近年では、パレストリーナは教皇マルチェルスを讃えるこの曲を公会議前に作曲していたことが明らかにされました。そのため、公会議との関係は伝説であったといわざるをえませんが、パレストリーナの音楽は20世紀までに、宗教音楽の理想的な様式と認められてきたことは確かです。本書でもベートーヴェンの『ミサ・ソレムニス』（P.113）などのミサ曲を紹介していますが、こうしたミサ曲やレクイエムでは、必ずといっていいほど、パレストリーナの多声部様式が使用されているのです。複数の声部が絡まり合いながら、豊かで美しいハーモニーが、大聖堂の空間に響き渡ります。

もっと知りたい！豆知識

◆パレストリーナはローマ近郊のパレストリーナ村で誕生したので、この名前で呼ばれます。同じような呼ばれ方に、レオナルド・ダ・ヴィンチがあります。彼の「ヴィンチ」も村の名前からきています。

◆多声部様式だと歌詞が聴き取りにくいのは、同じ歌詞をもった同じ旋律が複数の声部で時間差で模倣されるため、さまざまな声部が同時に異なる歌詞を歌っているのが原因です。

『夏の夜の夢』より「結婚行進曲」

009

フェリックス・メンデルスゾーン

代替の利かない結婚式音楽の定番中の定番

ドイツの作曲家フェリックス・メンデルスゾーンが1842年に作曲した『結婚行進曲』は、いまでも結婚式の定番曲として久しく使われており、そのメロディを耳にすれば誰でも「ああ、あの曲ね」と思い浮かぶことでしょう。

この曲は、イギリスの劇作家であるウィリアム・シェイクスピアの戯曲『夏の夜の夢』の劇付随音楽としてメンデルスゾーンが作曲した12曲のうちの9曲目にあたります。シェイクスピアの『夏の夜の夢』は、森のなかに出かけて行った貴族の若者たちの結婚をめぐる行き違いと、妖精パックのいたずらが巻き起こすドタバタを描いた喜劇です。そのなかで『結婚行進曲』は、劇の終盤、すべての問題が解決し、めでたく結婚式が執り行われる場面で使われます。そこから、実際の結婚式でも新郎新婦の入場曲として広く使われるようになったのです。

ところで、20世紀に入り、ドイツでヒトラーが政権を握ると、ユダヤ人たちは迫害され、ユダヤ人の音楽家やその作品は社会から排除されるようになりました。メンデルスゾーンはユダヤ家系であったため、『結婚行進曲』の使用も禁じられます。

ヒトラーはさまざまな作曲家に『結婚行進曲』に代わる結婚式用の曲の作曲を依頼したといわれていますが、あらゆる作曲家が「メンデルスゾーンの『結婚行進曲』を超える結婚式の曲は作れない」と断ったそうです。それほど、この曲は、結婚式音楽の定番中の定番として人々の心に深く刻まれていたのです。

日本でも、チャペル式の結婚式でよく流れる曲です。

もっと知りたい！豆知識

◆メンデルスゾーンが生きていた時代にもヨーロッパ社会には強いユダヤ人差別があり、メンデルスゾーンがベルリン・ジングアカデミー（合唱団）の指揮者になろうとしたときも、ユダヤ人であるという理由で断られています。

◆メンデルスゾーンに『夏の夜の夢』の劇付随音楽を作曲するように命じたのは、プロイセン王フリードリヒ・ヴィルヘルム4世です。

◆『結婚行進曲』は、1858年にプロイセン王子フリードリヒ（のちのドイツ皇帝フリードリヒ3世）とイギリス王女ヴィクトリアとの結婚式で演奏され、これ以降、広く世界で結婚式で演奏される曲になったといわれています。

010

『交響曲』第104番「ロンドン」

フランツ・ヨーゼフ・ハイドン

100曲以上の交響曲を作曲したハイドンの最後の交響曲

オーストリアの作曲家であるフランツ・ヨーゼフ・ハイドンは、生涯で100曲以上の交響曲を作曲し、交響曲というジャンルを完成させたことから「交響曲の父」とも「パパ・ハイドン」とも呼ばれています。そんなハイドンが最後に作曲した交響曲が第104番、通称「ロンドン」です。

ハイドンの音楽家としての活動は、29歳のときにエステルハージ侯に副楽長として迎えられたことからはじまります。以後、58歳までハイドンは、ノイジードラー湖畔のエステルハーザ宮殿を拠点に活動しました。とくに、34歳で楽長になってからは、交響曲の「実験」に熱心に取り組みました。こうして数多くのユニークな交響曲が生みだされたのです。

ただ、現在でもよく演奏されるハイドンの交響曲の多くは、彼が楽長職を辞して、1791年以降、ロンドンで活動するようになってから作曲されたものです。ハイドンはロンドンの興行主であるJ.P.ザロモンの依頼で12の交響曲を作曲、ロンドンで初演しました。『交響曲』第104番もそのなかのひとつです。

ザロモンに頼まれて作曲した12の交響曲は「ザロモン交響曲」や「ロンドン交響曲」と呼ばれています。『交響曲』第104番が「ロンドン」の通称で呼ばれるようになったのは、ハイドンの死後のことです。他の11曲もロンドンで初演されていますが、この曲はハイドンの最後の交響曲であると同時に、若きベートーヴェンにも影響を与えたことから、特別にニックネームが与えられたのでしょう。

交響曲って何？

交響曲（英:Symphony）	
オーケストラで演奏される音楽	管弦楽で演奏される大規模な楽曲で、複数の楽章で構成されます。
番号について	ベートーヴェン以降、作曲者や楽譜の出版社によって曲に通し番号を振るようになりました。たいていは、「交響曲第◯番」のように作曲した順番に番号を振っていきますが、あえて番号を振らなかったり、作曲した順に出版しなかったりと、番号と制作年が一致しないこともあります。

もっと知りたい！豆知識

◆『交響曲』第104番は全4楽章で、演奏時間は約30分です。

◆ハイドン自身の日記によれば、初演は1795年5月4日の慈善コンサートとなっていますが、それ以前に初演されていたという説もあります。ベートーヴェンは1792年からハイドンのもとで学んでいますが、自身の『交響曲』第1番を発表するのは1800年のウィーンです。

◆「ロンドン交響曲」はすべてロンドンの興行主であるザロモンの依頼で作曲されたものですが、実際の作曲はウィーンで行われたものもあります。

011

五つの歌曲

アルマ・マーラー（グスタフ・マーラーの妻）

「4大芸術の未亡人」とも呼ばれる‘ファム・ファタール’

アルマ・マーラーは、オーストリアの作曲家グスタフ・マーラーの妻です。結婚したのは1902年で、彼女が22歳でグスタフは19歳も年上でした。アルマ自身も作曲をしていたのですが、結婚前に書いていた曲『五つの歌曲』が出版されたのは、グスタフとの結婚から8年も経った1910年のことでした。

なぜ作曲されていた曲がこれほど長いあいだ発表されなかったのかというと、グスタフが妻に作曲をすることを禁じたためです。当時は、まだ女性の社会進出をタブーとする風潮が根強く、グスタフも例外ではありませんでした。しかし、才能あふれる女性にとってそのような束縛は苦痛でしかなく、グスタフとアルマの夫婦関係は次第に冷え切っていきます。そんななか、若き建築家のワルター・グロピウスがアルマに求愛しました。

それを知ったグスタフは妻の苦悩にようやく気づき、彼女に作曲家としての活動を認めるようになります。こうして、『五つの歌曲』は出版されることとなったのです。

ところで、グスタフの死後、未亡人となったアルマは画家のオスカー・ココシュカとの関係を深めながらも、グロピウスと再婚します。そしてグロピウスとの結婚生活が破綻すると、年下の作家であるフランツ・ヴェルフェルと再々婚しました。このように、音楽家、画家、建築家、作家と華麗な恋愛遍歴を繰り広げたことから、後世、アルマは「4大芸術の未亡人」とも呼ばれるようになりました。

アルマが魅了した4大芸術の男たち

音楽	グスタフ・マーラー …………	最初の夫
美術	グスタフ・クリムト …………	未婚のときの恋人
	オスカー・ココシュカ ………	再婚のときの浮気相手
建築	ヴァルター・グローピウス …	初婚のときの浮気相手かつ再婚相手
文学	フランツ・ヴェルフェル ……	再々婚相手

アルマは、あらゆるジャンルの芸術家を虜にし、彼らの創作意欲を刺激しました。

もっと知りたい！豆知識

◆若き日のアルマは、ワーグナーの楽劇にあこがれて作曲家を目指したといわれています。
◆アルマは独身時代から、有名な芸術家たちと芸術論を戦わせるほどの高い教養の持ち主でした。
◆妻との関係修復を望んだグスタフは、精神科医のフロイトの診察を受け、そのアドバイスに従って、それまでのアルマに対する態度を改めるようになりました。

アヴェ・マリア

012

シャルル・グノー

バッハの曲とそっくりな歌曲

アヴェ・マリアとは聖母マリアを祝福するキリスト教の祈祷の言葉です。これをタイトルにした歌曲を複数の作曲家が書いており、19世紀フランスの作曲家であるシャルル・グノーもそのなかのひとりです。

グノーの『アヴェ・マリア』を聴くと、クラシック音楽好きの人は「おやっ」と思うかもしれません。この曲は、ヨハン・セバスティアン・バッハの『平均律クラヴィーア曲集』第1巻の第1曲『プレリュードとフーガ ハ長調』のプレリュードの部分と同じなのです。

実はグノーの『アヴェ・マリア』の伴奏は、バッハのプレリュードをそのままそっくり使ったものなのです。いわば、先人の傑作からの流用でした。さらに歌詞は、聖書のなかの「ルカ伝」にある「天使祝詞」という部分をそのまま使用しています。つまり、グノー自身が書いたのは、メロディの部分だけなのですが、今日では、この曲はグノーの代表作のひとつとされています。

他人の作品の全体や一部を自らの創作に利用することを、「引用」あるいは「パロディー」といいます。グノーの時代には、すでにヨーロッパでは著作権の国際条約が成立していましたが、引用やパロディーも創作として高く評価されていました。例えば、『メサイア』で有名なヘンデルの作品の多くが多作品のパロディーであるといわれています。現代の我々が原曲を知らないだけなのですが、グノーの『アヴェ・マリア』と同様に、優れたパロディーは後世に残されるといえるでしょう。

グノーの『アヴェ・マリア』のスコア表紙。聖母マリアの象徴であるユリの花が描かれています。

もっと知りたい！豆知識

◆グノーがバッハの作品を引用する際に、当時流布していた楽譜を使用していたために、バッハのプレリュードに比べて、グノーの『アヴェ・マリア』の方が1小節長くなっていますので、注意が必要です。
◆グノーの代表作は、文豪ゲーテの大作『ファウスト』を題材にしたオペラ『ファウスト』です。
◆グノーは「フランス近代歌曲の父」とも呼ばれています。
◆著作権の国際条約である「ベルヌ条約」は1886年に成立しています。

1月13日

本日のテーマ▼周辺

老年のいたずら

013

ジョアキーノ・ロッシーニ

若くして引退したロッシーニが趣味的に書きためた小曲集

ジョアキーノ・ロッシーニは19世紀のイタリアで、オペラを中心に活躍した作曲家です。彼の作曲した『セビリアの理髪師』（P.145）や『アルジェのイタリア女』などは、いまでも広く親しまれています。ところが1829年に39作目のオペラ『ウィリアム・テル』（P.254）が大成功を収めるや、ロッシーニは実質的に引退してしまいます。まだ37歳という若さでした。

この早すぎる引退の理由ははっきりしていませんが、ロッシーニ自身は「美食と料理とトリュフを探す豚の飼育に専念するため」と語っています。これが本心からのものかは別にして、実際、ロッシーニはオペラ作曲家として築いた財産をもとに、高級レストランやサロンを経営しながら悠々自適の生活を送るようになります。

また独創的な料理を自身でいくつも考案するグルメで、いまでもフレンチの定番となっている、バターでソテーした牛肉のフィレステーキにトリュフとフォアグラを乗せた「牛フィレ肉ロッシーニ風」は、その名の通り、彼が考案したレシピのひとつだといわれています。

ただ、ロッシーニは引退後も趣味的に作曲を続けており、晩年にはそれまで書きためていたピアノ曲や歌曲、室内楽などを『老年のいたずら』という小曲集にまとめました。「私の最後の旅のための思い出と行進曲」や「オッフェンバック風小カプリッチョ」、「ぜんそく患者の練習曲」といった軽妙な表題の小曲が並んでいるこの曲集は、ロッシーニが自分や親しい人たちのためだけに書いたものです。これらの曲こそが有名なオペラ作品の数々よりも、ロッシーニの本当にやりたかった音楽だともいわれています。

牛フィレ肉のロッシーニ風。世界三大珍味のうちのトリュフとフォアグラをふんだんに使った料理です。

もっと知りたい！豆知識

◆『老年のいたずら』に収録されている「略奪」や「バリケード」は、ロッシーニが体験したフランスの七月革命を風刺したものともいわれています。「楽しい汽車の小旅行のおかしな描写」は、機械文明の象徴である蒸気機関車への批判が、『ほとほどの葬送歌、わが貧しきマイヤーベーア』はロッシーニのライバルだった作曲家への皮肉が込められているともいいます。

◆ロッシーニの引退の理由には、「新しい創造的な曲が作れなくなったから」や、「うつ病になったため」という説もあります。

『弦楽六重奏曲』第2番

014

ヨハネス・ブラームス

弦楽六重奏曲に秘められた「a・g・a・d・h・e」の暗号

ドイツの作曲家であるヨハネス・ブラームスが1865年に作曲した『弦楽六重奏曲』第2番には、『アガーテ(Agathe)』という別称があります。西洋音楽では、ド・レ・ミなどとはまた別に、アルファベットで音名を示すのですが、この曲の第1楽章でふたつのヴァイオリンパートで「a・g・a・d・h・e(アガーテ)」の音が聴こえてきます。そのため、この曲は『アガーテ』という別称でも呼ばれるようになったのです。ちなみに、ドイツ語で「h」の前の「d」は「t」と発音されます。

一説には、アガーテはブラームスが恋をした女性の名前であるともいわれています。ブラームスは1858年の夏に、アガーテ・フォン・シーボルトという音楽愛好家の女性と知り合っています。2人は急速に親しくなり、将来を誓い合う仲となりました。

しかし、ブラームスは彼女と幸せな家庭を築くべきか、それとも音楽一筋に生きるべきかで悩むようになるのですが、結局、彼女からは別れを告げられて、音楽の道を選びます。それでも未練の残っていたブラームスは、彼女への想いを断ち切るために、ヴァイオリンのパートに彼女の名前を刻みこんだといわれています。

このエピソードはブラームスの友人で、最初の伝記を書いたカルベックによるものですが、信ぴょう性は疑われています。

ちなみに、アガーテ・フォン・シーボルトは、江戸時代後期に医師として来日したフィリップ・フランツ・フォン・シーボルトの親戚でした。ブラームスの『弦楽六重奏曲』第2番は、意外なところで日本の歴史とも関係があるのです。

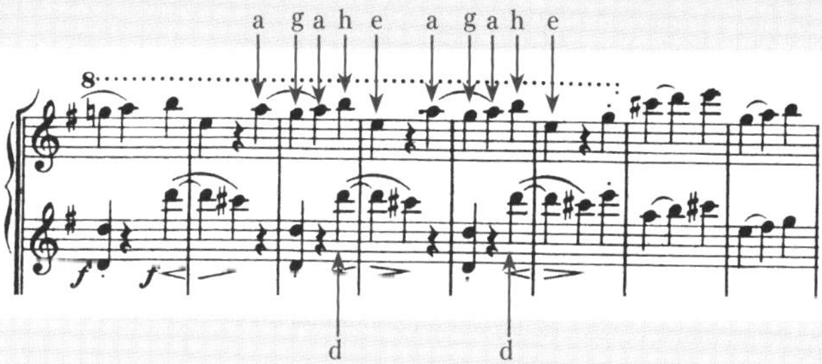

第1ヴァイオリンと第2ヴァイオリンの楽譜に、「a・g・a・d・h・e」がみてとれます。

もっと知りたい！豆知識

◆ブラームスとアガーテの関係は、形式上はアガーテの方からの婚約破棄という形で終焉しました。

◆ブラームス自身は『弦楽六重奏曲』第2番について、「この曲で、最後の恋から解放された」と語ったとも伝えられていますが、真偽のほどは不明です。

交響詩『オルフェウス』

015

フランツ・リスト

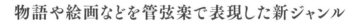

物語や絵画などを管弦楽で表現した新ジャンル

『オルフェウス』は、ハンガリー出身のピアニストで作曲家でもあったフランツ・リストが、1854年に作曲した交響詩です。

交響詩というのはリストが創案したジャンルで、物語や詩、絵画などの印象を管弦楽で表現したものです。楽曲につけられた標題の内容を音楽は直接には関係せず、楽曲が完成されてからタイトルがつけられました。また、厳格な形式が求められる交響曲とは違い、形式が自由である点も交響詩の特徴です。音楽史的に見ると、ロマン派の流れに位置づけられます。

オルフェウスというのは、ギリシャ神話に登場する天才的な吟遊詩人の名前で、いくつもの物語が伝えられています。特に有名なのは、亡くなった妻エウリディーチェを取り戻すためにオルフェウスが冥府に降りるという神話です。リストの曲は、具体的にオルフェウスのどの物語を表現しているというわけではないものの、冒頭の美しく幻想的なハープのアルペジオは、オルフェウスが奏でる竪琴を表現したものといわれています。オルフェウスが竪琴を弾くと、森の動物たちばかりでなく、木々や岩までもが彼の周りに集まって耳を傾けたと伝えられます。

リストはこの曲以外にも、『前奏曲』(P.72)、『プロメテウス』、『祭典の響き』、『英雄の嘆き』、『ハムレット』、『フン族の戦い』など、生涯で13曲の交響詩を作曲しました。『オルフェウス』は、そのなかで4番目にあたります。

リストの交響詩はロマン派の作曲家に大いなる刺激を与え、のちにフランク、リヒャルト・シュトラウス、シベリウス、ラフマニノフ、ドヴォルザークなどが、交響詩を作るようになりました。

アルペジオとは……？

アルペジオとは、和音を低い音から順番に1音ずつ弾いていく奏法のことです。ピアノなどの鍵盤楽器やギターのような撥弦楽器で使われます。

もっと知りたい！豆知識

◆初演はオペラへの序曲として、1854年にヴァイマルの宮廷劇場でリスト自身の指揮で行われました。
◆リストは絶世の美男子で、天才的なピアニストであったため、多くの女性からちょう愛を受けました。
◆リストは1000曲以上の曲を残したといわれています。多くはピアノ独奏曲で、他の作曲家の作品のピアノ編曲も含まれました。

交響詩『ドン・ファン』

016

リヒャルト・シュトラウス

17世紀スペインの伝説的な色事師がテーマ

19世紀から20世紀中頃まで活躍したドイツの作曲家リヒャルト・シュトラウスが1888年に作曲した『ドン・ファン』は、ニコラウス・レーナウの詩をもとに作られた交響詩です。その詩の題材となったドン・ファンとは、理想の女性を追い求めて遍歴を重ねたとされる、17世紀スペインの伝説上の人物のことです。いまでも、その名は「好色」や「色事師」の代名詞となっています。

ドン・ファン伝説のあらすじは簡単なもので、プレイボーイで有名な貴族の男ドン・ファンが、貴族の娘を誘惑し、その父親を殺害。その後、殺した父親の石像をふざけて宴会に招待したところ、本当に石像の姿をした幽霊として現れ大混乱になり、ドン・ファンは石像によって地獄に引きずり込まれるというのが、ドン・ファン伝説のあらすじです。

そんなドン・ファンの伝説は、西洋においては多くの音楽や文学の題材となってきました。ティルソ・デ・モリーナの戯曲『セビーリャの色事師と石の招客』、モリエールの戯曲『ドン・ジュアン』、バイロンの詩『ドン・ジュアン』、モーツァルトのオペラ『ドン・ジョヴァンニ』などが有名です。

美男で放蕩的なスペイン貴族の伝説は、多くの芸術家たちの創作意欲を強く刺激したようです。シュトラウスも刺激を受けたひとりというわけです。

『ドン・ファン』はシュトラウスの交響詩のなかでは初期の作品になります。その後、シュトラウスはシェイクスピアの戯曲にもとづいた『マクベス』や哲学者ニーチェの大叙事詩にもとづいた『ツァラトゥストラはこう語った』、スペインの作家セルバンテスの名作を音楽化した『ドン・キホーテ』など、いくつもの交響詩の傑作を生みだしました。また、シュトラウスは『サロメ』をはじめとするオペラの傑作も数多く残しています。

もっと知りたい！豆知識

◆ドン・ファンはスペイン語です。フランス語ではドン・ジュアン、イタリア語ではドン・ジョヴァンニとなります。
◆シュトラウスが交響詩を手がけたのは、20～30代にかけてです。この期間に数々の傑作が集中的に作られました。
◆『ドン・ファン』の初演は、1889年にヴァイマルの宮廷劇場で行われました。その際、シュトラウス自身が指揮を務めています。
◆実際に作曲されたのは『ドン・ファン』より『マクベス』のほうが先でしたが、その後、『マクベス』は改訂されたため、作品番号上は『ドン・ファン』の方が先となっています。

1月17日

本日のテーマ▼ジャンル

『交響曲』第6番「田園」

ルートヴィヒ・ヴァン・ベートーヴェン

017

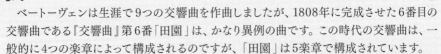

交響曲としては異例の5楽章で構成

ベートーヴェンは生涯で9つの交響曲を作曲しましたが、1808年に完成させた6番目の交響曲である『交響曲』第6番「田園」は、かなり異例の曲です。この時代の交響曲は、一般的に4つの楽章によって構成されるのですが、「田園」は5楽章で構成されています。

もっとも、第3楽章から第5楽章は連続して演奏されるため、第4楽章は第3楽章と第5楽章をつなぐ、長い挿入楽節とする見方もあります。

「田園」という標題をつけたのはベートーヴェン本人ですが、9つの交響曲のなかで作曲家みずからが標題をつけたのはこの曲だけです。交響曲以外ではピアノソナタの「告別」など、ごく少数の作品に、ベートーヴェン自身による標題がつけられていますが、かなり珍しいケースであることは事実です。

「田園」の各楽章にも、ベートーヴェンの手による標題がつけられています。第1楽章は「田舎に到着したときの愉快な感情の目覚め」、第2楽章は「小川のほとりの情景」、第3楽章は「田舎の人々の楽しい集い」、第4楽章は「雷雨、嵐」、第5楽章は「牧歌 嵐の後の喜ばしい感謝の気持ち」です。

ベートーヴェンは田園の風景を愛し、夏は田舎ですごして大自然に親しむのを喜びとしていました。「どの樹もみな自分に語るではないか。聖なるかな。聖なるかな。森の中は恍惚たり」という言葉を残しています。『交響曲』第6番「田園」は、そんなベートーヴェンの田園に対する思いがみごとに音楽で描写されている曲なのかもしれません。

1820年に描かれたベートーヴェンの肖像画。

もっと知りたい！豆知識

◆初演は1808年にオーストリア・ウィーンのアン・デア・ウィーン劇場で、ベートーヴェン自身の指揮によって行われました。
◆「田園」の演奏時間は一般的に40分前後とされています。
◆発表当初は、「田園」が第5番とされ、現在、『交響曲』第5番となっている曲の方が第6番になっていました。しかし出版に際して「田園」が第6番となりました。

クロイツェル・ソナタ

レオシュ・ヤナーチェク

018

トルストイの小説へのアンチテーゼ

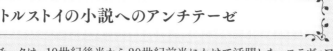

レオシュ・ヤナーチェクは、19世紀後半から20世紀前半にかけて活躍した、モラヴィア（現在のチェコ東部）出身の作曲家です。彼の作品のなかに、1923年に作曲された『クロイツェル・ソナタ』という弦楽四重奏曲があります。実はベートーヴェンの作品にも同名のヴァイオリン・ソナタがあり、ロシアの文豪トルストイにも同名の小説があります。ヤナーチェクの『クロイツェル・ソナタ』は先行する2作品を踏まえたものであり、直接的にはトルストイの小説に触発されて書かれたものなのです。

トルストイの小説『クロイツェル・ソナタ』は次のようなあらすじです。ピアノの上手な既婚女性が、あるヴァイオリン奏者とベートーヴェンの『クロイツェル・ソナタ』の演奏に夢中になっているうちに男女の仲となってしまいました。しかし、彼女は不貞を知った夫に殺されてしまいます。

この小説においてトルストイは、不義を働いた妻は罰せられてもしかたがないと考えていましたが、ヤナーチェクは、音楽を通じて結ばれた真実の愛を守り通そうとした妻は、誰にも責められるべきではないと思いました。『クロイツェル・ソナタ』を作曲したのは、トルストイの小説への抗議の意味を込めて、作中の2人の愛を称賛するためだったといわれています。

余談ですが、ヤナーチェクがトルストイの小説に反発を覚えたのは、ちょうどその頃ヤナーチェク自身が人妻と不倫をしていたからともいわれています。作曲された背景には、作曲者自身の複雑な心情があったといえるかもしれません。

ヤナーチェクの故郷、ブルノの街並み。現在はプラハに次いで第2の都市として栄えています。

もっと知りたい！豆知識

◆ヤナーチェクは一生のあいだモラヴィアからほとんど出なかったため、没後に至ってもあまり重要視されませんでした。しかし1970年代以降、再評価され、広く知られるようになります。

◆ヤナーチェクが不倫をしていた相手は、38歳も年下のカミラ・シュテスロヴァーという人妻でした。

◆『クロイツェル・ソナタ』は、1924年にプラハで初演されました。

◆『クロイツェル・ソナタ』は4楽章で構成され、演奏時間おおよそ15分程度です。

『交響曲』第94番「驚愕」

019

フランツ・ヨーゼフ・ハイドン

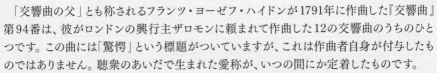

「交響曲の父」が聴衆に仕掛けた罠

「交響曲の父」とも称されるフランツ・ヨーゼフ・ハイドンが1791年に作曲した『交響曲』第94番は、彼がロンドンの興行主ザロモンに頼まれて作曲した12の交響曲のうちのひとつです。この曲には「驚愕」という標題がついていますが、これは作曲者自身が付与したものではありません。聴衆のあいだで生まれた愛称が、いつの間にか定着したものです。

「驚愕」と呼ばれるようになったのは、ハイドンがこの交響曲に仕込んだ仕掛けに聴衆がびっくりしたためでした。ウィーンからロンドンに招かれて音楽活動をするようになったハイドンは、聴衆のマナーの悪さに辟易していました。当時ロンドンではコンサートの最中に居眠りをはじめる人が非常に多かったといいます。

そこでハイドンは、この交響曲では高いびきをかいて眠りこけている聴衆を叩き起こすために、第2楽章の冒頭にちょっとした細工をしました。主題のはじめの8小節は弦楽器だけで弱く演奏されて、聴いている人たちも、そのまま静かに消え入るように終わるだろうと思います。しかし、そこでハイドンはオーケストラ全体で和音を突然大音量で轟かせたのです。特にティンパニーの奏者には、普段使っているものより太いバチを使わせたといいますから徹底しています。

このハイドンの狙いは見事に当たり、居眠りをしていた聴衆は跳ね起き、女性客のなかにはあまりに驚いて気絶してしまった者もいたといいます。当初、ハイドンの仕掛けは「不作法である」と批評家に叩かれましたが、次第に人々の人気を集めるようになり、「驚愕」の愛称で呼ばれるようになったのです。

ただ、ハイドンが第2楽章で行った仕掛けが、たんに聴衆を驚かせるためだけのものだったのか、それとも音楽的な深い意味があったのかは、いまでも諸説があります。

もっと知りたい！豆知識

◆現在、「驚愕」はハイドンの代表曲のひとつとされており、コンサートでも演奏される機会の多い曲となっています。
◆ハイドンはオラトリオ『四季』の第4曲のアリアで「驚愕」の第2楽章のメロディーを使用しています。このことで、オラトリオの台本を作成したスヴィーテン男爵と確執がありました。
◆「驚愕」の初演は1792年のことでした。

楽劇『トリスタンとイゾルデ』

リヒャルト・ワーグナー

作曲家自身の気持ちも重ねられた中世の悲恋物語

『トリスタンとイゾルデ』は、19世紀のドイツの作曲家で思想家でもあったリヒャルト・ワーグナーが1857年から1859年にかけて作曲した楽劇です。ワーグナーはこの作品で作曲のみならず、台本も手がけました。

「トリスタンとイゾルデ」とは、ケルトの古い説話に由来し、中世のフランスやドイツの宮廷で詩人たちが広く語り伝えた伝説です。騎士トリスタンと、トリスタンの主君であるマルケ王の妃イゾルデとの悲恋の物語です。

ワーグナーの『トリスタンとイゾルデ』は全3幕で構成されています。第1幕では、マルケ王のもとに花嫁として向かうイゾルデと、彼女を送り届ける役目を務めていた騎士トリスタンの2人が、誤って媚薬を飲んでしまいます。第2幕では、媚薬を飲んでしまった2人は、イゾルデの結婚後も逢瀬を重ねますが、その場に王と部下がやってきて、トリスタンに重傷を負わせます。第3幕では、瀕死のトリスタンが故郷でイゾルデの船を待ち続けますが、イゾルデが到着したときにトリスタンは絶命し、イゾルデもその後を追うのです。

この作品に取り掛かっていた時期、ワーグナーは妻ミンナとの関係が破綻寸前になっていました。そんなにときに、ワーグナーは美貌の人妻マティルデと出会い、関係を深めていきます。この不倫が、禁じられた愛の物語である『トリスタンとイゾルデ』を完成させる原動力となったのかもしれません。

トリスタンとイゾルデの冒頭部分。

もっと知りたい！豆知識

◆『トリスタンとイゾルデ』は1865年にミュンヘンのバイエルン宮廷歌劇場で初演されました。
◆全3幕のうち、第1幕は5場、第2幕は3場、第3幕は3場で構成されています。また、各幕にはそれぞれ前奏曲があります。
◆『トリスタンとイゾルデ』の演奏時間は、約3時間55分です。
◆ワーグナーとマティルデの関係は、作品の第1幕の完成直後に周囲に発覚し、2人の関係も終わりました。

1月21日

オペラ『魔笛』

ヴォルフガング・アマデウス・モーツァルト

021

本日のテーマ▼謎

オペラに隠されたフリーメイソンの秘密

オーストリアの作曲家であるヴォルフガング・アマデウス・モーツァルトが最後に作曲したオペラが『魔笛』です。1791年に興行師のエマーヌエル・シカネーダーは、自らの台本を見せ、『魔笛』の作曲をモーツァルトに依頼しました。

オペラは、さらわれた王女を救出するために、王子がさまざまな試練を乗り越えながら成長していくという、救出劇と試練劇のふたつの性格をもっています。このオペラは、モーツァルトの音楽の素晴らしさもあり、上演後すぐに大評判となりました。また、現在に至るまでモーツァルトのオペラのなかでも、特に人気の高い作品となっています。

『魔笛』には秘密結社フリーメイソンにまつわる暗号が隠されているという説も根強く語られ続けています。フリーメイソンとは、16世紀から17世紀頃に結成されたと考えられている団体で、モーツァルト自身も入会していました。現代でも全世界に600万人を超える会員が存在するといわれています。アメリカの初代大統領であるワシントンやGHQ最高司令官のマッカーサーなどもフリーメイソンのメンバーであるとされています。

フリーメイソンは、「3」という数字を神聖視します。『魔笛』には3人の侍女、3人の少年、3つの神殿など、「3」という数字が頻繁に出てきます。また、序曲やオペラの途中で、ゆっくりとしたテンポで3つの和音が3回演奏されます。これは、フリーメイソンの儀式では慣例としてドアを3回ノックすることを暗示しているといわれています。他にも、この作品のなかにはフリーメイソンを象徴する言葉が数多く語られているのです。

モーツァルトは『魔笛』の上演後、ほどなくして病に倒れ、亡くなってしまいます。フリーメイソンの秘密を明かしてしまったことで暗殺されたともいわれますが、シカネーダーの方はそのあとも長生きしているので、これは根も葉もない噂にすぎないでしょう。

アメリカの1ドル札には、フリーメイソンのシンボルであるプロビデンスの目が描かれています。

もっと知りたい！豆知識

◆モーツァルトとシカネーダーは、ともにフリーメイソンの会員でした。

◆シカネーダーの経営する芝居小屋はウィーンの城壁の外にあって大衆向けの演目で評判を取っていました。2人はモーツァルトがザルツブルクにいた頃からの知り合いでした。

◆『魔笛』を高く評価していた文豪のゲーテは、続編である『魔笛』第2部を執筆しようとしたことがありますが、未完に終わりました。

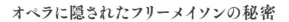

夜想曲

クロード・ドビュッシー

022

耽美主義の影響を強く受けた管弦組曲

『夜想曲』はフランスの作曲家であるクロード・ドビュッシーが、1897年から1899年にかけて作った管弦楽曲です。夜想曲とは、おもにピアノで独奏される短い曲の総称であり、アイルランド出身のピアニストで作曲家のジョン・フィールドが創始した名称です。英語では「ノクターン」といいます。この夜想曲はショパンによって発展させられ、以後、さまざまな作曲家が手がけるようになりました。ドビュッシーの『夜想曲』もそのなかのひとつです。

ドビュッシーの『夜想曲』は、「雲」、「祭」、「シレーヌ」の3曲で構成されています。「雲」は空の雲がゆっくり流れて消えていくさまを、「祭」は祭の盛り上がりと祭の後の静けさを表現しています。「シレーヌ」とは、ギリシャ神話に登場する想像上の怪物のことです。海に棲むといわれる怪物シレーヌ（セイレーンともいう）の歌声やきらめく波を、女性合唱が加わったオーケストラが神秘的な響きで表現しています。

ドビュッシーがこの曲を作る際に、アメリカの耽美主義の画家であるジェームズ・マクニール・ホイッスラーの絵画作品『青と銀色のノクターン』、あるいは『黒と金色のノクターン 落下する花火』から着想を得たという説があります。また別の説としては、イギリスの耽美主義の詩人スウィンバーンの詩『ノクチュルヌ』からの着想ともいわれています。

耽美主義というのは、19世紀後半にフランスやイギリスを中心に起こった芸術思潮で、道徳性や合理性を否定し、美だけに最高の価値を認めるというものです。この時代、音楽、絵画、文学などあらゆる芸術ジャンルで、耽美主義の影響を受けた作品が数多く創作されました。

ホイッスラー作『青と銀色のノクターン』は、ヴェネチアの風景を描いています。

もっと知りたい！豆知識

◆この曲は、フランス語で『ノクチュルヌ』と呼ばれることもあります。
◆初演は1900年ですが、このときは「雲」と「祭」しか演奏されませんでした。翌年、はじめて全曲が演奏されます。
◆ドビュッシー自身は、この曲は「印象と特別な光をめぐって、この言葉（夜想曲）が呼び起こす全てが含まれています」と語っています。

1月23日

本日のテーマ▼主題

オペレッタ『天国と地獄』より「序曲」

023

ジャック・オッフェンバック

シリアスな古典オペラのパロディ作品

19世紀のフランスでは資本主義が発展し、パリは大都市として繁栄していました。そんな世相のなか、1858年にジャック・オッフェンバックが作曲し、上演されたオペレッタ『天国と地獄』は大成功を収めました。オッフェンバックはドイツ出身でしたが、この作品の大ヒットによりフランスに帰化しています。

この作品の正式タイトルは『地獄のオルフェ』です。日本で初演された際に『天国と地獄』という邦題がつけられ、以後日本ではこのタイトルが定着してしまいました。

オペレッタというのは、「小さなオペラ」という意味です。それまでのオペラといえば、ギリシャ神話やローマの史実を題材にとったシリアスな内容のもの（オペラ・セリア）か、社会を風刺した喜劇的な内容のもの（オペラ・ブッファ）が中心でした。いずれも大編成のオーケストラや歌手を必要とする大掛かりな作品でした。それに対し、19世紀に誕生したオペレッタは軽妙なストーリーと音楽による喜劇的な内容が特徴となっています。

『天国と地獄』も、オペラ・セリアの古典である『オルフェオとエウリディーチェ』のパロディとなっています。オペラ・セリアの方は、ギリシャ神話に登場する吟遊詩人オルフェが、死んだ妻を探して地獄に赴きますが、妻を現世につれ戻す際に神と交わした「後ろを振り返ってはいけない」という約束を破ってしまい、妻が再び地獄に戻ってしまうという悲劇の物語です。

これに対してオペレッタの『天国と地獄』では、オルフェと妻のウリディスは互いに愛人を作り、夫婦は愛し合っていたわけではないのに、夫が体面だけを気にして仕方がなく妻を取り戻しにいくという、偽善に満ちた夫婦の滑稽さを描いた作品になっています。きっと、当時のフランス社会が抱えていた偽善性や矛盾を風刺しているのでしょう。

もっと知りたい！豆知識

◆『天国と地獄』のなかでも、劇中ダンスの「カンカン踊り」はとくにパリ市民の喝さいを浴びました。
◆この作品は、初演された1シーズンに連続228回公演を記録するほどの大ヒットを収めました。
◆『天国と地獄』は最初、全2幕4場でしたが、のちにオッフェンバック自身の手によって全4幕12場に改められました。
◆『天国と地獄』の強い風刺的な内容は、当時の批評家たちの反発も受け、「オルフェ論争」が沸き起こりました。しかし、このことで作品が話題となり、観客がいっそう増えることとなりました。

ハンガリー舞曲集

024

ヨハネス・ブラームス

ジプシー（ロマ）音楽を編曲して大成功

『ハンガリー舞曲集』は、ヨハネス・ブラームスがハンガリーのジプシー（ロマ）音楽にもとづいて編曲した舞曲集です。1850年代前半、ドイツ各地を演奏旅行で回っていたブラームスは、ジプシー音楽（ロマの民族音楽）を知り、それに惹かれました。これをハンガリーの民俗音楽と信じたブラームスは、ジプシー（ロマ）音楽の採譜を続け、ピアノ連弾用に編曲しました。

ブラームスは、1867年に出版社に最初の6曲を送りますが、このときは出版を拒否されてしまいました。しかし、それでもあきらめなかったブラームスが働きかけを続けると、2年後にようやく第1・2集の10曲が出版され、大評判となります。さらに、1880年には第3・4集の11曲も刊行されました。こうして、この全4集のなかに21曲が収められることになったのです。

『ハンガリー舞曲集』が成功したのは、チャールダーシュと呼ばれるハンガリーの民俗舞曲が人気だったためともいわれています。

最初に出版されたときはピアノの連弾曲として発表されましたが、ブラームスが21曲中3曲をオーケストラ用に編曲し、残りの曲もさまざまな音楽家によってオーケストラ用に編曲されたのです。現在、『ハンガリー舞曲集』はオーケストラで演奏されることが多いようです。また、ブラームスの親友でヴァイオリニストのヨーゼフ・ヨアヒムは、『ハンガリー舞曲集』をヴァイオリンとピアノのために編曲しています。

ところで、ブラームスはジプシー（ロマ）音楽こそがハンガリーの民俗音楽と考えていましたが、ジプシー（ロマ）は移動型民族なので、ヨーロッパの広範囲に広がっています。スペインのフラメンコもジプシー（ロマ）音楽です。

各地のロマ音楽

ヨーロッパ	ルーマニア、フランス、ハンガリー、スペイン、ブルガリア、セルビア、マケドニア、アルバニア
中東・アジア	トルコ、インド

各地を転々と移動して生活する民族ロマ民族（ジプシー）の文化は、西アジアやヨーロッパで発展しました。

もっと知りたい！豆知識

◆『ハンガリー舞曲集』には作品番号は付いていません。これらの曲がオリジナルではなく、民俗音楽の編曲であるとブラームスが考えていたためです。のちにブラームスは『ハンガリー舞曲集』が盗作であると訴えられて裁判にもなりますが、「編曲」としていたために勝訴しました。

◆『ハンガリー舞曲集』の成功に自信を得たブラームスは、チェコの作曲家ドヴォルザークに『スラヴ舞曲集』を作曲するように助言しました。

オペラ『トゥーランドット』

ジャコモ・プッチーニ

025

完成の直前に作曲家が急死してしまう

『トゥーランドット』は、もとはアラブに古くから伝わる「謎かけ姫物語」と呼ばれる説話です。あらすじは、美しいけれど冷酷な姫トゥーランドットと結婚するために、ダッタン国の王子カラフが3つの謎を解くというものです。

この物語がヨーロッパに伝わるとすぐさまオペラの題材となり、さまざまな作曲家が手がけるようになります。現在確認されているだけでも、12人の作曲家による『トゥーランドット』のオペラがあるとされています。そのなかでも一番有名なのがイタリアの作曲家であるジャコモ・プッチーニの作品です。

1920年頃からプッチーニはオペラ『トゥーランドット』の作曲を計画していました。しかし、途中でスランプに陥ったこともあり、曲作りは難航しますが、1925年4月にミラノ・スカラ座での初演予定にこぎつけました。

ところが、作曲が完了する直前に、プッチーニに癌が見つかり、その治療中の1924年11月29日に急死してしまうのです。その後、イタリアの作曲家のフランコ・アルファーノが残りの曲を書きあげ、作品はなんとか完成したのです。

このように紆余曲折のあったオペラ『トゥーランドット』は、プッチーニの存命中に予定されていたちょうど1年後の1926年4月に、ミラノ・スカラ座で初演の幕を開けたのです。

『トゥーランドット』の配役

トゥーランドット	ソプラノ、超高音域の歌唱が求められる難役
カラフ	テノール、アリア「誰も寝てはならぬ」が有名
リュー	ソプラノ、著名なアリアが2曲あり、難役
アルトゥーム	テノール、往年の名テノール歌手が演じることがある
ピン、パン、ポン	バリトン（ピン）、テノール（パン・ポン）、仮面や白塗りで登場することがある

2006年のトリノオリンピックで金メダルを獲ったフィギュアスケートの荒川静香がフリープログラムで使用したのは、カラフのアリア「誰も寝てはならぬ」です。

もっと知りたい！豆知識

◆『トゥーランドット』の原作はアラブの説話ですが、物語の舞台となっているのは中国です。
◆プッチーニのオペラ作品としては、『トゥーランドット』と同じように異国趣味溢れる、日本を舞台にした『蝶々夫人』(P.48)が有名です。
◆『トゥーランドット』で、王子カラフが第3幕で歌う「誰も寝てはならぬ」は、オペラの代名詞的な曲として高い人気があります。

026

4分33秒

ジョン・ケージ

「音楽」の枠組みを解体した実験的作品

グレゴリオ聖歌(P.6)を源流とする西洋音楽は、長い年月をかけて発展してきましたが、20世紀に入ると行き詰まりを見せるようになってきました。これ以上、新しい音楽を作るのが難しいように考えられ、また曲が高度化&複雑化していった結果、作曲家と聴衆の感覚にかい離が生じるようになってきたのです。

そんな閉塞感を打ち破るため、アメリカの作曲家ジョン・ケージは、実験的なさまざまな曲を発表します。そのなかでも、もっとも有名なのが1952年に発表された『4分33秒』という曲です。この曲は、演奏者が舞台に登場してからは、楽器を前にして(あるいは待って)何もせずに過ごし、4分33秒が経過したら舞台から退場するというものでした。聴衆はその光景をただ見守るだけ、「無音」という音を聴いているともいえます。

人間のいるところに完全に「無音」という状態は存在せず、聴衆は自分や隣の席の人の呼吸や身じろぎする音を聴くことになります。ケージは、それも「音楽」と見なしたのです。

この他にもケージは、ピアノの弦にゴムや釘を挟み入れることで、ひとつひとつの音に変化をもたせたり、東洋の占いである「易経」によって音の高さやリズム、テンポなどを決め、偶然性による作品など、先鋭的な取り組みを続けました。

こうした活動を通して、作曲家が曲を書き、演奏者がそれを演奏し、聴衆が聴くという、従来の伝統的な西洋音楽の枠組みを、ケージは解体しようとしたのです。

奏者が着席すると演奏開始で、
退場すると演奏が終わります。

もっと知りたい!豆知識

◆『4分33秒』は、初演時の「無音」の時間がその長さだったために、仮につけられている通称で、実際の「無音」の時間は演奏ごとに奏者に任せられています。

◆『4分33秒』は初演時にピアニストによって「演奏」されたため、ピアノ曲と見なされることもありますが、理論的にはオーケストラでの「演奏」も可能です。

◆音のない『4分33秒』にも楽譜は存在し、3楽章で構成されています。

◆ケージの数々の実験音楽は、禅などの東洋思想から影響を受けています。

『練習曲集』作品10より「別れの曲」

フレデリック・ショパン

旋律に込められた故郷ポーランドへの愛情

19世紀のポーランドに生まれたピアニストで作曲家だったフレデリック・ショパンが、1832年に作曲した独奏ピアノのための『練習曲集』作品10には、24曲の練習曲が含まれています。練習曲といってもテクニックを磨くためだけの無味乾燥な曲ではなく、芸術的に高い内容をもった珠玉の小品ばかりです。そのなかの第3曲が、今日の日本で「別れの曲」の愛称で有名な曲です。1934年にドイツで製作された若き日のショパンを描いた伝記映画ではこの曲のメロディーがメインテーマに使われていたのですが、この映画が日本で公開された際に付けられた邦題が『別れの曲』だったことから、日本ではこの愛称が定着しました。

映画のなかでクラシック音楽が使われることはよくありますが、映画のタイトルがそのまま曲名の愛称として定着するのはかなり珍しいことといえます。ちなみに、ヨーロッパでは「Tristesse(悲しみ)」や「L'intimité(親密、内密)」、「L'Adieu(別離)」などの愛称で呼ばれることもあります。

ショパンがこの曲を書いたのは22歳のときで、ちょうど故郷ポーランドを離れ、パリに拠点を移した時期にあたります。そのために、この曲には「パリでの成功を夢見る感情」と「故郷を懐かしむ感情」の両方が込められているともいわれ、特にポーランドへの憧憬がより強く表現されているとも考えられています。

ショパン自身は、弟子とのレッスンでこの曲を教えているとき、「ああ、私の故国よ!」と泣き叫んだという逸話が残されています。また、ショパンは後年、「一生のうち二度とこんなに美しい旋律を見つけることはできないだろう」と語ったそうです。

「別れの曲」の冒頭部分。「Legato」とあるように、滑らかに演奏されます。

もっと知りたい！豆知識

◆『練習曲』作品10第3番は「ピアノのための詩」といわれるように、ロマン派音楽の代表的な曲のひとつと見なされています。
◆ドイツ映画『別れの曲』以外でも、この曲はさまざまな映画やドラマなどで使われており、ポップスとしてカヴァーされたこともあります。
◆ショパンはピアニストとしては手が小さかったことから、「音が小さい」という批判を受けることもありました。そのためか、美しい響きをもった情感あふれる旋律を大切にしたともいわれています。

交響詩『英雄の生涯』

028

リヒャルト・シュトラウス

交響詩のなかに描かれた英雄の正体

『英雄の生涯』は、ドイツの作曲家リヒャルト・シュトラウスが1898年に作曲した7曲の交響詩のうち、最後の作品です。「英雄」といえば、ベートーヴェンの『交響曲』第3番の「英雄」が有名です。ベートーヴェンの「英雄」がナポレオンを指していることは、作曲家自身が楽譜に書いては後に削除した「ボナパルトと題して」という言葉からわかります。しかし、シュトラウスの『英雄の生涯』の「英雄」が、誰のことなのかは明確にされていません。

一説には、この曲の「英雄」は作曲家自身のことであるともいわれています。『英雄の生涯』は6部構成になっていて、第1部はある芸術家の決意と理念、第2部は批評家たちの嘲笑、第3部は恋、第4部は恋人に支えられながらの戦いと勝利、第5部は積み重ねてきた仕事の回想、第6部は苦悩を克服しての引退と、それぞれ題されています。これらの標題は、芸術家の苦難と栄光に満ちた一生を描いており、この曲が表現しようとする「英雄」がシュトラウス自身であると見ることは、それほど無理な解釈ではないでしょう。

ただ、『英雄の生涯』はシュトラウスがまだ若い、34歳のときに作った曲です。それゆえ、交響詩に描かれている「英雄」の生涯とシュトラウスの人生は完全に一致するというわけではありません。こうしたことから、この曲の「英雄」はドイツの鉄血宰相ビスマルクのことだとする説や、ドイツ皇帝ヴィルヘルム2世のことだとする説もあるのです。

シュトラウス自身は、『英雄の生涯』の「英雄」はあなた自身のことかと聞かれたとき、「一部はあたっている点もあるが、私は英雄ではない」と答えたといいます。

『英雄の生涯』の副題

❶ Der Held（英雄）
❷ Des Helden Widersacher（英雄の敵）
❸ Des Helden Gefährtin（英雄の伴侶）
❹ Des Helden Walstatt（英雄の戦場）
❺ Des Helden Friedenswerke（英雄の業績）
❻ Des Helden Weltflucht und Vollendung der Wissenschaft（英雄の隠遁と完成）

第1部から第6部までの副題だけでも英雄の生涯が想像できます。

もっと知りたい！豆知識

◆シュトラウスは『英雄の生涯』を作曲するにあたって、ベートーヴェンの『交響曲』第3番「英雄」を意識していたらしく、ベートーヴェンの交響曲と同じ変ホ長調を主調としました。
◆作曲中に友人に宛てた手紙のなかでシュトラウスは、冗談交じりに「近頃ベートーヴェンの英雄交響曲は人気がなく、演奏されることも少ない。そこでいま、代わりとなる交響詩を作曲している」と記しています。
◆オーケストラにとって演奏困難な曲のひとつに数えられており、そのオーケストラの実力が試される曲ともいわれています。
◆1899年に作曲者自身の指揮で、フランクフルト・ムゼウム管弦楽団により初演されました。

『交響曲』第3番「神聖な詩」

アレクサンドル・スクリャービン

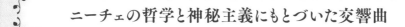

ニーチェの哲学と神秘主義にもとづいた交響曲

ロシアのピアニストで作曲家だったアレクサンドル・スクリャービンは、1904年に『交響曲』第3番「神聖な詩」を発表しました。3楽章で構成され、それぞれの楽章にはフランス語で「Luttes(闘争)」、「Voluptés(悦楽)」、「Jeu divin(神聖なる遊戯)」という題名がつけられています。

スクリャービンはこの曲を作った頃から、ニーチェの哲学、とくに「超人思想」に共鳴するようになっていました。また、ロシア出身のヘレナ・P・ブラヴァツキー(ブラヴァツキー夫人)の神秘思想にも傾倒するようになっていきました。

そして、スクリャービンはこういった世紀末の哲学思想や神秘思想の影響を強く受けて曲を書くようになっていきます。この交響曲はその最初期の試みで、以後、スクリャービンは、宗教的な悦びを表現した交響曲『法悦の詩』や、人類に火を授けたとされるギリシャ神話の神プロメテウスを称える交響曲『プロメテ・火の詩』など、より哲学的、神秘的な作品を次々と発表しました。

さらに、『プロメテ・火の詩』では、鍵盤を押すとそれに応じて色の付いた光が放射される「色光ピアノ」を用いて聴覚と視覚との融合を目指したり、あるいはさまざまな曲で「神秘和音」と名づけた独自の和音を用いるなど、実験的な手法にも取り組みました。

スクリャービンは長いあいだ、異端の作曲家と見なされ、あまり評価されてきませんでした。しかし、近年は現代音楽の先駆者として、音楽史的にもなくてはならない音楽家になりました。

超人思想と神秘思想とは?

超人思想	ニーチェ	時代や環境に左右されることなく、自分の意思を確立させて行動する人であるべきという思想
神秘思想	ブラヴァアツキー夫人	神や絶対的なものと自分が接触・融合する境地を目指す思想

スクリャービンが影響を受けた思想は、哲学的かつスピリチュアルなものでした。

もっと知りたい!豆知識

◆『交響曲』第3番はオーケストラで演奏するよりも、ピアノで演奏したときの方が、作曲家の意図が理解しやすいともいわれています。
◆スクリャービンは唇を虫に刺されことが原因で、膿瘍による敗血症となり、1915年に43歳の若さで急逝しました。
◆スクリャービンの管弦楽作品はそれほど多くなく、ほとんどはピアノ曲です。

オペラ『アイーダ』より「凱旋行進曲」

ジュゼッペ・ヴェルディ

030

1月30日

本日のテーマ▼主題

エジプト総督の依頼を受け、カイロで初演されたオペラ

オペラ『アイーダ』は、「オペラ王」とも呼ばれるイタリアの作曲家ジュゼッペ・ヴェルディが作曲し、1871年に初演された全4幕のオペラです。ファラオ時代のエジプトを舞台にしていて、エジプト軍の司令官であるラダメスと、エチオピアの王女であることを知られずにエジプト王女の奴隷として過ごすアイーダという2人の、引き裂かれる悲恋を描いています。

ヴェルディが活躍していた時代のイタリアでは、オペラが黄金期を迎えていましたが、エジプト総督から依頼されて作った『アイーダ』の初演はイタリアではなく、ヨーロッパから遠く離れたエジプトのカイロでした。

この2年前、エジプト・カイロでは1869年にスエズ運河が開通した記念として、オペラ劇場(イタリア劇場)が建設されます。そのこけら落としで上演されたのは、イタリアを舞台にしたヴェルディのオペラ『リゴレット』でした。これに感銘を受けたエジプト総督は、今度はエジプトを舞台にした新作オペラを作って欲しいとヴェルディに依頼をします。こうしてできあがったのが、『アイーダ』です。

オペラの原作となったのは、考古学者オギュスト・マリエットが書いた『エジプトの話』です。ここでの物語は、古代エジプトのファラオと奴隷となったエチオピア王女の悲劇でした。原作もオペラも異国情緒がふんだんに盛り込まれた雄大な作品となっています。

ちなみに、『アイーダ』の初演は1871年1月に予定されており、作品自体は順調に完成に向かっていましたが、1870年7月に普仏戦争が勃発したために初演は延期されてしまいます。結局、初演は予定から11ヶ月遅れて1871年12月24日に行われ、大成功を収めました。

カイロはエジプトの首都で、アラブ圏で最も人口の多い巨大な街です。カイロの周辺には世界的に有名なピラミッドもあります。

もっと知りたい！豆知識

◆エジプト総督は、もしヴェルディに断られた場合は、グノーかワーグナーに依頼するつもりだったといいます。
◆エジプトを舞台にしたオペラにはモーツァルトの『魔笛』(P.26)もありますが、『魔笛』が魔法劇であるのに対し、『アイーダ』は歴史劇です。
◆ヴェルディは作曲にあたって、古代エジプトの文化を詳細に研究し、綿密な時代考証を重ねました。
◆第2幕第2場で演奏される「凱旋行進曲」は、オペラを代表する曲であり、単独で演奏されることもあります。

1月31日

中国の不思議な役人

バルトーク・ベーラ

031

1幕物のパントマイムのための舞台音楽

本日のテーマ▼ジャンル

ハンガリーで生まれ、のちにアメリカに移住してそこで亡くなった作曲家のバルトーク・ベーラが、ハンガリーに住んでいた時代の1925年に作曲したのが『中国の不思議な役人』です。同じハンガリーの劇作家レンジェル・メニヘールトの書いた1幕物のパントマイムのために作られた舞台音楽です。実はバルトークがこの曲の作曲をはじめたのは1918年です。第1次世界大戦下のハンガリーの社会状況の混乱などもあり、完成までには長い年月がかかってしまいました。

パントマイム劇『中国の不思議な役人』のあらすじは、以下のようなものです。

3人の悪党たちは、若い娘を使って男たちをたぶらかし、家の中に連れ込んでは、身ぐるみをはいでいました。あるとき、金持ちの中国人が同じように引っかかって家に連れ込まれますが、悪党たちが何度も殺そうとしても、男はその都度生き返り、娘を抱こうと追いかけまわします……。

パントマイムは、グロテスクでエロティックな内容であるために、舞台は強い非難を浴びることも多く、上演禁止になってしまうこともたびたびありました。しかし、バルトーク自身はこの作品をかなり気に入っていたといいます。

1931年の上演に際して、物議をかもした内容が変更され、それに合わせてバルトークも音楽の部分を改定しました。しかしこの上演もうまくいかず、楽譜が出版されたのは作曲者の死後になってからです。

のちに『中国の不思議な役人』はバレエとして上演されたことから、バルトークの作品が、バレエ音楽と見なされることもありますが、バルトークは「音楽を伴うパントマイム」であることを強調して、パントマイム用の音楽であることを訴えたといわれています。

もっと知りたい！豆知識

◆ストラヴィンスキーの『ペトルーシュカ』や『春の祭典』から影響を受けた作品ともいわれています。

◆変拍子が多く、テンポの変化が多彩なため、いまでもこの曲は指揮科のレッスンでよく使われています。

◆ハンガリーでは、名前を日本と同じように姓名の順に表記します。バルトークも、バルトークが姓でベーラが名前です。

366 days of Classical music

366日の西洋音楽

2月

アルト・ラプソディ

ヨハネス・ブラームス

恩師の未亡人とその娘に同時に恋をする

ヨハネス・ブラームスが、1869年にアルト独唱と男声合唱および管弦楽のために作曲した『ゲーテの「冬のハルツの旅」からの断章』は、アルト独唱を際立たせていることから、『アルト・ラプソディ』という通称でよく知られています。

ブラームスはシューマンによって才能を見いだされました。そのシューマンが1856年に亡くなると、ブラームスは残されたシューマンの妻子の面倒を献身的にみます。そしてブラームスはシューマンの妻のクララに淡い恋心を抱くと同時に、シューマンの遺児で、三女のユーリエに恋愛感情を抱くようになってしまうのです。

ブラームスはユーリエへの恋愛感情を表に出さず、隠し続けたといいます。少なからず、亡きシューマンに対する罪悪感があったのかもしれません。そうやってブラームスが悶々としているうちに、ユーリエはイタリアの貴族と結婚してしまいました。

このときの失恋の痛手を曲にしたのが、この『アルト・ラプソディ』だといわれています。「怒りをもって本作を作曲したのだ」と友人に語ったとも伝えられています。

ブラームスは、『アガーテ』を作曲したのも、失恋がきっかけだったことを考えると、恋愛につまずき、その悲しみや怒りを原動力にして作曲のペンを走らせたといえるのかもしれません。

シューマンの他にも、いろいろな作曲家と交流をもっていたブラームス。特に、ヨハン・シュトラウス2世とは親友だったといいます。

もっと知りたい！豆知識

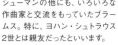

◆『アルト・ラプソディ』は全3部で構成されています。第1部と第2部は、独唱と管弦楽によって人間嫌いの放浪者の心の痛みが描き出されています。第3部はこれに合唱が加わり、旅人の心痛を癒すかのように神への祈りが表現されています。
◆初演は1870年で、クララ・シューマンの親友ポーリーヌ・ガルシア＝ヴィアルドが独唱を担当しました。
◆全曲の演奏時間は、12分から15分ほどです。

『平均律クラヴィーア曲集』第1巻&第2巻

ヨハン・セバスティアン・バッハ

あらゆる音楽家に影響を与えた「音楽の旧約聖書」

ヨハン・ゼバスティアン・バッハは、受難曲や教会カンタータなどの宗教音楽を数多く作りましたが、まったく宗教とは関係ない曲も多く作っています。そのなかでも歴史的傑作とされているのが、この『平均律クラヴィーア曲集』です。

第1巻と第2巻の2冊があって、いずれも24曲の「前奏曲とフーガ」で構成されています。第1巻は1722年に、第2巻は1742年頃までに完成しました。また、それぞれの巻に収められている24曲は、ハ長調からロ短調までの24の異なる調で作曲されています。

バッハは自身の子どもや弟子たちの音楽教育のために、『平均律クラヴィーア曲集』を作りました。鍵盤楽器をうまく調律すると、1台の楽器ですべての調が演奏できることから、バッハは24の調による「前奏曲とフーガ」の曲集を構想しました。バッハ以前の作曲家も同じ試みをしましたが、多いものでも19の調で終わってしまいました。その結果、『平均律クラヴィーア曲集』は歴史的な傑作となったのです。教会などの公の場ではなく、基本的には家庭内で教材として演奏するための曲集でしたが、バッハの生前中から多くの人に筆写されました。幼いベートーヴェンもこの曲集でピアノの練習をしたといいます。

天才的ピアニストだったショパンは、「毎朝、『平均律クラヴィーア曲集』から必ずピアノを弾き始める」と語っています。また、19世紀ドイツの指揮者でピアニストでもあったハンス・フォン・ビューローは『平均律クラヴィーア曲集』を「音楽の旧約聖書」と呼びました。こうして、バッハの残した2巻の曲集は、あらゆる音楽家の手本となる古典中の古典となったのです。

ライプツィヒの聖トーマス教会前に建つバッハ像。

本日のテーマ▼作曲・演奏

もっと知りたい！豆知識

◆ドイツ語の原題を直訳すると、『うまく調律された鍵盤楽器のための曲集』という意味になります。

◆『平均律クラヴィーア曲集』を「音楽の旧約聖書」と呼んだビューローは、それと対比する形で、ベートーヴェンの32曲ピアノ・ソナタを「音楽の新約聖書」と呼びました。

◆ショパンの「24の前奏曲」や、ショスタコーヴィチの「24の前奏曲とフーガ」は、この曲集に触発されて書かれたものです。

交響詩『海』

クロード・ドビュッシー

北斎の浮世絵に影響を受けて作られた交響詩

フランスの作曲家クロード・ドビュッシーが1905年に発表した交響詩に『海』という作品があります。この曲の楽譜は、発表と同じ年に出版されましたが、その表紙には葛飾北斎の浮世絵『富嶽三十六景』のひとつ「神奈川沖浪裏」が使われていました。

クラシック音楽の楽譜に浮世絵が使われるというのは、一見不釣り合いのようですが、これにはそれなりの背景があったのです。

19世紀のヨーロッパの美術界では、日本の美術品や工芸品への関心が高まっていました。これを「ジャポニズム（日本趣味）」といいます。そして、絵画の世界ではドガやマネがジャポニズムの影響を受けながら、印象派を発展させていきました。

絵画の印象派の影響を音楽界も受け、19世紀末頃から印象主義と呼ばれる音楽が生まれます。音楽の印象主義は、感情を直接的に表現しようとするロマン主義音楽に対して、より繊細な表現を重んじたところに特徴があります。ドビュッシーは、この印象主義の代表的な作曲家のひとりで、ジャポニズムへも強い関心をもっていました。

ドビュッシーは自室に浮世絵のレプリカを飾っており、交響詩『海』を作曲するにあたっては、何らかのインスピレーションを得たのかもしれません。「神奈川沖浪裏」をモチーフにして作られたのが、交響詩『海』でした。このような経緯があったため、楽譜の表紙にも「神奈川沖浪裏」が使われたのです。ただ、発表当初この曲は保守的な評論家たちに批判され、あまり高い評価を得られませんでした。しかし、現在はドビュッシーの代表曲のひとつとされています。『海』は、第1楽章「海上の夜明けから真昼まで」、第2楽章「波の戯れ」、第3楽章「風と海との対話」の3楽章で構成されています。

ドビュッシーに影響を与えた葛飾北斎の「富嶽三十六景 神奈川沖浪裏」。

もっと知りたい！豆知識

◆ドビュッシーのピアノ曲『金色の魚』は、緋鯉が泳ぐ蒔絵の箱にイメージを得て作曲されたもので、ここにもジャポニズムの影響があります。

◆「神奈川沖浪裏」は『富嶽三十六景』全46図中の1図として、1831～33（天保2～4）年頃に制作され、葛飾北斎の代表作とされています。

◆従来ドビュッシーの音楽は「印象主義」との関連で論じられてきたのですが、近年では詩人のマラルメなどの「象徴主義」との関連で論じられます。

『動物の謝肉祭』

カミーユ・サン＝サーンス

作曲家自身が楽譜の出版を禁じた代表曲

19世紀後半から20世紀前半にかけて活躍したフランスの作曲家カミーユ・サン＝サーンスは3歳から作曲をはじめたといわれる早熟の天才で、生涯で数多くの曲を作りました。そんななかでも、もっとも知られているのが、室内楽用の組曲として1886年に書かれた『動物の謝肉祭』です。

「序奏と獅子王の行進」や「雌鶏と雄鶏」、「森の奥のカッコウ」など、さまざまな動物たちが登場する全14曲は、子ども向けのクラシックコンサートなどでも人気の演目となっています。

しかし、サン＝サーンスが、第13曲の「白鳥」以外、楽譜の出版を自分が生きているあいだは絶対に許さなかったことはあまり知られていません。サン＝サーンス自身は「友人のパーティのために冗談のつもりで書いた曲だから、出版はやめてほしい」と語っていたといいますが、それにしてはあまりに頑な拒絶の態度です。

『動物の謝肉祭』のなかには、音楽界を皮肉ったようなパロディ的な曲が含まれていました。たとえば、第11曲の「ピアニスト」は、どんなに優れたピアニストでも、この曲を楽譜通りに演奏しようとすると、初心者のようにへたくそに聞こえるように、わざと作られています。

また、第12曲の「化石」には、自作の交響詩『死の舞踏』やロッシーニのオペラ『セビリアの理髪師』(P.145)の一部が使われていますが、それらの曲が化石のように古びた音楽であるという意味が込められています。

自作のパロディはともかく、ピアニストたちやロッシーニを揶揄したような曲の楽譜を世に出してしまうと、各方面から怒られてしまうかもしれない。それを危惧したため、サン＝サーンスは出版を認めなかったのです。

『動物の謝肉祭』の各曲のタイトル

第1曲「序奏と獅子王の行進曲」	第8曲　「耳の長い登場人物」
第2曲「雌鶏と雄鶏」	第9曲　「森の奥のカッコウ」
第3曲「騾馬(らば)」	第10曲「大きな鳥籠」
第4曲「亀」	第11曲「ピアニスト」
第5曲「象」	第12曲「化石」
第6曲「カンガルー」	第13曲「白鳥」
第7曲「水族館」	第14曲「終曲」

タイトルになっている動物の様子が思い浮かぶような曲調になっています。

もっと知りたい！豆知識

◆『動物の謝肉祭』はチェリストのシャルル・ルブークが企画した私的な演奏会のために書かれました。
◆全曲の演奏も、サン＝サーンスの生前は非公開で3回しか行われませんでした。
◆『動物の謝肉祭』には、『動物学的大幻想曲』という副題がつけられています。
◆京王電鉄の高幡不動駅1番線ホームと多摩動物公園駅全ホームで、「序奏と獅子王の行進」と「象」が電車接近メロディとして流されています。

狂詩曲『スペイン』

エマニュエル・シャブリエ

セミプロ作曲家の40歳過ぎてからの代表曲

エマニュエル・シャブリエは19世紀フランスの作曲家ですが、40歳近くになるまで、平日はフランス内務省の役人を務めながら、休みの日に作曲をしていたといういわゆる「日曜作曲家」という経歴の持ち主です。そのため作品数は非常に少ないのですが、そのなかでこの狂詩曲『スペイン』は傑作として広く知られています。

日曜作曲家だったシャブリエは、1880年にドイツでワーグナーのオペラ『トリスタンとイゾルデ』（P.25）の公演を聴いて、音楽の道に専念することを決意し、内務省を退職したといいます。それからは、ロンドンやブリュッセルなどヨーロッパ各地を旅行して回るようになります。そして、1882年に夫婦でスペイン旅行に行きました。シャブリエはそこで出会った情熱的なスペイン音楽から強烈な印象を受け、その感激をもとにスペインから帰国した翌年に作られたのが狂詩曲『スペイン』なのです。冒頭からピツィカートという弦を指で弾いて音を出す演奏方法で弦楽器の軽快なメロディが流れ、ミュート・トランペットが重なります。その後、軽やかなタンバリンの音色が響き、陽気で熱いスペインの情緒を感じさせる曲です。

ちょうどその頃、フランスではスペイン・ブームが湧きあがっていたこともあり、1883年に当時のフランスを代表する指揮者シャルル・ラムルーによって『スペイン』が初演されるや、大評判となりました。これにより、シャブリエの作曲家としての名声が確立されます。その後、シャブリエはドビュッシーやラヴェルに先駆けて、近代フランス音楽の興隆に貢献しました。

ちなみに、狂詩曲（ラプソディ）とは、自由な形式で民俗的または叙事的な内容を表現した楽曲のことです。異なるメロディをつなげたり、既存のメロディを引用したりすることが多いのが特徴とされています。

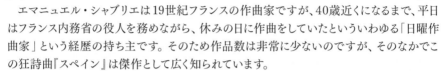

狂詩曲『スペイン』は3拍子だけど2拍子のような、特徴的で華やかなリズム構造をしています。

もっと知りたい！豆知識

- ◆シャブリエは、1888年にレジオンドヌール勲章のシュヴァリエ賞を受賞しました。
- ◆53歳で没したシャブリエが職業作曲家として活動した期間はわずか14年間です。
- ◆公務員時代から、マネ、モネ、セザンヌら画家と親しく交際し、絵画のコレクターでもありました。
- ◆シャブリエの作品では、この曲と並んで、管弦楽曲の『楽しい行進曲』がいまもコンサートなどでよく演奏されます。

オペラ『イーゴリ公』より「ダッタン人の踊り」

アレクサンドル・ボロディン

アジア的要素の強いロシアのオペラ

19世紀のロシアで活躍した作曲家のアレクサンドル・ボロディンは、幼少期から作曲やフルート演奏などに親しんでいましたが、学問にも秀でていたため、本業としては化学者の道を選びました。しかし、音楽活動は続け、自らを「日曜日の作曲家」と称して作曲活動を行い、オペラ『イーゴリ公』や『中央アジアの平原にて』(P.139)など、アジア的要素の強い作品を生みだしました。

そんなボロディンが書いた曲のなかで、もっとも有名なのがオペラ『イーゴリ公』の第2幕の曲である『ダッタン人の踊り』でしょう。この曲はオペラとは別に、クラシックのコンサートなどでも単独でよく演奏されています。

オペラ『イーゴリ公』は、中世ロシアの叙事詩『イーゴリ遠征物語』を題材にした全4幕の作品で、1185年、キエフ大公国のイーゴリ・スヴャトスラヴィチ公による遊牧民族ポロヴェツ人を制圧せんとした遠征が描かれています。『ダッタン人の踊り』は、捕らわれたイーゴリ公を不憫に思ったポロヴェツ人の将軍が宴を開いて、彼をなぐさめる場面で使われる曲です。ただ、日本では『ダッタン人の踊り』という曲名で知られているものの、歴史上のダッタン人はポロヴェツ人とは時代も民族も違います。そのため、現在は『ポロヴェツ人の踊り』と呼ぶことの方が多くなっているようです。

ちなみに、ボロディンは1869年から『イーゴリ公』の作曲を始めましたが、全4幕あるうちの第2幕までを完成させた1887年に急死してしまいます。残りの2幕は、友人だった作曲家のリムスキー＝コルサコフとグラズノフに引き継がれ、完成されました。

ポロヴェツ人とは、ウクライナからカザフスタンにかけて広がる広大な草原を遊牧していた民族のことです。

もっと知りたい！豆知識

◆初演は1890年に、サンクトペテルブルクのマリインスキー劇場で行われました。
◆ボロディンは、19世紀後半のロシアで民族主義的な音楽の創造を志した作曲家集団「ロシア5人組」のひとりです。残りのメンバーは、ミリイ・バラキレフ、ツェーザリ・キュイ、モデスト・ムソルグスキー、リムスキー＝コルサコフでした。
◆オペラでの『ダッタン人の踊り』は合唱を伴いますが、演奏会では合唱なしで演奏されます。また、「序曲」や「ポロヴェツ人の行進」などとともに『イーゴリ公組曲』として演奏されることもあります。

ラプソディ・イン・ブルー

ジョージ・ガーシュウィン

嘘から出た真によって誕生した名曲

ジョージ・ガーシュウィンは20世紀前半のアメリカで、ポピュラー音楽とクラシック音楽の両分野で活躍した作曲家です。

ガーシュウィンの手がけた「バット・ノット・フォー・ミー」、「アイ・ガット・リズム」などのポピュラーソングは、日本人にも耳馴染みのある曲ですが、クラシックの曲のなかでは「ラプソディ・イン・ブルー」がもっとも有名です。

この作品はピアノ独奏と管弦楽のための曲で、クラシックとジャズの要素を融合させているのが特徴です。そのため、「シンフォニックジャズ」と呼ばれることもあります。「ブルー」はジャズで使用される音階を表していて、曲名を直訳すれば「ジャズの語法による狂詩曲（ラプソディ）」になります。

そんな独特の個性をもった曲ができたきっかけは、次のようなものでした。

あるとき、ガーシュウィンがビリヤード場で息抜きをしていると、新聞に「ジャズ・ミュージシャンのホワイトマンがガーシュウィンに曲を発注した」という記事が載っているのを発見しました。そのような事実はなかったため、ガーシュウィンは翌日、ホワイトマンに電話をかけますが、この記事はホワイトマンがガーシュウィンを呼びつけるために作った偽記事だったのです。そして、「新聞記事になってしまったから作ってくれ」とホワイトマンに強引に押し切られ、作曲をするはめになります。こうして、1924年に生まれたのが、「ラプソディ・イン・ブルー」なのです。

ところで、クラシックの曲につけられるラプソディ（狂詩曲）という言葉には、「民俗音楽風」という意味も込められています。ガーシュウィンは、アメリカで新しく生まれたジャズという音楽を、アメリカの民俗音楽と捉えていたのかもしれません。

もっと知りたい！豆知識

◆「ラプソディ・イン・ブルー」には、はじめ「アメリカン・ラプソディ」という題名がつけられていましたが、ガーシュウィンの兄のアイラの提案により、現在のものに変更されました。

◆ガーシュウィンがこの曲の曲想を思いついたのは、ボストン行きの汽車のなかで、リズミカルな機械音に刺激されたことがきっかけだったとされています。

楽曲の日本語訳早見表

外国から日本に持ち込まれた西洋音楽。昔は、外国語の言葉をそのまま使うのではなく、それに類する日本語を当てはめていました。なかには、現在も使われているものもあります。創作作品のタイトルに使えそうなかっこいい訳ばかりです。

【あ】
アラベスク……装飾曲
アリア……詠唱
エチュード……練習曲
エレジー……哀歌
オーバーチュア……序曲
オラトリオ……聖譚曲

【か】
カノン……追復曲
カプリッチオ……狂想曲
カンタータ……交声曲
コラール……合唱
コンチェルト……協奏曲

【さ】
シンフォニー……交響曲
スイート……組曲
スケルツォ……諧謔曲
セレナーデ……小夜曲
ソナタ……奏鳴曲
ソロ……独唱

【た】
トロイメライ……夢想曲

【な】
ノクターン……夜想曲

【は】
バラード……譚詩曲
ファンタジア……幻想曲
フィナーレ……終楽曲
プレリュード……前奏曲

【ま】
マーチ……行進曲

【ら】
ラプソディー……狂詩曲
ララバイ……子守唄
レクイエム……鎮魂曲
ロンド……輪舞曲

【わ】
ワルツ……円舞曲

もっと知りたい！豆知識

◆ガーシュウィンは、この曲をわずか2週間ほどで一気に書き上げました。
◆ガーシュインは脳腫瘍のために、1937年に38歳の若さで急死しています。

金髪のジェニー

スティーブン・フォスター

訳者が「茶色の髪」を「金髪」に変えてしまった理由

スティーブン・フォスターは19世紀半ばのアメリカを代表する作曲家です。生涯で約200曲の親しみやすい歌曲を書き、「アメリカ音楽の父」とも呼ばれています。日本では、『おお、スザンナ』（P.114）や『草競馬』などが広く知られています。

フォスターが1854年に作詞・作曲した『金髪のジェニー』も、日本で人気のある曲のひとつです。これは、フォスターの妻であるジェーンをモデルにした曲で、「ジェニー」というのは彼女の愛称でした。

しかし、この曲の原題は『Jeanie with the Light Brown Hair』というもので、直訳すると「薄茶色の髪のジェニー」になります。実際、彼女の髪の色は茶色だったといいます。

それなのに、日本での曲名が『金髪のジェニー』となったのは、歌詞を訳した教会音楽家の津川主一が意図的に変えてしまったためです。「茶色の髪」と訳したのでは印象に残りにくいと考え、「I dream of Jeanie with the light brown hair」という歌詞を、「夢に見し、わがジェニーは、ブロンドの髪ふさふさと……」と、あえてブロンド、つまり「金髪」として訳したのです。それによって、曲名も『金髪のジェニー』となったのです。

これ以後も、さまざまな人がフォスターのこの歌を日本語に訳しましたが、『金髪のジェニー』があまりにも日本で定着してしまっていたため、「金髪」という訳語が踏襲され続けています。

ところで、フォスターが歌にまでした愛妻ジェニーでしたが、じつはこの曲が作られたころから不仲になっており、1860年以降は別居状態となってしまいました。

初版の楽譜の表紙にはジェニーが描かれています。

もっと知りたい！豆知識

◆フォスターはクラシックの曲をほとんど作曲していませんが、のちにドヴォルザークによって、フォスターの歌曲のいくつかがオーケストラ用に編曲されています。

◆フォスターは1864年にマンハッタンのホテルに滞在中、37歳で急死しました。晩年のフォスターは経済的に困窮しており、亡くなったとき、所持金はわずか38セントでした。別居していた妻のジェニーは遺体と対面すると、その場で泣き崩れたと伝えられています。

G線上のアリア

ヨハン・セバスティアン・バッハ

ヴァイオリンの弦一本で弾けるバッハの名曲

ヴァイオリンには4本の弦が張られていて、高い音の出る細い弦から順に、E線、A線、D線、G線と呼ばれています。そのG線1本だけを使い、他の弦にはまったく触れずに演奏できるのが、ヨハン・セバスティアン・バッハが作曲した『G線上のアリア』です。

しかしバッハは、この曲をG線1本で弾けるようにしたかったわけではありませんでした。そもそも、この曲の正式タイトルは『G線上のアリア』ではなく、『管弦楽組曲』第3番の「アリア（エール）」というものです。そして、原曲のアリアは、どうやっても1本の弦だけでは弾けないのです。

ところが、19世紀にドイツのヴァイオリニストであるアウグスト・ヴィルヘルミが、この曲を原曲のニ長調からハ長調に移し替えると、G線だけで弾けることに気づきました。G線だけで弾けるのは、この曲のメロディーが、比較的狭い音域内を進行するからです。

そこで、ヴィルヘルミは原曲をハ長調に移調して、ピアノ伴奏を付け、G線だけで美しいメロディを奏でたのです。これ以後、この曲は「G線上のアリア」という愛称で呼ばれるようになり、有名になってしまいました。また、バッハが最初からG線のみで演奏することを目的にこの曲を作ったという、誤った伝説が独り歩きするようにもなります。

『G線上のアリア』は、バッハの曲のなかでも、特に人気の高い曲となり、さらに「クラシックの代表曲」ともいうべき存在にまでなっているのです。

『管弦楽組曲』第3番のエール部分。ヴァイオリンが主旋律を奏でます。

もっと知りたい！豆知識

◆バッハが『管弦楽組曲』第3番を作曲した年代はよくわかっていませんが、1730年頃と推測されています。
◆アリアとは、ゆったりとしたテンポで叙情的なメロディをもった歌の形式、およびそのような歌を思わせる器楽曲のことです。

オペラ『蝶々夫人』

ジャコモ・プッチーニ

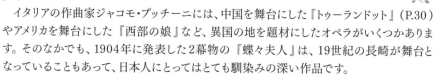

日本の音楽をレコードで学んで取り入れる

イタリアの作曲家ジャコモ・プッチーニには、中国を舞台にした『トゥーランドット』(P.30)やアメリカを舞台にした『西部の娘』など、異国の地を題材にしたオペラがいくつかあります。そのなかでも、1904年に発表した2幕物の『蝶々夫人』は、19世紀の長崎が舞台となっていることもあって、日本人にとってはとても馴染みの深い作品です。

物語は、日本人の芸者の蝶々がアメリカ人士官のピンカートンと結ばれ、子どももできますが、ピンカートンは母国に帰り、アメリカ人の妻を連れて再来日。この裏切りに対して、蝶々は武士の娘としての誇りを守るために自決するという悲劇です。

オペラの原作はアメリカ人の小説家ジョン・ルーサー・ロングによる小説で、ロングの姉は日本に滞在経験があるため、物語に日本の風物がいろいろと描写されていても当然かもしれません。ただ、不思議なのは、プッチーニは一度も来日経験がないにもかかわらず、このオペラのなかの曲に『お江戸日本橋』や『越後獅子』、『さくら』、『君が代』などの旋律を取り入れているのです。20世紀のはじめに、書物などで日本の音楽の旋律を理解するのは不可能に近いはずです。

じつは、プッチーニは当時の駐イタリア公使だった大山綱介の夫人から、民謡などの日本音楽のレコードを聴かせてもらい、日本的な旋律を引用したのです。おそらく、プッチーニはヨーロッパ人の作曲家としては、もっとも早く日本の音楽に直接触れた人物といえるでしょう。

長崎には有名な出島をはじめとした外国人居住地がありました。そのため、異国情緒あふれる建築物が残っています。

もっと知りたい！豆知識

◆1904年のミラノのスカラ座での初演は、上演時間が長すぎたことなどもあり、失敗に終わりました。しかし、プッチーニはすぐさま改訂に取り掛かり、3ヶ月後の再演は大成功を収めました。
◆『蝶々夫人』のなかで歌われる『ある晴れた日に』は、この作品を代表するアリアです。伝説的なソプラノ歌手のマリア・カラスもこのアリアを得意にしていました。
◆蝶々夫人のモデルについては諸説ありますが、幕末に長崎で活動していたイギリス商人トーマス・ブレーク・グラバーの妻ツルともいわれています。

『音楽の冗談』

ヴォルフガング・アマデウス・モーツァルト

天才が下手な演奏家を揶揄するために書いた曲

映画『アマデウス』に描かれたモーツァルトは、野卑で下品に描かれていますが、これは少し値引いて理解したほうがいいかもしれません。というのも、映画の台本となったシェーファーの戯曲が意図したことは、夭逝したモーツァルトがあまりにも「神聖視」されていることへのアンチテーゼだったからです。人間モーツァルトを知らしめることが目的だったといえます。

しかし実際のモーツァルトは18世紀のごく一般的な人間と同様に、ときにはスカトロジー(糞尿趣味)を好み、戯れに興じる人物だったことはまちがいありません。彼の『音楽の戯れ』あるいは『音楽の冗談』は、そのようなモーツァルトの性格を表す作品でもありますが、同時に、このような戯れや冗談を芸術的な域にまで高めることのできるほどの、彼の作曲能力の高さを示すものでもあります。

曲は弦楽4部と2本のホルンのために4つの楽章から構成されています。

モーツァルトの音楽をよく知っている人がこの曲を聴けば、いかにモーツァルトは「おふざけ」をして、楽しんでいるのかがわかります。旋律の進行が不自然だったり、前後のバランスが悪かったり、さらには調子はずれの音が聞こえていて、聴いている人が「いま、何調?」と迷ってしまうようなこともしばしばです。またホルンという楽器は元々狩りで使用される楽器ですので、どうしても野暮な印象が醸し出され、そのホルンがやたらめったらと自己主張するものですから、後の人たちがこの曲を「村の音楽家の六重奏」と揶揄したのも、当然なのかもしれません。

モーツァルトがこの曲を作曲したのは、下手な演奏家や作曲家を嘲笑するためという説もありますが、これを「芸術作品」の域にまで高めたモーツァルトの力量を評価すべきなのではないでしょうか。下手な連中を相手にするほど、モーツァルトは物好きではなかったはずです。この曲を作曲した頃はといえば、オペラ『ドン・ジョヴァンニ』の作曲に追われており、ザルツブルクで父レオポルトが他界しても、葬儀に参列することはできませんでした。

もっと知りたい!豆知識

◆映画『アマデウス』ではモーツァルトは、死者のためのミサ曲『レクイエム』の作曲の依頼をされ、その精神的重圧から死んだことになっていますが、これは史実ではありません。また作曲家のサリエリが、嫉妬のあまりモーツァルトを毒殺したという説もありますが、サリエリはモーツァルトよりはるかに地位のある音楽家でしたから、毒殺する必要などありませんでした。モーツァルトの死因は今日でもはっきりしませんが、少なくともモーツァルトにとっては突然の死であったことは、まちがいありません。

2月12日

ツィゴイネルワイゼン

パブロ・デ・サラサーテ

本日のテーマ▼音楽史

ハンガリーの民俗音楽を取り入れたヴァイオリンの名曲

『ツィゴイネルワイゼン』は、スペインのヴァイオリニストで作曲家のパブロ・デ・サラサーテが、1878年に作曲した管弦楽伴奏付きのヴァイオリン独奏曲です。サラサーテは、スペインの民謡や舞曲の要素を取り入れた曲を数多く作りました。このように、民俗音楽を作った19世紀中頃から20世紀にかけての作曲家のことを、「国民楽派」といいます。

ただ、『ツィゴイネルワイゼン』に取り入れられているのは、スペインの土着の民俗音楽ではありません。ハンガリーなどの東方から移住したジプシー（ロマ）たちの民俗音楽です。『ツィゴイネルワイゼン』はドイツ語で「ジプシー（ロマ）の旋律」を意味します。

ハンガリーの民俗音楽は、19世紀になって注目されるようになり、ブラームスなども『ハンガリー舞曲集』（P.29）を書きました。サラサーテのこの曲も、そんな時代を代表する作品といえるでしょう。

10歳のときにスペイン女王イサベル2世の前で演奏を披露したこともあるというヴァイオリンの名手サラサーテの曲というだけあって、『ツィゴイネルワイゼン』は冒頭から技術が要求されています。曲の途中は叙情的になりますが、後半に入ると段々とテンポアップしていき、いっそう高度な演奏テクニックを披露する展開となります。

このように演奏者の腕が試される曲ですが、情熱と哀愁に満ちた、燃え上がるようなヴァイオリンの調べは、聴く者の心に強い印象を残します。

冒頭の印象的なヴァイオリンのフレーズ。高度なテクニックが必要とされる難曲です。

もっと知りたい！豆知識

◆1904年にサラサーテ本人がこの曲を録音しています。その録音には、サラサーテの声と思われる謎の呟き声も入っています。一説には、サラサーテ本人が当時のレコードの録音許容時間をオーバーしそうなことに気づき、伴奏のピアニストに途中を端折って演奏するよう指示したものだといいます。

◆サラサーテ自身が録音したレコードの呟き声をモチーフとし、内田百閒は1947年に短編小説『サラサーテの盤』を書きました。さらに、この小説を元に鈴木清順が映画『ツィゴイネルワイゼン』を製作しています。

ヨハネ受難曲

アルヴォ・ペルト

20世紀にバッハ以前の教会音楽を目指す

アルヴォ・ペルトはエストニア出身で、2020年現在も活躍している作曲家です。1979年にオーストリアのウィーンに移住し、市民権を獲得しました。

『ヨハネ受難曲』は、1982年の作品で、彼の代表作のひとつに数えられています。新約聖書の「ヨハネによる福音書」18～19章に書かれたイエスの受難を題材にした同名の作品としては、バッハのものが有名です。

ペルトの『ヨハネ受難曲』にはバッハのような強い感情の起伏があまり見られず、内省的な印象が目立ちます。力強い終止感を生む近代的和声法によらず、中世の教会旋法を基本にしているからと思われます。このように中世ルネサンスの音楽を理想としたことで、すでにオペラなどの世俗音楽の影響を受けていたバッハの受難曲にはない、禁欲的な雰囲気が生み出されたのだと思われます。

ペルトは自身の独特な表現形式を、「ティンティナブリの様式」と呼んでいます。ティンティナブリとは「鈴の音」の意味。音楽的な特徴としては、簡素な和声、全音階的旋律や三和音の多用、単調なリズムなどが挙げられます。これらの様式は、東方正教会やカトリックの教会音楽から影響を受けたものだとされています。

ペルトが「ティンティナブリの様式」を取り入れた1970年代以降、彼の作品は高く評価され、いまも世界中で絶大な人気を誇っています。

ペルトが卒業したタリン音楽院（現：エストニア音楽アカデミー）のあるエストニアの都市、タリンの街並み。目立つ形のアレクサンドルネフスキー聖堂があります。

もっと知りたい！豆知識

◆ペルトの『ヨハネ受難曲』の演奏時間は約61分です。
◆初期のペルトは、ショスタコーヴィチやプロコフィエフ、バルトークなどの強い影響を受けていました。
◆転機になったのは1971年に作曲した『交響曲』第3番です。以後、ペルトは「西洋音楽の根源への回帰」を掲げ、実際の創作活動を通して、その理想を追求しました。

『テ・デウム』

アントン・ブルックナー

後期ロマン派の宗教音楽の最高峰

「テ・デウム」は、キリスト教の聖歌のひとつです。冒頭の歌詞が「われら神であるあなたを讃えます」を意味するラテン語“Te deum laudamus”ではじまることから、この名がつきました。

この聖歌は、4世紀の司教であるミラノのアンブロジウスが作ったものともいわれています。そして、17世紀以降、マルカントワーヌ・シャルパンティエやエクトル・ベルリオーズ、ゲオルク・フリードリヒ・ヘンデルなど、さまざまな作曲家たちが、テ・デウムを歌詞とした曲を作りました。

歴代の作曲家による数多くあるデ・デウムのなかでも、アントン・ブルックナーが1883年から1884年にかけて作曲した作品は、このジャンルのひとつの完成形を示したものといわれ、また後期ロマン派の作曲家が書いた宗教曲で頂点をきわめた曲であるともいわれています。ブルックナー自身は、この曲を「すべては主の最大の誉れのために作曲した」と語っています。

ブルックナーの『テ・デウム』は5つの曲で構成されています。第1曲は、「われら神であるあなたを讃えます（Te deum laudamus）」、第2曲は「御身に願いまつる（Te Ergo）」、第3曲は「とこしえに得しめ給え（Aeterna Fac）」、第4曲は「御身の民を救いたまえ（Salvum fac populum tuum）」、そして終曲では4人の独唱者の重唱から、フーガへと発展していきます。

死の2年前の1894年、ブルックナーはウィーン大学の講義で、当時作曲中だった『交響曲』第9番がもし未完成に終わった場合は、『交響曲』第9番の終楽章として『テ・デウム』を演奏するように指示したとも伝えられています。実際にブルックナーの死によって終楽章が未完のまま残されたので、『テ・デウム』を終楽章として演奏することもできるかもしれませんが、彼が本当にそのような意思を持ち続けていたかは不明です。現在でもさまざまな演奏形態が模索されています。

もっと知りたい！豆知識

◆初演はピアノ伴奏編曲により、ブルックナー自身の指揮で1885年に行われました。
◆ブルックナーの『テ・デウム』の演奏時間は約24分です。
◆『テ・デウム』の終曲では、ブッルクナー自身の『交響曲』第7番第2楽章の旋律が使われています。

『ニーベルングの指環』より「ワルキューレの騎行」 リヒャルト・ワーグナー

演奏に15時間かかる完成までに26年かかった超大作

フランシス・フォード・コッポラがベトナム戦争を題材に監督した映画『地獄の黙示録』の戦場シーンで流され、強烈な印象を残した音楽、それが『ワルキューレの騎行』です。この曲は、リヒャルト・ワーグナーの書いた楽劇『ニーベルングの指環』の第1夜『ワルキューレ』の第3幕の序曲として作られました。

ワルキューレとは、北欧神話に登場する女神たちで、戦場で死んだ英雄たちの魂を神々の館ヴァルハラへと届ける役目を持っています。英語ではヴァルキリーといい、日本語では戦乙女と訳されることもあります。『ニーベルングの指環』は、北欧神話の英雄であるジークフリートの物語がモチーフになっていて、ワルキューレの一員であるブリュンヒルドは物語の中心的な登場人物です。

『ニーベルングの指環』はワーグナーが生涯をかけた超大作で、1848年、ワーグナーが35歳のときに作曲がはじめられ、完成したのは26年後の1874年、ワーグナーが61歳のときでした。

序夜『ラインの黄金』、第1夜『ワルキューレ』、第2夜『ジークフリート』、第3夜『神々の黄昏』の4部構成で、通して上演すると約15時間もかかります。そのため、普通はどれかの部だけが上演されることが多いですが、もし通しで上演した場合、少なくとも4日間を要します。

ドイツではじめて全体が上演されたのは1876年のことです。日本ではそれから100年以上経った1980年代まで、全体を通して上演されることはありませんでした。演奏する方にとっても、聴く方にとっても、かなりの覚悟が必要な作品であることは確かといえるでしょう。

「ワルキューレの騎行」内で使われる有名なモチーフが、『ニーベルングの指環』の随所に表れます。

もっと知りたい！豆知識

◆『ニーベルングの指環』の台本もワーグナー自身が作曲しました。
◆「ジークフリート」は、ドイツ語読みです。14世紀頃までスカンジナビア人たちが使っていた古ノルド語では、ジークフリートのことを「シグルズ」といいます。また、古いドイツ語では、「ジーフリト」となります。

オペラ『オルフェオ』

クラウディオ・モンテヴェルディ

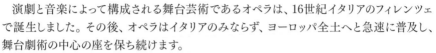

後世に多大な影響を与えた初期オペラの傑作

演劇と音楽によって構成される舞台芸術であるオペラは、16世紀イタリアのフィレンツェで誕生しました。その後、オペラはイタリアのみならず、ヨーロッパ全土へと急速に普及し、舞台劇術の中心の座を保ち続けます。

クラウディオ・モンテヴェルディは、16世紀から17世紀にかけて活躍したイタリアの作曲家で、初期のオペラの発展に多大な貢献をしました。『オルフェオ』は、そのモンテヴェルディが最初に作曲し、1607年に初演されたオペラです。ちなみに、当時はまだオペラという言葉はまだ音楽作品を意味しておらず、モンテヴェルディ本人はこの作品を「音楽による寓話」と呼んでいました。

オルフェオは、多くのクラッシク音楽の題材となっているギリシャ神話に登場する吟遊詩人のことです。『オルフェオ』は、その吟遊詩人の冥府下りの物語です。

音楽的に見ると、『オルフェオ』には、独唱であるモノディ様式や、合唱であるマドリガーレ様式など、当時のイタリアにあったさまざまな音楽様式が大胆に取り込まれています。また、特定の人物や状況などと結びつけて、特定のメロディーを使用したり、語り歌いの様式を採用したりするなど、後世のオペラで用いられるようになる技法や様式の萌芽も数多く見られます。

モンテヴェルディはマントヴァ公国の宮廷楽長を務めていました。『オルフェオ』は謝肉祭のための音楽劇として、マントヴァ公の命を受けて作曲されました。『オルフェオ』の初演は大成功を収め、マントヴァ以外にも、トリノ、フィレンツェなどで上演されました。この成功により、1609年と1615年に楽譜も出版されましたが、モンテヴェルディの生前に出版されたオペラの楽譜は『オルフェオ』だけでした。

そのため、初期オペラ作品の多くが現代では上演されることはありませんが、『オルフェオ』はいまも繰り返し上演されています。ただ、『オルフェオ』はモンテヴェルディの死後、いったん忘れられてしまい、再び上演されるようになったのは20世紀に入ってからのことです。

もっと知りたい！豆知識

◆オペラ（opera）は「作品」を意味するラテン語「オプス（opus）」の複数形です。当時はopera per musica（音楽作品）あるいはdramma per musica（音楽劇）などと呼ばれていました。後にoperaだけで今日のオペラを意味するようになりましたが、作品という意味でも用いられるので、注意が必要です。例えば、作品番号を「オーパス番号」ということもあります。

『交響曲』第5番「宗教改革」

フェリックス・メンデルスゾーン

キリスト教の宗派争いに巻き込まれた不運の曲

フェリックス・メンデルスゾーンはドイツ北部のハンブルクに生まれ、8歳の頃からはベルリンで育ちました。ユダヤ人家系でありながら、著名な哲学者であった祖父モーゼスの代にキリスト教（プロテスタント）に改宗したこともあって、彼は熱心なプロテスタント信者でした。そんな彼が1830年に作曲した『交響曲』第5番は、キリスト教のカトリックとプロテスタントの宗派争いに巻き込まれ、なかなか陽の目を見なかった不遇な作品です。

1829年にメンデルスゾーンは、翌年ベルリンで開かれる「信仰告白300年祭」の祝典で演奏するための曲の依頼を引き受けました。

「信仰告白」とは、1530年にマルティン・ルターとともに宗教改革を推進していたメランヒトンが、追放中のルターに代わって、ドイツの帝国議会で「信仰告白書」を読み上げたという、プロテスタントにとって歴史的に重要なできごとです。

メンデルスゾーンはこの300年祭のために、『交響曲』第5番を作曲しました。『交響曲』第5番は曲中にルターが作詞作曲した『神はわがやぐら』を取り込むなど、「信仰告白」の祝典にはぴったりの曲となります。

しかし、その300年祭がカトリック教会の反対により中止に追い込まれ、交響曲が、演奏される機会を逸してしまいました。せっかく作った曲の発表を諦められないメンデルスゾーンは、1832年にパリ音楽院のオーケストラによる演奏会を計画します。しかし、このオーケストラの楽員にはカトリック教徒が多く、彼らの反対にあったため、その計画は頓挫してしまいました。

その後、ベルリンでの初演にこぎつけたメンデルスゾーンはこの曲に『宗教改革』という題名を付けたのですが、それっきり二度と演奏しようとしませんでした。宗派争いに巻き込まれ、自身がユダヤ人であったことがさらに問題を複雑にしてしまう状況が嫌になってしまったのかもしれません。

ルターが信仰告白を行ったアウグスブルクの街並み。

もっと知りたい！豆知識

◆『宗教改革』の再演が行われたのは、メンデルスゾーンが亡くなってから20年以上経った1868年のことです。楽譜がはじめて出版されたのも同年のことでした。

◆本人は死ぬまでこの作品の改訂を続けていましたが、最後まで満足いくできにならなかったといいます。しかし、現在は『宗教改革』は高く評価されており、メンデルスゾーンが作った交響曲のなかでは、最初の成功作といわれています。

2月18日

本日のテーマ▼謎

『クープランの墓』

モーリス・ラヴェル

悲痛なタイトルだけど曲調が悲壮ではない理由

『クープランの墓』は、20世紀に活躍したフランスの作曲家モーリス・ラヴェルが、1914年から1917年にかけて作曲したピアノ組曲です。「プレリュード(前奏曲)」、「フーガ」、「フォルラーヌ」、「リゴドン」、「メヌエット」、「トッカータ」の6曲で構成されています。

クープランとは、18世紀フランスの作曲家フランソワ・クープランのことです。しかし、この曲はラヴェルが特にクープラン個人を追悼する意味で作られたわけではありませんでした。ラヴェル自身によれば、『クープランの墓』という題名は、クープランに代表される18世紀フランス音楽全般への敬意を込めてつけたものだといいます。つまり、この曲は追悼曲ではなく、先人たちへの賛歌なのです。また「墓」（フランス語で「トンボー」）も、実際の墓ではなく、「墓碑」であると理解すればいいでしょう。

ラヴェルは第一次世界大戦が起きると、志願して戦場に行っています。何人もの戦友たちの死に直面しました。『クープランの墓』に収められている6曲は、それぞれ亡くなった戦友たちに捧げられているのです。追悼曲として作曲されたわけではなく、1曲1曲はラヴェルの緻密に計画された構成を持ち、高度な作曲技法に支えられ、フランスの近代音楽を代表するピアノ曲の名作として広く聴かれ、演奏される機会も多い曲です。

「メヌエット」の冒頭部分。4分の3拍子で、3部形式です。

もっと知りたい！豆知識

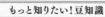

◆『クープランの墓』はラヴェルが最後に作曲したピアノ組曲です。1919年に作曲者自身が、このなかから4曲を抜粋して、管弦楽版に編曲しました。

◆初演後、ラヴェルに批判的な批評家たちは、「ラヴェル作曲の『クープランの墓』は大変結構だった。だがクープラン作曲の『ラヴェルの墓』だったらもっと結構だったに違いない」という皮肉な新聞批評を書いたともいわれています。

『レクイエム』

ガブリエル・フォーレ

「三大レクイエム」のひとつ

レクイエムはラテン語で「安息を」という意味の言葉です。死者の安息を神に願うカトリック教会のミサで用いられる祈祷文の最初にある言葉で、この祈祷文に作曲された楽曲を「レクイエム」といいます。多くの作曲家たちがこのレクイエムを作曲していますが、そのなかでも「三大レクイエム」と呼ばれるものがあります。モーツァルト、ヴェルディ、そしてガブリエル・フォーレの『レクイエム』です。

フォーレは、19世紀後半から20世紀初頭にかけて活躍したフランスの作曲家です。古典主義的な形式を採用しながらも、ドビュッシーが打ち立てた新しい近代フランスの音楽様式を柔軟に取り入れ、19世紀と20世紀をつなぐ役割を果たした作曲家ともいわれています。

フォーレの『レクイエム』は、1887年に書かれました。その2年前に父親を亡くしており、父の死が作曲のきっかけになったともいわれています。翌年、パリのマドレーヌ寺院で行われた建築家ルスファシェの葬儀の際に、フォーレ自身の指揮によって初演されました。しかし、このとき寺院の司祭からは曲が斬新過ぎると叱責されたといいます。また、批評家たちからも「死の恐ろしさが表現されていない」などの批判も出たようです。

フォーレはこの曲に自信を持っていたようで、後年、手紙のなかで「私のレクイエムは、死に対する恐怖感を表現していないといわれており、なかにはこの曲を死の子守歌と呼んだ人もいます。しかし、私には、死はそのように感じられるのであり、それは苦しみというより、むしろ永遠の至福の喜びに満ちた開放感に他なりません」と記しています。

フォーレは『レクイエム』の改訂を続け、1900年のパリ万国博覧会で第3稿を演奏し、大成功を収めました。これ以後、『レクイエム』はフォーレの作品のなかで、もっとも演奏回数の多い曲となりました。

もっと知りたい！豆知識

◆初演時は、声楽はソプラノ独唱と合唱、オーケストラはヴァイオリンパートを欠く弦楽とハープ、ティンパニー、オルガンという簡素な編成でしたが、1900年の第3稿ではヴァイオリンパートの他、木管楽器や金管楽器も加えられ、交響的な要素が与えられました。

2月20日

本日のテーマ▼主題

コメディ・バレ『町人貴族』

ジャン＝バティスト・リュリ

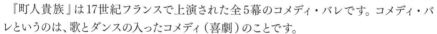

トルコへの憧れと蔑視が入り混じった喜劇

『町人貴族』は17世紀フランスで上演された全5幕のコメディ・バレです。コメディ・バレというのは、歌とダンスの入ったコメディ（喜劇）のことです。

台本は、当時フランスでもっとも人気が高く、国王ルイ14世の支援を受けていた劇作家で俳優のモリエールが書きました。音楽を担当したのは、ルイ14世のもとで宮廷楽長を務め、寵臣としても知られていたジャン＝バティスト・リュリです。リュリはフィレンツェ生まれのイタリア人でしたが、1661年にフランスに帰化しています。

物語は、貴族になりたい成金の町人であるジュルダンを中心に、ジュルダンの娘と、その恋人、貴族とその愛人などの思惑が絡み合う喜劇です。劇中には、娘の恋人がトルコの王子に化けて虚栄心の強いジュルダンを騙そうとする場面や、リュリの作曲した『トルコ人の儀式のための行進曲』が演奏される場面もあります。

このように『町人貴族』はトルコ趣味にあふれています。これは、当時のヨーロッパで、トルコ風の音楽やファッション、飲み物などがもてはやされていたためです。しかし創作のきっかけとなったのは、トルコに愚弄されたことに怒った14世が、モリエールやリュリにトルコを揶揄する作品を作るよう命じたからです。そういう意味では、トルコへの憧れと蔑視が入り混じった作品といえるでしょう。

ちなみに、1670年に本作がルイ14世の宮廷で、モリエール劇団によって初演された際、モリエールがジュルダンの役を演じ、リュリも3幕でイスラム法学者の役で舞台に登場しました。

トルコには素晴らしい世界遺産があり、ブルーモスク（スルタンアフメト・モスク）もそのひとつです。

もっと知りたい！豆知識

◆『町人貴族』の再演では、トルコを揶揄するような演出は削除されていきました。

◆粉挽き職人の家に生まれたリュリは、正規の音楽教育を受けたことはありませんでしたが、独学でヴァイオリンの演奏を覚え、音楽の道に進んだといいます。

◆1912年にリヒャルト・シュトラウスが作曲したオペラ『ナクソス島のアリアドネ』は、『町人貴族』のなかの劇中劇という設定です。

『無言歌集』

フェリックス・メンデルスゾーン

楽器の演奏だけで表現される「言葉のない歌」

『無言歌集』は、19世紀ドイツ・ロマン派の作曲家でピアニストでもあるフェリックス・メンデルスゾーンが、ほぼ生涯にわたって書き続けたピアノ独奏のための小品を集めた曲集です。楽譜は8巻にわけて出版されました。

無言歌とは、歌詞をもたず、歌曲的な旋律を楽器で演奏する曲です。いわば、「言葉のない歌」という意味になります。このジャンルは、メンデルスゾーンによって確立されました。また、曲集に収められた楽曲は、ロマン派の時代に自由な発想によって作られたピアノのための小品でした。これは、「性格曲(キャラクターピース)」の傑作となっています。

この作品集には、全部で48曲が収められており、そのすべてに題名が付けられています。しかし、メンデルスゾーン本人が付けたのは、『ヴェネツィアの舟歌』第1～3、『デュエット』、『民謡』の5曲のみです。他の曲の題名は、すべて楽譜を出版した出版社によって付けられました。

『無言歌集』に収められている楽曲のうち、作曲年代を特定できるものは25曲しかありません。そのなかで、もっとも早く書かれたものは1829年の作品であり、最後のものは1845年の作品です。また、『無言歌集』に収められた48曲以外にも、メンデルスゾーンはいくつかの「無言歌」を作曲しています。

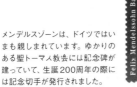

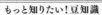

メンデルスゾーンは、ドイツではいまも親しまれています。ゆかりのある聖トーマス教会には記念碑が建っていて、生誕200周年の際には記念切手が発行されました。

もっと知りたい！豆知識

◆「無言歌」というジャンルは、メンデルスゾーンの姉で作曲家でもあったファニー・メンデルスゾーンが考案したとされます。彼女も多数の「無言歌」を作曲しました。

◆「春の歌」、「葬送行進曲」、「紡ぎ歌」、「子守歌」の4曲は、メンデルスゾーン自身が曲の冒頭に記した曲想標語をもとに、出版社が付与したもので、作曲者オリジナルの5曲に準じる標題と考えられています。

『ピアノ協奏曲』第2番

セルゲイ・ラフマニノフ

催眠療法によって立ち直った作曲家

セルゲイ・ラフマニノフは19世紀末から20世紀前半にかけて活躍したロシアの作曲家でピアニストです。貴族の家庭に生まれ、音楽的に恵まれた環境で育ったラフマニノフは、20代前半ですでに、作曲家としてもピアニストとしても高い評価を得ていました。

1897年に発表した『交響曲』第1番はラフマニノフにとって初の大作でしたが、専門家から酷評を受けてしまいました。彼の受けた衝撃は大きく、同時期に手痛い失恋も味わいます。これらのショックが重なったことで、早熟の天才であったラフマニノフは、いっさい作曲ができなくなってしまいました。彼はさまざまな治療を試みましたが、効果はありませんでした。

しかし、ラフマニノフは2年後に復活し、再び作曲に取り掛かります。こうして1901年に完成して、復活のきっかけとなったのが、『ピアノ協奏曲』第2番です。『ピアノ協奏曲』第2番は3楽章構成です。第2楽章と第3楽章が先に完成され、その後第1楽章が書かれ、1901年11月に初演されました。ピアノ独奏は作曲者自身で、指揮は従兄のアレクサンドル・ジロティでした。

ラフマニノフが再起を果たすことができた陰には、モスクワで開業していた神経科医のニコライ・ダール博士の力添えがあったからともいわれています。ラフマニノフを心配した友人から紹介された医師ダールは、ラフマニノフに対して「あなたが次に作る曲は傑作になる」と暗示をかけ続けたのです。それが功を奏したのか、治療をはじめてからわずか4ヶ月で、ラフマニノフは自信を取り戻したとされています。

もっとも、実際にどの程度、ダール博士の治療の効果があったのかは今日では不明で、近年では『ピアノ協奏曲』第2番と催眠療法にはあまり関係がなかったという説もあります。ただ、ラフマニノフがこの曲をダール博士に献呈していることから、ダール博士の貢献も少なからずあったのではないでしょうか。

もっと知りたい！豆知識

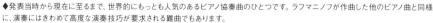

◆発表当時から現在に至るまで、世界的にもっとも人気のあるピアノ協奏曲のひとつです。ラフマニノフが作曲した他のピアノ曲と同様に、演奏にはきわめて高度な演奏技巧が要求される難曲でもあります。
◆マリリン・モンロー主演の映画『七年目の浮気』をはじめ、さまざまな映画やドラマで使われています。

『ピアノ組曲』作品25

アルノルト・シェーンベルク

12個の音を平等に扱う「十二音技法」

17世紀以降、西洋音楽は基本的に長調と短調、そして和音が織りなすルールによって作曲されてきました。このように作曲された音楽を「調性音楽」といいます。しかし20世紀に入ると、その「調性音楽」で作ることのできる音楽は開拓され尽くしたと考える作曲家たちが出てきて、彼らは伝統的な方法によらない、新たな作曲方法を模索しはじめます。

オーストリアの作曲家であるアルノルト・シェーンベルクも、そのひとりです。シェーンベルクは、それまでのように曲ごとに中心となる音（主音）を定めたうえで作曲するのではなく、オクターブ内にある12個の音をすべて平等に扱う作曲方法を考案しました。

具体的には、ひとつの音を使ったら、残りの11個の音を使うまでは決して反復しないという方法です。このような作曲方法を「十二音技法」といいます。またこのような方法で作曲された音楽は、ハ長調、ニ短調などの調を決定する主音を欠いているため、「無調音楽」とも呼ばれています。

シェーンベルクがはじめて「十二音技法」で作曲したのは、1920年から1923年にかけて書いた『5つのピアノ曲』作品23の「ワルツ」ないしは1921年から1923年にかけて書かれた『ピアノ組曲』作品25の「プレリュード」だとされています。

その後1925年にシェーンベルクはベルリンの芸術アカデミーの教授となり、「十二音技法」による新しい創作活動を展開します。しかし、当時の保守的な人々にとって彼の音楽は「伝統を軽視した過激な音楽」、「退廃芸術」と批判的に受け取られました。さらに、1933年にドイツでヒトラー政権が誕生すると、ユダヤ人であったシェーンベルクは身の危険を感じるようになり、アメリカに亡命します。それから亡くなるまでは、アメリカで作曲活動を続けたのです。

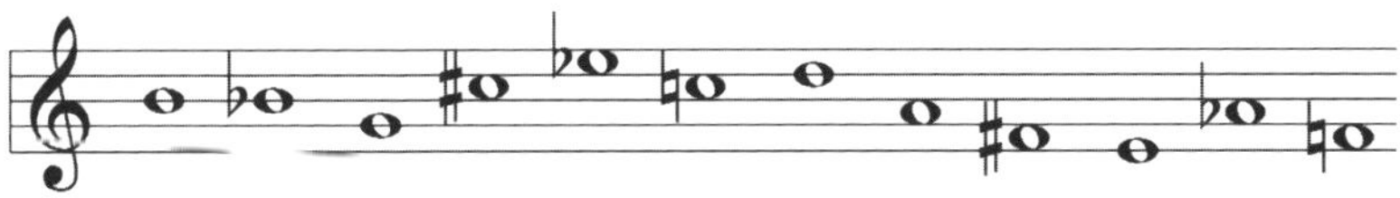

十二音技法の音列の例。オクターブ内の12音を1回ずつ使った音列から曲を作ります。

もっと知りたい！豆知識

◆シェーンベルクは「現代音楽の始祖」とも呼ばれています。
◆シェーンベルクの弟子としては、作曲家のアントン・ヴェーベルンとアルバン・ベルクがよく知られています。彼らは「新ウィーン楽派」と呼ばれています。
◆12音の音列による作曲法はシェーンベルクの完全なオリジナルとはいえません。同時代の作曲家であったヨーゼフ・マティアス・ハウアーが、シェーンベルクより2年ほど前に「トローペ」といわれる12音の音列による作曲法を考案しています。

交響詩『フィンランディア』

ジャン・シベリウス

ロシアの支配からの独立を願って作られた曲

19世紀のフィンランドはロシア帝国の厳しい支配下にあり、言論なども統制されていました。新聞なども、ロシアに批判的な記事を書くと、廃刊されることも珍しくありませんでした。そんななか、フィンランドの新聞業界を激励する目的で、1889年に「新聞祭典」が催されることになり、その祭典のためにジャン・シベリウスが作曲したのが、交響詩『フィンランディア』です。

フィンランド人だったシベリウスは母国のロシアからの解放を願っており、この曲に最初につけた題名は『フィンランドは目覚める』というものでした。作品のなかでシベリウスは、独立を求める国民の情熱と希望を表現したのです。

ロシアは、この曲がフィンランド人の愛国心を沸き起こすことを問題視し、題名を変更することをシベリウスに命じます。彼もロシアからの命令に従わざるを得ず、曲名を『フィンランディア』と変更しました。それでもロシアはこの曲を危険視し、演奏禁止処分にしてしまいます。これは音楽に対する不当な弾圧といえますが、別の見方をすれば、それだけ『フィンランディア』がもつ影響力が強かったことの証ともいえます。

事実、ロシアの弾圧下でも、フィンランド国民のなかでこの『フィンランディア』は生き続けました。1917年にフィンランドが独立を果たすや、シベリウスはこの曲の一部に歌詞をつけて「フィンランディア賛歌」に編曲し、フィンランドの人々を力強く励ましました。

「フィンランディア賛歌」は、現在も国歌に次ぐ第二の愛国歌として広く歌われています。

『フィンランディア』は、ロシアの圧政にも厳しい冬にも負けないフィンランド国民の情熱と希望がにじみ出る楽曲です。

もっと知りたい！豆知識

◆『フィンランディア』はふたつの序奏を持つ3部形式で、序奏では「苦難」が、次いで「闘争」が、そして最後には「勝利」が表現されています。この最後の部分の旋律が、「フィンランディア賛歌」で使われました。

◆フィンランド出身のレニー・ハーリン監督による映画『ダイ・ハード２』のラストで、「フィンランディア賛歌」が流れます。

牧神の午後への前奏曲

クロード・ドビュッシー

「前奏曲」だけしかない不思議な作品

フランスの作曲家クロード・ドビュッシーが1892年から1894年にかけて作曲した管弦楽作品に、『牧神の午後への前奏曲』という曲があります。これは、同時代のフランスの詩人で、ドビュッシーが敬慕していた詩人ステファヌ・マラルメの詩『牧神の午後』に感銘を受けて作られたものです。詩の内容は、夏の昼下がりに好色な牧神が昼寝のまどろみのなかで官能的な夢想に耽るというもので、ドビュッシーの曲もそのイメージに沿ったものとなっています。

演奏するオーケストラは大編成ですが、ヴァイオリン・パートなどを分割したり、ハープの分散和音を多用したりして、同時代のヨーロッパで人気のあったワーグナーの重厚な響きとは異なり、繊細な音の動きがマラルメの詩の世界ともマッチしました。ドビュッシーは当初この曲を、「前奏曲」、「間奏曲」、「終曲」によって構成された長大な楽曲として構想していたといわれています。また、このマラルメの詩を題材にした曲は最初、1894年にベルギーで演奏される予定でしたが、ドビュッシーは「前奏曲」を書いたあと、どうしても続きが書けず、結局ベルギーでの初演は流れてしまいます。その後も、ドビュッシーは「間奏曲」と「終曲」も作曲しようと苦悩しますが、まったく作業は進みませんでした。そして、ついに彼は、この曲は「前奏曲」だけで完成していると結論づけます。しかし、題名から「前奏曲」は取られず、そのまま残ったために少し不思議な題名となったのです。

同年の暮れにパリで初演された『牧神の午後への前奏曲』は、大成功を収めました。現在では、この曲は音楽における「象徴主義」を代表する作品といわれています。

フルネームはクロード・アシル・ドビュッシーですが、28歳まではアシル・クロード・ドビュッシーで、名前の順番が違いました。

もっと知りたい！豆知識

◆『牧神の午後への前奏曲』の演奏時間は約10分です。
◆ポール・デュカスは、ドビュッシーの死後に追悼のために作曲したピアノ曲『牧神の遥かな嘆き』で、この曲の冒頭部分を引用しています。
◆ロシアのバレエダンサーのニジンスキーの振り付けによって、『牧神の午後への前奏曲』は1912年にバレエとしても上演されています。このときのバレエの題名は『牧神の午後』でしたが、扇情的な振り付けが人々の関心を呼びました。

愛のあいさつ

エドワード・エルガー

近代イギリスを代表する作曲家

イギリスは文学、絵画、演劇などで名高い芸術家を数多く生み出していますが、クラシック音楽の作曲家に関しては、世界的に有名な人はあまり多くはいません。そんなイギリスで、17世紀のヘンリー・パーゼル以来の一流作曲家と見なされているのが、19世紀後半から20世紀初頭にかけて活躍したエドワード・エルガーです。

エルガーはパーゼルのことは尊敬していたものの、それ以前のイングランドの初期の作曲家については「博物館の陳列品」と呼んで軽視していました。彼が強い影響を受けたのは、ヘンデル、ドヴォルザーク、ワーグナー、ベルリオーズ、サン＝サーンスなど、大陸の作曲家たちばかりです。

エルガーの代表的な作品としては、『エニグマ変奏曲』（P.320）や『威風堂々』（P.203）が広く知られていますが、それらと並んで1888年に書かれたヴァイオリンとピアノのための楽曲『愛のあいさつ』も有名です。この曲は、その年に婚約したピアニストのキャロライン・アリス・ロバーツのために書かれたものです。アリスは、もともとエルガーのピアノの生徒でしたが、彼女の方が8歳年長であり、エルガーがカトリックだったのに対し、アリスはプロテスタントという宗教の違いや、当時まだ無名だった作曲家と陸軍少将の娘という身分格差などから、アリスの親族は2人の仲を認めませんでした。しかし、2人は周囲の反対を押し切って強引に結婚します。

ちなみに、この曲の題名は当初、ドイツ語を得意としていたアリスのために、ドイツ語で『愛のあいさつ』を意味する“リーベスグルース（Liebesgruß）”と名付けられました。ですが、楽譜を出版するさい、出版社からフランス語に変更を求められ、“サリュ・ダムール（Salut d'amour）”と変更されました。

また、エルガーはその後、『愛のあいさつ』のピアノ独奏用、小編成の管弦楽用など、さまざまな編成のための編曲を行いました。

もっと知りたい！豆知識

◆『愛のあいさつ』の楽譜の売れ行きは好調でしたが、エルガーには数ポンドの収入しかもたらさなかったといいます。
◆のちにエルガーは、「騎士」、さらに「准男爵」の爵位が与えられ、1924年からは国王の音楽教師を務めました。

組曲『仮面舞踏会』

アラム・ハチャトゥリアン

劇音楽として作られ、のちに組曲になる

アラム・ハチャトゥリアンは、20世紀の旧ソビエト連邦を代表する作曲家です。セルゲイ・プロコフィエフ、ドミートリイ・ショスタコーヴィチとともに、「ソビエト3巨匠のひとり」とも称されています。

グルジアの貧しい製本業の息子として生まれたハチャトゥリアンは、幼少期に正規の音楽教育は受けられませんでしたが、民謡や民族音楽などには深く親しんでいました。18歳のときにベートーヴェンの『交響曲』第9番「合唱付き」の演奏に触れて音楽に目覚め、楽譜も十分に読めないままグネーシン音楽院チェロ科に入学。その後、作曲の道に進み、『ピアノ協奏曲』変ニ長調で名声を博しました。

『仮面舞踏会』は、1941年にモスクワで公演されたミハイル・レールモントフの戯曲『仮面舞踏会』のために、ハチャトゥリアンが作曲したものです。この戯曲は、帝政ロシア貴族社会における虚偽や腐敗のなかで悲劇に見舞われる男女の悲劇を描いたものでした。

当初は劇音楽としてだけ書かれた『仮面舞踏会』ですが、その優れた音楽性がすぐに高く評価されました。そこで、ハチャトゥリアンは1944年に劇音楽として書いた14曲から5曲を選びだし、管弦楽のための「組曲」に再編成しました。組曲『仮面舞踏会』は、5つの曲、すなわち「ワルツ」、「ノクターン」、「マズルカ」、「ロマンス」、「ギャロップ」から構成されます。

現在、劇音楽の『仮面舞踏会』が演奏されることは稀ですが、組曲『仮面舞踏会』は多くのコンサートで演奏されており、ハチャトゥリアンの代表作のひとつとされています。

ハチャトゥリアンの故郷は現在のグルジア。写真はグルジアの首都トビリシの街並み。

もっと知りたい！豆知識

◆ミハイル・レールモントフは、19世紀の帝政ロシアの詩人で作家です。
◆ハチャトゥリアンは人種的にはアルメニア人で、現在、アルメニア共和国で発行されている50ドラム紙幣には、彼の肖像が使用されています。

交響詩『魔法使いの弟子』

ポール・デュカス

ゲーテの詩から着想を得た交響詩

19世紀末から20世紀初頭にかけて活躍したフランスの作曲家ポール・デュカスは、極度の完璧主義者だったことで知られています。自分で傑作と認められない作品は、せっかく作曲しても、すべて破棄していました。そのため、現在デュカスの作品は、わずか13曲しか残されていません。1897年に書かれた交響詩『魔法使いの弟子』は残されたうちのひとつです。

交響詩とは、リストの『オルフェウス』（P.20）でも解説しましたが、物語や詩、絵画などの印象を管弦楽で表現するというジャンルです。『魔法使いの弟子』は、ドイツの文豪ゲーテの詩『魔法使いの弟子』のフランス語版に着想を得たとされています。

ゲーテの『魔法使いの弟子』では、次のようなストーリーが展開します。

とある工房に老いた魔法使いと若い弟子がいました。ある日、魔法使いの老師は弟子に水汲みの雑用を命じて出かけて行きます。しかし、仕事をサボりたい魔法使いの弟子は、見よう見まねでホウキに魔法をかけ、自分の代わりに水汲みをさせようと思いつきました。その目論みはうまくいきますが、水汲みが終わっても、魔法の解きかたがわかりません。水は洪水のように溢れかえりますが、そこに老師が帰ってきて、魔法で事態を収拾。そして、未熟で軽率な弟子を厳しく叱りつけます。

初演時の題名は『ゲーテによる交響的スケルツォ』でした。スケルツォとは「戯れ」という意味で、交響曲やピアノ曲の舞曲楽章としても利用されます。『魔法使いの弟子』では、スケルツォが表す言葉通り、若い弟子の自由奔放な振る舞いが、楽しくユーモラスに描かれています。

デュカスの『魔法使いの弟子』は発表してすぐに評判となり、彼の出世作となりました。

もっと知りたい！豆知識

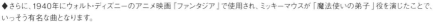

◆さらに、1940年にウォルト・ディズニーのアニメ映画『ファンタジア』で使用され、ミッキーマウスが「魔法使いの弟子」役を演じたことで、いっそう有名な曲となります。

クラシック音楽の主なジャンル

音楽の1ジャンルであるクラシック音楽は、そのなかでさらに細かくジャンル分けすることができます。ここで、よく耳にするジャンルを大まかに説明します。

①ピアノ曲

ピアノ曲とは、その名の通りピアノ独奏で演奏される曲のことです。

性格的小品	自由な発想で作曲されたピアノ曲のこと。ワルツやエチュードなど。
ピアノ・ソナタ	原則として3〜4楽章で構成されるピアノ独奏曲のこと。

②交響曲

複数の楽章で構成されたオーケストラ演奏による曲のことを、交響曲といいます。
演奏時間は、数十分のものから1時間を超えるものまでさまざまで、聞き応えのある作品が多いのが特徴です。主に弦楽器、管楽器、打楽器で構成されます。

③管弦楽曲

交響曲以外のオーケストラ演奏を管弦楽曲と呼ぶことがあります。

交響詩	交響曲とは違って、単一の楽章で構成され、特定の絵や詩を題材に作曲されます。
バレエ音楽、劇音楽	バレエや演劇のバックミュージックとして管弦楽曲が演奏される場合のことです。伴奏とはいえ、場面の雰囲気を盛り上げたり、登場人物の心情を表したりと、とても重要な要素を担っています。

④協奏曲

オーケストラとソリストが共演する演奏形態のことです。ピアノ協奏曲やヴァイオリン協奏曲などがよく見られます。

他にも室内音楽やオペラ（歌劇）など、さまざまなジャンルのクラシック音楽が存在します。いろいろ聞いて、自分のお気に入りのジャンルを見つけて見てください。

もっと知りたい！豆知識

2月29日

本日のテーマ▼逸話

バレエ音楽『春の祭典』

イーゴリ・ストラヴィンスキー

クラシック音楽史上、もっともスキャンダラスな事件

イーゴリ・ストラヴィンスキーは、「西洋音楽の最後の偉大なる父」とも評される20世紀を代表する作曲家のひとりです。ロシア出身ですが、ロシア革命が起きるとパリに移り住み、晩年はアメリカで活動を続けました。

ストラヴィンスキーのこのバレエ音楽は、ロシアのバレエダンサーであるセルゲイ・ディアギレフが主宰する「ロシア・バレエ団」のパリ公演用に作曲されたものです。1909年5月からシャトレ座で4回の公演を行っていたディアギレフですが、当時無名のストラヴィンスキーの『火の鳥』(P.308)を使用したり、同じくロシアのバレエダンサーであるヴァーツラフ・ニジンスキーが振り付けた、ドビュッシーの「前衛的な」音楽によるバレエ『牧神の午後』を上演したりして、パリの聴衆の反感を買い、対立色を強めていました。

そして、ディアギレフ、ニジンスキー、ストラヴィンスキーの3人の芸術家は、「生け贄に捧げられた乙女が、踊り抜いた末に死んでいく異教徒の儀式」という「原始的バレエ」を構想したのです。

この曲では、冒頭から拍子が目まぐるしく交替し、不協和音が連打されます。オーケストラ全体が打楽器となって、太古の世界の生命力あるリズムを打ち鳴らしました。音楽も、伝統的な音楽から大きく逸脱していたので、ダンサーたちも踊るのが大変だったといいます。そのため、ディアギレフはリトミック教師として有名なエミール・ジャック・ダルクローズを招いて、練習させました。

この音楽とバレエが、当時の聴衆にとって衝撃的であったことはいうまでもありません。3人の芸術家が仕掛けた「時限爆弾」は見事に炸裂しました。劇場には罵声が飛びかい、観客たちは暴徒化したといいます。今日では『春の祭典』はクラシックの古典となってしまいましたが、この時限爆弾が不発に終わっていたなら、この曲が古典になることはなかったのかもしれません。聴衆たちの賞賛と拒絶が、芸術作品を不朽のものにするといういい例ではないでしょうか。

もっと知りたい!豆知識

◆『春の祭典』は、第1部「大地の礼賛」、第2部「生け贄の儀式」の2部構成で、通しての演奏時間は約34分です。
◆初演時は怪我人が出るほどの混乱状態となった『春の祭典』ですが、2回目の公演以降は大きな騒乱が起こることはなく、高い評価を得ました。現在では、20世紀の近代音楽の傑作とされています。
◆ディズニー制作のアニメ映画『ファンタジア』のなかの1エピソードで『春の祭典』は使われており、地球の誕生から生命の発生、恐竜とその絶滅までのドラマが、この曲に合わせて繰り広げられました。

366 days of Classical music

366日の西洋音楽

3月

オペラ『ムツェンスク郡のマクベス夫人』

ドミートリイ・ショスタコーヴィチ

スターリンが激怒したことで上演禁止に

20世紀のソ連を代表する作曲家で、「交響曲の大家」とも呼ばれるドミートリイ・ショスタコーヴィチが、1930年から1932年にかけて作曲したオペラが『ムツェンスク郡のマクベス夫人』です。原作は19世紀ロシアの作家ニコライ・レスコフの同名の小説。タイトルの「マクベス夫人」とは、シェイクスピアの戯曲『マクベス』に登場するマクベスの妻のことで、本作の主人公が彼女になぞらえられています。

オペラとしては全4幕9場で構成。ショスタコーヴィチが本作を書いたのはまだ20代という若さでしたが、17世紀スペインの音楽形式であるパッサカリアを取り入れたり、性行為を音楽で描写する斬新な試みを取り入れるなど、意欲的な力作となっています。

1936年にモスクワのボリショイ劇場で、このオペラを当時のソ連の独裁者だったスターリンが観て不快感を示したことで、本作はソ連での上演が禁止されてしまいました。絶対的権力者の不興を買ったことで、ショスタコーヴィチの身にも危険が及ぶ可能性が生じ、以後、20年以上にわたって『ムツェンスク郡のマクベス夫人』は上演されなくなってしまいます。ちなみに、スターリンは本作の性暴力の描写に激怒したともいわれています。

スターリンが死んだ3年後の1956年から、ショスタコーヴィチはこのオペラの改訂に着手し、題名も『カテリーナ・イズマイァ』と変えました。この作品の上演許可は1963年に出され、同年にモスクワのネミローヴィチ＝ダンチェンコ劇場で初演されました。ただ『ムツェンスク郡のマクベス夫人』から『カテリーナ・イズマイァ』への改変の程度が大きいため、同一作品とは見なされない傾向があります。

ロシアのモスクワにあるボリショイ劇場内部。ロシアを代表するバレエやオペラを上演する劇場です。

もっと知りたい！豆知識

◆当初、ショスタコーヴィチはワーグナーの『ニーベルングの指環』にならった4部作のオペラを構想し、『ムツェンスク郡のマクベス夫人』がその第1部になるはずだったといいます。しかしスターリンの怒りを買ったため、この計画は頓挫しました。

◆ショスタコーヴィチにとって本作の上演禁止はかなりのショックだったようで、以後、オペラの創作からは遠ざかりました。

『交響曲』第3番「英雄」

ルートヴィヒ・ヴァン・ベートーヴェン

英雄ナポレオンに捧げる予定だった交響曲

ルートヴィヒ・ヴァン・ベートーヴェンは生涯で9つの交響曲を作曲しましたが、そのなかで本人が一番気に入っていたのが、『交響曲』第3番「英雄」です。最後の交響曲となる第9番を作曲中の頃、「自作でどれが1番できがいいと思いますか」という問いに、ベートーヴェンは「田園」や「運命」を差し置いて、即座にこの作品を挙げたといいます。

『交響曲』第3番の「英雄」とは、もともとナポレオン・ボナパルトのことを指しており、本作がナポレオンに捧げるために作曲されたという逸話は有名です。

ベートーヴェンは若い頃、不安定な生活や病気など、さまざまな苦労を味わっていました。下級軍人からフランスの民衆を率いる将軍になった同世代のナポレオンは、不遇な人生を経験していた若者たちにとっては自らを奮い立たせる存在でした。やがて、ナポレオンはフランス革命後の動乱を収拾し、ヨーロッパ全土に勢力を拡大させていきました。ベートーヴェンはナポレオンの勢力拡大を、「自由」「平等」というフランス革命の理念をヨーロッパ中に拡げるものとして好意的に見ていました。そして、『交響曲』第3番の作曲に取り掛かります。

当初この曲は『シンフォニア・グランデ（大交響曲）：ボナパルト』と題名がつけられていました。まさに、ナポレオンに捧げるための曲だったのです。しかし、曲の完成直後の1804年、市民の自由と平等という革命の理念を裏切り、ナポレオンはフランス皇帝の座についてしまいました。

これを知ったベートーヴェンは、「奴も俗物に過ぎなかったのか」と激怒。書き上げた自筆の楽譜の表紙にあったナポレオンへの献辞をペンでかき消し、曲名を『シンフォニア・エロイカ（英雄的な交響曲）』に変えてしまいました。そこから、『交響曲』第3番は「英雄」や「エロイカ」と呼ばれるようになったのです。

もっと知りたい！豆知識

◆初演は1804年12月に、ウィーンのロブコヴィッツ侯爵邸において非公開で行われました。
◆『交響曲』第3番の第2楽章が葬送行進曲になっているのは、英雄の死をベートーヴェンが予見していたためともいわれています。
◆ベートーヴェンはナポレオンが皇帝に即位したことに激怒しなかったという説もあります。その説によれば、本作からナポレオンの名前を削ったのは、葬送行進曲である第2楽章が、皇帝になったナポレオンに対して失礼だと、ベートーヴェン自身が考えたためだとされています。

交響詩「前奏曲」

フランツ・リスト

本当は合唱曲の「前奏曲」だった

「前奏曲」はピアニストで作曲家でもあったフランツ・リストが、1854年、ドイツのワイマールの宮廷劇場で自らの指揮で初演した交響詩です。

リストは、1848年にワイマールの宮廷楽長に招かれて以来、かつてバッハやゲーテが住んだことのあるワイマールで作曲活動に専念していました。13の交響詩がすべてワイマールで作曲・初演されているのも、そのためです。交響詩というジャンルはリストが考案した交響作品のジャンルで、1楽章形式の曲で、標題と呼ばれる題名や詩などが添えられました。しかし、必ずしも音楽と題名や詩といった音楽以外の要素が密接に関係しているわけではないので、注意が必要です。

リストは生涯、全部で13曲の交響詩を作曲しました。そのなかでも特に有名なのが「前奏曲」です。リストはこの曲の標題として、「私たちの人生は、死という厳粛な第1音ではじめられる知られざる歌への、まさに一連の前奏曲［複数形］そのものではないだろうか?」と掲げています。そして、作曲者自身がこの曲を「ラマルティーヌの『瞑想詩集』による交響詩《レ・プレリュード（＝前奏曲）》」と記したことから、フランスの詩人であるアルフォンス・ド・ラマルティーヌから影響を受けたものだと思われてきました。

しかしこの「前奏曲」は、実はピアノ伴奏による男声合唱曲「四大元素」の前奏曲として完成された曲だったのです。題名の「四大元素」にあるように、合唱曲は、「大地」「北風」「波」「星」と題された楽章から構成されました。そして、この作品の前奏曲には、これらの4つの楽章に登場するメロディが使用されていました。ただ、この男声合唱曲「四大元素」が未出版だったため、その存在が長く知られていなかったのです。交響詩「前奏曲」は、実は合唱曲「四大元素」のまさに前奏曲であったというわけです。

リストの13曲の交響詩には、いずれも文学や歴史に由来する標題が付けられています。そのため、ラマルティーヌの『瞑想詩集』に実際に含まれる詩「前奏曲」が、まことしやかに標題として掲げられたのでしょう。

もっと知りたい！豆知識

◆リストはピアニストとして活躍し、一時期はパリを活動の拠点にしていましたが、演奏旅行中に知り合ったウクライナのヴィトゲンシュタイン侯爵夫人と不倫関係になります。リストは結婚を望んだのですが、彼女がカトリック信者であったことから離婚もできないため、恋は実りませんでした。ワイマールの宮廷楽長になるのを後押ししたのは、ヴィトゲンシュタイン侯爵夫人だといわれています。

交響詩「ローマの噴水」

オットリーノ・レスピーギ

「簡潔な音楽」を目指した新古典主義

オットリーノ・レスピーギは、日本ではあまり有名ではありませんが、20世紀前半に活躍したイタリアの作曲家です。近代イタリア音楽における器楽曲の開拓者のひとりとされており、新古典主義音楽の作曲家のひとりでもあります。

新古典主義とは、第一次世界大戦と第二次世界大戦の間の時期に登場した新しい芸術思想です。ヨーロッパ文化は19世紀の世紀末から20世紀初頭にかけて円熟期を迎え、ドイツでは表現主義が、フランスでは印象主義が、人間の曖昧模糊として感情や感覚を過剰に表現していましたが、新古典主義は「古典への回帰」をスローガンに、バッハやモーツァルトを模範として、簡素な形式や表現を標榜しました。

レスピーギが1916年に作曲した交響詩が『ローマの噴水』です。この作品は、『ローマの松』(1924年)、『ローマの祭り』(1928年)と共に「ローマ三部作」とも呼ばれています。

この作品は新古典主義のレスピーギの曲らしく、古典的な交響曲にみられる4楽章構成をとっています。第1部は『夜明けのジュリアの谷の噴水』、第2部は『朝のトリトンの噴水』、第3部は『真昼のトレヴィの泉』、第4部は『黄昏のメディチ荘の噴水』と題されており、それぞれ「夜明け」、「朝」、「真昼」、「黄昏」の4つの時間の、ローマの名所となっている噴水(泉)が描写されています。

『ローマの噴水』は初演時には評価を得られませんでしたが、再演以降、傑作としての評価が定着しました。

イタリア・ローマにある観光地、トレヴィの泉。後ろ向きにコインを投げ入れると願いが叶うといわれています。

もっと知りたい!豆知識

◆1913年に生地ボローニャからローマに移り住んだレスピーギは、新天地で受けた刺激から「ローマ三部作」を作曲しました。
◆演奏時間は約15分です。

オペラ『ピーター・グライムズ』

ベンジャミン・ブリテン

社会から疎外された人間を描く社会派オペラ

ベンジャミン・ブリテンは20世紀イギリスの作曲家。彼が書いた15作のオペラの多くが、その後も上演され続けているため「20世紀最大のオペラ作曲家」とも称されています。そのブリテンが、イギリスの詩人クラッブの詩『町』をもとに、1944年から1945年にかけて書いたオペラが『ピーター・グライムズ』です。また、本作はブリテンが最初に書いた本格的なオペラでもあります。

20世紀に入って作られたオペラには、『ムツェンスク郡のマクベス夫人』(P.70)や『ヴォツェック』、『イエヌーファ』などがありますが、いずれも、社会の不寛容さによって疎外され、その結果として破滅に追いこまれる人間をテーマにしています。『ピーター・グライムズ』もそういった流れに含まれる作品のひとつです。

物語の舞台は、1830年頃のイギリス東海岸の漁村。主人公のピーター・グライムズは偏屈で強情な性格の独身の漁師です。あるとき漁の最中に徒弟を死なせてしまいます。これは事故だったのですが、村人たちはグライムズを殺人者と見なし、冷たい仕打ちをするようになりました。教師のエレンだけは、彼の純粋な性格を理解していましたが、村のなかでグライムズはますます孤立していきます。そして別の徒弟が事故で死ぬと、村人たちは「ピーター・グライムズ!　奴を許すな」と合唱しながら、彼を追い詰めました。錯乱したグライムズは、ひとりで海に出て、船もろとも海に沈んでいきます。

ブリテンはこの作品について、「社会がより残忍になれば、人もまたより残忍になる」と語っています。現実をシリアスに描いた社会派オペラの本作は、第二次世界大戦後のオペラ界に大きな影響を及ぼしました。

劇中の漁村は架空のものですが、ブリテンが住んだとされるイギリスのサフォーク州に雰囲気が似ているといわれています。

もっと知りたい!豆知識

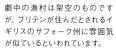

◆1945年に、ロンドンのサドラーズ・ウェルズ劇場で初演されました。
◆ブリテンがクラッブの詩をオペラ化しようと思いついたのは1941年の夏のことです。親友のテノール歌手ピーター・ピアーズと草案を練りました。
◆間奏曲6曲のうち5曲をのちにブリテンは、独立した組曲『4つの海の間奏曲』作品33aと『パッサカリア』作品33bに編曲しました。

オペラ『奥様女中』

ジョヴァンニ・バッティスタ・ペルゴレージ

日常世界を描く喜歌劇

ジョヴァンニ・バッティスタ・ペルゴレージは、18世紀イタリアのオペラ作曲家です。ペルゴレージはナポリ楽派の作曲家とされています。ナポリ楽派とは、18世紀にナポリの音楽学校を中心にして、この地で学んだ作曲家たちのことです。そのペルゴレージが作曲し、1733年に初演された『奥様女中』は、オペラ・ブッファの傑作としていまも残っています。

オペラ・ブッファは、日本語では「喜歌劇」と訳されるように、日常の世俗の人物が主人公で、そこで展開されるストーリーも軽妙で、ドタバタ劇に近いといえるでしょう。オペラは17世紀のイタリアに誕生しましたが、本来はギリシャ悲劇の復興劇だったので、同時代のオペラも英雄や貴族が主人公で、最後は死んでしまうという深刻な内容のものが多かったのです。このようなオペラは「オペラ・セリア」と呼ばれ、このようなオペラの休憩時間、つまり幕間に演じられていたのが「オペラ・ブッファ」でした。

『奥様女中』の物語は、次のように展開します。主人公ウベルトは、自分の家に仕える女中のセルピナと結婚したいのか、それともただ彼女の境遇を憐れんでいるだけなのか自分の気持ちがわからず迷っていました。そこでセルピナは一計を案じ、下男のヴェスポーネを兵士に仕立て上げ、彼から結婚を迫られ、その持参金をウベルトが払わなければならないと脅します。結局、ウベルトは彼女の策略にはまって、セルピナを娶ることになるのです。

本作はもともと、ペルゴレージが作曲したオペラ・セリア『誇り高き囚人』のインテルメッゾ(幕間劇)として作曲されたものです。しかし、『誇り高き囚人』は当時も成功したとはいえず、現在上演されることはありません。一方、『奥様女中』は初演時から聴衆に歓迎され、いまも世界中で上演されています。

オペラ・ブッファは民衆的なオペラだったので、そこで歌われるメロディも簡素なもので、伴奏につけられる和声もすっきりとしていました。そのために、バッハの音楽のように、複数のメロディが複雑に絡まる音楽に飽きた聴衆は、オペラ・ブッファのシンプルな音楽を好むようになります。こうした流れのなかで、モーツァルトなどの古典派の音楽が誕生してくるのです。

もっと知りたい！豆知識

◆『奥様女中』の登場人物は、ウベルト、セルピナ、ヴェスポーネ(下男)の3人だけです。
◆『奥様女中』は第1部、第2部の2部構成で、総演奏時間は約50分です。

『謝肉祭』

ロベルト・シューマン

別れた恋人の故郷を示す暗号

『謝肉祭』は、ロベルト・シューマンが1834年から1835年にかけて作曲したピアノ曲集です。全20曲の小品が収められています。

この『謝肉祭』に、シューマンは「4つの音符でつくられた小景」という副題をつけました。ド、レ、ミなどの音はアルファベットで表されることがありますが、『謝肉祭』の20の小曲は、ドイツ語で「A(ラ)」、「Es(ミb)」、「C(ド)」、「H(シ)」の文字で表される4つの音を中心に作られていて、一種の暗号となっています。

4音のうち「Es」を「S」と見なすと、「ASCH(アッシュ)」という言葉になります。アッシュは現在はチェコ共和国西部に位置する町です。

シューマンは24歳のとき、このアッシュ出身の男爵令嬢エルネスティーネ・フォン・フリッケンに恋をしました。2人は結婚を誓い合う仲になりましたが、彼女の父親である男爵が結婚に反対したため、結局、シューマンとエルネスティーネは結ばれずに終わります。

この失恋の直後から、シューマンは彼女への想いを4つの音に託して『謝肉祭』を書きはじめました。さらに、第10曲は『A.S.C.H. - S.C.H.A.(躍る文字)』と題してアッシュの町の名前を直接織り込み、第13曲には『Estrella(エストレラ)』と、エルネスティーネの名前を思わせる題名をつけています。

シューマンの初期の傑作として知られる『謝肉祭』には、このような悲しい恋の思い出が隠されているのです。

各国の音名表記

イタリア式表記	Do(ド)、Re(レ)、Mi(ミ)、Fa(ファ)、So(ソ)、La(ラ)、Si(シ)
日本式表記	ハ、ニ、ホ、ヘ、ト、イ、ロ
ドイツ式表記	C(ツェー)、D(デー)、E(エー)、F(エフ)、G(ゲー)、A(アー)、H(ハー)
英米式表記	C(シー)、D(ディー)、E(イー)、F(エフ)、G(ジー)、A(エー)、B(ビー)

現在日本では、日本語式表記よりもイタリア式表記が主流です。

もっと知りたい!豆知識

◆『謝肉祭』は、ポーランドのヴァイオリニストで作曲家のカロル・リピンスキに献呈されました。

◆『謝肉祭』第8曲と第9曲の間に、「演奏するにはあたらない」と書かれ、番号が振られていない「スフィンクス」という曲があります。楽譜には、Es - C - H - A 、As - C – H、A - Es - C - Hの、4つの音(ASCH)からなる3つの音列が長い音符で示されています。実際に演奏会でも演奏されます。

組曲「ハーリ・ヤーノシュ」

コダーイ・ゾルターン

ハンガリーの民俗楽器ツィンバロムを使用

コダーイ・ゾルターンは20世紀ハンガリーの作曲家です。また音楽教育、言語学者、哲学者としての顔ももっています。

『ハーリ・ヤーノシュ』は、そのコダーイが1927年に書いた管弦楽組曲です。コダーイが作曲したオペラ『五つの冒険』の音楽がもととなっています。

『五つの冒険』は、ハンガリーのおとぎばなしで有名な「ハーリ・ヤーノシュ」という初老の農民を主人公とした作品です。ハーリは、「七つの頭のドラゴンを退治した」、「ナポレオンに打ち勝って捕虜とした」、「オーストリア皇帝フランツの娘から求婚されたが断った」といった荒唐無稽な武勇伝ばかり語っている憎めない人物で、ハンガリー版「ほら吹き男爵」ともいえます。

コダーイはこの『五つの冒険』の劇音楽から6曲を抜粋して、演奏会用の組曲『ハーリ・ヤーノシュ』を作りました。この組曲は今日でも、コダーイの代表的な管弦楽作品とされ、コンサートなどでもよく演奏されています。

『ハーリ・ヤーノシュ』で特筆すべきは、第3曲と第5曲にハンガリーの民俗楽器であるツィンバロム（ツィンバロン）が使われていることです。この楽器は台形の響板に張られた弦を2本のバチで叩いて演奏する楽器ですが、『ハーリ・ヤーノシュ』では、とても速いテンポで演奏され、名人芸的なバチ捌きが披露されます。民俗楽器のツィンバロムを曲のなかで使うところに、コダーイのハンガリー愛がうかがい知れるといえるでしょう。

弦を叩いて音を出すという方法は、ピアノにも通じる部分があります。現に、ピアノを参考にツィンバロムを改良したという話も残っています。

もっと知りたい！豆知識

◆『ハーリ・ヤーノシュ』は、曲ごとに使用する楽器が大きく違います。

◆オペラ『五つの冒険』は1927年にバルセロナのリセウ劇場で初演が行われました。

◆『ハーリ・ヤーノシュ』の6曲には、それぞれ1「前奏曲、おとぎ話は始まる」、2「ウィーンの音楽時計」、3「歌」、4「戦争とナポレオンの敗北」、5「間奏曲」、6「皇帝と廷臣たちの入場」の題名がつけられています。

『王宮の花火の音楽』

ゲオルク・フリードリヒ・ヘンデル

花火大会を彩るために書かれた組曲

ゲオルク・フリードリヒ・ヘンデルは、18世紀のバロック音楽を代表する作曲家のひとりです。ドイツ出身ですが、おもにイギリスで活躍し、のちにイギリスに帰化しています。

『王宮の花火の音楽』は、イギリスも参戦していたオーストリア継承戦争の終結を祝う花火大会のために、国王ジョージ2世に依頼されて、ヘンデルが1749年に書いた組曲です。花火大会を彩ることが目的の曲であるため、この組曲は、花火が打ち上げられる前に演奏される序曲と、花火の合間に演奏される4つの小品によって構成されています。

また、当初この曲の編成は、管楽器と打楽器のみが使われていましたが、これは屋外での演奏を想定したもので、ジョージ2世も勇壮な響きを望んだからです。しかしヘンデル自身は弦楽器を使うことを望んでいたため、木管楽器群を弦楽に代えた編成のバージョンも存在します。

このように国王直々の依頼で、国家的なイベントのために書かれた『王宮の花火の音楽』でしたが、ロンドンのグリーン・パークで開かれた祝典の開催当日は、あいにくの雨模様で、花火大会自体は失敗に終わったといいます。さらに、会場パビリオンのひとつが焼け落ちたとも伝えられています。現在ではこの曲は高く評価され、ヘンデルの管弦楽作品を代表する曲となりました。

グリーン・パークは、バッキンガム宮殿に隣接しているイギリスの王立公園です。かつては、王室の人々が狩猟のために訪れたといいます。

もっと知りたい！豆知識

◆『王宮の花火の音楽』の初演のリハーサルは公開で行われ、それを見るために12,000人も集まったといいます。道路は人であふれかえり、ロンドン・ブリッジは3時間にわたって通行不能に陥ったそうです。

◆『王宮の花火の音楽』は、「序曲」、「ブレー」、「平和」、「歓喜」、「メヌエットI、II」の5曲で構成されています。

『交響曲』第6番「悲愴」

ピョートル・チャイコフスキー

初演9日後の作曲家の突然の死

ピョートル・チャイコフスキーは19世紀ロシアの作曲家で、交響曲、バレエ音楽、オペラ、室内楽曲、独奏曲など幅広い作品を書き、それらはいずれもいまでも高い人気を誇っています。

そのチャイコフスキーが、1893年に書いたのが『交響曲』第6番「悲愴」です。チャイコフスキーの「悲愴」は、ベートーヴェンの『ピアノ・ソナタ』「悲愴」を意識して書かれたともいわれています。また、チャイコフスキーはこの交響曲にかなりの思いを込めていたようで、泣きながら作曲したともいいます。この曲は同年、作曲家自身の指揮によって初演されましたが、その9日後にチャイコフスキーは亡くなってしまいました。本作が、彼にとって遺作となったのです。

チャイコフスキーの死因は、一般的にはコレラによる病死とされています。しかし、コレラであれば隔離されていたはずにもかかわらず、多くの友人が病床のチャイコフスキーを見舞っているなど、コレラで死んだとは思えない節もあります。そのため、彼の死因についてはいくつかの説が唱えられており、そのひとつは自殺強要説です。

その説によれば、チャイコフスキーは同性愛者で、晩年、ある貴族院議員の甥と関係をもっていたといいます。そして、醜聞をもみ消すために当局がチャイコフスキーに毒薬を渡し、死を迫ったというのです。

コレラ説が正しいのか自殺説が正しいのか、真相は不明です。ただ、作曲家の唐突な死という悲劇的な背景を考えると、「悲愴」という題名はあまりにも象徴的といえるでしょう。ちなみに、チャイコフスキー自身は生前「悲愴」について、「この交響曲は、ある標題にもとづいているが、作品の内容をあらわにする標題は、他人に説明するべき性質のものではない」と語ったと伝えられています。

もっと知りたい！豆知識

◆「悲愴」という題名は、チャイコフスキー自身が生前につけていたという説と、彼の死後つけられたという説があります。
◆悲愴（pathos あるいは pathetic）は、ギリシア語のパトスに由来します。日本語で悲愴というと、悲痛のような激しい悲しみだけを意味しますが、本来は広く、感情が強く動く状態をさしています。

『レクイエム』

エクトル・ベルリオーズ

わずか4ヶ月で書き上げられた大作

エクトル・ベルリオーズは19世紀フランスの作曲家で、ロマン派音楽を代表するひとりとされています。19世紀は、ヨーロッパでロマン主義が花開いた時代です。ロマン主義では、芸術家たちは現実にはない世界に目を向けます。例えば、人間の感情や想像、子どもの世界や外国、歴史や神話などです。音楽では、古典派の音楽の形式などを継承しつつも、大胆な転調や色彩豊かな歌声を多用して、人の心をかきたてました。オーケストラもこのような多彩な響きが要求されたため、ベルリオーズは『近代楽器法と管弦楽法』などの著書もあらわしています。

1837年に作曲された『レクイエム』は、そのベルリオーズの代表作のひとつです。ただし、『レクイエム』は通称で、正式な題名は『死者のための大ミサ曲』といいます。

この曲が作曲された経緯は、次のようなものです。1837年にベルリオーズは、7月革命とルイ・フィリップ王暗殺未遂事件の犠牲者の慰霊祭のためのレクイエムの作曲を、フランス政府から依頼されます。33歳とまだ若手だったベルリオーズに、このような大きな仕事がまわってきたのは、当時の内務大臣アドリアン・ド・ガスパランが、ベルリオーズに好意を寄せていたからともいわれています。しかし、依頼から慰霊祭までは4ヶ月ほどの時間しかなかったことからベルリオーズは自身の旧作である『荘厳ミサ曲』の一部を転用するなどして、期日までに全曲を完成させました。

完成した『レクイエム』は、伝統的なレクイエムの形式に則りつつも、合唱や主となるオーケストラとは別の場所にブラスアンサンブルを四方に配すなど、新たな工夫も随所に施されたものとなっています。

短期間で苦労して書き上げた『レクイエム』でしたが、式典の規模が縮小されたため、慰霊祭の演奏は中止となってしまいました。結局のところ、この曲が初演されるのは、同年年末に行われたアルジェリア戦争の戦没者追悼式典でのことになります。

もっと知りたい！豆知識

◆演奏時間は全曲で約1時間25分です。
◆『レクイエム』は、ベルリオーズの起用を後押ししてくれたアドリアン・ド・ガスパランに献呈されました。
◆レクイエム（requiem）は、死者のためのミサ礼拝で使用する典礼文の最初にある言葉で「安息を」という意味です。

交響詩『ローマの祭り』

オットリーノ・レスピーギ

ファシズム・イタリアの賛歌

『ローマの祭り』は、イタリアの作曲家オットリーノ・レスピーギが1928年に完成させた交響詩です。『ローマの噴水』(P.73)、『ローマの松』に続く作品で、これら3作は「ローマ三部作」とも呼ばれています。

曲は4部構成になっていて、第1部「チルチェンセス」、第2部「五十年祭」、第3部「十月祭」、第4部「主顕祭」という題名がつけられています。これらはそれぞれ、古代ローマ時代、ロマネスク時代、ルネサンス時代、20世紀にローマで行われた祭りをテーマにしていて、ローマが、ひいてはイタリアが繁栄していた時代を讃える賛歌となっています。『ローマの祭り』の楽譜には、ブッキーナという楽器の使用が指定されています。これは、古代ローマ帝国で競技や戦いの場で兵士を鼓舞するために吹き鳴らされていた金管楽器です。演奏時間は約25分です。

この『ローマの祭り』をはじめとするレスピーギの諸作は、第二次世界大戦後しばらくイタリアで演奏されなくなってしまいました。レスピーギが音楽を通して表現しようとしていた「イタリアの栄光の復興」というテーマが、「古代ローマ帝国の文化の復興」を掲げて主導した独裁者ムッソリーニのファシズム体制を応援していたと見なされたためです。

実際、レスピーギはムッソリーニと深い親交があり、彼の曲作りにファシズム支持の意図があったことは否めません。ファシズムが先導した過剰なナショナリズムによって、悲惨な敗戦の憂き目を見たイタリアで、戦後、レスピーギの曲が忌避されたのは仕方のないことといえるでしょう。現在はそのような歴史的背景は別にして、『ローマの祭り』などのレスピーギの一連の作品は、純粋に音楽として高い評価を得ています。

第1部で描かれるチルチェンセスは、たいてい円形劇場で行われました。最も有名な円形劇場といえば、ローマにあるコロッセオです。

もっと知りたい！豆知識

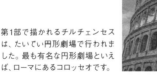

◆第1部のタイトルにもなっているチルチェンセス(circenses)とは、ラテン語でサーカス、つまり見せ物のことです。皇帝ネロの時代には、猛獣とキリスト教徒を戦わせるという残酷な見世物もありました。

◆「ローマ三部作」のなかでは、『ローマの噴水』や『ローマの松』と比べると、『ローマの祭り』がコンサートで演奏される機会は少ない傾向があります。

オペラ『ナクソス島のアリアドネ』

リヒャルト・シュトラウス

悲劇と喜劇が同時進行するオペラ

『ナクソス島のアリアドネ』は、ドイツの作曲家リヒャルト・シュトラウスが作曲したオペラです。もともとは、1911年から1912年にかけて、モリエールの戯曲『町人貴族』(P.58)の劇中劇として書かれたものでしたが、初演が不評だったために改訂され、劇中劇から独立した1幕オペラとして1916年に初演されました。演奏時間は、『町人貴族』の劇中劇である原典版が約1時間35分、改訂版が約2時間です。

プロローグと本編のオペラの2部構成になっており、プロローグの舞台はウィーンの豪華な館です。その館では夜会の準備が行われていて、その日の出し物にはオペラ『ナクソス島のアリアドネ』と決まっていました。道化たちによるオペラ・ブッファ(喜歌劇)はその後に上演されるはずでした。ところが、館の主人は気まぐれから、悲劇と喜劇を同時に上演しろといい出します。

続く本編のオペラのパートでは、ギリシャ神話の悲劇にもとづき、恋人テセウスに捨てられたアリアドネが打ちひしがれ、死を望んで嘆くという悲劇が進行します。そこに道化たちが現れ、アリアドネにしきりに新しい恋をすすめて、励まします。まさに悲劇と喜劇が同時進行し、悲喜こもごもの展開となるのです。最後に酒の神バッカスが登場し、アリアドネは彼を死の化身と勘違いして身を委ねるのですが、愛にあふれるバッカスの腕に抱かれたことで生まれ変わり、2人が結ばれるというハッピーエンドになります。

ギリシャにあるナクソス島は、エーゲ海のキクラデス諸島に属する島です。神話にとても縁深く、遺跡観光のために多くの人が訪れます。

もっと知りたい!豆知識

◆シュトラウスが手がけたオペラ作品の大半は、大編成のオーケストラを駆使しますが、この曲は小さなオーケストラで演奏されます。

◆『ナクソス島のアリアドネ』の台本を手がけたのは、オーストリアの詩人フーゴ・フォン・ホーフマンスタールです。シュトラウスとは、『薔薇の騎士』や『エレクトラ』などのオペラ作品でもコンビを組んでいます。

連作交響詩『我が祖国』

ベドルジハ・スメタナ

祖国チェコを讃える音楽

ベドルジハ・スメタナは19世紀のチェコの作曲家で、「チェコの音楽の父」とも呼ばれています。彼が生きていた時代、チェコはオーストリア帝国に支配され、その圧政に苦しんでいました。そんななか、スメタナはチェコの国民運動を盛り上げるための作品を多数書きました。なかでも、1874年から1879年にかけて作曲された『我が祖国』は、スメタナが祖国愛を表現した国民楽派の代表的作品とされています。

『我が祖国』は、6つの交響詩からなる連作交響詩です。全6曲を通しての演奏時間は約74分です。これらは連続してひとつの曲として聞くこともできれば、個別に独立した曲として聞くこともできます。各楽曲の初演は1875年から1880年にかけて、別々に行われました。全6作通しての初演は1882年のことです。

6曲にはそれぞれ題名がついていて、第1曲「ヴィシェフラド」、第2曲「ヴルタヴァ」、第3曲「シャールカ」、第4曲「ボヘミアの森と草原から」、第5曲「ターボル」、第6曲「ブラニーク」となっています。これらはすべて、チェコの自然や伝説、歴史などがテーマになっており、スメタナのチェコへの愛情が溢れんばかりに詰まっています。特に日本では第2曲「ヴァルタヴァ」が「モルダウ」として知られ、よく聴かれています。

実は、これらの曲を書いたとき、スメタナは病気によって聴覚をほとんど失っていました。ですが、耳鳴りと頭痛の合間に美しい響きが聴こえてきては、それを楽譜にしたためたといいます。

ちなみに、独立後にチェコの首都となったプラハでは、1946年以降、毎年「プラハの春」という音楽祭が行われています。その際、『我が祖国』の全曲演奏が行われるのが慣例となっています。まさに『我が祖国』は、チェコ音楽の象徴といえる曲なのです。

プラハを流れるブルダヴァ川は、チェコ国内最長の川です。

もっと知りたい！豆知識

◆ヴィシェフラドは「高い城」の意。シャールカはチェコの伝説「乙女戦争」の勇女の名。ターボルは宗教戦争時代の中心地でフス派の拠点がありました。ブラニークはフス派の戦士が眠る山の名前です。

◆第2曲「ヴルタヴァ」には、歌詞がつけられ、他の作曲家によって合唱曲や歌曲に編曲されたものが数多くあります。さだまさし『男は大きな河になれ』やイルカ『いつか見る虹～"モルダウ"から～』なども、もととなっているのはスメタナの「ヴルタヴァ」です。

かっこう

ルイ＝クロード・ダカン

かっこうの鳴き声をモチーフにした愛らしい小品

ルイ＝クロード・ダカンは18世紀フランスの作曲家で、オルガンやクラヴサン（チェンバロ）の演奏家としても名を馳せていました。幼い頃から神童と呼ばれていて、わずか6歳でルイ14世のために御前演奏を行なったといいます。オルガン演奏は当時有名なルイ・マルシャンに学びました。12歳のときにはパリ最古のステンドグラスのあることで有名なサントシャペル教会のオルガニストへの就任を依頼されますが、それを断り、プチ・サンタントワーヌ教会オルガニストに就任したといいます。まさに、早熟の天才という他ありません。そして生涯、どこかの教会でオルガニストとしての仕事をしていました。

1727年にパリのサン・ポール教会のオルガン奏者の地位を争うコンクールが行なわれると、当時のフランス楽壇の指導的立場にあり、10歳以上も年上の、今日では音楽理論家として名高いジャン＝フィリップ・ラモーに勝利するなど、華々しい活躍をしました。

作曲家として現存する作品はわずかですが、4つの『クラヴサン曲集』、『オルガンまたはクラヴサン用の新しいノエル集』、『カンタータ』などが、いまも残されています。そのなかで、もっとも有名なのは、1735年に出版された『クラヴサン曲集』の第1集に収められている「かっこう」でしょう。クラヴサンとは、鍵盤を用いて弦を弾いて音を出す鍵盤楽器です。クラヴサンというのはフランス語での呼び方で、イタリア語ではチェンバロ、英語ではハープシコードとなります。ルネサンス音楽やバロック音楽で広く使用されましたが、18世紀後半からピアノが興隆とすると、オペラ以外では次第に使われる機会が減っていきました。

ダカンの作品は宗教音楽が主でしたが、この「かっこう」は、鳥のかっこうのさえずりを素朴な描写によって音楽で表した小品です。その優れた自然描写から、いまも多くの人に愛される曲となっています。

かっこうは、日本では全国的に見られる夏鳥です。学名は「ククルス、カノルス」といい、「カノルス」とは「音楽的」という意味です。

もっと知りたい！豆知識

◆ダカンは、1739年には国王付きのオルガニストに就任しています。その後、1755年にはノートルダム大聖堂オルガニストの地位を獲得しました。

◆ジャン＝フィリップ・ラモーの一連の和声研究は、その後の和声理論の基礎になりました。音楽理論史では忘れることのできない理論家のひとりです。

◆ダカンにオルガンを教えたルイ・マルシャンは、敗北を予想してヨハン・セバスティアン・バッハとの競演を事前にキャンセルした音楽家として知られています。

『ヨハネ受難曲』

ヨハン・セバスティアン・バッハ

演奏ごとに姿を変える受難曲

『ヨハネ受難曲』は、ヨハン・ゼバスティアン・バッハが1724年に初演した曲です。バッハは生涯で3つの受難曲を作曲していますが、楽譜が残されているのはこの『ヨハネ受難曲』と、1727年に初演された『マタイ受難曲』のみです。『マルコ受難曲』は歌詞のみが残されています。

バッハはこの曲を作る前年、ドイツの都市、ライプツィヒの聖トーマス教会のカントルに就任していました。カントルとは、キリスト教音楽の指導者のことで、典礼などでオルガンの伴奏をつけたり、聖歌隊の合唱指揮者を務めたり、カンタータの演奏で合唱と管弦楽の双方の指揮者を務めるなど、教会でのあらゆる音楽を監督指導する役目を持っています。そしてトーマス教会のカントルは「トーマスカントル」とも呼ばれ、ライプツィヒ市全体の音楽監督の役割も担っていました。

ライプツィヒでは2月から4月にかけて、キリスト教にとって大切な記念日である四旬節から復活祭までの40日間は、教会でのカンタータ演奏をはじめとして、歌舞音曲を自粛し、厳粛な態度で復活祭を迎える習慣がありました。そこでバッハも2月13日の礼拝を最後に、カンタータの作曲を休止し、自身としては初となる受難曲の作曲に取り掛かったといいます。こうして完成した『ヨハネ受難曲』は、1724年4月7日、復活祭前の金曜日である聖金曜日に初演されました。

ただ、近年では『ヨハネ受難曲』が、バッハが最初に作曲した受難曲であるか否かについては議論が分かれています。この曲を書く7年前に演奏したと思われる、いまは失われてしまった受難曲（一般的には『ヴァイマール受難曲』と呼ばれます）を作曲していたと考えられているからです。

もっと知りたい！豆知識

◆バッハはその後、『ヨハネ受難曲』を1725年、1732年頃、1749年の3回改訂し、再演しています。現在この曲が演奏される際は、基本的に1749年稿が演奏されます。このようにバッハはひとつの作品をなんども改訂して、高い完成度を求めていたといえるでしょう。
◆受難曲とは新約聖書にある4つの福音書のそれぞれに書かれた、イエスの受難物語（十字架刑に至るまでの話）に曲付けされたものです。従って、4つの福音書（マタイ、ヨハネ、マルコ、ルカ）による4種類の受難曲がありますが、バッハのルカ受難曲は知られていません。
◆演奏時間は約2時間です。

オペラ『イエッタ』

ゲオルク・フリードリヒ・ヘンデル

インチキ医者の手術で失明する

『イエッタ』は、ゲオルク・フリードリヒ・ヘンデルが1751年に作曲したオラトリオです。オトラリオとは、17世紀に誕生したジャンルで合唱とオーケストラに独唱が加わった、比較的大規模な編成による楽曲です。歌詞の内容は宗教的あるいは道徳的で、劇的に進行します。オペラに似ていますが、演技がなく、大道具、小道具、衣装などもありません。

ヘンデルはドイツ生まれですが、仕事の関係でイギリスに移り住みます。そこでオペラ作曲家として活躍していたヘンデルは、1724年にイギリスに帰化します。名前も、「ゲオルク・フリードリヒ・ヘンデル」から「ジョージ・フレデリック・ハンデル」へ変えています。日本ではヘンデルというドイツ語読みが主流ですが、英語圏ではハンデルとなります。しかし帰化したといっても外国出身であることは変わらず、イギリスの歌手といざこざがあったり、反発を受けたりすることもあり、オペラへの情熱が冷めていきます。そしてオラトリオの作曲家へと転向していくのです。

ヘンデルは『イエッタ』を書きはじめた頃から、視力が衰えだしていました。視力が衰えていたため、『イエッタ』の自筆原稿の筆致は非常に乱れていました。原因は緑内障とも、白内障ともいわれています。そこで、ジョン・テイラーというイギリス人眼科医の手術を受けるのですが、テイラーは医者とは名ばかりのインチキ医者で、その手術方法とは、麻酔もせずに針のような器具を目に突き刺すという乱暴なものでした。

当然、ヘンデルの視力は回復せず、それどころか完全に失明してしまいます。ここで少々不可解なのが、実はテイラーはヘンデルに手術を施す2年ほど前に、ヨハン・セバスティアン・バッハにも同様の手術を施しているということです。このときも、バッハは完全に失明し、手術の後遺症か3ヶ月後に亡くなっています。

ヘンデルがバッハのこの悲劇を知っていれば、テイラーの手術など受けなかったでしょう。ヘンデルが郷里のハレに戻ったときに、バッハはヘンデルに会おうとしましたが、2度ともうまくいきませんでした。ヘンデルとバッハは奇しくもともに1685年にしかもハレとアイゼナハという距離にして150kmしか離れていない街で生まれています。共に時代を代表する巨匠ですが、いっさい面識がなかったのです。

余談になりますが、テイラー自身も晩年に失明し、亡くなっています。

もっと知りたい！豆知識

◆『イエッタ』は、旧約聖書の「士師記」第10～12章のエフタの話にもとづいています。イエッタとはイスラエルの民のためにアンモン人と戦った戦士のことです。

◆『イエッタ』は1752年に初演され、成功を収めました。以後、ヘンデルが生きている間に計7回公演されています。

聖母マリアの夕べの祈り

クラウディオ・モンテヴェルディ

バロック初期のイタリア宗教音楽の傑作

クラウディオ・モンテヴェルディは、16世紀から17世紀にかけて活躍したイタリアの作曲家です。76歳まで生き、晩年まで作曲活動を活発に続けていたため、彼の作品はルネサンス音楽とバロック音楽の両方にまたがっています。

別の見方をすれば、初期バロック音楽を切り拓いた第一人者がモンテヴェルディだったのです。モンテヴェルディはアハトゥージとの音楽論争のなかで、ルネサンス音楽の複数の声部が複雑にからまり合う伝統的な作曲法を「第一作法」と名づけ、それに対比する形で、少ない声部で自由に不協和音を使用するなどの新たな作曲法を「第二作法」と名づけ、この新しい作法を称揚し、バロック音楽は発展していきます。

もっとも、16世紀後半に作曲家として出発した頃のモンテヴェルディは、当時流行していた世俗的で多声部の合唱曲であるマドリガーレを数多く手がけていました。また、彼は『オルフェオ』など、誕生したばかりのオペラも作曲しました。

このように世俗的な音楽の分野を中心に活躍していたモンテヴェルディが、1610年にはじめて作曲した教会音楽が『聖母マリアの夕べの祈り』です。この曲は演奏に90分を要し、ソロと合唱とオーケストラを必要とする大規模な作品であり、これはバッハの教会音楽、とりわけ彼の大規模な受難曲にも匹敵します。なぜ、モンテヴェルディが突然、これほど大規模な教会音楽を書こうと思ったかについては、よくわかっておらず、研究者のあいだで議論が続いています。

「第一作法」と「第二作法」を自在に同化させながら作曲した『聖母マリアの夕べの祈り』は、現在ではイタリア宗教音楽の傑作とされるのと同時に、カトリック宗教音楽の歴史を通じても、もっとも重要な作品のひとつに数えられています。

ちなみに、モンテヴェルディは『聖母マリアの夕べの祈り』を作曲した3年後に、サン・マルコ寺院の楽長に就任しています。

もっと知りたい！豆知識

◆『聖母マリアの夕べの祈り』を、モンテヴェルディ自身が演奏したという確実な記録は残されていません。
◆一説には、『聖母マリアの夕べの祈り』は、サン・マルコ寺院の楽長に就任するための課題として作曲されたともいわれています。

組曲『グランド・キャニオン』

ファーディ・グローフェ

アメリカの雄大な自然を表現した組曲

ファーディ・グローフェは20世紀アメリカの作曲家です。グローフェの代表曲のひとつとされているのが、組曲『グランド・キャニオン』です。この曲は題名からもわかるように、世界遺産にも登録されているアメリカのアリゾナ州北部にある巨大峡谷の景観を、音楽で描写しようとしたものでした。

かねてからグランド・キャニオンの壮大な景観に心を奪われていたグローフェが、この大自然の奇跡をテーマにした管弦楽作品を作曲しようと思い立ったのは1920年のこととされています。しかし、作曲はなかなかはかどらず、結局、10年の歳月を経て、ようやく1931年に5曲の組曲として完成します。

完成した年に初演されますが、このときの題名は『グランド・キャニオンの5つの絵画』というものでした。5曲にはそれぞれ、「日没」、「日の出」、「ホピ・ダンス」、「赤い砂漠」、「豪雨」という題名がつけられていました。

のちにレコーディング・マネージャーの助言によって、曲全体の題名が現在のものに変わり、組曲を構成する5曲それぞれの題名も、第1曲「日の出」、第2曲「赤い砂漠」、第3曲「山道を行く」、第4曲「日没」、第5曲「豪雨」と改められました。今日、『グランド・キャニオン』は、アメリカで生まれたオーケストラ音楽の傑作のひとつとして高い評価を得ています。

ちなみに、5曲のなかでも、ロバの足音の巧みな描写と、カウボーイ・ソング風ののどかなメロディが響くユニークな「山道を行く」は、とくに人気が高く、コンサートなどではこの曲が単独で演奏されることもよくあります。

グランド・キャニオンは地層がよくわかる地形で、先カンブリア時代の地層まで見ることができます。

もっと知りたい！豆知識

◆『グランド・キャニオン』の演奏時間は約36分です。
◆1959年にウォルト・ディズニー・プロダクションが、この曲をもとにした短編実写映画を製作しています。
◆グローフェは編曲家の仕事もしており、特にジョージ・ガーシュウィンの『ラプソディ・イン・ブルー』（P.44）のオーケストレーションをしたことは有名です。

オペラ『影のない女』

リヒャルト・シュトラウス

メルヘン・オペラを代表する大作

『影のない女』は、リヒャルト・シュトラウスが1914年から1917年にかけて作曲したオペラです。初演は1919年にウィーン国立歌劇場で行われました。全3幕を通して上演すると、約3時間20分もかかる大作でもあります。台本はフーゴ・フォン・ホーフマンスタールが書きました。

『影のない女』の物語は次のようなものです。

東洋の島々に住む皇帝が、霊界の王カイコバートの娘と結婚します。しかし皇后となった彼女は人間でないために影がなく、またいつまで経っても子どもができません。さらに結婚してから12ヶ月以内に彼女に影ができないと、皇帝が石となってしまうという呪いを、カイコバートよってかけられていました。ついに皇帝は石になってしまい、皇后は貧しい染物屋の女房から、影をもらい受けようと図ります。しかし皇后は、他人を犠牲にしてまで影を入手することを潔しとしませんでした。すると、皇帝は石から甦り、彼女も影を得て人間となるのです。

この作品はオペラのなかでも、特にメルヘン・オペラというジャンルに属します。メルヘン・オペラとは、民間伝承やおとぎ話をもとにした幻想的なドイツのオペラのことです。モーツァルトの『魔笛』(P.26)、ウェーバーの『魔弾の射手』(P.103)、フンパーディングの『ヘンゼルとグレーテル』(P.147)などの作品があります。シュトラウスの『影のない女』は、この流れの最末期に登場した作品であり、ドイツ・オペラを代表する大作とされています。

ドイツの画家マックス・リーバーマンが描いたシュトラウスの肖像画。

もっと知りたい！豆知識

◆『影のない女』の完全な上演には長時間かかるため、通常は短縮されて上演されます。シュトラウス本人も短縮を認めていました。
◆シュトラウスは、オペラの作曲から30年以上経った1946年に、オペラで使用した旋律をもとにした交響的幻想曲『影のない女』を作曲しています。

美しく青きドナウ

ヨハン・シュトラウス2世

「ワルツ王」が作曲したオースリアの「第二の国歌」

ヨハン・シュトラウス2世は19世紀オーストリアの作曲家で、おもにウィーンを中心に活躍しました。父のヨハン・シュトラウス1世も作曲家で、ウィンナ・ワルツの創始者で「ワルツの父」と呼ばれています。ワルツは18世紀以降、ドイツ語圏の国で好まれた舞曲ですが、ウィンナ・ワルツといった場合、ただ「ウィーンのワルツ」というのではなく、19世紀になって特にウィーンの社交界や音楽界で好まれたワルツです。実際、舞踏の伴奏音楽として演奏されることもありますが、共通して3拍子であるものの、テンポが速いワルツは演奏会用の舞曲であるといえます。ゆっくりとしたテンポの場合には、第9拍が少し引き伸ばされて演奏されるのが特徴です。

シュトラウス1世が早死にしたのに対し、息子のシュトラウス2世の方は長生きし、生涯で数多くのワルツを作曲したことから、「ワルツ王」と呼ばれています。人気も息子であるシュトラウス2世のほうが高く、生前から「ウィーンの太陽」や「ウィーンのもうひとりの皇帝」とまで呼ばれていました。

『美しく青きドナウ』は、シュトラウス2世が1867年に作曲した男声合唱つきのウィンナ・ワルツで、彼の代表曲とされています。また『ウィーンの森の物語』と『皇帝円舞曲』とをあわせて、「シュトラウス2世の三大ワルツ」と呼ばれることもありますが、そのなかでもひときわ『美しく青きドナウ』の人気は高いといえるでしょう。

この曲はオーストリアがプロイセンとの戦争に負け、落ち込んでいる国民を励ますために作られたものでした。発表するとすぐさまウィーンで爆発的な人気を呼び、この頃からすでに「第二の国歌」とまで呼ばれるほどの国民的音楽になっていました。のちにシュトラウス2世自身の手によってオーケストラに編曲され、オーケストラ版の方が今日では数多く演奏されるようになりました。

ドナウ川は、ヨーロッパで2番目に長い川で、10ヶ国を通って黒海へ流れ着きます。

もっと知りたい！豆知識

◆邦題では『美しき青きドナウ』と表記されることもあります。
◆『美しく青きドナウ』は、ブラームスやワーグナーなどからも絶賛されました。
◆オーストリアでは現在も、大晦日から新年に変わるときに公共放送局で『美しく青きドナウ』を放送するのが慣例となっています。また、元日正午から始まるウィーン・フィルハーモニー管弦楽団のニューイヤーコンサートでは、3つのアンコール枠のうちの2番目にこのワルツを演奏するのが通例となっています。

オペラ『オルフェオとエウリディーチェ』より「精霊の踊り」

クリストフ・ヴィリバルト・グルック

本編よりも有名になった劇中歌

「精霊の踊り」は、18世紀ドイツの作曲家クリストフ・ヴィリバルト・グルックが1762年に書いた3幕物のオペラ『オルフェオとエウリディーチェ』に挿入された精霊の踊りの場面の音楽です。1774年のパリでの再演のときに、第2幕第2場に加えられました。ヴァイオリニストのクライスラーがヴァイオリン用に編曲したことで有名になり、ピアノ編曲版もよく演奏されます。

美しい自然のなかで精霊たちが踊る場面で使われた、この劇中歌は評判となりました。『オルフェオとエウリディーチェ』自体もグルックの代表作とされていますが、いまでは「精霊の踊り」はヴァイオリンやピアノ編曲、フルートなどで、オペラとは独立して演奏される機会がとても多い人気曲となっています。

このオペラの題名になっている「オルフェオ」とは、ギリシャ神話に登場する吟遊詩人オルフェウス(オルペウス)のことです。この神話の登場人物は西洋の多くの音楽家たちに創作のインスピレーションを与えました。このオペラ以外にも、リストなどさまざまな作曲家がオルフェウスをテーマに作品を書いています。

『オルフェオとエウリディーチェ』は、オルフェウスが毒蛇にかまれて死んだ妻エウリディーチェを取り戻すため、冥府に下った神話をもとにした物語。オルフェウスは妻を取り戻す代償として、「地上に出るまで決して後ろを振り返ってはならない」という約束を神と交わします。原作の神話では、オルフェウスは約束を破ってしまい、妻を取り戻すことに失敗しますが、グルックのオペラでは、約束を破ってしまったことに絶望し、自害しようとするオルフェウスを前に、神が妻を復活させ、ハッピーエンドで終わります。

1764年版の楽譜には、オルフェオがエウリディーチェの手を引いて冥界から連れ帰ろうとする様子が描かれています。

もっと知りたい！豆知識

◆グルックは現在のドイツで生まれましたが、おもに現在のオーストリアとフランスで活躍しました。また、『オルフェオとエウリディーチェ』はイタリア語のオペラで、のちにフランス語の改訂版も作られましたが、グルックは生涯でドイツ語のオペラは1作も書いていません。
◆グルックはマリー・アントワネットの音楽教師を務めていました。
◆フランスの作曲家ベルリオーズはグルックに心酔しており、1859年に自身で、『オルフェオとエウリディーチェ』の改訂版を書いています。

『世の終わりのための四重奏曲』

オリヴィエ・メシアン

捕虜収容所で作曲・演奏される

『世の終わりのための四重奏曲』は、フランスの作曲家で、ピアニストでもあったオリヴィエ・メシアンが1940年に作曲した作品です。この曲は西洋音楽の歴史のなかでも、かなり特殊な状況下で誕生しました。作曲・初演されたのは捕虜収容所で、聴衆は看守の軍人と捕虜たちといういわくつきの作品なのです。

第二次世界大戦が勃発し、メシアンはフランス軍の兵士として招集されます。そしてヴォーバン要塞で戦場でともに戦う兵士として、チェロ奏者のエティエンヌ・パスキエ、クラリネット奏者のアンリ・アコカと出会うのです。しかし、メシアンたち3人の音楽家は敵のドイツ軍に捕えられ、ゲルリッツの捕虜収容所に移送されました。

捕虜収容所は、食糧不足に苦しみ栄養失調や寒さのために、多くの者が病気にかかるという劣悪な環境に置かれていました。こうしたなかでメシアンは新約聖書の『ヨハネの黙示録』10章にもとづいた曲作りをはじめます。当初、メシアンは、ピアノとチェロとクラリネットのための三重奏曲を構想していましたが、そこに収容所で偶然にヴァイオリン奏者のジャン・ル・ブレールと知り合い、ヴァイオリンを含めた四重奏曲となってこの曲は完成されました。つまり、ピアノ、チェロ、クラリネット、ヴァイオリンという編成は、音楽的な必然からではなく、偶然の産物だったのです。

初演は1941年の年頭に、収容所の第27兵舎で行われました。監視の目のなかの初演だったため、演奏終了後に大歓声こそ起こりませんでしたが、兵舎は暖かい拍手に包まれたといいます。そして、演奏を聴いていたナチスの高官は、メシアンに感謝の意を告げたそうです。

ゲルリッツはドイツ、ポーランド、チェコの3国の国境にある場所で、ドレスデンの東方100kmに位置します。

もっと知りたい！豆知識

◆『世の終わりのための四重奏曲』は、8つの楽章からなっています。この8という数字は、天地創造の6日の後の7日目の安息日の次に、平穏な8日目が訪れるという意味が込められているといいます。
◆初演から約1ヶ月後に、メシアンとパスキエは収容所から解放されましたが、残りの2人は収容所に捕えられたままでした。
◆2008年はメシアン生誕100年にあたり、収容所の跡地でこの曲の再演が行われました。

『レクイエム』

ヴォルフガング・アマデウス・モーツァルト

モーツァルトの精神を追い詰めた謎の依頼者

『レクイエム』は、ヴォルフガング・アマデウス・モーツァルトが1791年に書いた曲ですが、作曲の途中に35歳という若さで急死してしまったため、彼の最後の作品となりました。未完のまま残された部分は、弟子のフランツ・クサーヴァー・ジュースマイヤーが補筆して、完成させています。

この曲の作曲に関しては、奇妙に謎めいた話が伝わっています。あるとき、モーツァルトのもとを、灰色の服を着た痩せた男が訪ねてきて1通の手紙を渡しました。その手紙には、「さる名高い方の愛する人が亡くなったので、その命日を記念するために『レクイエム』を作曲して欲しい」という依頼が記されていました。

作曲の半金としてかなりの高額が提示されていたため、モーツァルトはこの仕事を引き受けます。しかし、灰色の服の男は決して依頼人の名前を明かそうとはせず、詮索もしないようにと念を押したとされています。

長年、誰がモーツァルトに『レクイエム』の作曲を依頼したのかは、謎のままとなっていました。しかし、20世紀に入り、依頼者の正体がオーストリアの貴族で妻を亡くしたばかりのバルゼック伯爵であったことが判明します。バルゼック伯爵は、有名作曲家に依頼した曲を自分の作品として発表するという趣味を持っていて、そのため依頼人の名前は絶対に隠さなければならなかったのです。あまり、いい趣味とはいえません。モーツァルトが急逝して、残された妻コンスタンツェは、ジュースマイヤーに完成させた楽譜を伯爵にとどけさせ、残りの半金を受け取ったのだと思われます。

『レクイエム』の構成

イントロイトゥス【入祭唱】	第1曲、第2曲(キリエ)
セクエンティア【続唱】	第3曲、第4曲、第5曲、第6曲、第7曲、第8曲
オフェクトーリウム【奉献唱】	第9曲、第10曲
サンクトゥス【聖なるかな】	第11曲、第12曲
アニュス・デイ【神の小羊】	第13曲
コミュニオ【聖体拝領唱】	第14曲

14曲のなかでモーツァルトが作ったのは第1曲だけです。第2曲からはジュースマイヤー作となります。

もっと知りたい！豆知識

◆オペラ『魔笛』の初演を成功させたモーツァルトは、本格的に『レクイエム』を作曲しはじめましたが、急逝してしまいました。

◆『レクイエム』のうちモーツァルトが完成させていたのは「イントロイトゥス」だけです。「キリエ」と「セクエンティア」「オフェクトーリウム」は合唱部分は書かれていましたが、オーケストラ部分は手つかずでした。「セクエンティア」の最後の曲「ラクリモーサ(涙の日)」は8小節だけが書かれています。残りの「サンクトゥス」から「コミュニオ」はすべてジュースマイヤーの曲です。

◆この曲はレクイエムの代表的な曲として、ショパンの葬儀やアメリカ大統領ジョン・F・ケネディの追悼ミサでも演奏されました。

『ソナタ』

ドメニコ・スカルラッティ

バロック音楽を発展させた3人目の巨匠

1685年は、奇しくもヨハン・ゼバスティアン・バッハとゲオルク・フリードリヒ・ヘンデルというバロック音楽の2人の巨匠が生まれた年です。実はこの同じ年に、もうひとり偉大な作曲家が生まれています。イタリア出身で、ポルトガルやスペインで活躍したドメニコ・スカルラッティです。

スカルラッティはバッハ同様、音楽一家に生まれ、若い頃はヴェネツィアやローマで活躍していました。やがて、ポルトガル大使と知り合ったことが機縁となり、1719年にポルトガル王室礼拝堂の音楽監督としてリスボンに渡ります。そして、同地でマリア・バルバラ王女の音楽教師となりました。その後、王女がスペイン皇太子フェルナンドへと嫁ぐと、スカルラッティも王女とともにマドリードへ移り、同地で音楽家としての活動を継続し、そこで亡くなっています。

そんなスカルラッティは、マリア・バルバラ王女のための練習曲として、チェンバロ独奏用のソナタを500曲以上作曲しています。ソナタとは、器楽曲、室内楽曲のジャンルのひとつで、基本的には複数楽章で構成されます。ただ、スカルラッティのソナタは、もともと王女のための練習曲ですので、すべて単一楽章です。

しかし、スカルラッティの作ったソナタには、鍵盤楽器のあらゆる演奏技巧が盛り込まれており、さらに新しい技法も盛り込まれていたため、後世に多大な影響を残しました。そういう意味では、バッハやヘンデルと並ぶ、バロック音楽の3人目の巨匠といっても間違いではないでしょう。

スカルラッティが音楽監督として過ごしたポルトガルのリスボン。ポルトガルの首都であり、ヨーロッパのなかでもっとも西側にある首都でもあります。

もっと知りたい！豆知識

◆スカルラッティの名がヨーロッパ中で知られるようになったのは、スペインに移ってから、最初のソナタ集『チェンバロ練習曲集』を出版して以降のことです。ただ、生前にはこのひとつしか出版されませんでした。
◆スカルラッティが作曲した500曲以上のソナタの自筆譜はすべて失われています。現存している最古の譜面は、マリア・バルバラ王女の所有物だったと考えられている筆写譜だけです。
◆ドメニコの父アレッサンドロはオペラやオラトリオなどの声楽曲を多数作曲しましたが、息子のドメニコはこの分野にはあまり関心を示していません。

バレエ音楽『アパラチアの春』

アーロン・コープランド

アメリカ開拓時代の質素な暮らしを描く

アーロン・コープランドは20世紀アメリカの作曲家で、アメリカの古謡を取り入れた親しみやすい曲調で知られています。『アパラチアの春』は、1944年にコープランドが書いたバレエ音楽です。のちに作曲家自身の手によって、オーケストラ組曲としても編曲されました。また、本作は『ビリー・ザ・キッド』（1938年）、『ロデオ』（1942年）と並んで「コープランドの三大バレエ」とも称されています。

バレエのあらすじは次のようなものです。舞台は、19世紀前半のアメリカ・アパラチア高原の村。見知らぬ土地へやってきた花嫁を、新しい家を建てた農家の花婿が迎えます。結婚式当日、花嫁は慣れない土地への不安が隠せません。そこに地元のことをよく知る開拓村の女性がやってきて、励ましの言葉をかけます。集まった人たちは真新しい家で家庭を築いていく2人を祝福し、愛し合う2人は神に感謝するのです。

アメリカ開拓時代の質素な暮らしを描いたこの曲には、アメリカ民謡風の旋律が多数聴こえてきます。コープランドは、この作品によって、第二次世界大戦の終結直前の1945年にピューリッツァー音楽賞を受賞しました。

ちなみに、初演時の舞台セットは、日系アメリカ人の芸術家イサム・ノグチによるデザインでした。また、バレエの振り付けは、アメリカのモダン・ダンスの巨匠であるマーサ・グラハムが手がけました。現在も、『アパラチアの春』はグラハム舞踊団の代表的演目として、たびたび上演されています。

アパラチア高原は、アパラチア山脈の西部にあります。

もっと知りたい！豆知識

◆作曲中、コープランドはこの作品に題名を付けておらず、ただ「マーサのためのバレエ」と呼んでいましたが、初演の直前にハート・クレインの詩の一節から、『アパラチアの春』という題名を付けました。

◆オーケストラ用組曲に編曲されたのは、1945年です。バレエでの演奏時間は約33分。オーケストラ用の演奏時間は、約25分です。

◆『アパラチアの春』の制作中、コープランドはおもにメキシコにおり、グラハムは全米各地を公演で飛び回っていたため、2人の共同作業は、もっぱら手紙のやりとりで進められました。

オペラ『泥棒かささぎ』

ジョアキーノ・ロッシーニ

正歌劇と喜歌劇の中間の「半分シリアスなオペラ」

『泥棒かささぎ』は、ジョアキーノ・ロッシーニが1817年に作曲した2幕もののオペラで、ミラノ・スカラ座のために書かれました。このオペラの物語の題材は、当時実際に起きた事件とされています。あらすじは、次のようなものです。

ヴィングラディート家の息子ジャンネットと女中のニネッタは恋人同士でした。そのニネッタが銀食器を盗んだとする冤罪により、死刑になりそうになります。また軍隊にいた彼女の父親も、上官と揉めたことで、軍法会議によって死刑が宣告されます。しかし父と娘の処刑の直前、銀食器を盗んだ犯人が鳥のかささぎだったことがわかり、ニネッタは無罪に。父親も国王の恩赦により許されます。

実際の事件では女中は処刑されてしまったとのことですが、オペラのなかでは、冤罪が晴れたヒロインが恋人と結ばれるハッピーエンドとなります。

このオペラは、シリアスなオペラ・セリア（正歌劇）と、庶民的で喜劇的なオペラ・ブッファ（喜歌劇）の両方の要素をもっているため、オペラ・セミセリア（半分シリアスなオペラ）と呼ばれています。『泥棒かささぎ』はオペラ・セミセリアを代表する作品とされており、他にはガエターノ・ドニゼッティの『シャモニーのリンダ』（1842年）なども、このジャンルに入ります。オペラ・セミセリアは、19世紀初期から中期にかけて、イタリアで大変人気がありました。

かささぎは、カラス科の鳥で北アメリカ西部やヨーロッパ全域に生息しています。

もっと知りたい！豆知識

◆『泥棒かささぎ』の演奏時間は約3時間半です。
◆『泥棒かささぎ』のなかの曲は、ロッシーニのオペラとしては珍しくすべて書き下ろしで、自身の旧作からの流用などはありません。
◆村上春樹の長編小説『ねじまき鳥クロニクル』のなかで、ラジオから『泥棒かささぎ』の序曲が流れる場面があります。

『ピアノ協奏曲』第1番

フレデリック・ショパン

「1番」だけど2番目に書かれたピアノ協奏曲

『ピアノ協奏曲』第1番は、フレデリック・ショパンが1830年に書いた作品です。「1番」とされているものの、実際には『ピアノ協奏曲』第2番の方が先に作曲されていました。しかし楽譜の出版された順番が逆になったため、後から書いた方に「1番」の番号がついたのです。

音楽家として世に出た当初、ショパンは母国ポーランドで活躍していましたが、当時ポーランドはドイツ、オーストリア、ロシアという3つの大国に国土を分割され、支配されていました。ショパンの暮らしていたワルシャワはロシア支配下にあり、圧政に苦しんでいました。彼はもはやポーランドでは自由な音楽活動ができないと考え、20歳のときにウィーンに行くことを決意します。

1830年10月にワルシャワで告別演奏会を開き、そこで『ピアノ協奏曲』第1番を自身のピアノ独奏でもって初演しました。離れ行く祖国への思いが込められた本作では、ポーランドの民俗舞踊をもとにした生き生きとした旋律を聴くことができます。しかしこのようなポーランドを賛える曲は、もはやワルシャワでは演奏しづらくなっていたのです。この告別演奏会以降、ショパンは二度とポーランドの土を踏むことはありませんでした。

その後、ウィーンを経てパリに落ち着いたショパンは、社交界の人気者となり、女流小説家ジョルジュ・サンドとの恋愛など、華々しい生活を送ります。しかし祖国への強い想いは消えることなく、その思いを音楽に注ぎ込み続けました。

『ピアノ協奏曲』第1番の冒頭。速度は「アレグロ マエストーソ(速く荘厳に)」と指示されています。

もっと知りたい!豆知識

◆『ピアノ協奏曲』第1番は、一時期ショパンが弟子入りを考えていたこともあるドイツのピアニストで、作曲家のフリードリヒ・カルクブレンナーに献呈されています。

◆ショパンがウィーンへ旅立った直後、ワルシャワではロシアに対する革命が起こりました。ショパンも祖国に戻ってともに戦おうとしますが、ショパンの才能を惜しんだ周囲の強い説得で、帰国を諦めました。

『交響曲』第41番「ジュピター」

ヴォルフガング・アマデウス・モーツァルト

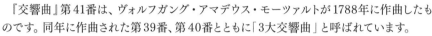

第4楽章の冒頭を飾る「ジュピター音型」

『交響曲』第41番は、ヴォルフガング・アマデウス・モーツァルトが1788年に作曲したものです。同年に作曲された第39番、第40番とともに「3大交響曲」と呼ばれています。

また、「ジュピター」という愛称でも知られています。

「ジュピター」というニックネームは、ハイドンを「ロンドン」と呼んで12曲の交響曲の新作発表の機会を提供したヨハン・ペーター・ザロモンによると伝えられています。

モーツァルトは「ジュピター」を作曲した3年後に亡くなっており、これが彼にとって最後の交響曲となりました。この曲を書いていた当時、モーツァルトは父や娘を立て続けに亡くすという不幸に見舞われていましたが、前年にはウィーンの宮廷作曲家に任命されるなど栄光の頂点にもいました。その喜びと悲しみが入り混じった複雑な感情が、本作を名曲にしたのかもしれません。モーツァルトを尊敬していたドイツの作曲家リヒャルト・シュトラウスは、この曲を聴いたとき「私は天国にいるかのような思いがした」と語っています。

「ジュピター」の第4楽章の冒頭では「ド・レ・ファ・ミ」の印象的なメロディが全音符で提示されます。曲が展開するにつれて、この4音からなるメロディに3つの異なる躍動的なメロディが組み合わされます。対位法という技法を使って、4つのメロディがクライマックスを形成していきます。モーツァルトなどのこの世代の作曲家の交響曲では、第1楽章が中心で最初の方にウェイトが置かれているのですが、この交響曲では最終楽章にウェイトが残っています。後のベートーヴェンの交響曲を予感させるともいえるでしょう。

モーツァルトの肖像として特に有名な絵ですが、これはモーツァルトの死後に想像で描かれたものです。

もっと知りたい！豆知識

◆「ジュピター」の初演の日時は不明ですが、モーツァルトの生前には演奏されていたと考えられています。
◆「ジュピター」は自筆稿が残されており、現在、ベルリン国立図書館に保管されています。
◆「ド・レ・ファ・ミ」の音符では「ジュピター音型」と呼ばれることがあります。

「ラデツキー行進曲」

ヨハン・シュトラウス1世

オーストリアを象徴する国民的行進曲

毎年正月、ウィーン・フィルハーモニー管弦楽団によるニューイヤーコンサートで、かならず最後に演奏されるのが恒例となっているのが『ラデツキー行進曲』です。日本では、運動会などでも流れることもあるので、聴けばおそらくほとんどの人が「ああ、あの曲」とうなずくはず。数あるクラシック音楽のなかでも、ポピュラーな曲です。

題名になっているラデツキーとは、当時のオーストリア帝国の将軍ヨーゼフ・ラデツキーです。ラデツキー将軍は、その頃オーストリア領だった北イタリアの独立運動を鎮圧したことで知られていますが、この勝利に感謝するための祭典のために、「ワルツの父」と呼ばれたヨハン・シュトラウス1世が1848年に作曲しました。

『ラデツキー行進曲』は発表当時から、オーストリア国民に好評をもって迎えられ、次第にオーストリア国民の愛国の象徴となりました。現在でも国家的な行事や式典でたびたび演奏されています。

ニューイヤーコンサートで長年演奏されているのは、作曲家のレオポルト・ベーニンガーによる1914年の編曲を底本とし、さらに大幅に改変されてきたものです。シュトラウス1世が最初に作曲したキリゼイル原典版とはかなり違っています。2020年のニューイヤーコンサートからは、ベーニンガー版に代わるまた新たな楽譜が使用されるようになりました。ベーニンガーが戦前にドイツのナチスに入党して活動に協力していたことが問題視されるようになったからです。

冒頭の有名なメロディ。速度記号は「vivo（活発に）」です。

もっと知りたい！豆知識

◆シュトラウスは『ラデツキー行進曲』を、わずか2時間で完成させたといわれています。
◆ニューイヤーコンサートでの演奏では、曲中に聴衆の手拍子が入ることが有名ですが、これは第二次世界大戦後にできた習慣です。

「神よ、皇帝フランツを守りたまえ」

フランツ・ヨーゼフ・ハイドン

遺体から首が消失していた奇怪な事件

『神よ、皇帝フランツを守りたまえ』はオーストリアの作曲家フランツ・ヨーゼフ・ハイドンが1790年代後半に作曲したとされる神聖ローマ（オーストリア）帝国の国歌です。題名にある皇帝フランツとは、当時の神聖ローマ皇帝フランツ2世を指しています。この曲は、神聖ローマ帝国が解体されたあとも、オーストリア帝国、オーストリア=ハンガリー帝国でも国歌として歌い継がれていきました。

ハイドンがこの曲を書いた頃、神聖ローマ帝国はナポレオン軍に脅かされ、不安定な状態にありました。1809年にはハイドンの暮らしていたウィーンも、ついにナポレオン軍に占領されてしまいます。この混乱のなか、ハイドンは怯える使用人たちを鼓舞しようと、『神よ、皇帝フランツを守りたまえ』をピアノで弾き続けたという話が伝えられています。その3週間後に、ハイドンは亡くなりました。

そのハイドンの死から11年後の1820年、ひとつの衝撃的な出来事が起きます。ウィーンの墓地に埋葬されていたハイドンの遺体を、オーストリア東部のハイドンが長く勤めたエステルハージ城があるアイゼンシュタットに移葬しようという話が持ち上がりました。そこで、墓を掘り起こしたところ、なんと遺体には首がなかったのです。誰かが頭部を切り取って、持ち去ったのでした。

明らかになった犯人は、かつてハイドンが仕えていたエステルハージ家で書記を務めていたカール・ローゼンバウムという男でした。しかし謎なのはその動機でした。ウィーンを支配していたナポレオン軍からハイドンの遺体を守るためだったとも、ハイドンを崇拝していて頭蓋骨を神聖視していたからともいわれていますが、はっきりしたことはわかっていません。そればかりかローゼンバウムは、どんなに警察の追求を受けても、ハイドンの首を返そうとはしませんでした。その後も紆余曲折あり、結局、ハイドンの首が墓地に戻されたのは、切断されてから、約150年後の1954年のことでした。

もっと知りたい！豆知識

◆『神よ、皇帝フランツを守りたまえ』のメロディは、現在のドイツ国歌『ドイツの歌』にも転用されています。
◆ハイドンは作曲する際、イギリスの実質的な国歌である『神よ国王を護り賜え』を参考にしたといいます。
◆歌詞を書いたのは詩人のローレンツ・レオポルト・ハシュカです。しかし、初演以降、国家の形態の変化や皇帝の代替わりなどにより、たびたび歌詞は変更されています。

366 days of Classical music

366日の西洋音楽

4月

『ピアノ協奏曲』第26番「戴冠式」
ヴォルフガング・アマデウス・モーツァルト

完成後1年間も演奏の機会を得られなかった

『ピアノ協奏曲』第26番「戴冠式」は、ヴォルフガング・アマデウス・モーツァルトが1788年に書いた曲です。「戴冠式」の愛称は、この曲が1790年に行われた神聖ローマ皇帝レオポルト2世の戴冠式の祭典で演奏されたと伝えられたことに由来します。

モーツァルトは生涯を通して盛んにピアノ協奏曲を作曲しましたが、この作品は前作から1年以上もの間があいてから書かれたものです。ピアノ協奏曲は基本的に演奏会のために作曲されるもので、それが不作ということは、モーツァルトの演奏家としての人気が低下したことを意味しています。

モーツァルトは、ウィーンに来た頃から予約制の演奏会をたびたび開催していました。貴族や有力者の間で名簿を回覧してもらい、事前に演奏会に来る人を把握していたのです。ザルツブルクを離れて定住した翌年の1782年から1785年までの最盛期の名簿は、あっという間に満員になっていたといいます。この予約演奏会は、モーツァルトの収入の頼りでもありました。しかし、晩年には名簿を回しても、ひとりしか名前がないこともあり、実際、予約客不足のため、モーツァルトは1787年には一度も演奏会を開くことができませんでした。その3年前の1784年には、演奏会に174人もの予約があったことを父に誇らしげに報せていたことを思うと、驚くほどの低調さです。

追い打ちをかけたのが、1788年に勃発したオーストリアとトルコの戦争でした。これによって、ウィーンの音楽文化は大きな打撃を受けます。これらの事情により、『ピアノ協奏曲』第26番は完成はしたものの演奏されないままで、初演されたのは1789年になってからのことだったのです。

彼の書いた傑作の数々はモーツァルトの死後も残り、演奏され続け、後世の音楽家たちに多大な影響を与えました。モーツァルト、そして同時期にウィーンで活躍したハイドン、そしてモーツァルトの亡くなった翌年にウィーンにやってきて、ハイドンの手でモーツァルトの精神を受け継いだベートーヴェンの3人の音楽は、音楽が模範として追求すべき理想とされ、「古典派音楽」や「ウィーン古典派」と今日では呼ばれています。

もっと知りたい！豆知識

◆「戴冠式」は、モーツァルトにとって最後から2番目に書いたピアノ協奏曲です。
◆ピアノ協奏曲第26番は3楽章構成です。
◆自筆譜での曲は、作品全体を通して、多くの部分でピアノ独奏部の左手が書かれていません。モーツァルトは即興的に左手のパートを弾いたと思われます。未完の左手パートは、1794年に初版された際、出版者のヨハン・アンドレによって補完されました。

オペラ『魔弾の射手』

カール・マリア・フォン・ウェーバー

ドイツ民族の伝統と魂を体現したオペラ

『魔弾の射手』は、19世紀ドイツの作曲家カール・マリア・フォン・ウェーバーが、1817年～1821年頃にかけて書いたオペラです。1821年にベルリンで初演されると、熱狂的な歓迎を受け、チケットは完売が続きました。その理由は、本作の物語がドイツの民間伝承をもとにしており、非常にドイツ的だったためです。

19世紀初頭のナポレオン戦争期に、ベルリンは2年間にわたってフランス軍に占領されていました。その記憶も生々しい時期に上演された『魔弾の射手』に、ベルリン市民たちはドイツ民族の魂を感じ、愛国心を鼓舞されたのです。

物語の舞台は、17世紀のボヘミアです。若き狩人のマックスは恋人のアガーテと結婚するために射撃大会で勝つ必要がありましたが、不調のまっただなかでした。そこに同僚のカスパールが現れ、「魔弾」を使うと思いのままに当てることができると誘います。この魔弾は悪魔ザミエルによるもので7発中6発は思い通りに標的に当たりますが、最後の1発は悪魔ザミエルの思いのままに操ることができるというものでした。それを知っているカスパールは、先に自分が6発の魔弾を撃ち尽くし、最後の7発目をマックスが撃つのを隠れて見守っています。マックスの放った7発目は恋人のアガーテに向かいますが、花冠にはじかれてカスパールが命を落としたのです。マックスは魔弾を使用した咎を受けますが、1年の執行猶予の後にアガーテとの結婚が許されます。

このオペラを彩るウェーバーの音楽もまた、ドイツ民謡のような旋律を取り入れ、非常にドイツ的です。そのこともあり、ドイツ民族の伝統を体現している本作は、ナチス時代に盛んに上演されました。

ドイツ・ベルリンの名所、ブランデンブルク門。

もっと知りたい！豆知識

◆本作はドイツのロマン主義オペラを確立した記念碑的作品とされています。
◆上演時間は約2時間20分です。
◆本作の初演から5年後の1826年、ウェーバーは結核により39歳の若さで亡くなりました。
◆T.M.Revolutionの楽曲『魔弾 ～Der Freischütz～』の歌詞は、本作をもとに作られています。

4月3日

本日のテーマ▼ジャンル

『グラン・パルティータ』

ヴォルフガング・アマデウス・モーツァルト

13の管楽器で演奏される大組曲

『グラン・パルティータ』は、ヴォルフガング・アマデウス・モーツァルトが管楽合奏のために作曲したセレナードです。セレナードとは、元々は夜の窓辺で男性が女性に対する愛を表現する歌のこと。つまり「夕べの音楽」で、モーツァルトの時代には器楽で演奏される、多楽章の曲を指しています。パルティータは組曲という意味で、本来は舞曲から構成されています。この組曲は7つの楽曲がありますが、本来の舞曲はメヌエットの2曲のみです。もっとも『グラン・パルティータ』はモーツァルト自身の命名ではありません。

この曲の正確な作曲年代は不明ですが、1783年末から1784年初め頃と推定されています。通常の編成は、管楽器12本に弦楽器のコントラバスを加えた13人の合奏ですが、コントラバスは木管楽器のコントラファゴットに代えて演奏することがあります。これでもって文字どおり『13管楽器のためのセレナード』となります。

また、7楽章からなり、演奏に約50分を要するという管楽合奏曲としては大規模な作品であることから、モーツァルトの管楽器書法の精髄を示したものともいわれています。

20世紀の理論物理学者であるアインシュタインは、この『グラン・パルティータ』について、「音楽の形式をとった最も純粋で、明朗で、この上なく人を幸福にし、最も完成されたもの」と絶賛しています。

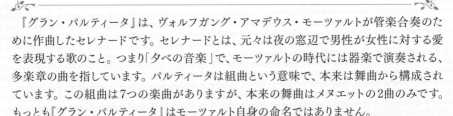

タイトル欄に「Serenade in B♭」（変ロ長調のセレナーデ）と書いてある楽譜もあります。

もっと知りたい！豆知識

◆初演は、1784年にウィーンのブルク劇場で行われたとされています。ただ、このときは第1、2、5、7楽章の4つのみの演奏でした。

◆『グラン・パルティータ』の正式な題名は、『セレナード』第10番変ロ長調です。ですが、「第10番」というナンバリングは、モーツァルトの死後に出版社が便宜上つけたものです。

ソナタ『悪魔のトリル』

ジュゼッペ・タルティーニ

悪魔に教えてもらったヴァイオリンの名曲

18世紀イタリアの作曲家でヴァイオリニストのジュゼッペ・タルティーニの作品に、『ヴァイオリン・ソナタ』ト短調があります。ただ、この曲は『悪魔のトリル』という通称の方が有名です。このような通称がついたのには、曲の誕生にまつわる次のような伝説があるためです。

1713年、タルティーニが21歳のとき、ある夢を見ました。それは、悪魔と契約を交わすというもので、タルティーニの魂と引き換えに、悪魔はヴァイオリンで素晴らしいソナタを弾きはじめました。その演奏は、この世のものとは思えぬ美しさでタルティーニを魅了したといいます。そして、夢から覚めたタルティーニは、忘れないうちに、悪魔が奏でたメロディを書き取りました。こうしてできあがったのが、『ヴァイオリン・ソナタ』ト短調なのです。

この伝説から、『悪魔のトリル』の演奏を収録したCDには、寝間着姿でベッドに横たわるタルティーニの横でヴァイオリンを演奏する悪魔の様子をジャケットに描いたものもあります。この曲は1713年頃の作品と考えられてきましたが、近年はタルティーニの作風の変化の研究などから、1740年代後半以降の作品とみなされています。

ちなみに、トリルというのは、ある音とその2度上下の音を素速く交替させて弾く奏法のことです。

『悪魔のトリル』は3つの楽章で構成されていて、第3楽章にタイトル通りの「悪魔のトリル」が現れます。もっとも演奏が難しい箇所ですが、全体的にも難易度がかなり高い曲です。いまもヴァイオリニストが必ずマスターしなければいけない作品だといわれています。

フランスの画家であるルイ＝レオポルド・ボワイーが描いた『タルティーニの夢』。

もっと知りたい！豆知識

◆タルティーニの夢のエピソードは、フランスの天文学者ジェローム・ラランドが1769年に記したイタリア旅行記のなかで、タルティーニ自身がインタビューに答える形で記されています。

◆タルティーニが生涯で作曲したほとんどが、ヴァイオリン協奏曲とヴァイオリン・ソナタです。

◆タルティーニは音楽理論にも深い関心をもち、音楽に関する学術論文を数多く発表しました。

ウェリントンの勝利

ルートヴィヒ・ヴァン・ベートーヴェン

火器まで使用して戦争を表現

「楽聖」とまで崇められているルートヴィヒ・ヴァン・ベートーヴェンにも、駄作とされる作品があります。それが、1813年に書かれた『ウェリントンの勝利』です。『戦争交響曲』と呼ばれることもありますが、有名な『田園交響曲』と同じように、当時「性格交響曲」と呼ばれたジャンルのものでした。

この曲は、フランスに戦争で勝ったイギリスを讃美するために作られたものです。当時、オーストリアはフランスと10年間も戦争を続けていて、国内は経済的にも精神的にも疲弊していました。そんななか、1813年にスペインで起きたビトリアの戦いで、ウェリントン侯爵アーサー・ウェルズリー率いるイギリス軍がフランス軍に勝利したことで、オーストリア国民は溜飲を下げます。

すると、オーストリアでにわかに湧き上がったウェリントン人気に目をつけたのが、メトロノームを開発したことで有名なメルツェルです。彼は当初は自身の発明で音楽が演奏できる「パンハルモニコン」という楽器のために作曲を依頼したのですが、ベートーヴェンが管弦楽用に作曲してしまったのです。こうして完成したのが、『ウェリントンの勝利』なのです。

全体は2つのパートで構成されていて、前半ではビトリアの戦いが再現されています。後半パートでは、フランス軍の撤退とイギリス軍の勝利を祝う凱歌が再現されています。この曲は1813年に初演されたのですが、同じ演奏会で『交響曲』第7番も初演されています。この交響曲の全体の感じが明るく、前進的なのは、『ウェリントンの勝利』の後退的な性格と、無関係ではないでしょう。

軍楽隊から大砲、銃、太鼓、進軍ラッパまで使用して戦争を表現した本作は、ウェリントン人気もあって、商業的に大成功を収めました。演奏会は何度も繰り返し開催され、ベートーヴェンもメルツェルもかなりの大金を稼いだといいます。

この曲は楽譜通りに忠実に演奏するためには火器が必要なこともあって、そもそも演奏される機会が極端に少ない作品でもあります。

もっと知りたい！豆知識

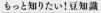

◆初演後、ベートーヴェンとメルツェルとの間に著作権争いの裁判が起きましたが、ベートーヴェンが勝訴しています。
◆日本では2007年にはじめて、陸上自衛隊朝霞訓練場で陸上自衛隊東部方面音楽隊の演奏により、楽譜通り実際の火器を使った演奏が行われました。

『練習曲集』10-12より「革命のエチュード」

フレデリック・ショパン

挫折した祖国の革命に捧げられた「練習曲」

「革命のエチュード」と呼ばれる練習曲（エチュード）は、フレデリック・ショパンが1833年に出版した『練習曲集』10-12の最後の曲です。「革命」というニックネームはフランツ・リストが付けたものです。

ショパンの祖国であるポーランド立憲王国は、当時は形式上は「国」でしたが、ロシア皇帝がポーランド国王を兼ね、実質的にはロシアの一部でした。そんななか、1830年11月29日にポーランドの人々はロシアに敢然と反旗を翻し、首都ワルシャワのベルヴェデル宮殿と武器庫を襲撃します。この11月革命勃発直前の11月2日に、ショパンは自由な音楽活動を求めてウィーンへと旅立っていました。

旅先のウィーンで蜂起の報に接したショパンは、激しく心を揺さぶられ、自身も祖国に帰って同胞とともに戦いたいと望みます。しかし、ショパンは身体が弱く、周囲に強く制止されたこともあり、その願いは叶いませんでした。

やがて、異国の地でショパンはこの蜂起がロシアによって鎮圧されたことを知ります。その怒りと悲しみを音楽で表現しようとしたのが「革命のエチュード」だといわれています。

この曲は左手の動きを素早くするための練習曲とされていますが、激しく動く旋律がショパンの感情の起伏を表現しているといえるでしょう。

11月革命の様子を描いた絵画。ポーランド勢の死傷者は4万人にものぼったといいます。

もっと知りたい！豆知識

◆『革命のエチュード』は、友人であった作曲家でピアニストのフランツ・リストに献呈されました。
◆近年の研究では、ショパンはこの曲を書くときに、とくに「革命」を意識していなかったという説も唱えられています。
◆ポーランドが独立を果たすのは、第一次世界大戦後の1918年のことです。

『交響曲』第5番「運命」

ルートヴィヒ・ヴァン・ベートーヴェン

有名な冒頭の「ダ・ダ・ダ・ダーン」は運命を表している?

ルートヴィヒ・ヴァン・ベートーヴェンが『交響曲』第5番を初演したのは、1808年12月22日です。実は同じ演奏会で『交響曲』第6番も初演されています。作曲の順は第5番、第6番なのですが、この初演では第5番が第6番、第6番が第5番として演奏されました。出版は第5番の方が1ヶ月早かったことから、作曲の順に出版されたことになります。前者は「運命」、そして後者は「田園」という愛称で呼ばれていますが、ベートーヴェンにとっては「一卵性双生児」のようだったのではないでしょうか。

「運命」という愛称は、第1楽章の冒頭で聴こえる「ダ・ダ・ダ・ダーン」というリズムが、「まるで運命が扉を叩くようだ」と、ベートーヴェンがいったという、弟子のシントラーの証言によるという俗説がありますが、これはあてになりません。ただし、当時の人々がこの交響曲に、神の厳粛な「運命」を感じ取っていたことは確かでしょう。

ベートーヴェンはこの交響曲でオーケストラにはじめてトロンボーンという金管楽器を使用しました。これ以前の交響曲で、トロンボーンは使用されていません。トロンボーンは、教会で合唱の伴奏用に使用される楽器であって、交響曲のような世俗的な音楽で使用することは、これまでの作曲家は考えなかったのです。

「田園」の方は、ベートーヴェン自身が「田園交響曲 パストラーレ・シンフォニー」と楽譜に明記しており、ベートーヴェンは田園（日本の田んぼではなく、高原の牧場を想像してください）の風景やそこで過ごす人々のすがすがしい気分を音楽で表現しようとしています。これは、「性格交響曲」と呼ばれるものです。ここではベートーヴェンは神が創造した「自然」を賛美しています。そして第5番では、神の「厳粛さ」に畏怖しているのです。

ちなみに、「ダ・ダ・ダ・ダーン」というリズムは、後の作曲家が使用するのを躊躇したリズムで、このリズムをあからさまに使用した音楽はあまりありません。どうしても人々がベートーヴェンの「運命」を連想してしまうからです。

もっと知りたい！豆知識

◆『交響曲』第5番は日本では「運命」の題名の方が有名ですが、海外ではあまり使われていません。
◆1808年にウィーンで行われた初演では、「運命」は『交響曲』第6番として演奏されました。
◆演奏時間は約35分です。
◆通称第5番は「ハ短調」の交響曲といわれますが、最終楽章は「ハ長調」となります。
◆海外でも『交響曲』「運命」といえば、ベートーヴェンの第5番です。中国では「運命」ではなく、「命運」といいます。

交響的印象『スペインの庭の夜』

マヌエル・デ・ファリャ

パリで印象派音楽の影響を受ける

マヌエル・デ・ファリャは19世紀末から20世紀中頃にかけて活躍したスペインの作曲家です。ファリャはピアニストだった母からピアノの手ほどきを受け、その後、マドリードの有名な音楽教師ホセ・トラゴからもピアノを習いました。そして、1901年からはスペイン民俗音楽の祖フェリペ・ペドレルに師事し、16世紀スペインの教会音楽や、民俗音楽、サルスエラ(スペインの国民的オペラ)を学びます。

ファリャは、1907年から1914年までパリに滞在していました。そのパリで、親交のあった同国人のピアニストであるリカルド・ビニェスに献呈したのが、1909年頃から作曲に取りかかっていた『スペインの庭の夜』です。最初はピアノ独奏曲『3つの夜想曲』として構想されました。ビニェスのアドバイスにより、独奏ピアノと管弦楽のための曲となり、題名も『スペインの庭の夜』となりました。また、完成したのはスペインに帰国した後の1915年のことです。作品はビニェスに献呈されました。

『スペインの庭の夜』は、「ヘネラリーフェにて」「はるかな踊り」「コルドバ山の庭にて」の3つの楽章で構成されています。第1楽章ではワーグナーの、第2楽章ではドビュッシーの楽曲でよく聴こえてくる和音が使われており、同じ頃に活躍した作曲家たちの影響を受けていたことがわかります。さらに、ファリャがパリ滞在中に作曲を進めたためか、『スペインの庭の夜』は、当時フランスで流行していた印象主義音楽の影響を受けているといわれ、特に、ドビュッシーの『夜想曲』やラヴェルの『スペイン狂詩曲』からの影響が強く出ているともいわれます。ファリャ自身は、このピアノ協奏曲とも交響詩とも呼べる作品のことを「交響的印象」と称していました。ファリャの故郷であるスペインの雰囲気を感じさせる「民俗主義」的な面と、ファリャが活躍したフランスの「印象主義」的な面の両方を併せ持つ曲だといえます。

もっと知りたい！豆知識

- ◆初演は1916年にマドリード王立劇場で行われました。
- ◆演奏時間は約23分です。
- ◆ファリャは、晩年になるとフランコ独裁政権を避けてアルゼンチンに亡命しました。

オペラ『皇帝ティートの慈悲』

ヴォルフガング・アマデウス・モーツァルト

慈悲深いローマ皇帝を賛美したオペラ

『皇帝ティートの慈悲』は、ヴォルフガング・アマデウス・モーツァルトが1791年に作曲したオペラ・セリアです。神聖ローマ皇帝レオポルト2世がプラハで行う、ボヘミア王としての戴冠式で上演する演目として、作曲依頼されました。この作曲依頼は、最初はイタリアの作曲家アントニオ・サリエリになされましたが、彼が多忙を理由に断ったことで、急遽モーツァルトが作曲することになったのです。一説には、モーツァルトはわずか18日間で、全曲を書き上げたともいいます。

皇帝ティートとは、実在した1世紀のローマ皇帝ティトゥスのことです（ティートはイタリア語読み）。彼の治世下で、ナポリのヴェスヴィオ火山が大噴火を起こし、ポンペイは都市ごと灰に埋まり消滅しました。ティトゥスはポンペイの町の救出に尽力したために若死にしたもといわれ、慈悲深く徳の高い皇帝として名を残しています。

このオペラの物語は、皇帝ティートの妃の座を狙う先帝の娘ヴィッテリアと、そのヴィッテリアを愛している皇帝の友人セストらの欲望と嫉妬が錯綜するというものです。そして、物語の最後は皇帝の慈悲によってハッピーエンドで終わります。

ローマ皇帝を賛美するという内容が感情移入しづらいためか、19世紀から20世紀にかけて、このオペラはあまり上演されることがなく、評価も低いものでした。しかし、モーツァルト自身はオペラのでき栄えに満足していたといわれ、また近年はその高い音楽性が再評価されるようになっています。

『皇帝ティートの慈悲』には、火山で滅んだポンペイの町のことは一切でてきません。ただ、ポンペイは1739年に発掘されてヨーロッパ全土に一大センセーションを巻き起こしていました。モーツァルトは幼い頃に父に連れられ、このポンペイ遺跡を見ています。

イタリアのポンペイ遺跡。火砕流にのまれ、多くの人が生き埋めになったことがわかっています。

もっと知りたい！豆知識

◆本作は『魔笛』とともに、モーツァルトの死の年に作られたオペラです。書かれたのは『魔笛』の前になるため、最後から2番目に書いたオペラということになります。

◆演奏時間は約2時間10分です。

◆1791年9月6日にレオポルト2世がプラハで戴冠し、その夜に皇帝と皇后マリア・ルドヴィカの臨席のもと、『皇帝ティートの慈悲』はプラハの国立劇場で初演されました。ただ、この初演は不評だったようです。

夜想曲

ジョン・フィールド

4月10日

本日のテーマ▼ジャンル

ノクターンを創始したアイルランド人作曲家

ピアノの独奏で演奏されることの多いノクターンというジャンルといえば、「ピアノの詩人」とも称されるポーランドの作曲家、フレデリック・ショパンの20曲を超える作品が有名です。しかし、ノクターンというジャンル自体はショパンが作ったものではありません。19世紀末から20世紀にかけて活躍した作曲家でピアニストでもあったジョン・フィールドが創始したものなのです。

フィールドはクラシックの音楽家としては珍しく、アイルランドで生まれました。20代でロシアに渡り、以後生涯をロシアで過ごしたという変わった経歴の持ち主です。後に「近代ロシア音楽の父」と呼ばれる、ミハイル・グリンカを指導するなど、ロシアの国民楽派の発展に大きく寄与しました。

そのロシアで、フィールドは18曲ほどノクターンを作曲しています。ノクターンは、ラテン語で「夜の」という意味の言葉「ノクトゥルヌス（nocturnus）」に由来しており、日本語では「夜想曲」と書かれます。メロディが抒情的で、ゆっくりとしたリズムで歌われ、夜を想いながらゆったりと演奏される音楽です。さらに、この頃にはピアノの改良が進み、レガート・ペダルが装備されるようになると、音を滑らかに演奏できるようになったことも、ノクターンが生み出されたきっかけのひとつだといえます。

フィールドによって創始されたのち、ノクターンはショパンによって、よりロマンティックな楽曲へと発展していきました。また、フィールドの一連のノクターンは、メンデルスゾーンやシューマン、リスト、グリーグなど、広くロマン派作曲家の夢想的な作品の先駆けとなったともされています。

フィールドが生まれたアイルランドのダブリンは、人口の50%が25歳以下という若者が多い都市。パブも多く、ナイトライフが盛んです。

もっと知りたい！豆知識

◆フィールドが最初に書いたノクターンは、1812年頃の作品で、最後は1832年頃の作とされています。
◆フィールドの作曲した夜想曲の正確な数は、はっきりしていません。

フィガロの結婚

ヴォルフガング・アマデウス・モーツァルト

大成功の裏で、借金生活がはじまる

『フィガロの結婚』は、ヴォルフガング・アマデウス・モーツァルトが1786年に作曲したオペラです。原作は、フランスの劇作家ボーマルシェが1778年に書いた同名の戯曲です。ボーマルシェは、この戯曲の前編として『セビリアの理髪師』(P.145)、後編として『罪ある母』を書いており、これら3作を通して登場する主人公フィガロの名前から、「フィガロ3部作」と呼ばれることがあります。第1作は19世紀イタリアの作曲家ロッシーニによって、第3作は20世紀フランスの作曲家ミヨーによって、オペラ化されています。

オペラの内容は、伯爵の召使いフィガロと恋人スザンナの結婚をめぐる一日の騒動を活き活きと描いたものです。この作品のためにモーツァルトが書いた軽快な序曲や、「恋とはどんなものかしら」、「もう飛ぶまいぞ、この蝶々」などのアリアの数々は、コンサートなどで演奏される機会も多い名曲です。

1786年にウィーンのブルク劇場で初演されましたが、このときはあまり評判になりませんでした。しかし、当時オーストリア領だったボヘミア(現在のチェコ)の首都プラハで上演されると大人気となり、モーツァルトもプラハに招かれます。さらに、プラハの劇場から新作オペラの注文までもらえ、同地で1787年に初演されたのが『ドン・ジョヴァンニ』でした。

こうして、大金を稼いだはずのモーツァルトでしたが、この頃から周囲に頻繁に借金を申し込むようになっています。経済的に困窮していたのです。その原因としてはいくつかが考えられます。ひとつは、1788年にオーストリアがトルコ戦争に参戦したことで、ウィーンの物価が高騰し、さらにモーツァルトのパトロンだった貴族が戦地や郷里に戻ったことです。予約演奏会をしても、予約がひとりということもありました。ふたつめは、こうした演奏会を開催した四旬節の時期に、劇場での演劇が解禁されるなどして、会場を手配するのが難しくなったという背景です。

しかし、このような状況であっても、モーツァルトの収入があれば、借金をせずに生活ができたはずです。しかし、収入減になっても、これまでの派手な生活をやめられなかったのが、借金の原因といわれています。妻コンスタンツェが温泉地で療養したり、長男カール・トーマスをお金のかかる寄宿学校に入学させたりもしていたのです。このような話は、現代の日本でもよくある話です。

もっと知りたい！豆知識

◆『フィガロの結婚』は、序曲と全4幕からなるオペラ・ブッファ形式です。歌詞はイタリア語です。
◆演奏時間は約2時間50分です。
◆原作の戯曲は、痛烈に貴族社会を批判しているため、たびたび上演禁止になりました。オペラの方は貴族批判の要素は薄められています。

ミサ・ソレムニス

ルートヴィヒ・ヴァン・ベートーヴェン

「第9」の姉妹曲のミサ曲

ミサというのは、カトリック教会で行われる典礼のひとつです。ミサの種類によって使用される典礼文が異なり、例えば、葬儀の場合には「レクイエム」という言葉ではじまる典礼文が使用されます。これに対して、どんな場合であっても必ず使用される典礼文を「ミサ通常文」といい、特に歌われる5つの部分「キリエ」「グローリア」「クレド」「サンクトゥス(ベネディクトゥスを含む)」「アニュス・デイ」に作曲したものが「ミサ曲」と呼ばれます。ミサ曲には、合唱だけの簡素なものもありますが、交響曲を演奏するような大規模な管弦楽の伴奏で演奏されるミサ曲もあり、特に後者のような荘厳なミサ曲を「ミサ・ソレムニス」と呼んでいます。

ベートーヴェン以外にも、管弦楽伴奏のミサ曲は多くの作曲家が手掛けていますが、「ミサ・ソレムニス」といった場合には、通常、ベートーヴェンの作品を指すほど、この曲はミサ曲の歴史上で際立った存在になっています。

ベートーヴェンは、1807年にエステルハージ家に委嘱されて「ミサ曲」を作曲しています。初めての作曲であり、しかもハイドンが長年楽長を務めた侯爵家からの依頼ということで、ベートーヴェンは意欲的に取り組みましたが、同じ時期に『交響曲』第5番「運命」を作曲していたため、その影響を受けたミサ曲での大胆な表現は侯爵の不評を買いました。

しかし「ミサ・ソレムニス」は、ルドルフ大公の大司教就任式のために、自ら作曲すると宣言して作曲したものなので、意気込みが違いました。ちなみにこの頃のベートーヴェンは、『交響曲』第9番に取り組んでいます。「ミサ・ソレムニス」の第2曲「グローリア」と、「第9」の「歓喜の歌」の合唱の響きは、驚くほど似ています。「ミサ・ソレムニス」を聴いていると、私たちの耳に「第9」の響きがそこかしこに聴こえてきたとしても不思議ではないでしょう。

ベートーヴェンは、「ミサ・ソレムニス」を「私の最高傑作」「精神のもっとも実り豊かな所産」と語ったといわれますが、それはまた『交響曲』第9番に対する自負の言葉であったのでしょう。

教会では定期的にミサが行われ、信者たちが祈りを捧げています。

もっと知りたい！豆知識

◆初演は1824年3月26日、ロシア・サンクトペテルブルクでの慈善演奏会でした。オーストリア・ウィーンでは、キリエ、クレド、アニュス・デイのみの演奏でした。同年5月7日に行われた慈善演奏会では『交響曲』第9番が初演されています。
◆演奏時間は約80分です。

4月13日

本日のテーマ▼周辺

歌曲『おおスザンナ』

スティーブン・フォスター

カリフォルニアのゴールドラッシュで大流行

『おおスザンナ』は、アメリカの作曲家スティーブン・フォスターが1847年頃に作詞作曲した歌曲です。彼の最初の作品とされています。題名にある「スザンナ」という女性の名前は、フォスターの亡くなった姉シャーロットのミドルネームであるともいわれていますが、歌詞の内容は、あるバンジョー奏者がルイジアナにいる恋人のスザンナを探しにいくというラブソングです。「旅はつらいが、ルイジアナに着けばきっと会える」と、恋人を想う気持ちを歌っています。

バンジョーという楽器は、奴隷としてアメリカに連れてこられた人たちが、故郷のアフリカを思って作った楽器です。この曲には、この頃ヨーロッパからアメリカに伝わったポルカのビートが取り入れられ、アメリカ南部の民謡からも影響も受けているとされます。アフリカの音楽、ヨーロッパの音楽、アメリカの音楽が融合した曲というわけです。

この歌は、ゴールドラッシュの時代のアメリカで大流行しました。ゴールドラッシュとは、1848年にカリフォルニアで金鉱が発見され、アメリカ中の人々が一攫千金を夢見て西部へと荒野を幌馬車隊で西へ向かった現象の事です。長旅の途中で、この曲は盛んに歌われたのでしょう。アメリカでもっとも有名な曲となります。

ちなみに、日本にこの曲が伝わったのは、幕末の1852年頃。伝えたのは、かのジョン万次郎です。漂流民としてアメリカに渡ったジョンは、日本への帰国費用を稼ぐために、カルフォルニアで金鉱掘りの仕事をしている際に、この曲を覚えたといわれています。

ゴールドラッシュの影が残る
カリフォルニアの風景。

もっと知りたい！豆知識

◆さまざまな人が勝手に著作権登録してしまったため、フォスターはこの歌で100ドル程度しか稼げなかったとされています。

◆1955年にシンギング・ドッグスがカヴァーしたバージョンは、ビルボード・ポップシングルチャートで22位を記録しました。また、その後もバーズやジェームス・テイラー、ニール・ヤングなど多くのミュージシャンがカヴァーしています。

オペラ『ベンベヌート・チェルリーニ』

エクトル・ベルリオーズ

ケチで有名な音楽家から贈られた大金

『ベンベヌート・チェルリーニ』は、1838年にフランスの作曲家エクトル・ベルリオーズが作曲した2幕物のオペラコミックです。物語の主人公は、16世紀のイタリアの実在の彫刻家ベンベヌート・チェルリーニ。彼が教皇から出された「期限までに彫刻を完成できなければ死罪」という難題を必死に達成しようとするドタバタを描いています。

本作はフランスのパリにあるオペラ座で初演されましたが、散々な不評に終わってしまいます。これにより、ベルリオーズは精神的にも経済的にも打撃を受けてしまいました。そんななか、イタリアの作曲家でヴァイオリンの超絶技巧者としても名高いニコロ・パガニーニが、突然ベルリオーズの楽屋を訪れ、彼の才能を絶賛したうえ、2万フランという大金を贈ったのです。パリの人々は驚きました。パガニーニは貧民救済の慈善演奏会に一度も出演しないほど、ケチで有名だったからです。

パガニーニがなぜベルリオーズに大金を贈ったかという謎については、当時から現在に至るまで、さまざまな説が唱えられています。パガニーニがケチという悪評を払拭しようとしたからとか、有名な批評家に説得されたからなどの諸説あるなか、もっとも説得力があるのは、ベルリオーズの後援者で出版人であったベルタンが金を出したというものです。

その説によれば、ベルタンはパガニーニのような有名人が大金を贈って激励すれば、ベルリオーズの宣伝になると考え、パガニーニの協力を得て一芝居を打ったとのこと。これは後年、ベルタン夫人が語った証言にもとづいています。

本当に後援者のベルタンが仕組んだことだったのかはわかりませんが、ベルリオーズはパガニーニの好意を素直に受け取り、のちに劇的交響詩『ロメオとジュリエット』を作曲すると、パガニーニに捧げました。

オペラのもとになった彫刻家ベンベヌート・チェルリーニの彫刻が、イタリアのフィレンツェにあります。

もっと知りたい！豆知識

◆『ベンベヌート・チェルリーニ』は長年、上演されることの少ない作品でしたが、21世紀以降、少しずつ上演機会が増えてきています。
◆『ベンベヌート・チェルリーニ』の序曲だけは、コンサートなどでよく演奏されます。
◆ベルリオーズ自身は本作を傑作だと考えていました。

4月15日

本日のテーマ▼音楽史

『交響曲』第1番

ジャン・シベリウス

純粋な交響作品を求めて

フィンランドの作曲家ジャン・シベリウスが1899年に書いた『交響曲』第1番には、ただ「1番」と名前がついているものの、じつは最初に作曲した交響曲ではありません。

『交響曲』第1番を作曲する10年前の1889年、留学先のベルリンでシベリウスは、同じフィンランドの作曲家ロベルト・カヤヌスの『アイノ交響曲』を聴いて感動し、自身も愛国的なテーマの交響曲を作曲しようと思い立ちます。そして1892年に完成させたのが、故郷フィンランドをテーマにした合唱付きの管弦楽曲『クレルヴォ交響曲』です。これが、シベリウスにとって最初の交響曲だったのです。

『クレルヴォ交響曲』は大成功を収め、以後、シベリウスはフィンランド色の濃い音楽をつくることに力を注ぎました。シベリウスの代表作ともいえる『フィンランディア』（P.62）を完成させた同じ年に、この『交響曲』第1番は作曲されました。

『クレヴォ交響曲』や『フィンランディア』はいずれも自然や歴史と密接に関係しています。シベリウスは『交響曲』第1番では、こうした描写音楽を脱して、純粋な交響曲の完成を目指したのです。そのため、「交響曲」としては「第1番」というわけです。この曲にロシアの圧政やその解放を求めるフィンランドの人々の声を聴くのは、シベリウスの本意に反することかもしれません。

当時のヨーロッパで流行していたチャイコフスキーやワーグナーの影響を強く受けており、大規模なオーケストラを駆使した色彩豊かな響きが、聴く者を楽しませてくれます。この曲を作曲する前年にシベリウスはベルリンでベルリオーズの『幻想交響曲』を聴き、大きな感銘を受けたと記しているので、おそらくそこからも多くの影響を受けたと思われます。

フィンランドの首都、ヘルシンキ。ヨーロッパ最北の大都市といわれています。

もっと知りたい！豆知識

◆初演は1899年にヘルシンキで作曲者自身の希望で行われ、その翌年に改訂しています。

◆『交響曲』第1番は、交響詩的な要素も強い作品とみなされており、第4楽章にはシベリウス自身の指示で「幻想風に」と記されて即興的に展開されます。美しい旋律が広がり、音楽は大きく揺れ動き、壮大ですらあります。

オペラ『夢遊病の女』

ヴィンチェンツォ・ベッリーニ

ヨーロッパ各地で成功を収めた牧歌劇

ヴィンチェンツォ・ベッリーニは19世紀イタリアの作曲家です。おもにオペラを中心に作曲をし、ロッシーニやドニゼッティと並んで、19世紀前半のイタリア・オペラを代表する作曲家とされています。『夢遊病の女』は、そのベッリーニが1831年に作曲した2幕からなるオペラです。

物語は次のようなものです。

舞台はスイスのとある村。村で評判の美人アミーナと村の若い地主エルヴィーノは結婚を約束していました。そんなあるとき「夢遊病」にかかっていたアミーナは、夜中に無意識にさまよい歩き、ロドルフォ伯爵のベッドで寝てしまいます。これを知ったエルヴィーノは恋人の潔白を信じず、別の女性に結婚を申し込んでしまいました。その後、エルヴィーノはアミーナが夢遊病になっているところを目撃します。これにより、彼女の潔白を信じたエルヴィーノはアミーナに謝罪して、よりを戻し、ハッピーエンドとなります。

このオペラはスイスの田園生活を背景にしているため、牧歌劇（パストラル）の代表的な作品ともみなされています。もともとパストラルとは、「田園風の」という意味です。ヨーロッパでは、文学、詩、音楽、美術など、さまざまな芸術ジャンルで人気のテーマです。例えば音楽では、ベートーヴェンの『交響曲』第6番「田園」がよく知られています。牧歌劇では、田園（日本では、高原の牧場を想像して下さい）で、羊飼いの少年と、少年に追いかけられる少女の恋愛劇として描かれることが多いようです。

ミラノのカルカーノ劇場で初演された『夢遊病の女』は、当時のスター歌手たちを揃えたこともあり、大成功を収めます。その後、パリやロンドンでも上演され、とくにイギリスではヴィクトリア朝期を通して、高い人気を誇りました。

もっと知りたい！豆知識

◆カターニアにあるベッリーニの墓には、本作の劇中でアミーナの歌うアリア『ああ、信じられない（Ah, non credea mirarti）』の楽譜が刻まれています。

◆上演時間は約3時間10分です。

◆ベッリーニは『夢遊病の女』を書いた4年後に、わずか33歳で亡くなりました。

4月17日

オペラ『セルセ』より「オンブラ・マイ・フ」

ゲオルク・フリードリヒ・ヘンデル

本日のテーマ▼ジャンル

オペラ作品そのものよりも有名になったアリア

「オンブラ・マイ・フ」は、ゲオルク・フリードリヒ・ヘンデルが1737年から1738年にかけて作曲したオペラ『セルセ(クセルクセス)』の第1幕冒頭のアリアです。「オンブラ」とは「影」という意味。このアリアのなかでは、プラタナスの木陰の心地よさが歌われています。

ヘンデルの死後、彼のオペラ作品はほとんど上演されなくなってしまいましたが、この「オンブラ・マイ・フ」だけは単独の歌曲として残り、さまざまな歌手によって歌い継がれていきしました。さらに、ピアノ・ソロや室内楽にも編曲され、コンサートなどで演奏されることが多い名曲です。「オンブラ・マイ・フ(ombra mai fu)」は直訳すると、「かつてこのような影はなかった」となります。ちなみに、英語の「傘(アンブレラ＝umbrella)」は、「日陰」を意味するイタリア語が語源とされています。

「オンブラ・マイ・フ」は「ヘンデルのラルゴ」、あるいはたんに「ラルゴ」という愛称でも広く知られています。「ラルゴ」とは、イタリア語で「ゆるやかに」という意味を持つ音楽の速度記号「Largo(ラルゴ)」。楽譜にこの音楽記号が使われているため、この名で呼ばれるようになりました。ただ、原楽譜に記されているのは「ラルゴ」ではなく、それよりもやや早いテンポを示す「ラルゲット」だったといいます。また、もともとは「カストラート」という、去勢することで男性ホルモンの分泌をおさえ、ボーイソプラノのような声を維持する男性歌手たちのための曲として書かれましたが、現在はおもにソプラノ歌手によって歌われます。

ちなみに、没後、長い間、忘れ去られてしまったヘンデルのオペラ作品ですが、20世紀後半になるとバロック・オペラを代表するものとして、改めて注目を集めるようになりました。

実は、原作には「ラルゴ」ではなく、「ラルゲット」という「ラルゴよりやや速く」という意味の速度記号が書かれています。

もっと知りたい!豆知識

◆1906年12月24日にアメリカで行われた世界初のラジオ実験放送で、「オンブラ・マイ・フ」のレコードが流されました。世界ではじめて電波に乗った音楽ということになります。

◆Largo(ラルゴ)は英語でLarge(ラージ)です。本来は「ゆるやかに」という意味ではなく、「大きく、広々とした」という意味です。

主な速度記号

「オンブラ・マイ・フ」の「ラルゴ」のように、タイトルになっているものもありますが、そもそも速度記号とはテンポを示す記号です。さまざまな音楽に記されているので、楽譜を見る機会があれば、その曲がどんな速度で演奏することを奨励されているのか、確認してみてください。

記号の名前	記号の意味	使われている曲の例
Largo　ラルゴ	幅広くゆるやかに	オンブラ・マイ・フ（ヘンデル）
Lento　レント	ゆるやかに、遅く	別れの曲（ショパン）
Adagio　アダージョ	ゆるやかに、ゆったりと	G線上のアリア（バッハ）
Andante　アンダンテ	ゆっくり歩くような速さで	弦楽四重奏第1番第2楽章（チャイコフスキー）
Moderato　モデラート	中くらいの速さで	カルメン幻想曲（サラサーテ）
Allegro　アレグロ	速く	四季 春（ヴィヴァルディ）
Vivace　ヴィヴァーチェ	活発に速く	2つのヴァイオリンのための協奏曲第1楽章（バッハ）
Presto　プレスト	急速に	剣の舞（ハチャトゥリアン）
accelerando　アッチェレランド	だんだん速く	カリンカ（ロシア民謡）
ritardando　リタルダンド	だんだん遅く	ハンガリー舞曲第5番（ブラームス）※1
a tempo　ア・テンポ	もとの速さで	トロイメライ 夢（シューマン）

※1 ハンガリー舞曲では、リタルダンドと同じ意味の「poco rit.」が使われています

もっと知りたい！豆知識

◆日本では1986年にウイスキーのCMに使用され、この曲が大きなブームとなりました。

『アンナ・マクダレーナ・バッハのためのクラヴィータ小曲集』ヨハン・セバアスティアン・バッハ

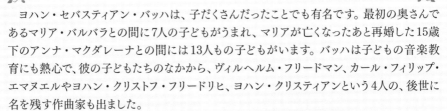

バッハが後妻に捧げた2冊の楽譜帳

本日のテーマ▼逸話

ヨハン・セバスティアン・バッハは、子だくさんだったことでも有名です。最初の奥さんであるマリア・バルバラとの間に7人の子どもがうまれ、マリアが亡くなったあと再婚した15歳下のアンナ・マクダレーナとの間には13人もの子どもがいます。バッハは子どもの音楽教育にも熱心で、彼の子どもたちのなかから、ヴィルヘルム・フリードマン、カール・フィリップ・エマヌエルやヨハン・クリストフ・フリードリヒ、ヨハン・クリスティアンという4人の、後世に名を残す作曲家も出ました。

『アンナ・マクダレーナ・バッハのためのクラヴィータ小曲集』は、バッハが1722年と1725年に編纂した楽譜帳で、後妻のアンナ・マクダレーナに捧げられたことからこの名で呼ばれています。ですが、実際は子どもたちの音楽教育用にまとめられたものです。2冊あり、鍵盤楽器のための楽曲の他、歌曲なども収められています。アンナ・マクダーナ自身はソプラノ歌手で、バッハと同じ宮廷で働いていました。結婚後に子どもができてからは、彼女が子どもたちの音楽教師を担っていました。

この楽譜帳に収められている曲の大半はバッハ自身が作曲したものですが、息子のエマヌエルや従兄のベルンハルトの曲や、ゴットフリート・ハインリヒ・シュテルツェルやクリスティアン・ペツォールト、フランソワ・クープランなど、バッハと同世代の作曲家たちの曲も収められています。

ちなみに、アンナ・マクダレーナは、しばしばバッハの筆写譜の作成に協力していたため、彼女の筆跡は次第に夫に似るようになったといわれています。とりわけ、「無伴奏チェロ組曲」全6曲は20世紀に入るまで、夫であるヨハン・セバスチャンの自筆譜であると考えられていました。

もっと知りたい！豆知識

◆フランスの映画監督ジャン＝マリー・ストローブとダニエル・ユイレが製作した映画『アンナ・マクダレーナ・バッハの年代記』（1967年）では、アンナ・マクダレーナの視点からバッハの半生を描いています。

◆バッハとアンナの間には20人の子どもが生まれましたが、そのうち成人したのは10人です。

オペラ『ノルマ』

ヴィンチェンツォ・ベッリーニ

ソプラノ歌手の実力が試される

『ノルマ』は、イタリアの作曲家ヴィンチェンツォ・ベッリーニが1831年に作曲した2幕物のオペラです。ベッリーニは前作の『夢遊病の女』（P.117）の成功によって、オペラ作曲家としての名声を高めていました。このオペラは、音楽家として絶頂期にあった時期に書かれた作品です。

物語の背景は、紀元前50年頃のガリア地方。ローマ帝国に支配されていたガリア人たちのあいだには、反抗の気運が高まっています。そんな状況のなか、ローマ帝国の総督ポリオーネは、ガリアの巫女長ノルマとのあいだに隠し子をもうけていました。しかし、ノルマに飽きたポリオーネは、アダルジーザという別の巫女に恋をしてしまいます。アダルジーザもポリオーネに惹かれたものの、ノルマとの友情を選択し、ポリオーネに別れを告げます。諦めきれないポリオーネは、アダルジーザをローマに連れて帰ろうとしますが、ガリア人たちに捕らえられてしまいます。ノルマは「アダルジーザを諦めるのであれば助ける」と告げますが、ポリオーネはそれを拒否。ノルマは「自分自身とポリオーネ」に処刑を宣告し、2人が処刑台へ上るところでオペラは終わります。

ベッリーニ自身はこの作品について、これまでの作品の「すべてをなくしても、ノルマは残したい」と語ったといいます。それほどの自信作だったのでしょう。ただ、そのわりにはその後、上演される機会はそれほど多くありませんでした。

その最大の原因は、初演時にジュディッタ・パスタやジューリア・グリーシなど、当時の最高峰のソプラノ歌手たちが出演していたためとされています。ソプラノ歌手にとって『ノルマ』は、もっとも難度の高いオペラのひとつと考えられており、よほどの技量がなければ歌いこなせないのです。

フランスのシャルトルは、かつてローマ帝国支配下のガリア司教の管轄地でした。シャルトル大聖堂などは、今も観光できます。

もっと知りたい！豆知識

◆劇中で歌われるソプラノのアリア『清らかな女神よ』は特に有名で、リサイタルなどでよく単独で歌われます。
◆上演時間は約2時間20分です。
◆ベッリーニは3ヶ月でこの作品を書き上げたといいます。

『舟歌』

ガブリエル・フォーレ

ゴンドラ漕ぎの歌に由来するピアノ曲

1871年、フランスに自国独自の音楽を作ることを目指す国民音楽協会という団体が立ち上げられました。その頃のフランスの音楽界は、イタリア人作曲家の手によるオペラが人気を集め、器楽作品ではドイツ人作曲家の後塵を拝すなど、外国の音楽に押される状況だったのです。また、前年に普仏戦争でドイツ（プロイセン）に敗れるなど、国際政治の面でも低迷していました。

このような状況を打破しようと、フランス人作曲家のフランクやサン＝サーンスなどが集まって、国民音楽協会を設立します。その設立メンバーのなかには、サン＝サーンスの弟子であったガブリエル・フォーレもいました。

『舟歌』は、そのフォーレが作曲家人生の後半生にあたる1880年代から1920年代までの40年間書き続けたピアノ曲です。全部で13曲あります。「舟歌」とは、ヴェネツィアのゴンドラ漕ぎの歌に由来する西洋音楽のジャンルのひとつです。「ベルカトーレ」ともいいます。舟頭が舟を漕ぎながら歌うように、ピアノでは左手の伴奏が波の様子を音楽的に描写します。フォーレといえば、『レクイエム』(P.57)が代表作とれさていますが、彼自身はそのような大作よりも、一連の『舟歌』のような小品が得意だったともいわれています。

ところで、フランス独自の音楽の確立を目指して設立された国民音楽協会でしたが、次第に外国の作品の扱いを巡って、あくまで拒絶し続けようとする人たちと、受け入れに寛容な人たちの間に対立が生まれ、分裂してしまいます。守旧派の代表はサン＝サーンスでしたが、弟子のフォーレは師とは違い、柔軟に外国の音楽も取れ入れる立場を取っていました。

ゴンドラ漕ぎといえば、ヴェネチアが有名です。陽気な船頭が人々や荷物を目的地まで運びます。

もっと知りたい！豆知識

◆『舟歌』は創作時期によって三期に区分されています。第一期が1880～1885年、第二期が1885～1906年、第三期が1906～1924年となります。

◆フォーレが作曲した最初の『舟歌』第1番は、1882年に国民音楽協会の演奏会でサン＝サーンスの独奏によって初演されました。

『ヴァイオリン・ソナタ』

ジャン＝マリー・ルクレール

迷宮入りした作曲家刺殺事件

ジャン＝マリー・ルクレールは18世紀フランスの作曲家でヴァイオリニストです。ルイ15世から王室付きの音楽教師に任命されたり、オラニエ公妃アンナに仕えてオランダの宮廷で楽長を務めたりするなど音楽家として成功を収め、また数多くの『ヴァイオリン・ソナタ』を作曲しました。ルクレールは、フランス＝ベルギー・ヴァイオリン楽派の創始者とされています。優雅で上品なメロディーもありつつ、複雑な音の重なり（ポリフォニー）を駆使して演奏する難易度の高い楽曲を作曲しました。

1764年、そのルクレールの刺殺死体が自宅の玄関先で発見されます。発見したのは庭師で、死体の傍らには数枚の五線紙とルクレールの愛読書だった『洒落と警句集』、さらにナイフが転がっていました。ただ、そのナイフには血はついていなかったそうです。

著名な音楽家が惨殺された殺人事件は、当時のパリでセンセーショナルな話題となりました。やがて警察の捜査により、容疑者は3人に絞られます。その3人とは、第一発見者の庭師、ルクレールと仲違いしていた甥のギヨーム＝フランソワ・ヴィアル、別居中の妻ルイーズ・ルーセルです。

庭師はアリバイ工作などを行った痕跡があり、第一発見者であることから警察も疑いを持ちましたが、動機の面が薄弱でした。その点、甥と夫人には強い動機がありました。ヴァイオリニストだった甥は、ルクレールが仕えていたグラモン公に自分を雇ってもらうよう口利きして欲しいと執拗に頼んでいましたが、いっこうにルクレールが動いてくれないので恨んでいたといいます。一方、別居中の夫人は、この甥と男女の関係にあったのです。

甥と夫人の共犯の可能性も高そうですが、結局、決め手を欠き、捜査は暗礁に乗り上げてしまいました。そして、現在にいたるまで犯人はわからず、事件は迷宮入りとなっているのです。

もっと知りたい！豆知識

◆ルイーズ・ルーセルとは再婚でしたが、1758年頃から夫婦生活は破綻していたとされています。
◆ルクレールは、ヴァイオリンのためのソナタや協奏曲、フルートと通奏低音のためのソナタなどを数多く作曲していますが、オペラは『シラとグロキュス』の1作しか作曲していません。

ワルツ「ローレライ＝ラインの調べ」

ヨハン・シュトラウス1世

ウィンナ・ワルツの始まり

「ローレライ＝ラインの調べ」は、「ワルツの父」と呼ばれた、ヨハン・シュトラウス1世が作曲したウィンナ・ワルツです。『ラデツキー行進曲』（P.99）を発表するまでは、彼の代表作とみなされていました。

ウィンナ・ワルツとは、19世紀のオーストリア・ウィーンで流行ったワルツのことです。ウィンナ・ワルツでは、他のワルツと違って3拍子の3拍が均等ではなく、2拍目をすこし早めに演奏します。そうすることで、特徴的な音の流れを作り出しているのです。

ローレライとは、ライン川中流域の右岸にそびえ立つ、高さ130メートルほどの巨岩のことを指しています。この巨岩にはローレライという怪物とも水の精ともいわれる生き物が棲んでいて、その歌声を聴いた船乗りたちは魅了されてしまい、船が沈没するという伝説があります。「ローレライ＝ラインの調べ」も、この伝説にもとづいて書かれた曲です。

ただ、実際には巨岩ローレライの付近は流れが速くなっているうえ、水面下に多くの岩が潜んでいるために、船の事故が多発していたとされています。またこの付近では地形的にこだまがよく聞こえることが、怪物ローレライの恐ろしい歌声の伝説のもとになったともいわれています。さらには、そもそもこれはそんなに古い伝説ではなく、19世紀ドイツ・ロマン派の詩人クレメンス・ブレンターノの創作という説もあります。

伝説の真偽はともあれ、「ローレライ＝ラインの調べ」はウィンナ・ワルツを代表する作品として、いまもよく演奏されます。息子のヨハン・シュトラウス2世も、自身のデビューコンサートで父の作曲したこの曲を演奏しました。

ちなみに、一般的にはシュトラウス1世がウィンナ・ワルツの創始者とされていますが、実際にウィンナ・ワルツを創始したのはシュトラウス1世と同世代の作曲家ヨーゼフ・ランナーです。

ローレライは、いまも観光することができ、ライン川クルーズの名所になっています。

もっと知りたい！豆知識

◆シュトラウス２世がデビューコンサートで「ローレライ＝ラインの調べ」を演奏した理由は、父に敬意を示すためとも、あえて聴衆に自分の作曲した作品と比較させるためともいわれています。
◆本作はウィーン・フィルハーモニー管弦楽団によるニューイヤーコンサートでも演奏されることがあります。

オペラ『椿姫』

ジュゼッペ・ヴェルディ

高級娼婦を主人公としたことが問題視される

『椿姫』は、イタリアの作曲家ジュゼッペ・ヴェルディが1853年に書いた3幕物のオペラです。原作はフランスの小説家アレクサンドル・デュマ・フィス(小デュマ)の同名小説。

物語は次のような内容です。

舞台はパリ。青年貴族のアルフレードは、社交界の華である高級娼婦のヴィオレッタに恋をします。アルフレードの情熱的な愛によって、ヴィオレッタは真実の愛に目覚めますが、アルフレードの父は息子と娼婦の恋を認めません。2人は引き離されてしまいますが、困難を乗り越えて、ようやく出会うことができました。しかし、そのときヴィオレッタは結核によって命が尽きようとしており、最後にアルフレードの腕の中で彼女は息を引き取ります。

この作品は、発表当時から現在に至るまで、世界中でもっとも上演回数が多いオペラ作品のひとつといわれています。特に、前奏曲のあとすぐに合唱され、主人公のヴィオレッタとアルフレードのソロ歌唱もある『乾杯の歌』は、非常に有名な曲です。アンサンブルの人物も多く登場するシーンのため、歌唱のみならず、華やかなパリの社交界を表現する豪華な衣装も見どころです。物語としては悲劇でありながら、明るく、華やかで、力強いヴェルディの音楽もその人気に寄与しているといえるでしょう。

ですが、発表当時は、主役が高級娼婦であるということがイタリア当局に道徳的観点から問題視され、上演が危ぶまれたこともありました。ヒロインが最後に死ぬということで、なんとか上演が許されたともいいます。

さらに、苦労して漕ぎつけたイタリア・ヴェネチアでの初演は、聴衆からも批評家から非難を浴びる歴史的な大失敗に終わりました。失敗の原因は、作品の完成からも初演まで数週間しかなく、準備不足だったためとされています。

しかし、入念な練習をしてから臨んだ翌年の再演は、好評を得ました。そして、以後『椿姫』は上演を重ね、世界でも屈指の人気オペラとなったのです。

もっと知りたい!豆知識

◆本作の初演の大失敗は、『蝶々夫人』、『カルメン』とならんで、「有名オペラの3大失敗」と呼ばれることもあります。

◆上演時間は約2時間20分です。

◆原作の『椿姫』は、作者の実体験にもとづいて書かれています。また、作者自身による戯曲版もあります。

◆ヴェルディは、パリで戯曲版『椿姫』の上演を見て感激し、本作のオペラ化を思い立ったといいます。

『無窮動』

ニコロ・パガニーニ

本日のテーマ▼ジャンル

「永久機関」のように休まず演奏し続ける

ニコロ・パガニーニは、イタリアのヴァイオリニストで作曲家です。性格的にはかなり問題のある音楽家だったようで、特に金銭への執着が強いことで悪名をとどろかせていました。演奏会のチケット代はつねに高額で、偽造チケットが出回ると、自ら会場入口に立ってチケットをチェックするほどの徹底ぶりだったと伝えられています。また若い頃は恋愛と賭博に耽溺したともいいます。

しかし、音楽的才能、特にヴァイオリニストとしての才能は非常に高く、ヴィルトゥオーソとして知られていました。5歳でヴァイオリンを弾き始めたパガニーニは、13歳になったときにはすでに先人から学ぶべきものがなくなってしまい、新しい技法や特殊技法を駆使した自作の練習曲で練習するようになっていたといいますから、天才という他ありません。

『無窮動』は、そのパガニーニが作曲したヴァイオリンと管弦楽のための作品です。「無窮動」は「常動曲」ともいい、同じ音符を延々と急速なテンポで弾き続ける曲のことです。パガニーニのこの曲も4分ほどの短さですが、一度弾きはじめたら延々と16分音符を休みなしに弾き続けなければならない、高難易度の曲となっています。

イタリア語で「無窮動」は「モト・ペルペトゥオ」といいます。直訳すると「永久機関」という意味ですが、文字通り、「無窮動」は永久機関のように休むことなく演奏し続ける曲なのです。

ヴァイオリンといえば、パガニーニといわれるほど超絶技巧の持ち主でした。

もっと知りたい！豆知識

◆楽曲の一部が「無窮動」になっている曲は多く、ショパンの『ピアノ・ソナタ』第２番の終楽章などが、その代表です。
◆独立した「無窮動」の楽曲は、何度でも繰り返し演奏できるように作曲されていることが多く、演奏を止めることなく、曲の終わりからはじまりに戻ることができるようなっています。
◆パガニーニは、ナポレオンの２人の妹と浮名を流しました。

シンフォニア

ヨハン・クリスティアン・バッハ

モーツァルトに影響を与えたバッハの息子

ヨハン・クリスティアン・バッハは、有名なバッハの音楽家になった4人の息子のうちの末っ子です。バッハが50歳のときの子どもで、「バッハの末息子」と呼ばれることがあります。ライプツィヒの教会音楽を一手に担って多忙をきわめるバッハに代わって、クリスティアンは母アンナ・マクダレーナや兄、そして父の弟子たちによって、音楽教育の手ほどきを受けました。15歳のときに父が亡くなり、彼はベルリンに住む、異母兄弟の兄エマヌエルのところに預けられますが、5年ほどして、オペラ作曲家をめざしてイタリアへ旅立ちました。

1760年にイタリアのトリノで、クリスティアンが最初に作曲したオペラ『アルタセルセ』が初演され、彼は音楽家として成功を収めました。以後、次々とオペラを発表していき、1762年にロンドンに移住。同地でもオペラを書き続けると同時に、イギリス王妃シャーロット専属の音楽師範となりました。シャーロット王妃の夫で、国王であるジョージ3世がフルートを演奏するときに、伴奏をすることもあったといいます。

ロンドンでも、クリスティアンはオペラ作曲家として活躍します。人気のあるオペラの場合しばしば、コンサートホールでその序曲だけが演奏されました。オペラの楽譜では、序曲は「シンフォニア」と呼ばれていたので、コンサートホールで演奏するときも「シンフォニア」と呼ばれました。また、序曲は一般的に、テンポが急・緩・急と交代する3つの部分から構成されていたので、この時期のシンフォニアも急・緩・急の3つの部分からできています。やがてオペラとは関係なくシンフォニアが作曲されるようになり、クリスティアンは全部で40曲の「シンフォニア」を作曲しました。

クリスティアンがロンドンで最初のオペラ『オリオーネ』を初演した1763年の翌年に、ザルツブルクからモーツァルト一家がやってきます。ロンドンには1年3ヶ月滞在しますが、当時8～10歳だったモーツァルトは、クリスティアンから強い影響を受けます。この頃に作曲されたモーツァルトの「シンフォニア」には、クリスティアンからの影響がはっきりと聴き取れます。

ちなみに、ドイツでは舞曲のメヌエットが好まれ、「シンフォニア」の3つの部分に挿入されて、4つの部分（楽章）となりました。つまり、急・緩・メヌエット・急というテンポの並びになったのです。

もっと知りたい！豆知識

◆ヨハン・クリスティアン・バッハはロンドンでは、英語風の読みでジョン・クリスティアン・バックと呼ばれました。

◆クリスティアンの影響が顕著に現れているのは、モーツァルトのピアノ協奏曲です。実際モーツァルトは、クリスティアンの『ピアノ・ソナタ集』作品5のなかの3曲をピアノ協奏曲に編曲しています。

4月26日

『交響曲』第2番

ノルベルト・ブルグミュラー（ロベルト・シューマン）

本日のテーマ▼作曲・演奏

未完成の交響曲を同世代のシューマンが補筆

ノルベルト・ブルグミュラーは19世紀ドイツの作曲家です。兄のヨハン・ブルグミュラーも作曲家で、日本では今でもよく使われている入門期のピアノ教則本『25の練習曲』を書いたことから、日本では兄の方が有名かもしれません。

弟のノルベルトも幼い頃から神童と呼ばれるほど音楽的才能に優れていて、将来を嘱望されていたといいます。そして、その期待に応えて作曲家の道へと進みましたが、婚約破棄されたことがきっかけで、生活が乱れるようになり、また、てんかんの持病にも苦しめられ、26歳の若さで急死してしまいました。

作曲家としての活動期間が極端に短いため、ノルベルトの曲は多くありません。『交響曲』第1番を死の3年前に書き上げ、続いて『交響曲』第2番の第3楽章まで作曲していた途中で、亡くなってしまいました。

この未完成だったノルベルトの『交響曲』第2番を補筆して完成させたのが、同じドイツ生まれで、しかも同年に生まれた作曲家のロベルト・シューマンです。シューマンは「シューベルトの早世以来、ブルグミュラーの早世ほど悲しいことはない」と語ったといいます。

ところで、シューマンがノルベルトの『交響曲』第2番を補筆したのは、自身の『交響曲』第1番を作曲するよりも前のことでした。にもかかわらず、ノルベルトの『交響曲』第2番には、シューマンが補筆した部分以外にも、シューマンの楽曲に似た雰囲気があるとされています。シューマン的な感性は、彼ひとりのものではなく、同世代のドイツの音楽家たちの多くが共有していたものなのかもしれません。

ブルグミュラーの故郷、ドイツのデュッセルドルフの街並み。アルトビールでよく知られています。

もっと知りたい！豆知識

◆ノルベルトの直接の死因は、入浴中にてんかん発作を起こしたことによる溺死でした。
◆メンデルスゾーンの『葬送行進曲』は、ノルベルトが亡くなった年に彼のために書かれました。

『交響曲』第7番

ドミートリイ・ショスタコーヴィチ

愛国的政治宣伝か自国の体制への批判か

20世紀のソ連で活躍したドミートリイ・ショスタコーヴィチは、生涯にわたり政治に翻弄され続けた作曲家です。処女作の『交響曲』1番は大成功を収め、社会主義体制のソ連が生みだした素晴らしい才能と世界的に喧伝されました。しかし、1934年に初演が行われたオペラ『ムツェンスク郡のマクベス夫人』(P.70)が独裁者スターリンの不興を買ったことで、作曲家生命を断たれそうにもなっています。この危機に対して、ショスタコーヴィチは古典的な形式に則りながら「社会主義リアリズム」を体現した『交響曲』第5番を書き、名誉の回復を果たしました。

1942年に書かれた『交響曲』第7番も、非常に政治と深く関係した作品です。この交響曲が書かれたときは、ちょうど第二次世界大戦のさなかで、ソ連はナチス・ドイツと戦っていました。ショスタコーヴィチの故郷であるレニングラード(現・サンクトペテルブルク)はドイツ軍に包囲されており、その戦火のなかで本作は作曲されたといいます。曲が完成すると、「私は自分の第七交響曲を我々のファシズムに対する戦いと我々の宿命的勝利、そして我が故郷レニングラードに捧げる」という作曲家自身の表明とともに発表されました。そこから、この曲は「レニングラード」という通称でも呼ばれています。

『交響曲』第7番は発表されるとすぐに、ナチスのファシズムへの反感もあって、高く評価されました。共産圏はもちろんのこと、第二次世界大戦でソ連とともにドイツと戦っていたアメリカでも、頻繁に演奏されるようになります。

しかし戦後になると、あまりにソ連の政治宣伝と戦争中の国威掲揚の色が強すぎるとみなされるようになり、「壮大なる愚作」とも評されるようになりました。そのため現在も作品に対する評価は分かれています。

ただ、ショスタコーヴィチ自身は、ナチスのファシズムに対してだけでなく、スターリンの独裁とソ連の全体主義への批判も込めて、この曲を作ったのだともいわれています。

もっと知りたい！豆知識

◆ハンガリーの作曲家バルトークは、この曲について「国家の奴隷にまでなって作曲するものは、馬鹿」と語り、自身の『管弦楽のための協奏曲』のなかで『交響曲』第7番の一部を揶揄的に引用しました。

◆演奏時間は約75分です

◆アメリカでは、1942年から翌年にかけて62回も演奏されました。

4月28日

本日のテーマ▼謎

バレエ音楽『ペトルーシュカ』

イーゴリ・ストラヴィンスキー

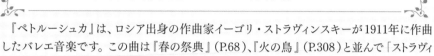

改訂を繰り返したのは著作権のため

『ペトルーシュカ』は、ロシア出身の作曲家イーゴリ・ストラヴィンスキーが1911年に作曲したバレエ音楽です。この曲は『春の祭典』(P.68)、『火の鳥』(P.308)と並んで「ストラヴィンスキーの三大バレエ」のひとつに数えられています。

このバレエ音楽は1910年のパリで活動していた、ディアギレフが主催する「ロシア・バレエ団」のために作曲されました。おがくずでできた人形のペトルーシュカが命を得て、人間に憧れてバレリーナに恋をするという話です。初演は1911年、パリで行われました。しかし、ストラヴィンスキーはこのバレエ音楽をその後40年近くもの間、執拗に改定し続けたのです。現在では、初演版と、1947年版が代表的な版です。後者の方では編成がいくぶんシンプルになり、ピアノが際立っているのが特徴です。

これほど執拗に改訂を行ったのは、芸術家としての理想の追求もあったでしょうが、金銭的な理由も大きかったとされています。ストラヴィンスキーは当初ロシアで活動していたものの、1917年のロシア革命の際に母国を離れ、以後、ヨーロッパ各地を転々とするようになりました。この革命で、ストラヴィンスキーはロシアにあった全財産を失い、さらにロシアの出版社が持っていた著作権も手放してしまいます。

経済的に困窮したストラヴィンスキーは1939年にアメリカに移住すると、そこで次々と自作の改訂を行いました。これにより、アメリカで新たに著作権を登録し、その印税によって失った財産を取り戻そうとしたのです。なかなか身につまされる話ですが、ストラヴィンスキーはアメリカでも成功を収め、一時期の経済的苦境から脱出しました。

第1場の謝肉祭のシーンのデザイン画。この祭りでペトルーシュカに命が吹き込まれます。

もっと知りたい！豆知識

◆初演は、1911年にパリのシャトレ座で行われました。
◆演奏時間はバレエ版は約35分、管弦楽版は約30分です。

『ピアノ・ソナタ』第18番

フランツ・シューベルト

「歌曲の王」が残したピアノ・ソナタの傑作

フランツ・シューベルトは19世紀に活躍したオーストリアの作曲家です。古典派からロマン派への移行期に活躍し、生涯に600曲以上の歌曲を作曲したことから、のちに「歌曲の王」とも呼ばれました。

多いときは1日に8曲も作曲したという多作のシューベルトは、歌曲だけではなく、オペラ、交響曲、ピアノ独奏曲など、さまざまなジャンルの作品を残しています。1826年に書かれた『ピアノ・ソナタ』第18番も、そのひとつです。

この曲が書かれた翌年に「幻想曲、アンダンテ、メヌエット、アレグレット」という題名で楽譜が出版されたため、「幻想ソナタ」という通称でも呼ばれています。シューベルトはこの後31歳で亡くなるまでに、3曲のピアノ・ソナタを作曲しますが、この曲は彼の生前に出版された、最後のピアノ・ソナタとなりました。

シューベルトはウィーンで生まれ、31年という短い生涯を送りますが、1792年からウィーンにいて活躍していたのが、ベートーヴェンです。シューベルトは、ベートーヴェンの葬儀に参列しましたが、その翌年に亡くなっています。ベートーヴェンは交響曲やピアノ協奏曲など、大規模なオーケストラ作品でもって、ウィーンのみならずヨーロッパにその名声をとどろかせていました。しかし、シューベルトは小学校の代用教員で生活をするなど、ベートーヴェンの影にいた作曲家でした。彼がオペラや歌曲で多くの作品を残したのも、この分野でベートーヴェンがあまり作品を発表していなかったからです。

シューベルトの音楽は器楽であっても、いつも歌のメロディが聴こえてきます。そのためにベートーヴェンのようにダイナミックに展開することが難しく、メロディを音色やリズムを変えて反復するという手法をとりました。シューベルトの音楽が多少「冗長に」聴こえてしまうのはそのためですが、そこにロマン派音楽の本質を批評家シューマンは見ていたのでしょう。彼がこの「幻想ソナタ」を「形式的にも精神的にも完璧である」といったときも、精神を強調したかったのでしょう。

もっと知りたい！豆知識

◆『ピアノ・ソナタ』第18番ト長は、友人のJ・シュパウンに献呈されました。
◆シューベルトが28歳のときの作品です。

4月30日

オペラ『ラ・ジョコンダ』

アミルカレ・ポンキエッリ

愛する恋人のために命を投げ出す歌姫

本日のテーマ▼主題

アミルカレ・ポンキエッリは19世紀イタリアの作曲家です。おもにオペラを中心に作曲していました。『ラ・ジョコンダ』は、そのポンキエッリが1876年に書いた4幕物のオペラで、彼の代表作とされています。原作はフランスの劇作家ヴィクトル・ユーゴーの戯曲『パドヴァの僭主アンジェロ』です。

物語の舞台は、17世紀イタリアのヴェネツィア。主人公のジョコンダはヴェネツィアの歌姫です。

彼女は、船乗りの男エンツォと愛し合っていました。しかし、実は追放処分になった元貴族のエンツォの方は、現ヴェネチア総督の妻である元の恋人ラウラを未だに愛していたのです。また、ジョコンダの母エチカも重要な登場人物です。なんと、エチカの命の恩人がジョコンダの恋敵であるラウラだったのです。ジョコンダ、エンツォ、ラウラの3人の恋模様に加え、エチカの存在や、ヴェネチア総督の密偵バルナバが策略を巡らせ、三角関係に複雑に絡んでくるという、それまでの恋愛もののオペラにはないスリリングなストーリーとなっています。

最後にジョコンダは愛するエンツォのために、自らの命を投げ出します。主人公のジョコンダが恋人の心変わりに悲しみ、失恋と母の死を同時に経験するという救いようのない悲劇ですが、信仰心や母への愛などが物語のテーマというユニークな作品です。

『ラ・ジョコンダ』では、第3幕の途中にバレエが組み込まれています。そこで演奏されるバレエ音楽『時の踊り』は、コンサートなどで単独で演奏されることの多い曲です。また、この曲は1940年公開のディズニー映画『ファンタジア』でも使用されました。さらに、1962年にはアメリカの歌手ナンシー・シナトラが『レモンのキッス』としてポピュラー・ソングにアレンジして歌い、それを日本でもザ・ピーナッツなどがカヴァーしてヒットさせました。

そういう意味では、『時の踊り』の方が『ラ・ジョコンダ』そのものよりも、知名度の高い曲といえるでしょう。

もっと知りたい！豆知識

◆初演は1876にミラノ・スカラ座で行われました。好評だったものの、ポンキエッリは出来栄えに満足しておらず、3年後の再演時に大幅な改定を行いました。

◆上演時間は約2時間45分です。

366 days of Classical music

366日の西洋音楽

5月

5月1日

本日のテーマ▼ジャンル

『ポロネーズ』第6番「英雄」

フレデリック・ショパン

ポーランドの伝統的な民俗舞曲がベース

ポーランドの民俗舞曲には、大きく、クラコヴィアク、ポロネーズ、マズルカ、オベレク、クヤヴィアクの5つがあります。地域の特性によって、少しずつ踊りに違いがあります。

ここで注目したいのが「ポロネーズ」です。ショパンのピアノ曲『ポロネーズ』第6番「英雄」など、「ポロネーズ」とタイトルがついている曲を聞いたことがある人も多いでしょう。ポロネーズという言葉はポーランド語ではなく、フランス語で「ポーランド風の」という意味です。ドイツやフランスの作曲家たちは、ゆったりした4分の3拍子のリズムをもつポーランドの伝統的な民俗舞曲のことを、異国情緒を感じさせる音楽として作品に取り入れました。バッハやベートーヴェンなどもポロネーズのリズムを用いた曲を書いています。

18世紀末頃からはポーランド人の作曲家たちもポロネーズを書くようになりました。ポーランド人であるフレデリック・ショパンは全部で17曲の、ピアノ独奏用のポロネーズを残しています。なかでも、1842年に作曲した第6番は「英雄ポロネーズ」あるいは「英雄」と呼ばれています。

この曲を書いた頃、ショパンはフランスのパリに亡命していました。当時のパリには、ロシアの圧政に苦しみ、母国から逃れたポーランドの文化人が集結していました。母国を懐かしむ彼らのためにこの曲を書いたともいわれています。ショパンは「英雄」以外にも、パリで「軍隊ポロネーズ」や「幻想ポロネーズ」の愛称で有名なポロネーズを作曲しました。ショパンのポロネーズは、作曲年、出版年、献呈先もさまざまですが、現在は『ポロネーズ集』としてまとめて出版されています。

「英雄ポロネーズ」や「英雄」といった通称は、ショパン自身がつけたものではありません。華麗な演奏テクニックを誇示する曲風から、人知れず「英雄」の名で騒がれるようになりました。

もっと知りたい！豆知識

◆ポーランド時代のショパンもポロネーズをいくつか作曲していますが、出来に不満だったためか、生前はひとつも楽譜が出版されませんでした。

『交響曲』第96番「奇跡」

フランツ・ヨーゼフ・ハイドン

あわや大惨事の現場で起きた「奇跡」

フランツ・ヨーゼフ・ハイドンが1791年に作曲した『交響曲』第96番は、全4楽章で構成される交響曲で、明るく軽快な曲調で作られています。「奇跡」という通称で知られていますが、この通称はハイドン自身がつけたものではなく、また曲の内容ともまったく関係がありません。初演時、演奏会場のシャンデリアが天井から落下したにも関わらず、誰も怪我をしなかったという奇跡的な伝説から、この通称が名付けられました。

しかしこの伝説で伝えられる「奇跡」が起きたのは、『交響曲』第96番の初演時ではなく、第102番の初演時でのことなのです。

1795年、イギリスのロンドンにある国王劇場（ハー・マジェスティーズ劇場）で開かれた第1回オペラコンサートのプログラム第2部の最初の曲目として、『交響曲』第102番は初演されました。このとき、ハイドンがステージ上に姿を見せたところ、彼をよく見ようとした聴衆がステージ近くまで押し寄せ、ホールの中央に広い空席ができました。するとその直後、ホールの中央にぶら下がっていた大きなシャンデリアが突然落下し、周辺に砕け散ったのです。偶然にもそこが空席となっていたため、怪我人はまったく出ませんでした。このアクシンデントに遭遇した人々は、口々に「これは奇跡だ」とささやき合ったといいます。

第102番の演奏時に起きた「奇跡」が、なぜ第96番のものとされてしまったのかは、よくわかっていません。それにしても、いきなり大きな音を出して聴衆を脅かせたことでつけられた『交響曲』第94番「驚愕」（P.24）といい、ハイドンの交響曲には、おもしろいエピソードや通称の曲が多いようです。ちなみに、実際に「奇跡」が起きた第102番には、特に通称や愛称はついていません。ロンドンで初演した他の11曲と合わせて「ロンドン交響曲」、あるいはこのシリーズを企画した興行師の名前から「ザロモン交響曲」の名前で呼ばれています。

もっと知りたい！豆知識

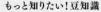

◆ハイドン自身は、第96番に「奇跡」という通称がついたことについて、「それについては知らない」と語ったといいます。

愛の夢

フランツ・リスト

「6本の指」対「3本の手」

「愛の夢」は、フランツ・リストが1850年に作曲した3曲からなるピアノ独奏曲です。『3つのノクターン（夜想曲）』という通称でも知られています。3曲のうち、特に第3番の変イ長調は、優美で美しい旋律で知られ、リストの代表作のひとつに数えられています。

「愛の夢」は、もともとソプラノ（女性の高い声）独唱用に、リストが個別に作曲した3つの歌曲をリスト自身がピアノ用に編曲したものです。もとの歌曲とピアノ独奏版のタイトルは、第1番「高貴な愛」（歌詞：L.ウーラント）、第2番「私は死んだ」（歌詞：L.ウーラント）、第3番「おお、愛しうる限り愛せ」（歌詞：フライ・リヒラート）となります。いずれの歌曲も壮大な愛を歌った情熱的な歌詞で、歌曲とピアノの選曲では印象が違うため、聴き比べも楽しめます。

リストといえば、作曲家としてだけでなく、天才的なピアニストとしても有名でした。「ピアノの魔術師」と呼ばれ、その超絶技巧から「リストは指が6本あるのではないか」という噂までささやかれていたほどです。

このリストと同世代のピアニストに、スイス出身のジギスモント・タールベルクという人物がいます。彼もまた天才的なピアニストで、その技巧から「3本の手で弾いているようだ」と評されていました。当時のパリの人々は、リストとタールベルク、どちらのピアノ演奏が優れているのか、盛んに議論したといいます。

1837年、ついに両者の共演が実現しました。勝敗の判定ははっきりつかなかったようですが、演奏後、「タールベルグは世界一のピアニスト、リストは世界で唯一のピアニスト」という評があったそうです。曖昧な表現ですが、この評からは「リストは別格」というニュアンスが感じとれます。

「愛の夢」第3番の楽譜。両手を交互に使ってひとつのメロディを紡ぎます。

もっと知りたい！豆知識

◆ショパンはタールベルクのピアノ演奏について、「上手いけど、彼の演奏は好みではない」と語ったと伝えられています。

◆タールベルグは1863年に引退し、その後はいっさいピアノを弾かなかったといいます。イタリアで葡萄栽培に専念し、1871年に亡くなりました。

「愛の悲しみ」

フリッツ・クライスラー

生涯で二度も重傷を負った世界的ヴァイオリニスト

「愛の悲しみ」は、オーストリア出身の作曲家で、世界的ヴァイオリニストでもあったフリッツ・クライスラーが1905年に書いた、ヴァイオリンとピアノのための曲です。4分の3拍子にあわせて、ヴァイオリンがイ短調の憂いを帯びたワルツ(レントラー)を奏でます。独特の感情表現が求められ、ヴァイオリニストには必修の演目ともいわれています。

ちなみに、「愛の悲しみ」は、同じくクライスラーが書いたヴァイオリンとピアノのための楽曲である「愛の喜び」「美しきロスマリン」とあわせて、「3つの古いウィーンの舞曲」と呼ばれることがあります。

クライスラーは生涯に二度も重傷を負い、苦難の人生を歩みました。一度目は1914年のときのこと。第一次世界大戦が勃発すると、オーストリア軍の陸軍中尉として召集を受けたクライスラーは、東部戦線に出征します。そこで重傷を負い、まもなく名誉除隊となりました。大戦終結後、クライスラーはラフマニノフと親交を深めたといいます。ラフマニノフは「愛の悲しみ」と「愛の喜び」をピアノ独奏用に編曲し、クライスラーはラフマニノフの楽曲にヴァイオリンを追加するなどしました。

その後、ナチスがドイツで政権を取り、オーストリアが併合されると、ユダヤ系だったクライスラーはパリに逃れ、フランス国籍を取得します。その後、第二次世界大戦が始まりかけると、ヨーロッパを逃れてアメリカ国籍を取得するため、1939年にニューヨークへと移りました。

しかし、そのアメリカで交通事故に遭ってしまい、またしても重傷を負います。一時は「再起不能」とも伝えられましたが、奇跡的に復帰に成功しました。ただし、事故の後遺症は残り、視力障害や記憶障害に苦しめられたといいます。その後遺症が原因となり、1950年に音楽界を引退しました。

もっと知りたい!豆知識

◆『愛の悲しみ』には、南ドイツの民族舞踏であるレントラーの要素が取り入れられています。レントラーは、ワルツの原型ともいわれています。
◆幼少期から天才的なヴァイオリニストだったクライスラーは、特例として7歳でウィーン高等音楽院に入学し、10歳のときに首席で卒業しました。
◆クライスラーは1923年に来日し、東京の帝国劇場で演奏会を開いています。

交響詩「タピオラ」

ジャン・シベリウス

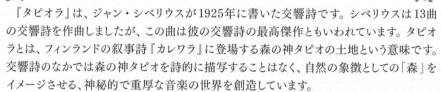

最高傑作を超える最高傑作を書くため

『タピオラ』は、ジャン・シベリウスが1925年に書いた交響詩です。シベリウスは13曲の交響詩を作曲しましたが、この曲は彼の交響詩の最高傑作ともいわれています。タピオラとは、フィンランドの叙事詩『カレワラ』に登場する森の神タピオの土地という意味です。交響詩のなかでは森の神タピオを詩的に描写することはなく、自然の象徴としての「森」をイメージさせる、神秘的で重厚な音楽の世界を創造しています。

この前年には、シベリウスの交響曲の最高傑作ともいわれる『交響曲』第7番を作曲しており、この『タピオラ』を作曲したときも創作の絶頂期にありました。しかし、シベリウスは『タピオラ』を書き上げた直後から、作曲活動をほとんどやめてしまいます。以後32年間、湖畔の山荘(「アイノラ」と命名された)で隠遁生活を送りました。

シベリウスが突如として作曲活動をやめてしまった理由について、はっきりしたことはわかっていません。ただ、隠遁生活でも完全に作曲をしていなかったわけではなく、密かに『交響曲』第8番に取り組んでいたともいわれています。しかしこの『交響曲』が発表されることはありませんでした。

秘書の証言によると、シベリウスは「第8番は何度も完成したが、そのたびごとに捨てたり燃やしたりしてしまった」と語っていたといいます。それまでの自作や、特に『交響曲』第7番が世界的に高い評価を得ていたことから、「第8番はそれらを超える最高傑作にしなければならない」というプレッシャーを感じていたようです。完全に納得いく作品ができるまで発表を控え、静かな暮らしのなかで曲作りに専念していたのでしょう。

シベリウスの死後、彼の自宅からは『交響曲』第8番の楽譜は見つかりませんでした。シベリウス自身によって楽譜は焼却されたらしく、シベリウスが納得のできる最高傑作は、最後まで生まれなかったようです。

もっと知りたい!豆知識

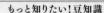

◆初演は1926年にニューヨーク交響楽協会コンサートで行われました。
◆演奏時間は約20分です。

交響詩「中央アジアの草原にて」

アレクサンドル・ボロディン

「ロシア5人組」のひとり

19世紀ロシアの作曲家アレクサンドル・ボロディンが、1880年、ロシア皇帝アレクサンドル2世の即位25周年祝賀行事のために書いた曲が、交響詩『中央アジアの草原にて』です。ユーラシア大陸の雄大なステップ（草原）を舞台に、馬やラクダをともなった中央アジアのキャラバンが、ロシアの軍隊に守られながら砂漠を渡っていく様子を、美しいメロディで描いた作品となっています。ロシアを表現するメロディと、東洋を彷彿とさせるメロディが交互に流れ、最終的に2つが重なり合うというシンプルな構成です。『中央アジアの草原にて』はロシアの自然をテーマとした楽曲ですが、このように民俗主義的な音楽を作ろうという機運が、19世紀中頃から20世紀にかけて世界各地で盛り上がりました。これを「国民楽派」あるいは「国民主義音楽」といいます。

ロシアの国民主義音楽を最初に創造したのは、オペラ『イヴァン・スサーニン』や『ルスランとリュドミーラ』などの作曲で知られるミハイル・グリンカです。彼に続いて、歌曲やピアノ曲を数多く作曲したアレクサンドル・ダルゴムイシスキーが精力的な活動をし、やがて「ロシア5人組」と呼ばれる作曲家たちが現れます。

ボロディンは、その「ロシア5人組」のひとりでした。残りの4人は、ミリイ・バラキレフ、ツェーザリ・キュイ、モデスト・ムソルグスキー、ニコライ・リムスキー＝コルサコフです。このうち、正規の音楽教育を受けたのはバラキレフだけで、他の4人は、いわば趣味的に作曲を手掛けていました。化学者でもあったボロディンの名前は、「ボロディン反応」に残されています。作曲を習ったのは、30歳になってからでした。

しかし、日曜作曲家がほとんどだった「ロシア5人組」の音楽は国外にも影響を与え、特にドビュッシーやラヴェルなど、フランスの作曲家たちに強い影響を与えました。

馬やラクダは、砂漠を渡って行くキャラバンにとって必要不可欠な動物です。

もっと知りたい！豆知識

◆『中央アジアの草原にて』の初演は1880年にサンクトペテルブルクで行われました。
◆演奏時間は約7～8分です。

オペラ『マノン』

ジュール・マスネ

「ファム・ファタール」を描いたオペラ

ジュール・マスネは、19世紀から20世紀初頭にかけて活躍したフランスの作曲家です。オペラの作曲家として知られており、なかでも1881年から1883年にかけて書かれた『マノン』は、彼の代表作として、いまも頻繁に上演されています。

オペラの原作は、フランスの小説家アベ・プレヴォーが1731年に発表した小説『マノン・レスコー』です。この小説の正確な題名は『騎士デ・グリューとマノン・レスコーの物語』といい、7巻からなる自伝的小説集『ある貴族の回想と冒険』の最終巻に当たります。

物語は次のようなものです。

美しい少女マノンと神学生デ・グリューが恋に落ち、駆け落ちをします。しかし、好色な老富豪ムッシュー G.M. がマノンの兄レスコーに彼女の身請け話を持ちかけ、大金と引き換えに兄レスコーの同意を取りつけます。マノンとデ・グリューはともに暮らしていましたが、デ・グリューの留守中に ムッシュー G.M. が現れ、大金でマノンを説得し、愛人として彼女を連れ去ってしまうのです。

原作の『マノン・レスコー』は、ファム・ファタール(男を破滅させる運命の女)を主題にした文学作品としては最初のものといわれ、のちのロマン主義文学に多大な影響を与えました。ちなみに、イタリアの作曲家ジャコモ・プッチーニも、1893年に同じ原作をオペラ化した『マノン・レスコー』を発表しています。また、英国ロイヤル・バレエ団が1974年上演したバレエ『マノン』では、マスネのオペラ『マノン』の音楽ではなく、マスネの他の楽曲がアレンジして使用されました。

日本では、2015年に宝塚歌劇団月組が『舞音-MANON-』としてミュージカル化。宝塚歌劇版では、舞台を20世紀初頭のフランス領インドシナに置き換え、フランス貴族の血を引く海軍将校が駐屯先のサイゴンで出会った踊り子マノンとの数奇な運命が描かれています。アジア版「マノン」と称され、アジアンテイスト溢れる楽曲とエキゾティシズムを感じる舞台装置や衣装が話題を呼びました。

もっと知りたい！豆知識

◆初演は1884年にパリのオペラ=コミック座で行われました。この初演は大成功を収め、以後、同劇場での『マノン』の上演回数は1959年までに2,000回を超えました。
◆上演時間は約2時間41分です。
◆バレエ作品『マノン』の振り付けをしたのは、イギリスの高名なバレエ振付家ケネス・マクミランです。

マズルカ

フレデリック・ショパン

ポロネーズと並ぶポーランドの民俗舞踊

ポーランド出身の作曲家であるフレデリック・ショパンは、『英雄ポロネーズ』(P.134)や『軍隊ポロネーズ』、『幻想ポロネーズ』などポーランドの伝統的な民俗舞踊ポロネーズを取り入れた曲をいくつか書きました。そのいっぽうでショパンは、ポロネーズと並んでポーランドの代表的な民俗舞踏であるマズルカを取り入れた楽曲も多数作曲しています。

マズルカは、4分の3拍子で第2拍目にウェイトが置かれるのが特徴です。1825年頃、ワルシャワの高等中学校に通っていたショパンは、療養と体力向上を兼ね、夏の間をシャファルニアという田舎の小さな村で過ごすことになりました。そこで農民たちの素朴な歌と踊りに出会い、マズルカを知ったといいます。1826年には早速、『マズルカ風ロンド』という曲を書きました。

以後、ショパンは生涯にわたり、マズルカを取り入れた音楽を作品番号がついた曲だけを数えても、49曲作曲しています。ショパンの最後の『マズルカ』は、亡くなった年である1849年に作曲された『マズルカ』第49番です。

マズルカ1曲1曲は短くて、2～3分程度です。しかし一定の拍子がありながら、ポーランドの民俗音楽的要素とドイツやフランスの音楽とが融合し、調は複雑に転調します。きわめて独創的な和音が作り込まれています。ショパンは「ピアノの詩人」と呼ばれて、抒情的な詩性が強調されますが、マズルカにおいてはきわめて革新的側面を見せています。

ショパンが少年時代を過ごした
ポーランドのワルシャワ。

もっと知りたい!豆知識

◆マズルカのポーランド語での正式名称は「マズレック」で、英語では「マジャール」です。
◆ポーランドの国歌は『ドンブロフスキのマズルカ』という題名のマズルカです。

組曲『道化師』

ドミトリー・カバレフスキー

子ども向け音楽を多数残したソ連の作曲家

ドミトリー・カバレフスキーは、20世紀ソ連の作曲家です。交響曲やオペラ、ピアノ協奏曲など、さまざまなジャンルの音楽を手がけましたが、もっとも得意としていたのは青少年や子ども向けの音楽でした。カバレフスキーは、モスクワ音楽院時代に芸術の大衆化を目指す「学生作曲家創造集団（プロコル）」に参加して以来、わかりやすい音楽を作ることをテーマに創作活動を続けました。

そのカバレフスキーが1939年に作曲した、全10曲からなる管弦楽組曲『道化師』は、彼の子ども向け音楽の代表作とされるものです。全10曲のうち、特に第2曲の『ギャロップ（道化師のギャロップ）』は、親しみやすいメロディの楽曲で、コンサートなどで単独演奏されることも多い曲です。日本の運動会でも、ジャック・オッフェンバックの『天国と地獄』（P.28）と並んで、よく使われる曲のひとつです。

他の9曲は以下の通りです。第1曲『プロローグ』、第3曲『行進曲』、第4曲『ワルツ』、第5曲『パントマイム』、第6曲『間奏曲』、第7曲『叙情的小シーン』、第8曲『ガヴォット』、第9曲『スケルツォ』、第10曲『エピローグ』です。

もともと『道化師』は、1938年にモスクワで上演された児童劇『発明家と道化役者』の劇付随音楽として作曲されたものでした。このときは全部で16曲ありましたが、翌年、そのなかからカバレフスキー自身が10曲を選んで組曲としたのが、本作となりました。

ここでの道化師とは、いわゆるピエロのこと。欧米では、ピエロは子どもの誕生パーティーや病院の慰問などで人々を楽しませています。

もっと知りたい！豆知識

◆カバレフスキーの作曲したピアノ曲では『ソナタ』第1番や『ソナティナ』、『ピアノ協奏曲』第2番などが有名です。
◆子ども向けの音楽としては、他に『30の子供の小品』や『24の子供のためのやさしい小品』などを残しています。
◆「ギャロップ」とは、馬術における全速力の指示のことです。日本語では襲歩とも呼ばれています。

『ハンガリー田園幻想曲』

フランツ・ドップラー

日本民謡にも通じる哀愁漂う旋律

フランツ・ドップラーは、19世紀に活躍したドイツ系ハンガリー人の作曲家です。子どもの頃から天才的フルート奏者として注目を集め、18歳でブダペスト歌劇場の首席フルート奏者に就任しました。のちに、ウィーン宮廷歌劇場の首席フルート奏者から、首席指揮者の地位へと昇り詰めています。

『ハンガリー田園幻想曲』は、ドップラーが書いた、フルートと管弦楽のための作品です。いつ作曲したのかははっきりしていませんが、比較的若い頃の作品と考えられています。

生前のドップラーは、オペラやバレエなど、舞台音楽の作曲家として知られていました。ですが、現在はこの曲がもっとも人気が高く、フルートのための協奏曲や小品も演奏される機会が多いようです。

19世紀のハンガリーには多くのロマ（ジプシー）が定住して、独自の音楽文化を伝承していました。外国の音楽家は、彼らの音楽を「ハンガリー」の音楽と思いこんで、自らの作品に「ハンガリー」という名称を使用しました。彼らの音楽は舞踏のための音楽では、なかでも「チャルダッシュ」が有名です。遅い部分と速い部分からなり、遅い部分ではロマの哀愁深いメロディが奏でられます。「チャルダッシュ」が「酒場」という意味であるように、速い部分では音楽は目まぐるしく展開されます。ドップラーの『ハンガリー田園幻想曲』でも、チャルダッシュは楽曲の重要な要素となっています。

もともとフルートと管弦楽のために書かれた『ハンガリー田園幻想曲』ですが、現在はフルートとピアノのための編曲版で演奏されることが多くなっています。

ハンガリーは、アジア民族系がルーツであること以外にも、温泉が湧いているなど、日本との共通点があります。

もっと知りたい！豆知識

◆ドップラーは、リストのピアノ独奏曲『ハンガリー狂詩曲』をオーケストラ版に編曲しています。
◆ドップラーは4歳年下の弟カールと共にフルートのデュオを組んで、ヨーロッパ各地で演奏し、大成功を収めました。

『序曲』「1812年」

ピョートル・チャイコフスキー

ロシアの焦土作戦に敗れたナポレオン

『序曲』「1812年」は、ロシアの作曲家ピョートル・チャイコフスキーが、1880年に演奏会用序曲として書いた作品です。「大序曲」、「荘厳序曲」、「祝典序曲」とも呼ばれています。

タイトルとなっている1812年は、ナポレオン率いるフランス軍がロシアに侵攻した年のことです。それまで負け知らずであったナポレオンは、ロシア軍の焦土戦術にあって退却を余儀なくされます。この敗北が彼の没落のはじまりとなり、エルバ島に流刑されるきっかけになりました。

ロシアではこの戦いを「祖国戦争」と呼んでいます。ロシア人にとって、愛国心を刺激される歴史的出来事を題材にしたこの曲は、ロシア正教会の讃美歌『主よ、汝の民を救いたまえ』や、帝政ロシア国歌、フランス国歌『ラ・マルセイエーズ』などのメロディーを巧みにとり入れていることもあり、聴衆から歓迎され、大成功を収めました。

ただし、チャイコフスキー自身はこの曲をあまり気にいっていなかったようです。単に仕事として引き受けたものであり、すばらしい芸術作品を書こうと精魂を込めて書き上げたというわけではなかったとされています。

ちなみに『序曲』「1812年」では、本物の大砲が使われることがあります。日本では自衛隊の音楽隊もしばしば演奏しており、その際は砲兵部隊が特別に音楽隊に入り、旧式のM101 105mm榴弾砲や戦車などを用いて空砲を撃ちます。ルートヴィヒ・ヴァン・ベートーヴェンの『ウェリントンの勝利』(P.106)でも、楽器として大砲を用いています。しかし実際の演奏会では、たとえ空砲であっても大砲を鳴らすわけにはいかないので、大太鼓(バス・ドラム)で代用しています。

曲の原案となった1812年の戦争を描いた絵画。寒そうにしながらロシアから撤退していくフランス軍が描かれています。

もっと知りたい!豆知識

◆初演は、1882年にハリストス大聖堂で、モスクワ芸術産業博覧会が主催するコンサートで行われました。
◆ソ連時代にはロシア帝国国歌の部分が演奏禁止となりました。これにより、該当部分をミハイル・グリンカ作曲の歌劇『イワン・スサーニン』の終曲に差し替えた版も存在しています。

オペラ『セビリアの理髪師』

ジョアキーノ・ロッシーニ

妨害工作により大失敗に終わった初演

『セビリアの理髪師』は、1816年にイタリアの作曲家ジョアキーノ・ロッシーニが書いた2幕物のオペラで、彼の最高傑作とされています。しかしその初演は、上演中に観客のほとんどが帰ってしまうという、オペラ史上類を見ない大失敗に終わっていました。

初演の失敗には理由があります。『セビリアの理髪師』はフランスの劇作家ボーマルシェの書いた戯曲が原作で、すでに同原作によるオペラが存在していました。ロッシーニの大先輩の作曲家、ジョヴァンニ・パイジェルロが1782年に発表したものです。

ロッシーニが『セビリアの理髪師』を書いたとき、パイジェルロはまだ存命でした。そのためロッシーニは気を遣って、初演時には『アルマヴィーヴァあるいは無益な用心』と改題して発表しています。それでもパイジェルロの取り巻きたちが、これを自分たちへの挑発と受け取り、初演の会場に乗り込んできて妨害しようとしたのです。

初演当日、演奏がはじまると、パイジェルロの取り巻きたちは、ヤジを飛ばしたり、口笛を吹いたりと騒ぎを起こしました。さらに、第1幕の終盤に入ったところで、いきなり舞台の上をネズミが走り回り、それをネコが追い回すという騒動が起きます。これも取り巻きたちが仕掛けたことでした。当然、オペラの雰囲気はぶち壊しとなり、観客たちは次々と席を立ってしまいました。

こうして初演は大失敗に終わりましたが、作品そのものは傑作だったので、初演以降の上演では成功を収めます。いまではパイジェルロの同名作品は完全に忘れ去られ、『セビリアの理髪師』といえば、誰もがロッシーニの作品を思い浮かべるようになりました。取り巻きたちの妨害工作は、無駄な努力だったというわけです。

セビリアにあるスペイン広場。映画『スター・ウォーズ　エピソード5』のロケ地としても知られています。

もっと知りたい！豆知識

◆ロッシーニは本作を、わずか13日間で書き上げたといいます。
◆初演は1816年にローマのアルジェンティーナ劇場で行われました。
◆上演時間は約2時間40分です。
◆『セビリアの理髪師』の後日談が、モーツァルトがオペラ化した『フィガロの結婚』（P.112）です。

『弦楽四重奏曲』「アメリカ」

アントニン・ドヴォルザーク

チェコ国民楽派の大家が影響を受けた黒人霊歌

アントニン・ドヴォルザークは、19世紀から20世紀初頭にかけて活躍したチェコの作曲家です。チェコの歴史や風土を描き、民俗的な伝統にもとづく音楽を創作したことで、今日ではチェコ国民楽派を代表する作曲家とされています。

ところで、当時まだ新しい国家だったアメリカでも、自国の国民楽派を新たに創出しようとする機運が高まっていました。そこで、1892年に国民楽派の大家として名高かったドヴォルザークがアメリカに招かれ、ニューヨーク・ナショナル音楽院で教鞭をとることになりました。

このアメリカ滞在中の1893年に作曲されたのが、『弦楽四重奏曲』「アメリカ」です。ドヴォルザークは、アメリカで初めて聴いた黒人霊歌やアメリカ先住民たちの歌に興味を持ちました。黒人霊歌の編曲者で歌手のハリー・サッカー・バーレイを自宅に招いて、歌を披露してもらうこともしています。ドヴォルザークは15日間ほどでこの曲を書き上げましたが、彼の書いた室内楽作品のなかで、もっとも人気の高い曲といえます。

弦楽四重奏という編成はきわめて古典的ですが、ドルヴォルザークはヨーロッパ音楽の基本であるド・レ・ミ・ファ・ソ・ラ・シという7音階ではなく、ド・レ・ミ・ソ・ラという5音階を使用することで、「アメリカらしい」雰囲気を作っています。この曲を完成する直前に彼は同様にアメリカ時代の代表作である『交響曲』の「新世界」を完成させています。そこでも第2楽章では、日本でよく知られている「遠き山に日は落ちて」のメロディを歌わせています。このメロディも5音階でできています。

ドヴォルザークの勤務地だったニューヨーク。ドヴォルザークは、ニューヨークをロンドンのような巨大な街だと感じたといいます。

もっと知りたい！豆知識

◆初演は1894年にボストンで行われました。
◆ドヴォルザークのアメリカ滞在は5年間にもおよびました。

オペラ『ヘンゼルとグレーテル』

エンゲルベルト・フンパーディンク

メルヘン・オペラを代表する作品

19世紀後半から20世紀初頭にかけて活躍したドイツの作曲家、エンゲルベルト・フンパーディンクの作品は、現在ほとんど演奏されることがありません。そんな彼の作品のなかで唯一、いまでも頻繁に上演されるのが、フンパーディンクが1891年から1892年にかけて書いた3幕物のオペラ『ヘンゼルとグレーテル』です。

この作品は、題名からもすぐわかるように、有名なグリム童話『ヘンゼルとグレーテル』を原作としています。オペラの台本を書いたのは、フンパーディンクの実の妹であるアーデルハイト・ヴェッテです。オペラを作ったのが、物語と同じ兄妹コンビであるのは、おもしろい符合です。

このような民間伝承やおとぎ話をもとにしたオペラは「メルヘン・オペラ」と呼ばれ、この作品はもっとも有名なメルヘン・オペラです。その他の作品では、カール・マリア・フォン・ウェーバーの『魔弾の射手』(P.103)、ヴォルフガング・アマデウス・モーツァルトの『魔笛』(P.26)などもそうです。

オペラ『ヘンゼルとグレーテル』のあらすじは、おおむねグリム童話と一緒です。しかし、原作の意地悪な継母が実の母親だという設定になっていたり、不気味で恐ろしい場面が少なくなっているなど、いくつか違う点もあります。また物語の最後も、完全なハッピーエンドになるように変更されています。

物語自体は子ども向けですが、非常に本格的な音楽作品です。それこそが、いまでも『ヘンゼルとグレーテル』が人気のある理由だといえるでしょう。

原作であるグリム童話と異なる点もありますが、ヘンゼルとグレーテルがお菓子の家を訪れるのは同じです。

もっと知りたい！豆知識

- ◆初演は1893年にヴァイマルで行われました。
- ◆『ヘンゼルとグレーテル』は、欧米ではクリスマス・シーズンに上演されることが多いようです。
- ◆フンパーディンクは本作の他にも、『いばら姫』や『王子王女』などのメルヘン・オペラを書いています。
- ◆フンパーディンクはワーグナーに師事していた時期があり、作品もワーグナーの影響を強く受けているとされています。

『三文オペラ』より「マック・ザ・ナイフ」

クルト・ヴァイル

ドイツの音楽劇から生まれたジャズ・ナンバー

ジャズという音楽ジャンルは、19世紀末から20世紀初頭にかけ、アメリカ南部の都市を中心として誕生しました。そのジャズのスタンダード・ナンバーとして有名なのが「マック・ザ・ナイフ」です。

ルイ・アームストロングやボビー・ダーリン、エラ・フィッツジェラルドなどのジャズ・ミュージシャンが、1950～1960年代、この曲を吹き込んだレコードを相次いで発売。特に1959年に発表されたボビー・ダーリンの「マック・ザ・ナイフ」は、全米第1位を9週間記録する大ヒットとなり、翌年のグラミー賞最優秀レコード賞を獲得しました。また日本でも、さまざまな歌手が同曲をカヴァーしていて、美空ひばりは『匕首（あいくち）マック』の邦題で、尾藤イサオは『匕首マッキー』の邦題で歌っています。

ところでこの「マック・ザ・ナイフ」は、1928年に初演された『三文オペラ』という音楽劇の劇中歌『メッキー・メッサーのモリタート』がもとになっています。『三文オペラ』の戯曲を書いたのはドイツの劇作家ベルトルト・ブレヒト、音楽を手がけたのは、同じくドイツの作曲家であるクルト・ヴァイルです。ヴァイルは、劇音楽やオペラ、ミュージカルなどを数多く書いていて、『三文オペラ』は彼の代表作とされています。

『三文オペラ』は、ビクトリア朝時代のロンドンの犯罪世界を舞台に、人間のエゴや不条理な現実社会を風刺した作品です。その冒頭で歌われる『メッキー・メッサーのモリタート』は、この音楽劇を象徴する曲だといわれています。歌詞はブレヒトが書いているため、原曲ではドイツ語です。これをアメリカの作曲家マーク・ブリッツスタインが英訳し、トロンボーン奏者のターク・マーフィーが編曲して、ジャズ・ナンバーとなりました。

貴志祐介のサイコ・ホラー小説『悪の教典』の主人公蓮実聖司は、機嫌が良いときに『マック・ザ・ナイフ』を口笛で吹く癖があると描写されています。同作が映画化された際には、大量殺人の最中にこの曲を吹く印象的なシーンがありました。

もっと知りたい！豆知識

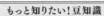

◆アームストロングとフィッツジェラルドの『マック・ザ・ナイフ』も、前者は1997年に、後者は1990年にグラミー殿堂入りを果たしました。
◆NHKの紅白歌合戦では、1959年の第10回で旗照夫が、1961年の第12回で雪村いづみが、1965年の第16回でジャニーズが、『マック・ザ・ナイフ』のカヴァーを歌いました。

オペラ『ルル』

アルバン・ベルク

未亡人の意思で未完のまま放置される

『ルル』は、20世紀前半に活躍したオーストリアの作曲家アルバン・ベルクが、台本と作曲の両方を手がけたオペラです。ベルクはアーノルト・シェーンハイトに師事に、同じく弟子だったアントン・ウェーンベルトとともに、今日では「新ウィーン楽派」と呼ばれています。彼らの音楽の特徴は、師のシェーンベルクが考察した作曲技法である「12音技法」を使用したことです。伝統的音楽を超えて、画期的な音楽を生み出したことから、市民からの理解を得るのは難しかったようです。

そのベルクが晩年に手がけた『ルル』も、さまざまなトラブルに見まわれた作品です。まず、ベルクが『ルル』を書いていた頃、ナチスの台頭により、シェーンベルクを中心とする新ウィーン楽派は「退廃音楽」というレッテルを張られてしまい、激しく弾圧されるようになります。その影響で、ベルクの収入は激減してしまいました。そんななかで、ベルクの健康状態も悪化。『ルル』を完成させないまま、1935年に敗血症で亡くなってしまうのです。

遺作となった『ルル』は、最終幕が未完のまま残されました。さまざまな人が補筆によって完成させようと動いたのですが、ベルクの未亡人であるヘレーネが、亡き夫の全作品の管理を徹底するとともに、『ルル』の補筆を許すことはありませんでした。こうしたかたくなな態度の背景には、生前の夫の不倫関係や隠し子に対する複雑な感情があったとされています。

『ルル』は1937年に、完成していた最初の2幕とソプラノと管弦楽の『オペラ"ルル"からの交響的小品(ルル組曲)』の抜粋という形で初演されましたが、補筆により3幕まで書かれた完全版が初演されたのは、ヘレーネ没後の1979年のこと。補筆したのは、オーストリアの作曲家フリードリヒ・チェルハでした。

オペラ『ルル』の初演が行われたパリのオペラ座。

もっと知りたい！豆知識

◆『ルル』の音楽は、クラシック音楽史上はじめてヴィブラフォンを使用した曲であるとされています。
◆完全版の上演時間は約3時間です。
◆『ルル』の原作は、ドイツの劇作家フランク・ヴェーデキントの戯曲『地霊』と『パンドラの箱』です。

ポルカ「鍛冶屋のポルカ」

ヨーゼフ・シュトラウス

金床を打楽器として使った遊び心

ヨーゼフ・シュトラウスは、「ワルツの父」と呼ばれたヨハン・シュトラウス1世の次男で、「ワルツ王」と呼ばれたヨハン・シュトラウス2世の弟にあたります。はじめは工学技師をしていましたが、兄のシュトラウス2世が病気で倒れた際、代役として指揮を務めたことをきっかけに、音楽家に転身しました。以後、300曲以上の作品を書き、500曲以上の編曲を手がけたとされます。

『鍛冶屋のポルカ』は、そのヨーゼフの代表曲とされる作品。ポルカとは、チェコの民俗舞曲のことです。

この曲は、1869年に金庫メーカーのヴェルトハイム商会からの依頼で書かれたものです。商会か耐火金庫2万個の製造を記念し、舞踏会と花火大会を催したのです。ヨーゼフは、金庫を製造した鍛冶職人たちを讃えるため、楽曲のなかで、金属加工に使う作業台の金床を、打楽器として使っています。

そのユニークな工夫もあって、ウィーンフィルのニューイヤーコンサートで頻繁に演奏されるなど、『鍛冶屋のポルカ』は、いまも非常に人気の高い作品です。オーケストラがこの曲を演奏する際は、指揮者が指揮をしながら金床を叩いたり、金床を叩く打楽器奏者が鍛冶屋の格好をしたりといった、楽しい演出が施されることもあります。

ちなみに『鍛冶屋のポルカ』のドイツ語の原題は、『Feuerfest!』です。これは、もともとヴェルトハイム商会の宣言文句で、「耐火性抜群」という意味です。

演奏会でも使われる金床。鍛冶を行う際に実際に使う道具です。

もっと知りたい！豆知識

◆ヨーゼフは、知名度では兄のシュトラウス2世に劣りますが、音楽的才能は兄に勝るとも劣らなかったとされています。兄自身も「私はただ人気があるだけだ。ヨーゼフのほうが才能に恵まれている」と語ったことがあるそうです。

◆ユーゼフの音楽は、シューベルトから大きな影響を受けているとされます。そのため、「ワルツのシューベルト」と呼ばれることもあります。

オペラ・交響曲「画家マティス」

パウル・ヒンデミット

芸術と政治の危険で微妙な関係

『画家マティス』は、20世紀ドイツの作曲家パウル・ヒンデミットの作品です。ヒンデミットは同名の交響曲とオペラを、1934年前後に並行して作曲していました。交響曲の方がオペラより先に完成し、ベルリン・フィルハーモニー管弦楽団を率いていた指揮者ヴィルヘルム・フルトヴェングラーの指揮によって、1934年に初演されます。ところが、これが有名な「ヒンデミット事件」を引き起こしてしまいました。

ユダヤ人音楽家とも親しかったヒンデミットは、当時のナチス政権に睨まれていました。ナチスは、交響曲の次にフルトヴェングラーの指揮で上演される予定だったオペラ『画家マティス』の上演禁止を通達します。これに怒ったフルトヴェングラーは、ドイツの新聞に、ヒンデミットを擁護する「ヒンデミット事件」と題する論評を載せました。この論評はドイツ国内外で話題となり、ヒンデミット、およびフルトヴェングラーを支持する世論が盛り上がりを見せました。

しかしナチスは強硬で、フルトヴェングラーはベルリン・フィルとベルリン国立歌劇場の監督を辞任させられてしまいます。ヒンデミットはドイツ国内に居られなくなり、トルコに渡って、その後スイスに亡命しました。これが、「ヒンデミット事件」です。

事件はこれで終わりではありませんでした。その後、フルトヴェングラーはナチスと和解し、ベルリン・フィルの指揮者に戻ってしまったのです。このフルトヴェングラーの行動は、ドイツ国外から強く非難され、また彼もナチス協力者として見られるようになりました。そのマイナス・イメージは、戦後も続きました。

一方で、フルトヴェングラーはナチスとの距離の近さを利用して、密かにユダヤ人音楽家を庇護していたことも、また事実です。

もっと知りたい！豆知識

◆交響曲『画家マティス』は3楽章で構成されていて、演奏時間は約26分です。また各楽章には、マティスの代表作『イーゼンハイム祭壇画』にちなんだ題名がつけられています。
◆オペラ『画家マティス』はドイツで初演することはできず、1938年にスイスで初演されました。
◆ヒンデミットはスイスに亡命したあと、さらにアメリカに亡命しました。戦後はふたたびスイスに戻ったため、墓石はスイスにあります。

5月19日

本日のテーマ▼謎

『マルチェッロのアダージョ』

アレッサンドロ・マルチェッロ

曲の愛称となった速度標語

「アダージョ」は音楽のテンポを示す速度標語です。アダージョはイタリア語で「ゆっくりと」という意味ですが、本来は「くつろぐ」あるいは「ゆったりと」の意味で、速さではなく状態を表す言葉です。「アダージョット」はアダージョに程度を緩和する接尾辞である「エット(etto)」がついたもので、「アダージョほど遅くなく」という意味です。これとちょうど反対の速度標語が「アレグロ」です。一般的には「速く」ですが、本来は「朗らかに」あるいは「楽しく」という音楽の表現の仕方を表す言葉です。同じように「エット」をつけると、「アレグレット」となり、「アレグロほど速くなく」という意味になります。

クラシック音楽の作品のなかで、速度標語が愛称になっている作品や楽章があります。有名な例では、ヘンデルの「オンブラ・マイ・フ」は「ラルゴ」、マーラーの『交響曲』第5番の第4楽章は「アダージョット」、バーバーの「弦楽のためのアダージョ(バーバーのアダージョ)」、アルチェッロの『オーボエ協奏曲』第2楽章の「アダージョ」などです。

このように、速いテンポの速度標語のプレストやアレグロではなく、アダージョやラルゴといったゆっくりとした曲や楽章がとても多いのです。こうした曲では美しいメロディが豊かなハーモニーの伴奏で奏でられますが、とてもロマンティックで、聴く人の心を引きつけるからでしょう。これらの曲は映画音楽としても利用されることが多いようです。

例えば、マーラーの「アダージョット」は『ベニスに死す』、マルチェッロの「アダージョ」は『ベニスの愛』、バーバーの「アダージョ」は『プラトーン』や『エレファント・マン』などが挙げられます。映画を観ている人は、音楽があることで、映像にぐっと引き付けられます。

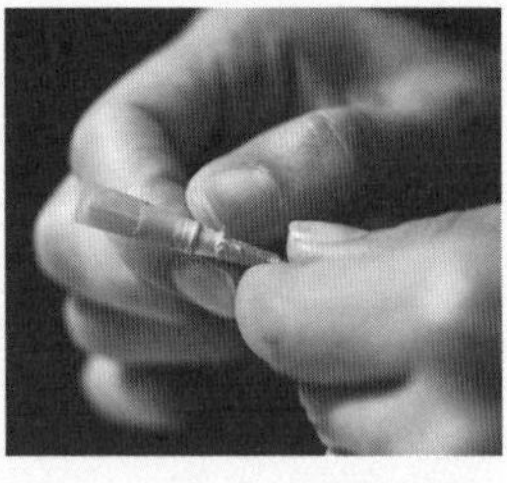
オーボエは、リードと呼ばれる薄い木の板を2枚ふるわせて音を出します。オーボエ奏者は自らリードを削って手入れします。

最初に登場した速度標語はアレグロとアダージョで、17世紀のことです。その後、アレグロより速いプレスト、アレグロとアダージョの間のアンダンテ、アダージョより遅いラルゴやレントといった標語が追加されます。特にイタリア人音楽家がヨーロッパで活躍した17～18世紀に、速度標語のバリエーションが増加し、同時に、これらすべてイタリア語であるのも、こうした背景があるからです。

もっと知りたい!豆知識

◆19世紀になると、イタリア語の速度標語だけでなく、ドイツ語や英語の速度標語も使用されます。やはり速度標語は母国語で書かれた方がいいわけです。
◆速度標語だけでは正確なテンポが表示できませんので、メトロノームによる表示が使用されます。例えば「MM♩=60」とあれば、1分間に60拍を数えるという意味です。

『交響曲』ニ長調

ホアン・クリソストモ・アリアーガ

10代で夭折した「スペインのモーツァルト」

ホアン・クリソストモ・アリアーガは、19世紀スペインの作曲家で、誕生日がモーツァルトと同じ1月27日であることから、「スペインのモーツァルト」と呼ばれています。

オルガニストであった父と、ヴァイオリンやギターの奏者だった兄に音楽教育を受けて育ったアリアーガは、13歳のときにオペラ『幸福な奴隷』を作曲。これが上演されると、大きな反響を呼び、やがてフランスのパリ音楽院に留学しました。留学先でも優秀で、将来を嘱望されましたが、1826年、20歳の誕生日を前にパリで亡くなってしまいます。死因は肺疾患、あるいは慢性疲労とも伝えられていますが、はっきりしていません。

夭折したため、残されている曲はあまり多くありません。その数少ない作品のひとつが、『交響曲』ニ長調です。この曲は、アリアーガが生涯で唯一作曲した交響曲で、初演されたのは、アリアーガが亡くなって50年以上も経ってからのことです。

この曲は伝統的な交響曲の形式に則り、4楽章で構成されています。全体的には、ウィーン古典派のモーツァルトの影響があるとされています。一方でロマン派のシューベルトを思わせる旋律もあります。

ちなみにこの交響曲は、「ニ短調」と呼ばれることもあります。第1楽章の主部と第4楽章の両方が、ニ短調で書かれているからです。では他の楽章の調を見てみると、第2楽章と第3楽章はニ長調です。音楽理論的には「ニ調」の交響曲といってしまえば問題は解決するのですが、第1楽章の序奏と第4楽章の後半がニ長調なので、やはり「ニ長調」とするのが妥当でしょう。

アリアーガ唯一の交響曲である、『交響曲』ニ長調。ゆるやかに始まります。

もっと知りたい！豆知識

◆アリアーガはパリ音楽院でベルギーの作曲家フランソワ＝ジョゼフ・フェティスに師事し、対位法と和声を学びました。
◆オペラ『幸福な奴隷』は、序曲と断片のみが現存しています。
◆1890年、故郷のビルバアオに、アリアーガの名を冠したアリアーガ劇場が開場しました。

オペラ『トスカ』

ジャコモ・プッチーニ

3人の主要人物が全員死んでしまう大悲劇

『トスカ』は、イタリアの作曲家ジャコモ・プッチーニが1896年から1899年までの3年間をかけて書いた、3幕物のオペラです。原作はフランスの劇作家ヴィクトリアン・サルドゥの戯曲で、プッチーニはそのオペラ化を熱望していましたが、オペラ化の権利は一度、イタリアの作曲家アルベルト・フランケッティのものになってしまいます。しかし、フランケッティがオペラ化の権利を無償でプッチーニに譲ったことで、オペラの歴史においてもっとも重要な作品ともいわれるこの傑作が生まれました。

物語の舞台は1800年のローマです。その頃ヨーロッパでは、ナポレオンが勢いを増し、イタリアではローマ共和国が廃止され、教皇国家が復活していました。そんな情勢下で、画家のカヴァラドッシは、脱獄してきた政治犯アンジェロッティの逃亡を手助けします。しかしそれが警察に見つかり、カヴァラドッシは残酷な警視総監スカルピアに捕らえられ、死刑を告げられてしまいました。カヴァラドッシの恋人で歌手のトスカは、スカルピアに身を任せることで恋人を助けようとしますが、逃亡のための通行手形を手に入れると、スカルピアを刺し殺してしまいました。カヴァラドッシは処刑されてしまい、絶望したトスカは屋上から身を投げ、命を絶ってしまうのです。

カヴァラドッシ、スカルピア、トスカの3人の主要人物が、それぞれ処刑、殺人、自殺で死んでしまう『トスカ』は、その悲劇性もあってか、初演時から現在にいたるまで、数多くあるオペラのなかでも特に人気の高い作品です。20世紀最大のオペラ歌手といわれるマリア・カラスは、トスカを何度も演じています。

傑作とされる『トスカ』ですが、20世紀初頭ウィーン国立歌劇場の監督だったグスタフ・マーラーは本作を駄作だと評しています。音楽作品としてのオペラを重視したマーラーは、舞台に響きわたる教会の鐘の音や、拷問に苦しむ男の悲鳴、そして衝撃的な殺人現場にうんざりしたのではないでしょうか。

もっと知りたい!豆知識

◆初演は1900年に、ローマのコスタンツィ劇場で行われました。
◆第1幕の『妙なる調和』、第2幕の『歌に生き、愛に生き』、第3幕の『星は光りぬ』の3つのアリアは、どれも名曲とされ、人気があります。
◆上演時間は約1時間50分です。

「星条旗よ永遠なれ」

ジョン・フィリップ・スーザ

アメリカの「国の公式行進曲」

『星条旗よ永遠なれ』は、元アメリカ海兵隊音楽隊隊長で作曲家のジョン・フィリップ・スーザが1896年に書いた行進曲です。スーザはこの曲の他、『雷神』や『ワシントン・ポスト』など100曲を超える行進曲(マーチ)を作曲したことから、「マーチ王」と呼ばれました。行進曲とは、歩速をそろえて行進をするための楽曲で、古くから軍楽などで使われてきたものです。

スーザがこの曲を書いた30年ほど前にアメリカでは「南北戦争」が起きており、アメリカ国家は二分され、激しい内戦状態となりました。スーザが生きていた当時のアメリカでは、南北戦争の記憶がまだ生々しく、国民の間にはわだかまりが残っていました。スーザはそのような状況を憂いていて、アメリカの永遠の繁栄と、アメリカ国旗の下にみんなでひとつにまとまろうというメッセージを込めて、『星条旗よ永遠なれ』を書いたとされています。

発表されてまもなく、この曲は多くのアメリカ人に歓迎され、アメリカ人の愛国心を象徴する曲として、式典や記念日など、さまざまな場面で演奏されるようになりました。アメリカ独立記念日には、この曲のオーケストトラ版を演奏することが伝統になっています。

1987年には、アメリカの「国の公式行進曲」に制定されました。それほどアメリカ国民にとっては、長年親しんできた大切な曲なのです。ただ、勘違いされやすいのは、『星条旗よ永遠なれ』は、ジョン・スタンフォード・スミスが作曲した「国歌 The Star-Spangled Banner」ではなく「国の公式行進曲」であることです。名前は似ていますが、アメリカ国歌は『星条旗』という別の曲です。

アメリカのシンボル、星条旗。

もっと知りたい!豆知識

◆この曲の中間部には、アメリカを称える内容の歌詞がつけられています。ただ、アメリカ国外ではあまり知られていません。
◆妻とヨーロッパを旅行していたスーザは、アメリカに帰る船上、頭の中だけでこの曲を作り、到着するとすぐに楽譜にしたといいます。
◆スーザの生前、『星条旗よ永遠なれ』は一度しかレコードに録音されませんでした。その録音を担当したのは、発明王トーマス・エジソンです。
◆スーザは、マーチング用チューバのスーザフォーンの考案者としても知られています。

5月23日

本日のテーマ▼逸話

『ピアノ変奏曲』ディアベリ

ルートヴィヒ・ヴァン・ベートーヴェン(アントン・ディアベリ)

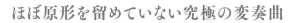

ほぼ原形を留めていない究極の変奏曲

『ピアノ変奏曲』ディアベリは、ルートヴィヒ・ヴァン・ベートーヴェンが1823年に書いたピアノ独奏曲で、晩年の傑作とされています。

「ディアベリ」の名前は、変奏曲の主題を提起したアントン・ディアベリに由来します。

出版業も営んでいたディアベリは、1819年、自身の創作した主題をもとに、当時名前の売れていた作曲家50人に1人1曲ずつ変奏を書いてもらい、全部で50の変奏曲を集めた壮大な作品を企画しました。このとき彼が声をかけた作曲家のなかには、フランツ・シューベルト、ネポムク・フンメル、カール・ツェルニーなどがおり、また当時11歳だったフランツ・リストもいました。そして当然ながら、高名な作曲家として名を馳せていたベートーヴェンにも声がかかります。

ベートーヴェンはディアベリの書いた旋律を評価せず、試しに1曲だけ変奏を作ってみたものの、結局、「50人の作曲家による変奏曲集」には参加しませんでした。ところが、数年も経ってから突然、ディアベリの主題による独自の変奏曲の作曲を思い立ち、33パターンもの変奏を作曲してしまいました。これをまとめたものが、『ピアノ変奏曲』ディアベリなのです。完成されたのは1823年のことです。

もっとも、オリジナルの旋律を評価していなかっただけあり、完成した『ピアノ変奏曲』ディアベリは、ディアベリの主題に忠実なのは最初だけでした。ベートーヴェンは「凡庸」ともいえる主題を要素ごとに分解して、元の要素の特徴を生かしながら、自己流の展開をしてみせたのです。元の主題の原型は、曲中盤からはほぼなくなってしまっています。ベートーヴェンの『ピアノ変奏曲』ディアベリは、彼の独創的作曲法を披露するのに十分な曲になったのです。ディアベリも喜んでこの変奏曲を出版したでしょう。自分の名前がベートーヴェンの傑作によって永遠に残るのですから。案の定、この曲はディアベリ出版社から出版されました。

もっと知りたい!豆知識

◆ベートーヴェンは、ディアベリが書いた主題を「靴屋の継ぎ皮」と馬鹿にしたとも伝えられています。
◆演奏時間は約1時間です。
◆『ピアノ変奏曲』ディアベリは、ベートーヴェンが密かに思いを寄せていた「不滅の恋人」の正体ともいわれる慈善家のアントニー・ブレンターノに献呈されました。
◆ディアベリの主題をもとにした「50人の作曲家による変奏曲集」も、最終的には出版されました。

『交響曲』第4番

ヨハネス・ブラームス

バロックを体現したロマンス手法の交響曲

『交響曲』第4番は、ヨハネス・ブラームスが第3交響曲完成の翌年である1884年から書きはじめ、1885年に完成された作品です。これがブラームスにとって最後の交響曲となりました。

4楽章で構成されており、第2楽章では中世の教会旋法であるフリギア旋法を用い、終楽章にはバロック時代の変奏曲形式であるシャコンヌを用いるなど、擬古典的な手法の多用が特徴となっています。長年ウィーンで活躍したブラームスですが、彼は合唱指揮者としても有名です。またバッハの楽譜を収集しており、バッハの音楽を研究していました。バロック後期を代表するバッハは、本来は鍵盤楽器のシャコンヌという変奏形式を合唱で実現していましたが、ブラームスはそれを交響曲でやろうとしたのです。第2楽章の古風な性格もこれで理解できます。

今日ではブラームスの交響曲の代表とみなされている曲ですが、初演当時から、賛否両論がありました。初演の前、ブラームスが友人に第1楽章の楽譜を送って意見を求めたところ、作品の深みや統一性は評価されつつも、「一般の善良な聴衆の耳よりも、分析的な専門家の『目』に訴えるのではないか」と、技法が複雑すぎることへの懸念も示されました。第1楽章の冒頭で演奏される抒情的なメロディも、実は3度音程の連続のみで構成されており、この点が耳障りだったのでしょう。しかし後年シェーンベルクはここにブラームスの革新性を見出したことはよく知られています。

それでも、1885年にブラームス自身が指揮をし、マイニンゲン宮廷管弦楽団によって初演された『交響曲』第4番は、聴衆からおおむね好意的に受け取られました。初演後、ブラームスはドイツとオランダの各都市でこの曲を演奏していますので、本人も手ごたえがあったのでしょう。

現在では、『交響曲』第4番はブラームスの代表作のひとつとされ、コンサートなどで頻繁に演奏されています。

もっと知りたい！豆知識

◆ブラームス自身は『交響曲』第4番について、「自作で一番好きな曲」「最高傑作」と述べています。

◆演奏時間は約40分です。

◆シャコンヌという変奏形式は、主題をバスの低声域に置くもので、上声部を変奏しています。バスの旋律が起こるので、和声が変化しないのが特徴です。

『交響曲』第5番「革命」

ドミートリイ・ショスタコーヴィチ

危機的状況で書かれた交響曲に隠された真意

『交響曲』第5番は、ソ連の作曲家ドミートリイ・ショスタコーヴィチが1937年に書いた作品です。日本など一部の国では「革命」という副題が有名ですが、ショスタコーヴィチ自身はそのような副題をつけておらず、欧米でもこの副題では呼ばれていません。欧米では、ショスタコーヴィチがこの曲について記した文章から、「正当な批判に対する、ある芸術家の創造的回答」という副題で呼ばれることが多いようです。

この曲を書いた当時、ショスタコーヴィチはソ連の独裁者スターリンに嫌われ、窮地に追いつめられていました。それは音楽家としての危機というだけでなく、生命の危機でもありました。この時期、スターリンの大粛清によって、ショスタコーヴィチの友人や親類たちが多数、逮捕されたり、処刑されたりしていたからです。

政治体制から評価される曲を書く必要に迫られたショスタコーヴィチが作曲したのが、『交響曲』第5番です。この曲は、ロシア革命20周年という記念すべき年に初演されると、ショスタコーヴィチの目論み通り、体制から熱烈な歓迎を受け、「社会主義リアリズムのもっとも高尚な理想を示す好例」とまで絶賛されます。社会主義リアリズムとは、マルクス・レーニン主義的社会思想による考えで、上部構造である美術・音楽・文学は、下部構造(リアリズム)の組曲やプロレタリア階級の反映でなくてはならないと考えました。そのため、当時西ヨーロッパで花咲いていた前衛音楽的な芸術は拒否され、民衆に理解でき、しかも社会に貢献するものでなくてはなりませんでした。

この成功によってショスタコーヴィチは名誉回復を果たし、ソ連国内での地位も取り戻します。しかし国外からは、体制におもねった作曲家ともみなされるようになってしまいました。しかし、『交響曲』第5番には、じつは体制批判の暗号が隠されているとか、とくに政治的な意味はなく私的なラブレターだったなど、さまざまな解釈がなされるようにもなります。この交響曲に込められたショスタコーヴィチの真意は、いまも謎のままです。

もっと知りたい！豆知識

◆初演は1937年にレニングラード(現在のサンクトペテルブルク)で行われました。
◆演奏時間は約45分です。

歌曲「魔王」

フランツ・シューベルト

「魔王」を作曲したのはシューベルトではない？

「魔王」は、フランツ・ペーター・シューベルトが1815年に書いた歌曲です。ゲーテの同名の詩を読んで触発されたシューベルトが、短い時間で完成させたとされています。このときシューベルトはまだ18歳の若さでしたが、「魔王」は彼の代表作のひとつとなりました。

シューベルトが「魔王」を書き上げると、彼の友人たちが、その楽譜を出版社に送りました。楽譜を受け取った出版社は、確認の手紙をシューベルトに送りますが、シューベルトからは「こんな駄作を作った覚えはない。誰かが自分の名前を悪用している」という返信が届いたのです。

後に代表作とみなされるような傑作を、作者自身が否定するとは思えません。実は、これは出版社側の単純なミスでした。出版社が確認の手紙を送ったのは、「魔王」を書いたシューベルトではなく、同時代にドレスデンの宮廷音楽家として活躍していたコントラバス奏者のフランツ・アントン・シューベルトという有名な音楽家のシューベルトだったのです。

当時、シューベルトはまだ無名の存在だったため、有名な方のシューベルトに手紙を送ってしまったのです。

このような行き違いもあって、このときは「魔王」の楽譜は出版されませんでした。ようやく出版されたのは、完成してから6年後のことです。楽譜が出版されると、飛ぶように売れたといいます。日本でも、小学校の音楽科教科書などに採用されていることが多いため、幅広い世代に知られている曲でもあります。

歌曲「魔王」の冒頭には、とても印象的な連符があります。

もっと知りたい！豆知識

◆ゲーテは当初、シューベルトの「魔王」に批判的でしたが、作曲家の死後、評価を改めたといいます。

◆公開の場での初演は、1821年にケルントナートーア劇場で開かれたチャリティー・コンサートでした。

◆「魔王」には、フランツ・リストによるピアノ独奏用およびオーケストラ伴奏用の編曲、ハインリヒ・ヴィルヘルム・エルンストによるヴァイオリン独奏用の編曲、エクトル・ベルリオーズおよびマックス・レーガーによるオーケストラ伴奏用の編曲があります。

ワルツ「波濤を越えて」

フベンティーノ・ローサス

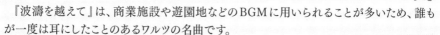

メキシコ人が作曲したウィンナ・ワルツの名曲

『波濤を越えて』は、商業施設や遊園地などのBGMに用いられることが多いため、誰もが一度は耳にしたことのあるワルツの名曲です。

典型的なウィンナ・ワルツにも聴こえるので、ヨハン・シュトラウス2世の曲だと思っている人も多いようですが、実はこの曲を作ったのはシュトラウス2世ではなく、ウィーンとは縁もゆかりもないメキシコの作曲家でヴァイオリニストのフベンティーノ・ローサスなのです。

メキシコの地方都市の貧しい家庭で育ったローサスは、正規の音楽教育を受けることはなく、7歳から路上での楽器演奏などで生計を立てるようになりました。やがて首都のメキシコ・シティに移り、演奏家や作曲家として名を上げていきます。12歳になるとダンス・バンドに加わってヴァイオリンを演奏するようになり、10代前半でメキシコの有名歌手アンヘラ・パラルタの伴奏者を務めるまでになりました。この間、国立音楽院に2度入学しましたが、ローサスの音楽に関する知識や技術は、ほぼ独学で身につけたものでした。その後、オーケストラやブラスバンドを率いて、メキシコ国外でも演奏旅行をするようになりますが、26歳のときに骨髄炎で急死してしまいました。

音楽家としては特異な経歴をもつローサスが、1884年、16歳のときに発表したのが『波濤を越えて』です。ローサスは生活費を稼ぐためにこの曲を書いたとされていますが、いまでは世界中で愛されるワルツとなっています。

メキシコ・シティの街。ローサスは、貧しい身の上から音楽家として成長していきました。

もっと知りたい！豆知識

◆ローサスが生まれた町はサンタクルスという名前でしたが、現在は彼にちなんで、サンタ・クルス・デ・フベンティーノ・ローサスに改名されています。

◆『波濤を越えて』の楽譜は、1884年にアメリカ・ルイジアナ州のニューオーリンズで最初に出版されました。

◆この曲は、アメリカではサーカスの空中ブランコの定番音楽になっています。

オペラ『カヴァレリア・ルスティカーナ』

ピエトロ・マスカーニ

ヴェリズモ・オペラの代表的作品

『カヴァレリア・ルスティカーナ』は、19世紀末から20世紀中頃にかけて活躍したイタリアの作曲家ピエトロ・マスカーニが、1890年に書いた1幕物のオペラです。原作はイタリアの小説家ジョヴァンニ・ヴェルガによる小説と戯曲です。題名は、「田舎の騎士道」といった意味になります。

マスカーニのオペラ『カヴァレリア・ルスティカーナ』は、楽譜出版社ソンゾーニョ社主催の1幕物オペラ・コンクールに応募して、優勝したものです。ローマの歌劇場で行われた初演では、聴衆が興奮のあまり叫び出し、カーテンコールが60回も行われたといいます。オペラ史上類を見ない大ヒットとなった本作により、当時25歳だったマスカーニは、一躍有名作曲家となりました。マスカーニは、オペラや管弦楽曲、声楽曲、歌曲、ピアノ曲などを作曲しましたが、『カヴァレリア・ルスティカーナ』があまりに成功しすぎたため、ほとんど忘れ去られてしまったといいます。

オペラのあらすじは次のようなものです。舞台は、シチリア島のある村。既婚者であるトゥリッドゥは、馬車屋のアルフィオの妻ローラと浮気をしています。トゥリッドゥとローラは、かつて恋人関係だったのです。トゥリッドゥの妻サンタの告げ口により、アルフィオは妻の浮気を知って激怒。トゥリッドゥとアルフィオは決闘をすることになり、アルフィオがトゥリッドゥを殺すことでオペラは終わります。

この物語は、シチリア島で実際に起きた事件をもとにしているそうです。また、曲はヴェリズモ・オペラの代表的作品とされています。イタリア語のヴェリズモとは「現実主義」という意味で、ヴェリズモ・オペラは、庶民の日常生活や残酷な暴力などを題材としました。直接的な感情表現を重視し、重厚なオーケストレーションの演奏があることが特徴です。

美しい海で有名なシチリア。

もっと知りたい！豆知識

◆上演時間は約70分です。
◆マスカーニ自身が指揮を務めた『カヴァレリア・ルスティカーナ』の録音は残されており、現在CD化もされています。
◆マスカーニはイタリアでファシスト党政権が誕生すると、独裁者ムッソリーニに接近しました。そのため、第二次世界大戦でイタリアが降伏すると、全財産を没収されてしまいました。

5月29日

オペラ『ローエングリン』

リヒャルト・ワーグナー

本日のテーマ▼ジャンル

ワーグナーのオペラ作品のなかで随一の人気

『ローエングリン』は、リヒャルト・ワーグナーが1848年に完成させたオペラです。台本もワーグナーが手がけました。

物語の舞台は、10世紀前半のブラバント公国です。先代の王には、公女エルザと、弟のゴットフリートの2人の子どもがいました。王は亡くなる前、フリードリヒ伯爵に「ゴットフリートを次の王にし、伯爵はエルザと結婚しなさい」と言い残しますが、そこに王の地位を狙う女魔法使いのオルトルートが現れます。オルトルートは、ゴットフリートを白鳥に変え、さらにエルザが弟を殺したという嘘を広めました。その結果、ブラバント公国ではフリードリヒ伯爵が権力を握り、オルトルートはその妻の座につきます。

エルザは裁判にかけられますが、そこへ、白鳥に曳かれた小舟に乗った騎士（ローエングリン）が現れ、「罪を着させられた乙女を守るために使わされた」と語ります。決して自分の身元や名前を尋ねないという約束で彼女を救い、結婚しますが、のちにみずからの素性を明かして去ってゆき、ゴットフリートが白鳥から人間に戻ったところで、オペラは終わります。

この曲は、ワーグナーが書いたオペラのなかで、「ロマンティック・オペラ」と呼ばれるジャンルの最後の作品とされています。これ以降ワーグナーは、より音楽と劇が一体化した「楽劇」と呼ばれる独自のジャンルに重点を置くようになりました。ちなみに、楽劇としての最初の作品は『トリスタンとイゾルデ』（P.25）です。

『ローエングリン』はワーグナーのオペラのなかでも、特に高い人気を誇り、初演以来現在にいたるまで繰り返し上演されてきました。また、第1幕と第3幕の前奏曲や『婚礼の合唱』（結婚行進曲）などは、コンサートなどで単独で演奏されることの多い人気曲です。

もっと知りたい！豆知識

◆『ローエングリン』は、ワーグナーのパトロンであったバイエルン王ルートヴィヒ2世が特に好んだ作品ともいわれています。
◆初演は1850年に、フランツ・リストの指揮によりヴァイマル宮廷劇場で行われました。
◆上演時間は約3時間30分です。

交響詩「人魚姫」

アレクサンダー・ツェムリンスキー

多くの門弟を育てたツェムリンスキー

『人魚姫』は、19世紀末から20世紀中頃にかけて活躍したオーストリアの作曲家アレクサンダー・ツェムリンスキーが、1902年から翌年にかけて作曲した交響詩です。題名からわかるように、曲想のもととなっているのは、デンマークの代表的な童話作家であるアンデルセンの童話『人魚姫』です。

全体は3楽章の構成です。第1楽章では、人魚から見た人間界の楽しげな様子と王子との出会いが、第2楽章では魔女の家を訪れる人魚姫と王子の結婚式が、第3楽章では人魚姫の自殺と天国での救済が、音楽によって表現されています。

この交響詩『人魚姫』は、ツェムリンスキーの没後、楽譜が行方不明になり、演奏ができなくなってしまいました。しかし、1980年にウィーンで第1楽章の楽譜が、ワシントンで第2楽章と第3楽章の楽譜が発見され、初演から80年後の1984年に、ペーター・ギュルケの指揮により再演されたのです。

ところで、ツェムリンスキーは作曲家である同時に、音楽教育者でもありました。1895年にツェムリンスキーが結成したアマチュア・オーケストラ「ポリュヒュムニア」に、のちに十二音技法を創始するオーストリアの作曲家・指揮者アルノルト・シェーンベルクがチェリストとして入団しました。シェーンベルクはツェムリンスキーから対位法を学んでいます。これは、シェーンベルクが受けた唯一の公式な音楽教育とされています。

また、シェーンベルク以外にも、アルマ・シンドラー（後のグスタフ・マーラーの妻）やカール・ヴァイグル、エーリヒ・ヴォルフガング・コルンゴルトなど、数多くの音楽家がツェムリンスキーの下で学びました。

デンマークのコペンハーゲンにある人魚姫のブロンズ像。ツェムリンスキーの交響詩同様、アンデルセンの童話がモチーフです。

もっと知りたい！豆知識

◆『人魚姫』の初演は、1905年にウィーンで行われました。
◆のちにツェムリンスキーの妹マティルデとシェーンベルクが結婚したことから、2人は義理の兄弟の関係となりました。
◆ツェムリンスキーは門弟のアルマ・シンドラーと恋愛関係にありましたが、アルマはグスタフ・マーラーと結婚してしまいました。

劇音楽・組曲『ペール・ギュント』

エドヴァルド・グリーグ

自分の音楽性と戯曲の相性に悩む

『ペール・ギュント』は、19世紀から20世紀初頭に活躍したノルウェーの作曲家エドヴァルド・グリーグが、1875年に同名の戯曲のために書いた劇音楽です。もとになった戯曲は、ノルウェーの国民的な劇作家ヘンリック・イプセンが1867年に書いたもので、グリーグもまたノルウェーの国民的作曲家でしたから、両者の才能が合わさったこの演劇は、ノルウェーという国を象徴する作品となりました。

もっともグリーグは、イプセン本人から『ペール・ギュント』の劇音楽の作曲を依頼されたとき、かなり躊躇したといいます。グリーグは同作の文学的価値は大いに認めていたものの、夢見がちな男ペール・ギュントの破天荒な冒険を描いた舞台に、自分の音楽性は合わないのではないかと悩んだのです。

確かにそれまでのグリーグは、抒情的な小品を得意にしていました。しかしイプセンから、「音楽に関してグリーグの芸術的な自由を保障する」という手紙が届いたことも後押しになり、依頼を受ける決意を固めました。

こうして完成した演劇『ペール・ギュント』は、1876年に初演が行われると、音楽も含め高い評価を受けました。その後、グリーグは自身が劇音楽として書いた曲から4曲ずつ選び、ふたつの組曲に編曲しています。いまでは、こちらの組曲の方が有名です。また、グリークは他にも、『ペール・ギュント』の音楽をピアノ独奏曲やピアノ伴奏の歌曲へ編曲もしています。ノルウェーを愛するグリーグにとって、極めてノルウェー的な作品である『ペール・ギュント』は、それだけ強い思い入れがあったのかもしれません。

ノルウェーには、フィヨルドなど雄大な自然が残っています。

もっと知りたい！豆知識

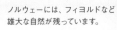

◆グリーグがこの戯曲のために作曲した音楽は全部で27曲です。
◆初演は成功を収めたものの、イプセンの風刺的な戯曲に対して、グリーグの音楽がロマンティック過ぎるという批判もありました。
◆舞台の『ペール・ギュント』は初演以降たびたび再演され、グリーグはそのたびに音楽を改訂しました。

366 days of Classical music

366日の西洋音楽

6月

6月1日

本日のテーマ▼周辺

戦争ソナタ

セルゲイ・プロコフィエフ

第二次世界大戦中に作曲された3つのピアノ・ソナタ

セルゲイ・プロコフィエフは、ロシア出身の作曲家でピアニストです。1917年にロシア革命が勃発すると祖国を離れ、アメリカに亡命しましたが、1936年、45歳のときにソビエト連邦に戻り、以後、ショスタコーヴィチやハチャトゥリアン、カバレフスキーらと並び、ソ連を代表する作曲家として、亡くなるまで母国で音楽活動を続けました

プロコフィエフは、生涯で9作のピアノ・ソナタを書いています。1940年に完成した『ピアノ・ソナタ』第6番イ長調、1942年に完成した『ピアノ・ソナタ』第7番変ロ長調、1944年に完成した『ピアノ・ソナタ』第8番変ロ長調の3曲は、いずれも第二次世界大戦中に作曲された作品であるため、まとめて『戦争ソナタ』の通称で呼ばれています。

『戦争ソナタ』という呼び方は、プロコフィエフ自身がつけたものではなく、それぞれの曲も、直接的に戦争を表現したものではありませんが、戦争の悲惨さや作曲者の内面を強く反映した作品ともいわれています。また、この3曲は、ちょうどプロコフィエフの作曲家人生の円熟期に作曲され、今日でもさまざまなピアニストによって演奏されています。なかでも『ピアノ・ソナタ』第7番変ロ長調は、演奏に高度なテクニックが求められるということもあり、多くのピアニストにとって演奏意欲を掻き立てられる作品だといわれています。

『ピアノ・ソナタ』第7番変ロ長調が初演されたモスクワ。世界遺産である赤の広場に隣接するロシア国立歴史博物館は、赤レンガが特徴的です。

もっと知りたい！豆知識

◆プロコフィエフはその生涯に、交響曲、管弦楽曲、協奏曲、室内楽曲、ピアノ曲、声楽曲、オペラ、映画音楽など、あらゆるジャンルの曲を書きました。

◆アメリカに亡命する前、プロコフィエフは日本に滞在し、日本から渡米しています。

◆『ピアノ・ソナタ』第7番変ロ長調は、1943年にモスクワで、スヴャトスラフ・リヒテルのピアノ演奏で初演されました。プロコフィエフが初演を他のピアニストに託したのは、これがはじめてでした。

オペラ『カルメン』

ジョルジュ・ビゼー

作曲家の死にまつわるミステリー

『カルメン』は、フランスの作曲家ジョルジュ・ビゼーが1873年から1874年にかけて作曲した、4幕物のオペラです。フランスの小説家プロスペル・メリメの同名小説がもとになっています。

兵士ホセが自由に生きるジプシーのカルメンに恋をし、結ばれたものの、気まぐれな彼女にすぐに捨てられてしまい、嫉妬に狂ったホセがカルメンを殺すという物語です。初演はあまり好評ではありませんでしたが、その後、オペラの傑作として世界中で上演されるようになりました。

ビゼーは『カルメン』がフランス・パリで初演された3ヶ月後に、37歳の若さで亡くなってしまいますが、その死に際して、いくつかの謎や不思議な話が伝わっています。まず、ビゼーが臨終の際に発した言葉は、「カルメン……なぜ?」というものでした。ビゼーが何をいいたかったのかについては諸説ありますが、はっきりしたことはわかっていません。

ビゼーが危篤になった夜も『カルメン』は上演されていましたが、第3幕のカルタ占いの場面で、カルメン役のソプラノ歌手が舞台上でカルタを並べたとき、なぜか不吉なカードばかり出続けたといいます。

『カルメン』とビゼーの死には、「3」という数字がついてまわっています。初演されたのは3月3日で、ビゼーが亡くなったのは6月3日、しかも『カルメン』の33回目の上演が終わろうとしているときだったのです。偶然ではありますが、なんとも不思議な話です。

人気のアリア「ハバネラ」の冒頭部分。特徴的な半音ずつ音程が下がるメロディは、恋の気まぐれを表現しています。

もっと知りたい！豆知識

◆初演は1875年にパリのオペラ=コミック座で行われました。
◆上演時間は約2時間40分です。
◆『カルメン』の「序曲」はコンサートで単独で演奏されることも多く、有名です。また「ハバネラ」や「闘牛士の歌」などのアリアも人気があります。

6月3日

本日のテーマ▼音楽史

歌曲「愛の小径」

フランシス・プーランク

「フランス6人組」のひとり

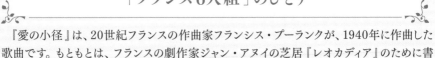

『愛の小径』は、20世紀フランスの作曲家フランシス・プーランクが、1940年に作曲した歌曲です。もともとは、フランスの劇作家ジャン・アヌイの芝居『レオカディア』のために書かれた劇音楽のひとつで、第3幕で歌われます。

劇音楽としての題名は『愛の小径のワルツ』というものでしたが、この歌は観客のあいだでたちまち話題となり、『愛の小径』として録音され、楽譜も出版されました。現在にいたるまで、さまざまなジャンルの歌手に歌われ、器楽曲としても演奏される人気曲となっています。

プーランクは製薬会社創設者の父とアマチュアピアニストの母のあいだに生まれ、裕福な家庭環境で幼い頃から音楽教育を受けて育ちました。しかし18歳のときに父を亡くしたことで、音楽家として生計を立てることを決意し、1917年に歌曲『黒人狂詩曲』を書きます。これが認められ、作曲家の道を歩みはじめました。

青年期のプーランクの交友関係は幅広く、ルイ・デュレ、ジョルジュ・オーリック、ダリウス・ミヨー、アルチュール・オネゲル、ジェルメーヌ・タイユフェールなどの同世代の若き作曲家たちと親密な関係を結びました。彼らはのちに「フランス6人組」と称されるようになります。このグループは、ロマン派音楽や印象主義音楽を否定する新古典主義音楽であるとされていますが、メンバーたちは「誰ひとりとして同じ音楽的傾向は持ち合わせていない」と語っていたといいます。

プーランク自身は、音楽家のベスト5として、モーツァルト、シューベルト、ショパン、ドビュッシー、ストラヴィンスキーを挙げています。特に「音楽でモーツァルトに勝るものはない」とも発言しました。

ロワール地方に城を買ったというプーランク。ここは古城が数多く残っている地域です。

もっと知りたい！豆知識

◆プーランクは、声楽、室内楽曲、宗教的楽劇、オペラ、バレエ音楽、オーケストラ音楽など、さまざまなジャンルの楽曲を作曲しました。

◆プーランクは、現代音楽の複雑さを避け、簡潔で明快な曲を多く書きました。自身では作曲しなかったものの、前衛的な現代音楽にも理解を見せていました。

◆プーランクは、フランスのロワール地方に城を購入したことで家計が苦しくなっていたため、劇音楽の作曲は重要な収入源だったそうです。

組曲「惑星」

グスターヴ・ホルスト

天文学ではなく占星術の影響で作曲される

組曲『惑星』は、イギリスの作曲家グスターヴ・ホルストが1914年から1916年にかけて書いた管弦楽曲です。彼の代表作として知られています。

全体は7つの楽章で構成されていて、作曲当時、太陽系の惑星として知られていた8つの惑星のうち、地球を除いた7つの惑星にそれぞれ1曲ずつ割り当てられています。曲の順番は、「火星」、「金星」、「水星」、「木星」、「土星」、「天王星」、「海王星」です。

太陽系の惑星をテーマにした組曲というと、天文学から着想を得て書かれたように感じますが、じつはそうではありません。ホルストは、西洋占星術を意識してこの組曲を書きました。そのため、占星術では天体として扱われることのない「地球」が入っていないのです。またホルストはこの楽曲を構想した際、占星術における惑星とローマ神話の神の対応を研究したとされています。

太陽系の惑星を、太陽から近い順に並べると、水星、金星、地球、火星、木星、土星、天王星、海王星となります。ですが、ホルストのこの組曲では、「火星」と「水星」の位置が入れ替わっています。

最初の4曲は交響曲の楽章様式「急、緩、舞、急」に従って配列するためだともいわれていますが、これも占星術における黄道12宮の守護惑星の順番に従ったものだという説もあります。それほどこの組曲は、占星術の影響のもとに書かれているのです。

太陽系の星の並び順

太陽系の順番	太陽▶水星▶金星▶地球▶火星▶木星▶土星▶天王星▶海王星
黄道12宮の守護惑星の順番	白羊宮（おひつじ座）＝火星▶金牛宮（おうし座）＝金星▶双児宮（ふたご座）＝水星▶巨蟹宮（かに座）＝月▶獅子宮（しし座）＝太陽▶処女宮（おとめ座）＝水星▶天秤宮（てんびん座）＝金星▶天蠍宮（さそり座）＝冥王星▶人馬宮（いて座）＝木星▶磨羯宮（やぎ座）＝土星▶宝瓶宮（みずがめ座）＝土星▶双魚宮（うお座）＝海王星
組曲「惑星」の順番	火星▶金星▶水星▶木星▶土星▶天王星▶海王星

おひつじ座から始まる12宮にそれぞれ当てはめられている惑星を順番に並べると、ホルストの組曲『惑星』と重なることがわかります。

もっと知りたい！豆知識

◆全曲を通しての公式初演は、1920年にイギリスのバーミンガムで行われました。この初演は好評を得ましたが、次第に『惑星』は忘れ去られてしまいます。現在のような知名度を獲得したのは、1960年代初頭にヘルベルト・フォン・カラヤンがウィーン・フィルハーモニー管弦楽団の演奏会で紹介したことがきっかけです。
◆演奏時間は約50分です。
◆特殊な楽器が使われることなどから、組曲全体が演奏されることは稀です。
◆ホルストが『惑星』を作曲したとき、まだ冥王星は発見されていませんでした。そのため、組曲には冥王星が入っていません。

レクイエム

ジュゼッペ・ヴェルディ

あまりにもオペラ的な鎮魂曲

多くの作曲家が鎮魂曲であるレクイエムを書いていますが、イタリアの作曲家ジュゼッペ・ヴェルディも1874年に作曲しています。

ヴェルディのレクイエムは、モーツァルト、フォーレのレクイエムとともに「三大レクイエム」のひとつに数えられ、いまもコンサートなどで演奏されることの多い曲です。

ヴェルディのレクイエムは、正式な題名を『マンゾーニの命日を記念するためのレクイエム』といいます。ヴェルディはイタリアの文豪アレッサンドロ・マンゾーニを敬愛しており、1873年に彼が亡くなると、深い悲しみに襲われました。その死の衝撃はあまりに大きく、あえて葬儀には参列せず、後日ひとりで墓地を訪れてそっと追悼したほどでした。そして、マンゾーニに捧げるレクイエムの作曲を決意しました。

初演はマンゾーニの一周忌にあたる1874年5月22日、ミラノ市のサン・マルコ教会で行われました。この初演は大成功に終わり、すぐにアメリカ、フランス、オーストリア、イギリスでも演奏されるようになります。これは宗教曲としては異例の人気です。

ただ、ヴェルディのレクイエムには最初から批判もつきまとっていました。ヴェルディといえば数々の傑作オペラで知られていますが、このレクイエムも鎮魂曲にしては、あまりにドラマチックで、オペラ的すぎると批判されたのです。当時の批評には、本作を「聖職者の衣服をまとった、ヴェルディの最新のオペラ」と評したものもありました。

本作は「もっとも華麗なレクイエム」ともいわれますが、それはこの曲の魅力でもあり、また弱点でもあるといえるかもしれません。

2020年のコロナ・パンデミックでは、イタリアでも多くの人が亡くなりました。2020年9月4日、ミラノではスカラ座の歌手たちが中心になって、大聖堂(ドゥオーモ)でこの『レクイエム』が演奏されました。その演奏は、世界中に配信されました。

スカラ座からミラノのドゥオーモまでは徒歩圏内。有名なアーケードであるヴィットーリオ・エマヌエーレ2世のガッレリアを通って行くことができます。

もっと知りたい!豆知識

◆演奏時間は約75分です。
◆ヴェルディは、1868年に死去した作曲家ロッシーニを捧げるレクイエムを、何人かの作曲家の協同で作曲しようとしたことがありましたが、この計画は実現しませんでした。ただ、このとき書いた一部分が、『マンゾーニの命日を記念するためのレクイエム』に転用されています。

パリ交響曲

フランツ・ヨーゼフ・ハイドン

熊とめんどりの交響曲

『パリ交響曲』は、オーストリアの作曲家フランツ・ヨーゼフ・ハイドンが、1785年から1786年にかけて作曲した6曲の交響曲の総称です。交響曲の番号としては、第82番から第87番までです。

この6曲の総称に「パリ」とついているのは、その頃フランスのパリに新設されたオーケストラ団体、コンセール・ド・ラ・オランピックのコンサートマスターであるジョゼフ・ブローニュ・シュヴァリエ・ド・サン＝ジョルジュの依頼によって作曲されたためです。

サン＝ジョルジュは、カリブ海にあるフランスの海外領土グアドループ島出身のヴァイオリン奏者・作曲家です。8歳のときからフランス本土で育ち、音楽を学びました。その後、さまざまなオーケストラでコンサートマスターや指揮者として活躍し、コンセール・ド・ラ・オランピックのコンサートマスターにも選ばれました。アフリカ系の母方の血を引いて黒い肌であったため、苦労も多かったとされています。ルイ16世のヴェルサイユ王室楽団の音楽監督に指名されたこともありましたが、歌手たちからの人種差別的な反対にあい、断念させられてしまいました。

『パリ交響曲』6曲のうち、3曲にはニックネームがついています。82番の「熊」、83番の「めんどり」、85番の「王妃」です。「熊」は最後の楽章のはじめの低音が、熊使いの音楽を思わせることに由来します。「めんどり」も第1楽章の副主題がニワトリの鳴き声に似ているからです。「王妃」の由来は定かではありません。

ハイドンの交響曲はニックネームをもつものが多いですが、いずれも当時の人々が音楽をどのように楽しんでいたのかを垣間見せてくれます。

この曲の愛称が「めんどり」だと知れば、この第2主題が「コッコッコッ」と鳴いているように聴こえてきます。

もっと知りたい！豆知識

◆『パリ交響曲』を書いた頃のハイドンは、円熟期に達していました。6曲の交響曲は、発表されるとすぐに聴衆と批評家から絶賛されました。

◆サン＝ジョルジュは1789年にフランス革命が勃発すると、1000人の黒人部隊を結成して戦闘に参加しましたが、王室との繋がりが原因で軍を追われ、投獄されました。革命後は、失意のなかパリで没しています。

6月7日

フェステ・ラリアーネ

ルイジ・モッツァーニ

トレモロ奏法の練習に最適なギター曲

本日のテーマ▼作曲・演奏

『フェステ・ラリアーネ』は、19世紀後半から20世紀中頃まで活躍したイタリアの作曲家・ギタリストのルイジ・モッツァーニが書いたギター曲です。日本では『ラリアーネ祭り』という題名で呼ばれることもあります。

モッツァーニはその生涯に多くのギター曲を作曲しましたが、現在演奏されることがあるのはこの曲だけです。いまも『フェステ・ラリアーネ』がギタリストたちに親しまれているのは、第2変奏に使われているトレモロが、ほとんど1弦だけで弾くことができるため、トレモロの練習として最適とされているからです。

トレモロはイタリア語で「震える音」という意味で、音をゆらしたり、震えさせたりする奏法のことです。実際に演奏するときは、同じ高さの音を反復します。ピアノの場合は、同じ音だけでなく、オクターブの音を交互に反復する場合もあります。この奏法は演奏テクニックを誇示し、音楽が持っている不安な気分や劇的に緊迫した感情を表現するために使われます。

トレモロとトリルの違い

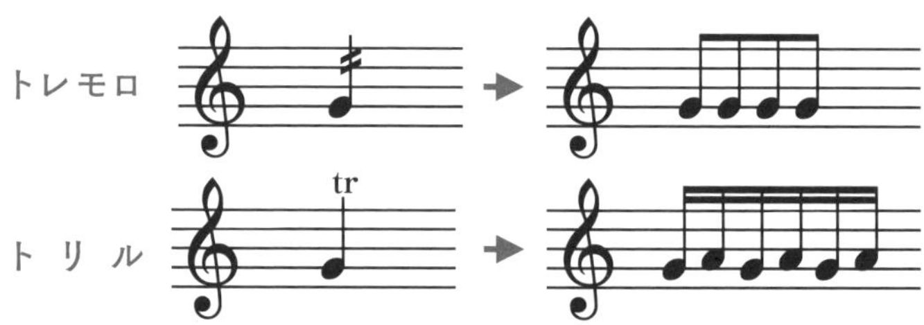

トレモロは同じ高さの音を反復(連続で鳴らす)させ、
トリルは異なる高さの音を交互に反復させます。

もっと知りたい！豆知識

◆モッツァーニは優れたオーボエ奏者としても知られていました。
◆また、楽器を演奏するだけでなく、みずからギターやヴァイオリンの製作もしました。

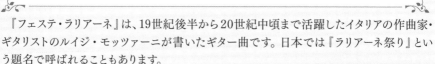

『ピアノ・ソナタ』「トルコ行進曲」

ヴォルフガング・アマデウス・モーツァルト

左手の伴奏でトルコの軍楽隊の打楽器を再現

『ピアノ・ソナタ』「トルコ行進曲」第11番は、ヴォルフガング・アマデウス・モーツァルトが書いた3楽章構成のピアノ・ソナタです。作曲された時期ははっきりしていませんが、1783年頃ないしは1778年頃と考えられています。

『トルコ行進曲』という名前は、ピアノ・ソナタの第3楽章に由来します。楽譜には冒頭に「トルコ風」と書かれているだけで「トルコ行進曲」とは書かれていません。「トルコ風」となっているのは、左手の伴奏がトルコの軍楽隊の打楽器の響きを表現しているためです。

モーツァルトが生きていた時代、超大国だったオスマン帝国（トルコ）への恐れと憧れから、トルコの文化や芸術は、ヨーロッパ中でブームとなっていました。ヨーロッパにコーヒーがもたらされたのもトルコからでした。ベートーヴェンやハイドンも、「トルコ風」の曲を書いています。モーツァルト時代のピアノには、シンバルのような打楽器の音を出せる仕組みを持った楽器もあったので、かなり「リアルな」トルコ行進曲に聞こえたことでしょう。

また、モーツァルトが『トルコ行進曲』を書いたともされる1783年は、トルコの大軍がウィーンを包囲した歴史的な戦いから、ちょうど百年の記念の年でもありました。

トルコのイスタンブールにある博物館「アヤソフィア」。元は東ローマ帝国の教会でしたが、オスマン帝国によって東ローマ帝国が滅亡されてから長らくは、イスラム教モスクとして使われていました。

もっと知りたい！豆知識

◆自筆譜のうち、第3楽章の第97小節以降が記された最後のページだけが現存し、それ以外は消失したと考えられていました。しかし、2014年に第1楽章の第3変奏から終わりまでと、第2楽章のメヌエットとトリオ第10小節までが記された4ページの自筆譜が発見されました。これまではその多くが印刷譜でしか知られていなかった作品ですが、これでこの曲の成立を知ることができるようになりました。

◆『トルコ行進曲』の旋律は、殿さまキングスやTM NETWORKなど日本のミュージシャンの楽曲のなかでも、一部が引用されるほどポピュラーです。

6月9日

本日のテーマ▼謎

『交響曲』第9番「合唱付」

ルートヴィヒ・ヴァン・ベートーヴェン

161

このような音楽ではなく、喜びにあふれた音楽を

『交響曲』第9番は、ルートヴィヒ・ヴァン・ベートーヴェンが晩年の1822年から1824年にかけて作曲した交響曲です。彼の最後の交響曲となります。最終楽章に独唱と合唱が加わることから、「合唱付」と呼ばれることもあります。しかし「第9」といえば、日本ばかりか欧米でも、この曲を指すように、この作品はクラシック音楽における傑作中の傑作といえるでしょう。

交響曲と独唱や合唱を組み合わせることは、ベートーヴェン以前にも試まれたことがありますし、フランスでも同じような試みがありました。おそらくこの作品を傑作たらしめているのは、独唱や合唱の歌詞として、フリードリヒ・シラーの詩『歓喜に寄す』を採用したからでしょう。シラー自身は、この詩でもってフランス革命の精神を広げようと思ったわけではありませんが、フランス革命後のヨーロッパにあって、シラーが「すべての人々がひとつになり、兄弟姉妹となりますように」と謳ったことが、ベートーヴェンのみならず、多くの人の共感を呼んだのだと考えられます。

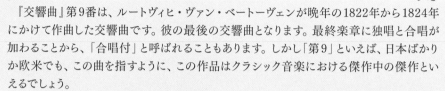

ベートーヴェンは『交響曲』第9番でシラーの詩を採用したときに、第4楽章の最初でバリトンが歌う歌詞を追加しています。「友よ、このような音楽ではなく、喜びにあふれた音楽を歌おうではないか」という歌詞は、ベートーヴェンのオリジナルです。ここでいう喜びにあふれた歌というのは、有名な第4楽章「歓喜の歌」のことですが、彼が否定した「このような音楽」とはどのような音楽なのでしょうか。

バリトンがこの部分を歌う前に、ベートーヴェンは第4楽章の冒頭で、これまでの3つの楽章、つまり、第1楽章から第3楽章までの主題（テーマ）を、短いながらほとんどそのまま再現しています。ずいぶんと芝居がかっていますが、ベートーヴェンが作曲途中のスケッチでこの構想について書いているので、鑑賞側もそのように聴くしかありません。音楽的には、最初の3つの主題は輪郭がよく似ていて、音が跳躍しています。

これに対して、「歓喜の歌」はなめらかに進行します。ここにベートーヴェンの意図があるように感じられます。

もっと知りたい！豆知識

◆ベートーヴェンは9曲の交響曲で、このジャンルでできることはすべてやったとまでいわれています。したがって、後世の作曲家たちは、いかにしてこれらの9曲を超えるかに苦労しているのです。また、第9番が最後になったことで、9番目の交響曲を作曲したがらない作曲家もいました。

交響組曲「寄港地」

ジャック・イベール

海軍士官自体の航海の経験を反映

『寄港地』は、フランスの作曲家ジャック・イベールが1922年に書いた交響組曲で、彼の代表作です。3曲構成で、旅とさまざまな国の港町がテーマとなっています。

第1曲「ローマ―パレルモ」は、ローマを出航して地中海をシチリア北岸の港パレルモへと向かう航海を表現しており、第2曲「チュニス―ネフタ」は、チュニジアの港町チュニスから南の奥地の町ネフタへ向かう旅を、第3曲「バレンシア」は、スペイン東部の港町バレンシアの情景を、それぞれ表現しています。

これらの曲に見られる異国の雰囲気は、イベールが第一次世界大戦中に海軍士官として地中海を航海した経験や、30代でローマに留学した際のスペイン旅行から得た印象などが反映されているとされます。ちなみに、この曲を書いたのは、ちょうどローマ留学中のときでした。

イベールは1910年にパリ音楽院に入学し、のちに「フランス6人組」として知られるようになるダリウス・ミヨーやアルチュール・オネゲルなど同世代の音楽家たちと親しくなっています。それにもかかわらず、彼が「フランス6人組」のメンバーとして数えられていないのは、音楽性の問題ではなく、単純に海軍士官として従軍したり、イタリアへ長期留学をしたりするなど、フランスを離れている期間が長かったためのようです。

晩年はフランスで音楽活動を続け、1955年から1957年にかけてパリのオペラ=コミック座の監督も務め、1962年にパリで亡くなりました。

シチリア島のパレルモは、シチリア最大の街です。港にはヨットが所狭しと並んでいます。

もっと知りたい!豆知識

◆初演は1924年に、パリでコンセール・ラムルー管弦楽団によって行われました。
◆最初の楽譜には、各楽章に「バレンシア」などの地名はつけられていませんでした。これらはのちにイベール自身が付け足したものです。
◆イベールは、1940年にフランス政府から依頼され、日本の皇紀2600年奉祝曲『祝典序曲』を作曲しています。

オペラ「後宮からの誘拐」

ヴォルフガング・アマデウス・モーツァルト

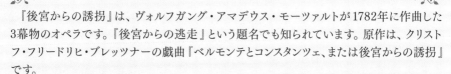

寛容な人物として描かれたトルコ人太守

『後宮からの誘拐』は、ヴォルフガング・アマデウス・モーツァルトが1782年に作曲した3幕物のオペラです。『後宮からの逃走』という題名でも知られています。原作は、クリストフ・フリードリヒ・ブレッツナーの戯曲『ベルモンテとコンスタンツェ、または後宮からの誘拐』です。

物語の舞台は17世紀のトルコ。スペイン貴族ベルモンテの婚約者であるコンスタンツェと、ベルモンテの召使ペドリッロ、コンスタンツェの召使ブロンデの3人は、海賊に囚われてしまいました。やがて3人はトルコの太守セリムの宮殿（後宮）に奴隷として売られ、そこで生活をするようになります。ベルモンテはコンスタンツェたちを救出するために、セリムの宮殿へと向かいました。救出はあと一歩のところで失敗に終わりますが、太守セリムの寛容さで、全員が解放されます。セリムの偉大さが称えられるなか、物語はハッピーエンドで終わります。

このオペラは、モーツァルトの『ピアノ・ソナタ』「トルコ行進曲」（P.173）と同様、当時ヨーロッパで流行していたトルコ趣味に彩られたものです。このオペラに登場するトルコ人は、ヨーロッパの人たちから見たステレオタイプ的な人物として描かれています。ただ、太守セリムを寛容な人物として描いているなど、近年「オリエンタリズム」の影響からも指摘されるような偏見だけにもとづいたものでもありません。

このオペラはオーストリア皇帝ヨーゼフ2世の依頼を受けて書かれたものです。完成した楽曲を聴いた皇帝は「音符が多すぎる」と指摘しましたが、モーツァルトは自信を持ってそれを否定したといいます。当時、モーツァルトは故郷のザルツブルクからウィーンに出てきたばかりでしたが、このオペラの成功によりウィーンでの地位を獲得します。

ちなみに、オペラのヒロインの名前はコンスタンツェですが、モーツァルトがこの頃恋愛中だった恋人、コンスタンツェ・ウェーバーと同じ名前です。そしてこの2人は、初演の年の12月に結婚しました。

もっと知りたい！豆知識

◆初演は1782年にウィーンのブルク劇場で行われました。
◆上演時間は約2時間です。
◆オペラ台本を書いたのはゴットリーブ・シュテファニーですが、ブレッツナーの戯曲を無断で改編したため、のちにブレッツナーから激しい抗議を受けました。

シャンソン「ジュ・トゥ・ヴ」

エリック・サティ

不遇時代のサティが書いたシャンソンの名曲

エリック・サティは、19世紀末から20世紀中頃まで活躍したフランスの作曲家です。「音楽界の異端児」や「音楽界の変わり者」などと呼ばれましたが、20世紀以降の西洋音楽に多大な影響を与えました。

作曲家として世に出るのは遅く、30代半ばになっても、カフェのピアニスト、ミュージック・ホールやキャバレーのための歌や付随音楽を書くことで生計を立てていました。サティにとって、そんな不遇の時代であった1900年に書かれたシャンソンが『ジュ・トゥ・ヴ』です。

シャンソンはフランス語で「歌」を意味していて、広義にはフランス語で歌われる歌全般を指しています。狭義には、フランスの歌謡曲や小唄のことです。『ジュ・トゥ・ヴ』も、“スロー・ワルツの女王”と呼ばれた人気シャンソン歌手ポーレット・ダルティのために書かれました。

カフェやキャバレーでの音楽家生活をサティ自身は「大変な堕落」と考えていたようですが、この時期に書かれた曲の多くはいまも人気が高く、『ジュ・トゥ・ヴ』もそのひとつです。日本では、『お前が欲しい』、『あなたが大好き』などの題名に訳され、CMなどでも頻繁に使われています。

本作は元々、歌曲集『ワルツと喫茶店の音楽』のうちの1曲でしたが、現在ではサティ自身が編曲したピアノ独奏版のほうがよく知られています。

多くの芸術家たちがモンマルトルに集い、交流していました。サティも例に漏れずモンマルトルのキャバレーやカフェに入り浸りました。

もっと知りたい！豆知識

◆歌詞はシャンソン歌手のアンリ・パコーリが手がけていて、女性版と男性版の2種類があります。
◆ドビュッシーやラヴェルは、サティから影響を受けたと公言しています。

6月13日

『ピアノ・ソナタ』第3番

ロベルト・シューマン

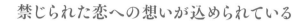

禁じられた恋への想いが込められている

本日のテーマ▼逸話

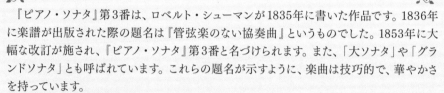

『ピアノ・ソナタ』第3番は、ロベルト・シューマンが1835年に書いた作品です。1836年に楽譜が出版された際の題名は『管弦楽のない協奏曲』というものでした。1853年に大幅な改訂が施され、『ピアノ・ソナタ』第3番と名づけられます。また、「大ソナタ」や「グランドソナタ」とも呼ばれています。これらの題名が示すように、楽曲は技巧的で、華やかさを持っています。

全体は4楽章で構成されていて、第3楽章は作曲時の恋人で、のちに妻となるクララ・ヴィークの作曲した旋律による変奏曲となっています。もととなっているクララの曲は、『ワルツ形式によるカプリス集』作品2の第7曲です。

クララはシューマンより10歳年下のピアニストで、幼い頃から天才少女としてヨーロッパ中で知られていました。プロデビューは、わずか9歳のときです。シューマンが、クララの父で音楽教育家のフリードリヒ・ヴィークに師事した縁で、2人は知り合いました。やがてシューマンとクララは恋愛関係になりますが、フリードリヒは娘にシューマンとの交際を禁じました。

『ピアノ・ソナタ』第3番は、ちょうどそんな時期に書かれました。第3楽章にクララの書いた旋律が使われているのは、会えない恋人への想いを込めたものだとされています。この時期シューマンは、この曲以外にも、『ピアノ・ソナタ』第1番、『幻想小曲集』など、彼の代表的なピアノ曲のほとんどを作曲しています。それらのピアノ作品すべてに、天才的ピアニストだったクララへの愛情が込められているともいわれています。1840年にシューマンとクララは無事結婚し、シューマンが亡くなるまで添い遂げました。

実はこのソナタ、最初に作曲されたときは5楽章でした。しかし初版では出版社の意向でふたつのスケルツォと呼ばれるテンポの速い3拍子の楽章が削除され、上述の改訂版が出版されるときに、そのうちの1曲が復活しました。では、残ったもうひとつのスケルツォはというと、シューマンの死後に「遺作」として出版されたのです。

もっと知りたい！豆知識

◆クララはシューマンの死後、彼の作品全集の編纂を手がけています。
◆クララは若い頃から積極的に作曲をしており、その才能は秀でていましたが、当時の社会では女性が作曲をすることが認められていなかったため、40歳を前に作曲を止めてしまいました。

『交響曲』第5番「火の詩」

アレクサンドル・スクリャービン

神秘和音でプロメテ神を崇め奉る

『交響曲』第5番「火の詩」は、ロシアの作曲家・ピアニストのアレクサンドル・スクリャービンが1910年に書いた曲です。正確な題名は『プロメテ・火の詩』で、日本では『炎の詩』と短く表記されることもあります。スクリャービンが作曲した交響曲のなかでは、最後の作品となります。

プロメテ（プロメテウス）はギリシャ神話に登場する神で、神々の掟を破って人類に火を与えたことにより、永遠の罰を受けたというエピソードで知られています。本作は、その神話の物語を表現するというよりも、音楽を通じてプロメテを崇め奉ることを意図して書かれた曲であるとされています。

曲全体は、スクリャービンが考案した「神秘和音」を中心に展開します。神秘和音とは、文字通り神秘的な雰囲気をかもし出す独自の和音です。従来の一般的な和音は「ド・ミ・ソ」のように3度の音程を積み重ねて作られていますが、神秘和音は、「ソ・ド♯・ファ・シ」のように4度の音程を積み重ねて作られます。これによって音楽は、長調でも短調でもない無調の状態に至りました。

『交響曲』第5番「火の詩」の初演では、スクリャービンが開発した、鍵盤によって照明を操作できる「色光ピアノ」が使われる予定でしたが、故障のために使うことができませんでした。その後も、実際の演奏で色光ピアノが使われたことはほとんどありませんでしたが、色光ピアノのパートは、楽譜の最上段に五線譜で明確に記載されています。それによれば、Cは赤、Gはオレンジ、Dは黄、Aは緑、Eは空色、Bは青、F♯は明るい青、C♯は紫、A♭はライラック、E♭はフラッシュ、B♭はローズ、Fは深い赤色という指定になっています。

神秘和音の例

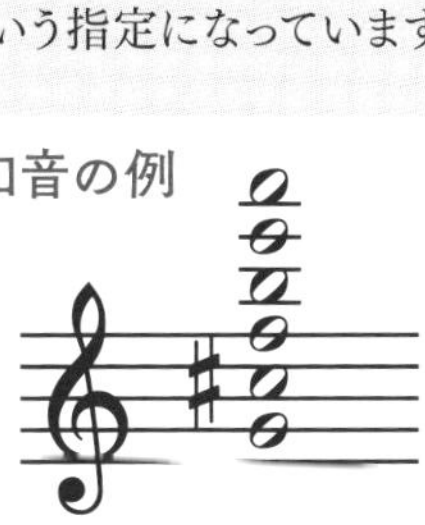

その名の通り、聴く人に不思議な感覚を与える和音です。

もっと知りたい！豆知識

◆当時は故障の多かった色光ピアノですが、現代ではMIDI電子キーボードと照明装置を組み合わせることで、簡単に再現できます。

◆神秘主義に傾倒していたスクリャービンは、「単なる妄想狂」と呼ばれることもありました。しかし、モスクワ音楽院の教授を務めていたときは、誠実で忍耐強い教師として、学生に人気があったといいます。

6月15日

『ピアノ協奏曲』第5番「皇帝」

ルートヴィヒ・ヴァン・ベートーヴェン

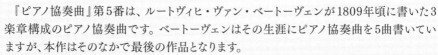

ナポレオン占領下のウィーンで作曲される

本日のテーマ▼周辺

『ピアノ協奏曲』第5番は、ルートヴィヒ・ヴァン・ベートーヴェンが1809年頃に書いた3楽章構成のピアノ協奏曲です。ベートーヴェンはその生涯にピアノ協奏曲を5曲書いていますが、本作はそのなかで最後の作品となります。

この曲は、「皇帝」という愛称で呼ばれることもありますが、この題名はベートーヴェンではなく出版社がつけたもので、勇壮で重厚な曲調からつけられた愛称です。特に、これまでのピアノ協奏曲ではピアノ独奏が登場するまで比較的時間がありましたが、この協奏曲では、ピアニストはいきなり強烈なタッチで和音を分散させて、一気に高音域まで立ち上がります。初演を聴いた当時の人々は、さぞかし驚いたことでしょう。

ベートーヴェンがこの曲を書いていた最中、皇帝ナポレオン1世率いるフランス軍が、ベートーヴェンが住んでいたウィーンを包囲し、シェーンブルン宮殿を占拠してしまいました。このとき、ベートーヴェンの住居近くにも砲弾が落ちたといいます。

『交響曲』第3番（P.71）をナポレオンに捧げようと考えていたベートーヴェンでしたが、ナポレオンの権力欲に深く失望し、フランス軍にも反感を覚えるようになっていきました。ウィーンの街を我が物顔で歩くフランス軍将校に対して、「もし私が作曲の対位法と同じぐらい戦術に精通していたら、目に物を見せてくれよう」と叫んだとも伝えられています。また、ウィーンをフランス軍に占領されたことで、オーストリア皇帝フランツをはじめ、ベートーヴェンを支援してきたルドルフ大公などの貴族たちも、疎開の憂き目にあっていました。

『ピアノ協奏曲』第5番は、敵の皇帝に支配され、味方の皇帝が逃げ出した状況下で作曲されたのです。この状況を考えると、ベートーヴェンがこの曲を書いているときに、勇壮で重厚な皇帝をイメージしていたとは考えにくいため、「皇帝」という愛称は相応しくないともいわれています。

フランス軍が占拠したシェーンブルン宮殿。幼いモーツァルトがマリー・アントワネットに求婚したという話は、ここシェーンブルン宮殿で起きました。

もっと知りたい！豆知識

◆演奏時間は約40分です。
◆公開初演は、1811年にライプツィヒで行われました。
◆初演が不評だったため、ベートーヴェンが生きているあいだは、このピアノ協奏曲が演奏されることは二度とありませんでした。しかし、のちにフランツ・リストが好んで演奏したことで人気曲となります。

家具の音楽

エリック・サティ

静かに聴いてはいけない音楽

一般的に、クラシック音楽のコンサートでは、聴衆が演奏中に喋るのはマナー違反だとされています。音楽に静かに耳を傾けることが求められるのです。ところが、演奏中にコンサート会場が静寂に包まれると、騒がしくするよう聴衆に求められた曲があります。フランスの作曲家エリック・サティが1920年に書いた室内楽曲『家具の音楽』です。

サティがこの曲に『家具の音楽』という不思議な題名をつけたのは、「家具のように、その存在を意識されない音楽」を書くことを目指したからでした。いまでいうところの、BGMのようなものです。聴衆にじっくりと集中して聴かれてしまっては、曲の狙いからすれば、失敗になってしまうのです。

この曲が初演された際は、コンサートの休憩中に演奏されることになっていました。プログラムには丁寧に「休憩中に演奏される音楽に気をとめないよう」との注意書きまで添えられていたそうです。

しかし、休憩に入って『家具の音楽』の演奏がはじまると、人々はお喋りをやめ、じっと聴き入ってしまいました。その様子を見たサティは、慌てて場内を駆けまわりながら「お喋りをはじめて！　歩きまわって！」と怒鳴ったといいます。さらには、「聴くんじゃない！」とまで叫んだとされています。さぞ、観客はあっけにとられたことでしょう。

初演でサティの作曲意図がうまく伝わらなかったせいか、『家具の音楽』の楽譜は紛失してしまい、その後も長いあいだ演奏される機会がありませんでした。しかし1979年に発見され、いまでは普通に演奏されるようになりました。

『家具の音楽』の構成

曲順	曲名	楽器
1	県知事の私室の壁紙	ピッコロ、クラリネット、バスーン、ホルン、トランペット、シンバル、バスドラム、スネアドラム、弦楽五部（第1ヴァイオリン、第2ヴァイオリン、ヴィオラ、チェロ、コントラバス）
2	錬鉄の綴れ織り	フルート、クラリネット、トランペット、弦楽四部（第1ヴァイオリン、第2ヴァイオリン、ヴィオラ、チェロ）
3	音のタイル張り舗道	フルート、クラリネット、弦楽四部（第1ヴァイオリン、第2ヴァイオリン、ヴィオラ、チェロ）

曲名も、家や部屋にまつわるものになっています。

もっと知りたい！豆知識

◆『家具の音楽』は、「県知事の私室の壁紙」、「錬鉄の綴れ織り」、「音のタイル張り舗道」の3曲で構成されています。

◆この曲のみならず、サティが提唱した「生活の中に溶け込む音楽」という思想そのものが「家具の音楽」と呼ばれることもあります。

6月17日

「ソナチネ」作品20-1

ヤン・ラディスラフ・ドゥシーク

本日のテーマ▼音楽史

はじめてピアノをステージの真ん中横向きに置く

ヤン・ラディスラフ・ドゥシークは，1760年にボヘミア（現在のチェコ）で生まれた作曲家でピアニストです。30曲のピアノ・ソナタをはじめ、ピアノ協奏曲、ヴァイオリン・ソナタ、劇音楽、室内楽曲など、さまざまなジャンルの音楽を手がけました。

その生涯は映画のように華やかです。幼少の頃からピアノやオルガンに触れ、ヨーロッパ各地で演奏会を開いていたドゥシークは、ロシアでエカチェリーナ2世の寵臣となったかと思うと、秘密警察から「エカチェリーナ2世暗殺の謀議に関与した」と告発され、ロシアを脱出することになります。その後、フランスでもマリー・アントワネットの寵臣になりますが、1789年にフランス革命が勃発すると、パリを脱出してイギリスに渡りました。

イギリスではハイドンに絶賛され、ドゥシークはピアニストとしての絶頂期を迎えます。そして、この時期にイギリスで活躍したピアニストたちの総称である「イギリス（ロンドン）・ピアノ楽派」の礎となりました。

彼はまた、ピアノそのものの改良にも手を染め、ピアノ製造業のブロードウッド社に、従来のものより力強い音響が出せ、音域も半オクターブ広げた、新しいピアノを作らせています。このピアノは、ドゥシークの書いた即興曲を添えてベートーヴェンのもとに贈られました。ベートーヴェンは、ドゥシークの改良したピアノを愛用していたといわれています。

ドゥシークは、演奏会でのピアノの配置を、ステージ上の真ん中に、横向きに置くというスタイルを確立した人物でもあります。いまでは当たり前の光景ですが、それまでは聴衆に背を向けて弾いたり、回りを他の楽器に囲まれたりしているスタイルが一般的だったのです。ピアノを横向きに置いたのは、美男で有名だったドゥシークが、自分の横顔を観客に見せるためだったともいわれています。

ドゥシークの作品で今日最もよく演奏されているのは、『ソナチネ』作品20-1でしょう。ソナチネとは「小さなソナタ」という意味です。技巧的にもそれほど難しくなく、日本ではピアノ発表会でよく演奏される曲です。

もっと知りたい！豆知識

◆ドゥシークは、ベートーヴェンの音楽に影響を与えたともいわれています。
◆イギリス(ロンドン)・ピアノ楽派には他に、ムツィオ・クレメンティ、ヨハン・バプティスト・クラーマー、ジョン・フィール、ジョージ・フレデリック・ピントなどがいます。

歌曲「アヴェ・マリア」

フランツ・シューベルト

宗教音楽ではないアヴェ・マリア

『アヴェ・マリア』の「アヴェ」は、ラテン語で「おめでとう」という意味です。「マリア」はキリストの母、聖母マリアのことです。カトリック教会では、聖母マリアへの祈祷がこの「アヴェ・マリア」という言葉からはじまります。また、マリアへ祈祷するための教会音楽も「アヴェ・マリア」と呼ばれています。

多くの作曲家が「アヴェ・マリア」と題する作品を書いていて、オーストリアの作曲家フランツ・シューベルトも1825年に書いています。この作品は「シューベルトのアヴェ・マリア」とも呼ばれています。

この歌曲はシューベルトが亡くなる2年前の1825年に作曲されました。歌詞はスコットランドの詩人、ウォルター・スコットの叙事詩「湖上の美人」です。『エレンの歌』として知られる3曲のうちの1曲です。

歌詞の内容は、「湖上の貴婦人」と呼ばれる乙女エレンが、王から追われる身となり、聖母マリアに助けを求めて祈りの言葉を口ずさむ、というものです。その乙女の祈りとして、歌の端々に「アヴェ・マリア」という言葉が出てくるため、いつしかこの曲は「アヴェ・マリア」と呼ばれるようになりました。

ともあれ、「シューベルトのアヴェ・マリア」こと『エレンの歌』第3番は、シューベルトの歌曲のなかでも、特に人気の高い作品となっています。

「湖上の貴婦人」こと、エレンの出身地とされるハイランド（スコットランド）は、山脈が多く、人口密度の低い地域です。

もっと知りたい！豆知識

◆『エレンの歌』第3番は1940年のディズニー映画『ファンタジア』のなかでも使われました。
◆『湖上の美人』の湖は、スコットランドのトロサックス地方にあるカトリーン湖のことです。

6月19日

オラトリオ「メサイヤ」

ゲオルク・フリードリヒ・ヘンデル

本日のテーマ▼ジャンル

合唱曲の途中で観客が立ち上がる習慣

『メサイヤ』は、ゲオルク・フリードリヒ・ヘンデルが1741年に書いたオラトリオです。初演は1742年、アイルランドのダブリンで行われました。オラトリオとは、宗教的な物語を、独唱と合唱、オーケストラの演奏で表現した楽曲形式を指します。

物語と音楽の融合という意味では、オペラに似ている部分もあり、バロック期にオペラを書いた作曲家の大半は、オラトリオも書いています。オペラとの違いは、オラトリオでは基本的に歌手が演技をすることがなく、舞台装置・衣装などもないところです。

ヘンデルの『メサイヤ』は3部構成で、キリストの誕生と受難、そして復活が描かれています。「メサイヤ」とは「救世主」という意味で、イエス・キリストのことです。

この作品の第2部の最後に合唱曲『ハレルヤ』が歌われるところまでくると、聴衆が一斉に立ち上がるという少し不思議な習慣があります。これは、1743年にロンドンではじめて『メサイヤ』が演奏されたとき、臨席していた国王ジョージ2世が『ハレルヤ』の合唱の途中で起立したことに由来するとされています。以来、一般の聴衆も『ハレルヤ』で立ち上がるようになったのです。ただ近年は、初演ではなく1750年の再演のときの逸話だという説もあり、またそもそも史実ではないという説もあります。ちなみに、「ハレルヤ」とはヘブライ語で「主を褒め称えよ」という意味です。

『メサイア』はモーツァルトがウィーンで演奏していますが、この作品がポピュラーになったのは、サンドウィッチ伯爵などの3人のヘンデル熱狂者がロンドンのウェストミンスター寺院で、1784年に「第1回ヘンデル音楽祭」と銘打った音楽祭を開催し、最終的に『メサイア』を上演したことに始まります。それ以後、音楽祭での『メサイア』は定番となり、国王の臨席もなくてはならないイベントとなりました。

第2部の合唱、いわゆる「ハレルヤコーラス」の部分。

もっと知りたい！豆知識

- ◆『メサイヤ』は、ヘンデルが作曲した数多いオラトリオのなかでも代表作だとされています。
- ◆演奏時間は約2時間半です。
- ◆歌詞は欽定訳聖書と『英国国教会祈祷書』の詩編から採られており、すべて英語です。

『交響曲』第9番「新世界より」

アントニン・ドヴォルザーク

アメリカから故郷ボヘミアを想う

『交響曲』第9番「新世界より」は、チェコの作曲家アントニン・ドヴォルザークが1893年に書いた、4楽章構成の交響曲で、彼にとっての最後の交響曲でもあります。日本ではこの曲の第2楽章に「遠き山に日は落ちて」という歌詞がつけられ、唱歌としても親しまれています。

この曲が書かれたのは、ドヴォルザークがニューヨーク音楽院に院長として迎えられ、アメリカに滞在していた3年半の時期です。『新世界より』という題名には、当時のヨーロッパにとっての「新世界アメリカ」から、遠く離れた故郷のチェコ（ボヘミア）を懐かしむ気持ちが込められています。ドヴォルザークは故郷への愛着が強く、ニューヨーク音楽院から招聘を受けたときも、故郷を離れる決心がつかずに何度も断っているほどです。

『新世界より』の旋律には、アメリカ的な黒人霊歌や、ネイティブ・アメリカンの民謡の旋律が採り入れられていると、よくいわれています。しかしドヴォルザーク自身は「アメリカの旋律を使用しているなど、でたらめもはなはだしい」と、それを否定しています。一方で、友人に宛てた手紙のなかでは、「これまでの私の作品とは実質的にかなり異なった作品です。鼻が利く方なら誰でも、アメリカの影響をこの曲から嗅ぎ取るはずです」とも書いているのです。

一説には、アメリカの黒人音楽が故郷ボヘミアの音楽に似ていることに刺激を受け、『新世界より』の着想が生まれたともいわれています。そういう意味では、アメリカ音楽の影響も、間接的にはあったのでしょう。しかし、アメリカのネイティブにしろボヘミアにしろ、広く多くの民俗音楽の基礎になっている5音音階（ド・レ・ミ・ソ・ラ）を使用している限りは、どこかの民俗音楽に似てきます。そのため、私たち日本人がこの曲を聴いて連想するのは、遠くアメリカやボヘミアの山ではなく、故郷や山里の夕暮れなのでしょう。

ノスタルジーをかきたてるメロディは、日本の田園風景にも合致します。

もっと知りたい！豆知識

◆初演は1893年にニューヨークのカーネギー・ホールで行われました。
◆演奏時間は約45分です。
◆第1楽章の冒頭部分は、ドヴォルザークが鉄道の音をイメージして書いたといわれています。

『交響曲』第8番「千人の交響曲」

グスタフ・マーラー

1000人編成で表現される超大作

『交響曲』第8番は、オーストリアの作曲家グスタフ・マーラーが1906年に書いた2部構成の交響曲です。第1部では9世紀マインツの大司教ラバヌス・マウルス作とされるラテン語賛歌「来たれ、創造主たる聖霊よ」が、第2部ではゲーテの戯曲『ファウスト 第二部』の終末部が、それぞれ歌詞として使われています。

『交響曲』第8番の初演は、1910年のミュンヘンで、マーラー自身の指揮によって行われています。このときの編成が、オーケストラ171名、独唱者8名、合唱団850名(混声合唱2組、児童合唱1組)という1000人超えの規模だったことから、この曲は「千人の交響曲」という通称で呼ばれるようになりました。実際には800人程度の編成で楽譜通りに演奏することも可能とされていますが、それにしても尋常ではない規模です。

もちろん、1000人を超える参加者でひとつの曲を演奏する苦労は、並大抵のものではありません。マーラーは初演のために、1年も前から準備をはじめたといいます。1000人が一堂に会して練習するのも困難だったため、練習はいくつかのグループにわけて行われました。初演は大成功をおさめました。

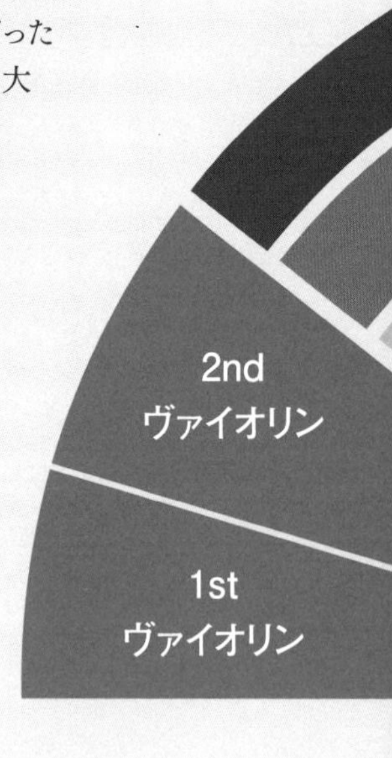

オーケストラの編成の例

オーケストラには、基本の配置があります。時代や曲によっても変わりますが、指揮者を中心に並ぶというのはいつも同じです。ちなみに「千人の交響曲」でも、基本的にはこのような配置で演奏されます。ただ、弦楽器だけで100人を越えるので、他の曲よりも舞台が狭く感じるかもしれません。

もっと知りたい！豆知識

◆演奏時間は約90分です。
◆初演時、マーラーは会場前を走る路面電車に、演奏中は徐行し鐘も鳴らしてはいけないと注文をつけました。

マーラー自身はこの交響曲について、「この交響曲では、宇宙全体が歌い奏でます。それは人間の声でなく、遊星と太陽の音楽なのです」と語っています。また「これまでの私の交響曲は、すべてこの曲の序曲に過ぎなかった」とも語りました。これらの言葉からも、かなりの自信作だったことは間違いないようです。マーラーはこの作品を妻のアルマに献げていますが、彼が自作を誰かに献呈したのは、これが最初で最後のことでした。

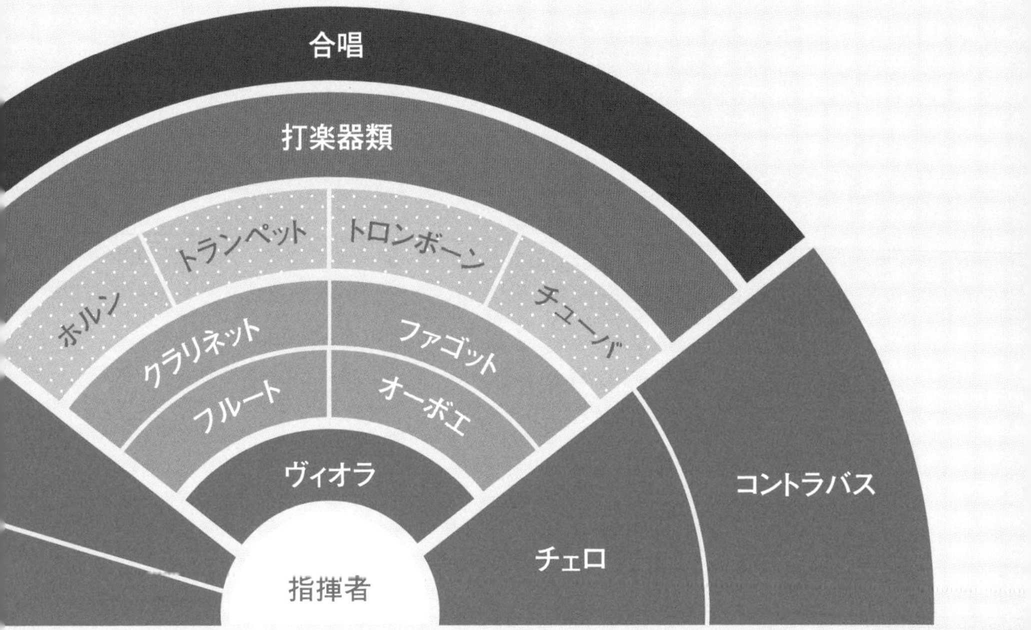

もっと知りたい！豆知識

◆初演の成功から8ヶ月後に、マーラーは亡くなっています。

6月22日

本日のテーマ▼周辺

弦楽四重奏曲「皇帝」

フランツ・ヨーゼフ・ハイドン

愛する祖国のために書かれる

『弦楽四重奏曲』第77番は、オーストリアの作曲家フランツ・ヨーゼフ・ハイドンが1797年に書いた4楽章構成の弦楽四重奏曲です。『皇帝』という副題がつけられていますが、これはこの曲の第2楽章が、ハイドン自身が作曲した「神よ、皇帝フランツを守り給え」(P.100)の旋律を主題にした変奏曲になっていることに由来します。

ハイドンは、イギリスに渡って作曲活動をしていた時期に、イギリス国民の誰もが国歌を口ずさむのを耳にして、その愛国心の高さに感動したといいます。ハイドンが母国オーストリアにも国歌が必要だと考えて作曲したのが、この『神よ、皇帝フランツを守り給え』です。当時のオーストリアがナポレオン率いるフランス軍の侵略に脅かされていたことも、ハイドンの愛国心を強く刺激していました。

そういった思いを込めて書かれた弦楽四重奏曲は、ハイドンの最高傑作ともいわれています。晩年病気に苦しんでいたハイドンは、この曲をピアノで弾くことだけが楽しみだったとも伝えられています。しかし、オーストリアはナポレオンが率いるフランス軍に征服されてしまいます。ウィーンが陥落した日に、ハイドンは亡くなりました。ハイドンが亡くなったとき、同じウィーンでベートーヴェンがナポレオンを連想させる「皇帝」という通称で知られる『ピアノ協奏曲』第5番(P.180)を書いていたのは、音楽史における不思議な偶然といえるでしょう。

ウィーンの旧王宮、ホーフブルク宮殿の中庭に建つフランツ2世像。旧王宮には宝物館があり、世界的に重要なコレクションを見ることができます。

もっと知りたい!豆知識

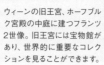

◆演奏時間は約25分です。
◆おもにヴァイオリン2本、ヴィオラ、チェロで合奏される弦楽四重奏曲の形式を確立させたのは、ハイドンともいわれています。そのため、彼は「弦楽四重奏曲の父」と呼ばれることもあります。ハイドンは生涯で、数多くの弦楽四重奏曲を書きました。

175

歌曲「鱒」

フランツ・シューベルト

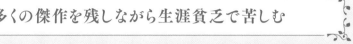

多くの傑作を残しながら生涯貧乏で苦しむ

歌曲「鱒」は、オーストリアの作曲家フランツ・シューベルトが1817年に作曲した歌曲で、ドイツの詩人クリスティアン・フリードリヒ・ダニエル・シューバルトの歌詞に曲をつけたものです。水の綺麗な川で鱒を釣ろうとしているのですが、鱒は釣り人の姿が見えているので、なかなか餌にとびつきません。そこで釣り人は川の水をかき混ぜて濁らせて、鱒をさっと釣り上げてしまうという内容です。なんの変哲もない歌詞ですが、実は鱒は若い女性の象徴で、釣り人は現代でいう「ナンパ」をする人のことなのです。

しかしシューベルトのつけたメロディはとても美しいものだったので、2年後にピアノ五重奏曲の作曲を依頼されたときに、第4楽章を「鱒」のメロディを主題とする変奏曲に仕立てあげました。ここからこの曲は「鱒」と呼ばれるようになりました。

シューベルトが活躍した1810年代後半から1820年代は、ナポレオン戦争後のヨーロッパで確立した「ウィーン体制」と呼ばれる時期でした。極めて保守的な体制で、オーストリア政府は検閲を強化し、自由主義的な活動を封じこめていました。シューベルトは、同時代のウィーンで活躍するベートーヴェンとは異なる分野で活躍しようとしてオペラの分野で進出をはかりますが、検閲にはばまれて思うように上演できませんでした。歌曲も同様で、ゲーテの詩に曲をつけた『3つの歌曲』は献呈された人物の同意が必要だという理由で、出版が2年以上遅れました。

ウィーンの人々は、こうした重苦しい雰囲気から逃れようと軽いワルツを求めたため、ロッシーニのオペラが好まれました。シューベルトは気心の知れた人たちとの私的な集まりを好み、自作のピアノ曲や歌曲を披露していました。この集まりは「シューベルティアーデ」と呼ばれ、この時代のウィーンの小市民的な音楽文化を代表するものとなりました。歌曲「鱒」も、人々の閉塞感漂う気持ちを和らげるものだったのかもしれません。こうした時代の雰囲気を知ってはじめて、この歌曲やピアノ五重奏曲の明るさが理解できるといえるでしょう。

もっと知りたい！豆知識

◆シューベルトは生涯にわたって600曲ほどの歌曲を作曲しています。歌詞の選択に関してはあまり厳格ではなく、ゲーテの詩を選ぶこともあれば、あまり有名でない詩人の作品も採用しています。

◆『ピアノ五重奏曲』「鱒」では、チェロの代わりにコントラバスが使用されますが、この曲の作曲を依頼した人物がコントラバス奏者であるという理由からです。

6月24日

『ピアノ協奏曲』第3番

セルゲイ・ラフマニノフ

本日のテーマ▼音楽史

ロシアのロマン派音楽の旗手による高難易度の傑作

『ピアノ協奏曲』第3番は、ロシアの作曲家セルゲイ・ラフマニノフが1909年に書いた作品です。同じ作者による『ピアノ協奏曲』第2番（P.60）に比べると演奏される機会は多くありませんが、ロシアのロマン派音楽の旗手であったラフマニノフらしい、ドラマチックな曲想と豊かな旋律をもつ名曲で、ピアニストに高い技巧と表現力を求められる作品として知られています。

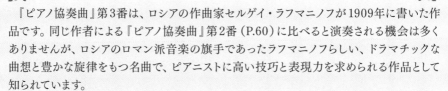

この曲は、1909年の秋にラフマニノフが予定していた、アメリカ演奏旅行のために書かれました。曲の完成がロシアを出発する直前だったため、練習する時間がなく、ラフマニノフはアメリカに向かう船の中に音の出ない鍵盤を持ち込み、練習したといいます。

初演は、作曲者自身のピアノとニューヨーク交響楽団との共演で、カーネギー・ホールで行われました。さらに翌年には、グスタフ・マーラー指揮のニューヨーク・フィルハーモニックとの共演で、2度目の演奏が行われています。この再演のリハーサルの際、ラフマニノフの音楽に不慣れだった楽団員がざわついたところ、マーラーが「静かにしなさい。この曲は傑作だ」といって、オーケストラをなだめたという逸話が残されています。

しかしこれ以降、『ピアノ協奏曲』第3番は、その難易度から、あまり演奏されなくなってしまいます。曲を献呈されたポーランド出身のピアニスト、ヨゼフ・ホフマンも、結局演奏することはなかったそうです。本作が普通に演奏されるようになったのは、1960年代以降のことです。

ラフマニノフのピアノ技術は天才的だったとされ、自分が作った曲を自ら演奏する音楽家として、最後の存在ともいわれています。『ピアノ協奏曲』第3番は、そんな彼ならではの曲といえるでしょう。

『ピアノ協奏曲』第3番では、流れるように動きまわるピアノの旋律が目玉です。

もっと知りたい！豆知識

◆『ピアノ協奏曲第3番』は3楽章で構成されています。
◆演奏時間は約40分です。
◆ロマン派音楽の伝統から抜け出せずに作曲を続けたラフマニノフは、その保守性を批評家から批判されることもありました。

バレエ音楽『白鳥の湖』

ピョートル・チャイコフスキー

バレリーナが挑むひとり二役

『白鳥の湖』は、ロシアの作曲家ピョートル・チャイコフスキーが1876年に書いたバレエ音楽です。初演時にはあまり評価を得られず、次第に上演される機会が減ってしまいました。チャイコフスキーが亡くなってからまた上演されるようになり、現在は同じチャイコフスキーの手がけた『眠れる森の美女』や『くるみ割り人形』(P.274)とともに、「チャイコフスキーの3大バレエ」のひとつに数えられています。

バレエは、ドイツの作家ヨハン・カール・アウグスト・ムゼーウスの童話『奪われたヴェール』がもとになっていて、バレエ音楽は1875年にボリショイ劇場の依頼で作曲されました。舞台はドイツで、悪魔によって白鳥に変えられたオデット姫と、彼女を愛するジークフリート王子の悲恋の物語です。

バレエの演出として面白いのは、オデット(白鳥)と、悪魔がオデットに似せた娘オディール(黒鳥)を、ひとりのバレリーナが演じるという点です。まったく性格の違うふたつの役をひとりで踊り分けるのは、バレリーナにとって苦労が多いとされています。

『白鳥の湖』のエンディングにはふたつのパターンがあります。もともとのエンディングは、オデットにかけられた呪いが解けず、絶望した王子とオデットが湖に身を投げて死に、天国で結ばれるという悲劇的なものでした。しかし1930年代以降は、オデットの呪いは解け、ふたりは地上で結ばれるという、ハッピーエンド的な演出も見られるようになりました。

『白鳥の湖』はスタンダードな演目のため、バレエスクールの発表会などでも人気です。

もっと知りたい!豆知識

◆上演時間は約2時間半です。
◆バレエ作品としての『白鳥の湖』は、多くの演出家によってさまざまなバージョンが作られていて、ストーリーや登場人物、曲順などもバージョンによって異なります。
◆本作は、ワーグナーのオペラ『ローエングリン』(P.162)から影響を受けたともいわれています。

6月26日

『ヴァイオリン・ソナタ』第5番「春」

ルートヴィヒ・ヴァン・ベートーヴェン

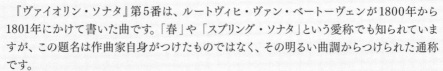

苦手だったヴァイオリンのソナタを発展させる

本日のテーマ▼ジャンル

『ヴァイオリン・ソナタ』第5番は、ルートヴィヒ・ヴァン・ベートーヴェンが1800年から1801年にかけて書いた曲です。「春」や「スプリング・ソナタ」という愛称でも知られていますが、この題名は作曲家自身がつけたものではなく、その明るい曲調からつけられた通称です。

ベートーヴェンは生涯で10曲のヴァイオリン・ソナタを作曲しています。本作はちょうどその中間にあたり、「クロイツェル」の愛称で知られる第9番と並んで、ベートーヴェンの作曲したヴァイオリン・ソナタのなかでは人気の高い曲となっています。

ヴァイオリン・ソナタというジャンルは、ベートーヴェンが活躍した時代以前は、「ヴァイオリンの伴奏つきピアノ・ソナタ」が主流でした。モーツァルトのヴァイオリン・ソナタはこの様式によっていて、ピアノ・ソナタとあまり変わりばえがしません。ピアノの方が主役で、ヴァイオリンが脇役としてそれを支えるというスタイルだったのです。どうしてこのような様式の楽曲が存在したのかというと、18世紀中頃、ピアノ・ソナタの楽譜の売れ行きを伸ばすために「ヴァイオリンあるいはチェロの伴奏つきソナタ」というふれ込みで、多数のピアノ・ソナタが出版・販売されていたからです。楽譜を買って演奏するのはアマチュアの音楽家です。特に家庭では、大人がピアノを、子どもがヴァイオリンをそれぞれ担当して、大いに楽しまれたことでしょう。

しかしベートーヴェンは、このような娯楽的な家族音楽だった伴奏つきピアノ・ソナタを、芸術作品の域に高めようと努力したのです。彼の10曲のヴァイオリン・ソナタは、「ヴァイオリンつきソナタ」から「ヴァイオリン・ソナタ」に移行する過程をはっきりとみることができます。この第5番は、その転換点に位置する作品といえるでしょう。

オーストリア・ウィーンにある新宮殿（ノイエ・ブルク）前の広場でも、春の芽吹きが感じられます。ウィーンの人々は、ここで思い思いに春を過ごします。

もっと知りたい！豆知識

◆『ヴァイオリン・ソナタ』第5番「春」は4楽章構成になっています。
◆ベートーヴェンは『ヴァイオリン・ソナタ』第4番と第5番の楽譜をセットで出版する予定でしたが、製本上の都合から別々に出版されることになりました。

『交響曲』第45番「告別」

フランツ・ヨーゼフ・ハイドン

家族のもとに帰りたい楽団員たちのために書かれる

『交響曲』第45番は、フランツ・ヨーゼフ・ハイドンが1772年に書いた作品です。その不思議な演奏スタイルから、『告別』という愛称でも有名な曲です。

この曲は4楽章構成で、第4楽章の後半では、第1オーボエと第2ホルンから順に、演奏者たちがローソクを吹き消してから、次々と退場していきます。最後の舞台上には、指揮者とヴァイオリン奏者2人だけしか残りません。そこから、『告別』と呼ばれるようになったのです。

このような曲になった背景には、ハイドンの主君への抗議が込められていました。『交響曲』第45番を書いた頃、ハイドンはハンガリーの貴族エステルハージ侯に仕えていました。エステルハージ候は自分専用の楽団も雇っており、アイゼンシュタットにある離宮に避暑に行くときは、ハイドンと楽団員たちも主人について移動します。『交響曲』第45番が作曲された1772年、エステルハージ候は突然、離宮での避暑生活を予定より2ヶ月延長するといいだしました。家族と離れて単身赴任状態だった楽団員たちは、この決定に不満をいだきました。そこでハイドンは楽団員たちの気持ちを汲み、演奏者が次々と退場していく『交響曲』第45番を書いたとされています。

エステルハージ候はこの曲の演奏を聴いて、楽団員たちの気持ちを察し、彼らに休暇を与えたそうです。

エステルハージ宮殿は、「ハンガリーのヴェルサイユ宮殿」という異名を持つほどの存在でした。

もっと知りたい！豆知識

◆演奏時間は約25分です。
◆エステルハージ侯の離宮は、ハンガリーとオーストリアをまたぐノイジードル湖のほとりアイゼンシュタット近くにありました。
◆エステルハージ家の楽長だったハイドンは、一般の楽団員とは違い、妻とともに離宮に移動しています。妻マリア・アロイジアはいまでは「悪妻」として知られていますが、真偽のほどはわかりません。

6月28日

『交響曲』第4番「法悦の詩」

アレクサンドル・スクリャービン

本日のテーマ▼作曲・演奏

宗教的悦びか性的絶頂か

『交響曲』第4番「法悦の詩」は、ロシアの作曲家アレクサンドル・スクリャービンが1908年に書いた作品です。一般的な交響曲が4楽章で構成されているのに対し、この曲は単一楽章であるため、自由な形式の交響詩とみなされていた時期もあります。

スクリャービンがこの交響作品に与えた標題は、"Le Poème de L'extase"（英語ではThe poem of ecstasy）です。彼はすでに、神や宇宙といった絶対的なものと自分が交信することに価値を置き、その境地を目指すという、ブラヴァツキー夫人の神秘主義思想に傾倒していたので、宗教的な忘我を求めて、このような題名を選んだものと思われます。

演奏するオーケストラも大編成で、弦楽五部（第1ヴァイオリン、第2ヴァイオリン、ヴィオラ、チェロ、コントラバス）、木管楽器、金管楽器、打楽器、チェレスタ、ハープ、オルガンなど多彩な楽器が使われており、その響きは聴く者を圧倒します。それと同時に「神秘和音」（「ド・ミ・ソ」のような3度を重ねる和音ではなく、「ソ・ド♯・ファ・シ」のような4度を重ねる和音）を多用して、従来のクラシック音楽では聴くことのできない、無調的な響きに驚かされます。

演奏としては、まず序奏で弦楽器や木管楽器による主題が演奏され、そこから独奏ヴァイオリンなどが主題を受け継ぎます。そして、フルートがメロディを演奏し、次第に全体が盛り上がっていきトランペットによって絶頂が表現されるという流れになっています。

「法悦の詩」は、交響曲あるいは交響詩と呼ばれますが、こうしたジャンルの区別を超越したところに、スクリャービンは音楽によるエクスタシーを表現したといえるでしょう。

初演は1908年12月10日、アメリカのニューヨークで初演されました。日本では、その20年後に演奏されました。

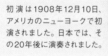

もっと知りたい！豆知識

◆演奏時間は約20分です。

◆スクリャービンは生涯で交響曲を5つしか書いておらず、最後に作曲されたのが「法悦の詩」の次の作品である『交響曲』第5番「プロメテ・火の詩」（P.178）です。

アルハンブラの思い出

フランシスコ・タレガ

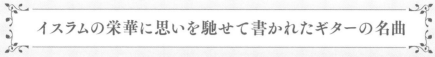

イスラムの栄華に思いを馳せて書かれたギターの名曲

フランシスコ・タレガは19世紀後半から20世紀初頭にかけて活躍したスペインの作曲家で、クラシックギターの名手としても知られています。同時代のスペインにパブロ・デ・サラサーテというヴァイオリンの名手がいましたが、タレガは「ギターのサラサーテ」とも呼ばれていました。

『アルハンブラの思い出』は、そのタレガが1896年に書いたギター独奏のための曲で、彼の代表作のひとつです。『アランブラの思い出』と表記されることもあります

タレガはスペイン南部にあるアルハンブラ宮殿を訪れたときの印象をもとに、この曲を作曲しました。アルハンブラ宮殿は、スペインがイスラム王朝に支配されていた9世紀に建造されたもので、ヨーロッパにおけるイスラム教の最後の砦として、15世紀まで残りました。細かな彫刻やタイルに彩られたイスラム様式の建物は、現在、世界遺産にも登録されています。

タレガは、このアルハンブラ宮殿の中庭にあるライオンの噴水から落ちてくる水の音を聞いたとき、この曲のインスピレーションを得たともいわれています。音楽的には、トレモロ奏法を活用した曲として有名で、右手の薬指、中指、人差し指で、ひとつの弦を繰りかえして素早く弾くという、高度な演奏テクニックによって奏でられます。

アルハンブラ宮殿は、
宮殿であり城塞でもあります。

もっと知りたい！豆知識

◆タレガは、ベートーヴェンやメンデルスゾーン、ショパンなどのピアノ曲をギター用に編曲しています。

◆アルハンブラ宮殿は、1492年にキリスト教勢によって陥落しました。

歌曲「愛の喜びは」

ジャン・ポール・マルティーニ

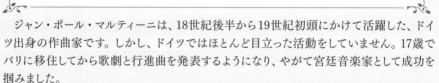

フランスで活動するドイツ人のイタリア系の名前

ジャン・ポール・マルティーニは、18世紀後半から19世紀初頭にかけて活躍した、ドイツ出身の作曲家です。しかし、ドイツではほとんど目立った活動をしていません。17歳でパリに移住してから歌劇と行進曲を発表するようになり、やがて宮廷音楽家として成功を掴みました。

ジャン・ポール・マルティーニは本名ではありません。本名は、ヨハン・パウル・エギディウス・シュヴァルツェンドルフという、非常にドイツ人らしいものでした。ジャン・ポール・マルティーニというのは、フランスに移ってから自分でつけた名前です。この名前はどう見てもイタリア系のものです。フランスで活動をするならフランス系の名前に改名すればよさそうなものですが、彼はそうしませんでした。こうして、ドイツ人でありながらイタリア系の名前を持ち、フランスで活動する、不思議な音楽家が誕生します。

彼がイタリア系の名前に改名したのには、深い理由がありました。当時のフランスでは、イタリア人音楽家の勢力が強く、ドイツ人やフランス人の作曲家は評価されづらかったのです。マルティーニは世渡りのため、イタリア系に改名したのです。この戦略は当たり、彼はマルティーニの名で出世をはたしました。

マルティーニの作品は、現在ほとんど演奏される機会がありませんが、例外的に歌曲『愛の喜びは』だけ、いまでも人気があります。題名からは恋愛賛歌のように思われがちで、メロディも甘くせつない雰囲気ですが、歌詞の内容は「愛の喜びはたった1日だが、愛の苦しみは一生」という苦いものとなっています。作詞はフランスの詩人ジャン・ピエール・クラリスです。

ちなみに、エルヴィス・プレスリーが1961年に発表して大ヒットした『好きにならずにいられない』は、『愛の喜びは』をカヴァーしたものです。

もっと知りたい！豆知識

◆『愛の喜びは』は、のちにベルリオーズによって小編成のオーケストラのための管弦楽曲として編曲されました。
◆マルティーニは、1789年に勃発したフランス革命により、宮廷音楽家の地位を失いましたが、1814年の王政復古でふたたび宮廷楽長に任命されました。

366 days of Classical music

366日の西洋音楽

7月

ピアノ四重奏曲

ヨハネス・ブラームス

ロマン派時代に古典主義的な形式美を追求

18世紀末から19世紀前半、ヨーロッパでは「ロマン主義」が隆盛を誇りました。ロマン主義は、それ以前の「古典主義」のように「理性」や「合理主義」を重視するのではなく、感情・感覚・直感を重んじ、形式よりも内容を重視しました。その影響は文学、美術、演劇など、幅広い芸術分野に及びました。音楽の分野では、古典派の交響曲に代表される、弦楽四重奏曲としてソナタといった楽式を継承しつつも、半音階法や転調を用いた豊かな和声表現が特徴的な「ロマン派音楽(ロマン主義音楽)」が現れました。

1833年、ドイツのハンブルクに生まれたヨハネス・ブラームスは、ロマン派時代を代表する作曲家です。ただ、ブラームス自身は、ハイドン、モーツァルト、ベートーヴェンといった古典派の作曲家の遺産を忠実に継承したので、最も古典派に近いロマン派として知られています。また、19世紀に台頭するドイツ・ナショナリズムの影響下に、バッハ、ベートーヴェンともに、精神を体現した作曲家として「ドイツ音楽の3B（Bach ／ Beethoven ／ Brahms)」とも称されます。

ベートーヴェンの後継者として、古典主義的な音楽を生み出したブラームスは、交響曲で有名です。特に『交響曲』第1番は、ベートーヴェンの10番目の交響曲といわれるほどの評価を得ました。しかし、ブラームスの創作は交響曲だけではなく、ピアノ曲、室内楽、そして協奏曲など多岐にわたります。

『ピアノ四重奏曲』は1855年から1861年に作曲された室内楽曲です。ウィーンに移住し、本格的に作曲家として活躍する以前の作品で、4つの楽章から構成され、ピアノ、ヴァイオリン、ヴィオラ、チェロという編成で演奏されます。保守的でありつつも、革新的な展開も試みられ、加えて初期作品らしい激しさも感じられます。また、ブラームス本人による連弾用の編曲、さらに20世紀の現代音楽をけん引したシェーンベルクによる管弦楽への編曲もあります。

ピアノが使われる演奏の形態

ピアノ独奏	ピアノ
ピアノ二重奏	ピアノ・ヴァイオリン
ピアノ三重奏	ピアノ・ヴァイオリン・チェロ
ピアノ四重奏	ピアノ・ヴァイオリン・ヴィオラ・チェロ
ピアノ五重奏	ピアノ・ヴァイオリン・ヴィオラ・チェロ・コントラバス

ピアノを使った重奏の編成をまとめました。

もっと知りたい！豆知識

◆ピアノ四重奏曲とは、通常はピアノ、ヴァイオリン、ヴィオラ、チェロの編成で演奏される室内楽曲の形態のことをいいます。ブラームスの作品以外にも、シューマンの『ピアノ四重奏曲』などが有名です。四重奏だけでなく、ピアノ三重奏曲（ピアノ・ヴァイオリン・チェロ)、ピアノ五重奏曲(ピアノ・ヴァイオリン・ヴィオラ・チェロ・コントラバス）があり、基本的にはピアノに弦楽器が参加する編成になります。
◆ブラームス自身も子どもの頃からピアノ奏者として活動し、プロのピアニストを目指していましたが、作曲に専念することで才能を開花させました。

劇音楽・組曲『ペレアスとメリザンド』

ガブリエル・フォーレ

劇音楽から生まれた、いまも人気の管弦楽用組曲

『ペレアスとメリザンド』は、『青い鳥』で有名なベルギーの劇作家、モーテル・メーテルリンクが書いた戯曲です。ガブリエル・フォーレの『ペレアスとメリザンド』はこの戯曲を上演するために作曲された劇音楽、および、そこからの抜粋によって作った組曲を指します。

『ペレアスとメリザンド』はフランス語で書かれた戯曲で、初演は1893年のパリ。皇太子ゴローの弟であるペレアスと、皇太子妃メリザンドによる禁断の恋のお話です。

これを英訳して上演するにあたり、1898年春にフォーレに付随音楽の作曲が依頼されました。パリ音楽院で作曲科のクラスを受け持つなど多忙だったフォーレは、実質1ヶ月ほどで作曲し、その年の6月21日に上演します。オーケストラ用の編曲をはじめとするオーケストレーションは、弟子のシャルル・ケクランが担当。弟子の助けは借りながらも、指揮はフォーレ自身が行いました。

1898年から1900年にかけて、フォーレは自身の劇音楽のなかから、「前奏曲」「糸を紡ぐ女」「メリザンドの死」の3曲を選び、管弦楽用の組曲に仕上げました。組曲は1901年に、カミーユ・シュヴィヤール指揮のもと、コンセール・ラムルー管弦楽団により初演。フォーレ本人はその演奏に不満だったと伝えられていますが、まわりには評判が良かったため、後に「シシリエンヌ」「メリザンドの歌」の2曲が加えられました。現在ではこの形で演奏されます。

ちなみに、『ペレアスとメリザンド』の劇音楽の依頼する第1候補は作曲家のクロード・ドビュッシーでした。しかし、ドビュッシーは依頼される以前から、この戯曲をオペラ作品にしようと考えていたため、劇音楽の依頼を断ってしまいます。またドビュッシーは、フォーレの音楽を、サロン音楽として軽んじていたひとりで、ドビュッシーらとの関係がいまでもフォーレの評価に悪影響を及ぼしてはいますが、実際にフォーレの作品に触れれば、その音楽から、優しさや繊細さを感じることができるでしょう。

もっと知りたい！豆知識

◆劇音楽としてはメンデルスゾーンの『夏の夜の夢』（P.14）などが有名です。

◆ドビュッシーによるオペラ『ペレアスとメリザンド』は、フォーレの組曲版が完成した4年後の、1902年にパリのオペラ=コミック座で初演されました。ドビュッシーが完成させた唯一のオペラです。ただし、内容や主役の起用をめぐり、原作者であるメーテルリンクとのいさかいを起こし、裁判沙汰にもなっています。

シンフォニエッタ

レオシュ・ヤナーチェク

ベストセラー小説に登場する「小さな交響曲」

シンフォニエッタ（sinfonietta）とは、イタリア語で「小さな交響曲」という意味です。交響曲（シンフォニア）の要素をもちながら、規模が小さい作品を指します。多くの作曲家がシンフォニエッタを作曲していますが、最も知られているのが、レオシュ・ヤナーチェクによる『シンフォニエッタ』です。

ヤナーチェクは1854年生まれ。現在のチェコ東部、モラヴィア地方の出身です。モラヴィア地方の民俗音楽の研究成果にもとづき、オペラをはじめ、管弦楽曲、室内楽曲など、多くの作品を残しました。民族的な要素を、単純に異国趣味的に装飾するのではなく、西欧近代音楽の表現と融合させたオペラ作品は、近年も高い評価を得ています。

ヤナーチェクの最晩年の管弦楽作品『シンフォニエッタ』もまた、民族的な味わいが魅力的な作品です。最も特徴的なのは、金管楽器によるバンダ（ステージ以外の場所で演奏するバンド）を活用していることです。ヤナーチェクのシンフォニエッタのバンダは、トランペット9本、バストランペット2本、テノールチューバ2本の構成。もちろん、オーケストラ本体にも金管楽器が含まれています。

もともとは軍楽として作ろうとしていたため、「小さい交響曲」としながらも、「ファンファーレ」（第1楽章）、「城塞」（第2楽章）、「修道院」（第3楽章）、「街路」（第4楽章）、「市庁」（第5楽章）という5つの楽章で構成され、組曲のようになっています。第1楽章はバンダのファンファーレで始まり、最終章でも戻ってきます。ここではオーケストラのトランペットも加わり、12本での豪華な演奏になります。

ファンファーレというと、儀式や祭典で合図として用いられるような、独特の鋭いリズム・和音を想像しがちですが、シンフォニエッタのファンファーレは悠々としていて、郷愁を誘うメロディーが心に残ります。

もっと知りたい！豆知識

◆2009年には、シリーズで300万部の発行部数を突破した村上春樹の長編小説『1Q84』の冒頭での登場が大変印象的だったので、そのつながりでこの作品を知った方もいるかもしれません。

◆ヤナーチェクは、作曲家としてヒット曲はあるものの、60歳過ぎまで無名でした。カミラという当時25歳の女性との出会いが転機となり、晩年、多くの代表作を生み出しました。『シンフォニエッタ』もまた、カミラと2人で軍楽隊のファンファーレを聴いた思い出がベースになっています。

ピアノ曲「ラ・カンパネラ」

フランツ・リスト

追っかけも⁉ 美貌をも備えた“ピアノの魔術師”

リストは、19世紀のヨーロッパで活躍したピアニスト・作曲家です。「ピアノの魔術師」と呼ばれるほどの超絶的テクニックを誇り、加えて容姿も美しかったため、パリの社交界では、ショパンと人気を二分したといわれます。一流音楽家としてヨーロッパ各地を駆け巡るリストには、いわゆる追っかけのようなファンがいたとか、演奏を聴いて失神してしまった女性がいたとか、さまざまな逸話が残されています。

1811年生まれのリストは、10歳になる前にはすでに、故郷ハンガリーで多くの演奏会を開催するほどの才能の持ち主でした。その後に留学したウィーンで、晩年のベートーヴェンに認められ、12歳でパリ社交界へデビューを果たしました。そんなリストが20歳の頃、超絶技巧で人々を魅了していたヴァイオリニスト・パガニーニの生演奏を聴き、その卓越した技巧と圧倒的なパフォーマンスに衝撃を受けます。そして、パガニーニのテクニックをピアノでも表現しようと、パガニーニの曲をピアノ作品へ編曲し始めたのです。

「ラ・カンパネラ」もそのひとつ。1834年にパガニーニの原曲を編曲したものが、初めて発表されました。その後も何度か改訂を重ね、1851年に発表された『パガニーニによる大練習曲』に収められた「ラ・カンパネラ」は最も有名です。現在、「ラ・カンパネラ」として多く演奏されているのは、この版のものです。この版は、原曲がパガニーニでありながらも、リストの独創性が強いため、リストのオリジナル作品として扱われています。

ちなみに「ラ・カンパネラ」とはイタリア語で「鐘」の意味。ピアノの高音で奏でられる鐘の音色が印象的で、聴く者を魅了します。演奏者にとっては、離れた鍵へ素早く正確に指を運んだり、薬指や小指といった力の弱い指を多用したりと、高い技巧が求められます。難曲が多いリストのピアノ曲の中でも難曲中の難曲といわれています。

リストは、指導者としても多くの弟子を育てています。また、現代にもつながるピアノリサイタルの形式を築き上げた人物でもあり、音楽界への貢献は大きいといえるでしょう。

「ラ・カンパネラ」の冒頭部分。音域が広く、運指の難易度が高い曲です。ピアニストのコンサートでもよく演奏されます。

もっと知りたい！豆知識

◆ピアニストとしてヨーロッパ中を駆け回っていたリストですが、演奏旅行の日々に疲れ、36歳のとき、ドイツ・ヴァイマルの宮廷楽長に就き、そのまま定住します。そして、ピアニストの活動を終え、作曲家としての道を歩み始めました。

◆リストの時代、ピアノという楽器そのものの改良が進み、大きな会場でも演奏できるようになりました。そのことが、ピアニストの独奏会という形式をつくる背景になったともいわれています。

交響詩『ツァラトゥストラはかく語りき』

リヒャルト・シュトラウス

哲学者ニーチェの大叙事詩を交響詩に

リヒャルト・シュトラウスは、1864年にドイツ・ミュンヘンで生まれた、ロマン主義時代後期を代表する作曲家・指揮者です。交響詩やオペラをはじめとし、多くの作品を残しています。交響詩とは、19世紀半ばにリストが創始したジャンルで、特にロマン派音楽において隆盛を誇った標題音楽の一種でした。

『ツァラトゥストラはかく語りき』は、シュトラウスによる代表的な交響詩で、初演は1896年。日本語訳では『ツァラトゥストラはこう語った』のように口語的に訳す場合もありますが、同時代に活躍した実存主義の思想家、ニーチェの同名の大叙事詩からインスピレーションを得て作曲されました。全体は9部から構成されています。

原作になっているニーチェの叙事詩の主人公は、古代ペルシャのゾロアスター教の教祖で、このゾロアスターのドイツ語読みが「ツァラトゥストラ」です。19世紀末のヨーロッパ没落の原因が当時の強固なキリスト教社会にあったとし、新しい生の価値を求めようとしたニーチェの思想が表されている、人気の高い哲学的物語です。

交響詩は、原作の思想を具体的に表現したものではなく、いくつかの部分から受けた印象を、音楽によって表現しています。シュトラウスはこの他にも、『ドン・キホーテ』や『英雄の生涯』(P.33)など壮大なテーマの交響詩を発表しています。これら交響詩ではオーケストラを活用し、大胆かつ繊細な表現でもって、壮大な音楽ドラマを展開しています。

冒頭部は「日の出」とも呼ばれ、トランペットで始まる大変有名な部分です。映画『2001年宇宙の旅』の冒頭で使われているといえば、多くの人が「あぁ、あの曲!」と思い出すのではないでしょうか。交響詩自体は、初演後に賛否両論があったといわれていますが、いつの時代も取り上げたくなるような魅力ある作品だといえるでしょう。

もっと知りたい!豆知識

◆姓は同じですが、リヒャルト・シュトラウスと、同時代に活躍したヨハン・シュトラウス2世(ヨハン・シュトラウス1世の長男)の一族との血縁関係はありません。

◆標題音楽の対義語となるのは「絶対音楽」です。物語などの標題をつけて感情を描写する「標題音楽」と違って、構成や展開そのものを音楽作品の内容と考えるのが絶対音楽です。

行進曲集『威風堂々』

エドワード・エルガー

国王の戴冠式のために作曲された行進曲

『威風堂々』は、イギリスの作曲家、エドワード・エルガーによる管弦楽のための行進曲集で、エルガーが完成させた第1番から第5番（1901～1930年）と、21世紀初頭に未完だった6章が補筆されました。

クラシック音楽に興味がなくても『威風堂々』の題名は知っている、という方が多いと思われますが、なかでも圧倒的に有名なのが第1番。初演から3日後の1901年10月22日にロンドンのクイーンズ・ホールで演奏された際には、観客から2度もアンコールを求められたと伝えられています。

さらに、翌年に戴冠式を控えた当時の皇太子エドワード7世から、第1番の中間部に歌詞を付ければ偉大な曲になると示唆されたエルガーは、『戴冠式頌歌』を作曲。『戴冠式頌歌』の終曲「希望と栄光の国」には、友人の詩人ベンソンに依頼した歌詞を付けて、完成させました。ただ、エドワード7世の虫垂炎により、戴冠式が延期されてしまい、同曲の初演が戴冠式より先になってしまったため、エルガーは『戴冠式頌歌』の終曲をもとに、新たに「希望と栄光の国」を作曲します。

戴冠式に演奏された「希望と栄光の国」は、イギリスの「第2の国歌」として、国威発揚の場面はもちろん、イギリス保守党の党大会最終日にBGMとして使われたり、サッカーのイングランド代表のサポーターに応援歌として歌われたりしています。さらにイギリス以外でも、アメリカの大学の卒業式でBGMとして使われるなど、大英帝国を称える歌としての役割を越えて、さまざまな国、さまざまな場面で演奏されています。日本でも『威風堂々』といわれれば、多くの人が思い出すのがこの曲でしょう。

日本では、大正5年に陸軍軍楽隊が第1番を演奏したのが初演だといわれています。昭和初期までは軍楽隊によって盛んに演奏され、戦後になってからは、戦争のイメージを払った『威風堂々』というタイトルに定まりました。原題『Pomp and Circumstance（荘厳と儀礼）』は、シェークスピアの『オセロ』の台詞の一節から取られていますが、原題と比べると、「威風堂々」はかなりの意訳です。とはいえ、曲のイメージにぴったりだと感じている方も多いのではないでしょうか。この邦題を作った人が誰かもわかっていないこともまた、興味深いエピソードです。

もっと知りたい！豆知識

◆『威風堂々』第1番は、夏にロンドン郊外で開かれる世界最大級の音楽祭「BBCプロムス」で、毎年、最終夜の演奏会を締めくくっています。
◆エルガーは、調律師・楽器商の家に生まれ、作曲家・指揮者として知られる以前は、音楽教師として、また、ヴァイオリニストしても活動していました。

『交響曲』第7番

アントン・ブルックナー

脚光を浴びたのは60歳過ぎ……その理由は？

アントン・ブルックナーは、1824年、オーストリア西部に、オルガン奏者の父のもとに生まれました。自身もリンツ大聖堂の専属オルガニストとなり、成功を収めています。ただし、作曲の勉強を始めたのは遅く、31歳になってから。ウィーン音楽院で、和声法と教会音楽の伝統的な理論である対位法を学び、めきめきと力を付けていきました。異例のキャリアではありますが、その才能の高さは、40代前半にして『交響曲』第1番を書いていることからもわかります。

『交響曲』第7番は1883年9月に完成した交響曲で、第4番「ロマンティック」と並び、いまも人気が高い曲です。『交響曲』第3番は、敬愛するワーグナーに献呈したことで有名ですが、第7番は、ワーグナーの危篤・死去の知らせが入ってくるなかで書かれた曲です。そのため第2楽章には、4本のワーグナーチューバという楽器による、ワーグナーのための「葬送音楽」が加えられています。

『交響曲』第7番の初演は、曲が完成した翌年の1884年、ワーグナーの生地ライプツィヒで行われました。この初演は非常に好評で、その後、ミュンヘン（1885年）、ウィーン（1886年）で演奏が行われ、ブルックナーの名は交響曲の作曲家として、広く世に知られるようになりました。

この第7番の初演が、ブルックナーにとって初の成功だったのです。このとき、ブルックナーはすでに60歳。現在では、これ以前に書いた曲を含め、交響曲、宗教音楽の大家として知られる作曲家であるにもかかわらず、注目を浴びたのはあまりに遅かったといえます。その理由は、当時のオーストリアやドイツの音楽界の派閥争いであるといわれています。標題音楽的な傾向をもつ「新ドイツ楽派」のリストやワーグナーなどのグループと、古典派への回帰を主張する「新古典派」のブラームスや音楽評論家のハンスリックなどのグループが対立していたのです。

ブルックナーがワーグナーへの敬愛を隠すことがなかったことに加え、長く作曲家として活動してきたウィーンが新古典派の拠点であったため、当時は正当に評価されることがなかったと伝えられています。

もっと知りたい！豆知識

◆ブルックナーは、師であるゼヒターの後任となり、ウィーン国立音楽院の教授として活躍。オルガニストとしては、演奏旅行で成功を収め、ロンドンのオルガンの演奏コンクールで第1位となるなど、教育者としても、オルガニストとしても成功しています。

◆音楽評論家ハンスリックは、1825年にプラハで生まれ、ウィーンで活躍しています。ワーグナーを痛烈に批判し、ブラームスを支持する立場でした。また、オペラは高揚的意図を持つために音楽的美意識を損なわせている、と批判していました。

オペラ『リナルド』

ゲオルク・フリードリヒ・ヘンデル

バロック時代を代表する作曲家のオペラ

ゲオルク・フリードリヒ・ヘンデルは、1685年にドイツで生まれ、主にイギリスで活躍した、バロック音楽時代を代表する作曲家のひとりです。バロック音楽の時代は、一般的に、オペラが誕生した16世紀末ごろから、ヨハン・セバスチャン・バッハが死去する1750年頃までを指します。「バロック」は、ポルトガルの真珠商人がいびつな形の真珠を指した呼称「バロコ」に由来し、均整と調和を重んじるルネサンス様式を打ち破っていく様式として、美術や文学、音楽などのさまざまな芸術を示す用語として定着しています。

音楽においても、新しい様式やジャンルが生まれたバロック時代。イタリアで、声楽ではオペラやオラトリオ、カンタータなどが誕生しました。器楽では、鍵盤楽器やヴァイオリンなどの弦楽器が多く作られ、協奏様式を取り入れた協奏曲も書かれるようになります。このようなバロック時代の音楽を集大成したひとりがヘンデルでしょう。

ドイツで生まれたヘンデルは、10代から教会のオルガニスト、オペラのヴァイオリニストとして活躍しました。オペラの作曲を開始すると、最初のオペラ『アルミラ』で成功を得ます。さらなる飛躍を求め、当時は、音楽の最先端の地であったイタリアに向かい、奏者としてもオペラの作曲家としても称賛されました。1710年暮れにイギリス・ロンドンに渡り、すぐに作曲したオペラが『リナルド』です。初演は1711年2月で、15回の上演を重ねる大好評作となりました。

『リナルド』には、十字軍の騎士リナルドを主人公に、その許嫁や、敵軍のエルサレムの王、そしてその恋人が登場します。登場人物の感情を見事に表現していると評価される作品ですが、リナルドの許嫁による劇中のアリア「私を泣かせてください」は有名で、過酷な運命によってもたらされた悲しみを歌うこの曲は、今も高い人気を誇ります。

この後、ロンドンに帰化して活動を続け、晩年はオラトリオの作曲に軸足を移したヘンデル。ドイツ、イタリア、そして当時の大都市イギリス・ロンドンで成功を収めた国際的な作曲家としても、大都市の市民から予約金と入場料を集めるようなコンサート制度を確立したことでも、時代を先駆けた人物だったということができるでしょう。

もっと知りたい！豆知識

◆バロック音楽の時代は、政治的には絶対主義の時代でした。絶対主義の体制確立が早かったフランスでは、バロック建築として有名なヴェルサイユ宮殿を中心に文化が花咲いた一方で、ヘンデルの故郷であるドイツは数多くの連邦国家が乱立しており、それぞれの宮廷でヴェルサイユ文化を模した文化が開花しました。ドレスデン、ベルリンなどが有名です。

◆オラトリオは、1640年頃、イタリアで始まった楽曲形式です。舞台装置や、衣装を必要としない音楽劇です。オラトリオの歌詞は、ラテン語、イタリア語、ドイツ語、英語などさまざまですがヘンデルのオラトリオは、初期の作品以外は英語で書かれています。

歌曲「野ばら」

フランツ・シューベルト

イメージを掻き立てるゲーテの詩による歌曲

1797年生まれのシューベルトは、ロマン主義の前期に活躍した作曲家です。特に600曲に及ぶドイツ歌曲での功績は大きく、「歌曲の王」と呼ばれる所以になっています。

歌曲は、主に韻文詩を歌詞とする独唱曲です。ドイツ歌曲は18世紀中頃のベルリンで誕生し、ロマン派時代に発展しました。ゲーテやシラーなど古典主義の詩人の活躍が背景にあるといわれています。しかしドイツ歌曲を音楽的に大きく発展させたのは、シューベルトだといえます。歌曲には「有節形式」や「通作形式」をはじめ、さまざまな形式が存在しますが、シューベルトは、歌詞の形式と内容に合わせて、自然で美しい旋律を生み出しました。

『野ばら』は、1815年、シューベルトが18歳のときに、ゲーテの詩をもとに作りあげた歌曲です。同様にゲーテの詩による歌曲『魔王』（P.159）とともに、大変よく知られた作品です。「童（わらべ）はみたり　野なかの薔薇」から始まる、日本語の歌詞は訳詞家・近藤朔風によるもので、シューベルトのメロディーと同様に日本人なら誰もが聴いたことがある歌詞といっても過言ではないほど有名です。

『野ばら』は、同じメロディーを繰り返す「有節形式」をとっています。近藤朔風の詩でいえば、よく知られる「童はみたり～紅におう　野なかの薔薇」の第1番の歌詩につけられたメロディーで、2番、3番の歌詞を歌います。

このゲーテの詩は、1771年にシュトラースブルクに滞在していたときに書かれ、高い評価を受けています。詩はある恋する女性に送られたもので、「童はみたり　野なかの薔薇」の部分のドイツ語を直訳すると、「男の子が荒野に咲く、小さな薔薇を見つけた」という意味になります。童（男の子）こそ詩人本人で、荒野の中に咲く小さなバラのようなあなたに出会いましたということなのでしょう。

曲になったゲーテの詩たち

歌曲『すみれ』	モーツァルト
歌劇『ウェルテル』	マスネ
『魔法使いの弟子』	デュカス
歌曲集『ミルテの花』	シューマン
『6つの歌』	メンデルスゾーン
歌曲『魔王』	シューベルト
歌曲『野ばら』	シューベルト
歌劇『ファウスト』	グノー
『ファウスト交響曲』	リスト

さまざまな作曲家がゲーテの詩や小説をもとに作曲しています。

もっと知りたい！豆知識

◆ゲーテの『野ばら』には、シューベルトだけでなく、ヴェルナーが作曲した歌曲もあります。日本では、どちらにも近藤朔風の詩がつけられています。
◆近藤朔風は、教科書などで扱われている詩の他に、もう1種類の訳詞『荒野のばら』を発表しています。

『ピアノ協奏曲』第1番

ピョートル・チャイコフスキー

人気の作曲家が送り出した初のピアノ協奏曲

チャイコフスキーは、1840年生まれのロシアの作曲家です。繊細な心から生まれる洗練された作風で、現代でも高い人気を誇ります。バレエ音楽『白鳥の湖』の作曲者としてご存知の方も多いかもしれませんが、チャイコフスキーの作風は多岐にわたります。

『ピアノ協奏曲』第1番は、30代半ばで作曲されました。ピアノ協奏曲はピアノを独奏楽器とする交響作品です。ピアノ協奏曲は、バッハが『ブランデンブルク協奏曲』第5番で、ピアノの前身であるチェンバロを独奏楽器のように扱ったことに始まります。その後、バッハの末息子ヨハン・クリスティアンや、モーツァルト、ベートーヴェンがこのジャンルに挑戦しました。19世紀になると、楽器としてのピアノが発達し、それに伴って伴奏を担当するオーケストラも大編成になっていきました。

チャイコフスキーの『ピアノ協奏曲』第1番は、3楽章からなり、協奏曲の形式に縛られることなく書かれているのが特徴です。第1章は特に有名で、『ピアノ協奏曲』第1番といわれてピンとこなくても、曲を聴けばわかる方も多いはず。1875年に、ボストンで初演を行った際に大成功を収め、現在でもとても人気の高いピアノ協奏曲です。

作曲は当初から順調だったわけではなかったようです。チャイコフスキーは最初、この曲を友人のニコライ・ルビンシテインに献呈しようとしていましたが、草稿の段階で聴かせたところ酷評され、自分のいう通りに書き換えなければ演奏しないといわれたそうです。それでもチャイコフスキーは書き換えることなくそのまま完成させて、名ピアニストのハンス・フォン・ビューローに献呈し、称賛を受けることになったという話が伝えられています。

チャイコフスキーという名字は、ウクライナの伝統的な名字であるチャイカが由来だといいます。

もっと知りたい！豆知識

◆『ピアノ協奏曲』第1番を当初は酷評したニコライ・ルビンシテインですが、その後のモスクワ初演は、ニコライ・ルビンシテインが指揮を行い、以降、ピアノ独奏も行うなど普及に努めました。
◆第1回のチャイコフスキー国際コンクールで優勝したアメリカ人ピアニスト、ヴァン・クライバーンは国民的英雄となり、彼が弾く『ピアノ協奏曲』第1番は、ビルボードのポップアルバムチャートで7週連続1位を獲得しています。

『ピアノ・ソナタ』「熱情」

ルートヴィヒ・ヴァン・ベートーヴェン

直筆の楽譜がいまも残る代表的ピアノ・ソナタ

ベートーヴェンが多くの傑作を生み出したとされる中期。1805年に完成したとされるピアノ・ソナタ、通称「熱情」は、ベートーヴェンのピアノ・ソナタのなかでも最高傑作とされ、第8番の「悲愴」、第14番「月光」とともに、「ベートーヴェンの三大ピアノ・ソナタ」と称されることもあります。3楽章からなり、高度な技術が披露される作品で、ベートーヴェン自身もその仕上がりに満足していたといいます。

「熱情」と呼ばれる激しいピアノ・ソナタが作曲された背景には、ベートーヴェンの叶わぬ恋と、ピアノの進化があったといわれています。

叶わぬ恋の相手は、チェロの名手でベートーヴェンの親友でもあったブルンスヴィク伯爵の妹、ヨゼフィーネ。彼女にピアノを教えるうちに魅了されたベートーヴェンでしたが、彼女は貴族。平民であったベートーヴェンとの身分の差が立ちはだかり、結ばれることはありませんでした。その思いが、「熱情」の激しい旋律で表されているのです。

心の叫びを表すかのような高音のメロディーを可能にしたのは、画期的な進化を遂げたピアノの存在でした。「悲愴」など初期のソナタを作曲したときのピアノの鍵盤の音域は、5オクターブまでしかないうえ、音を伸ばすペダルは膝で操作していたため、音域としても、演奏者の身体的にも、制限が多かったのです。しかし、ベートーヴェンが1803年に入手したエラール社製のピアノは、5オクターブ以上の音域の演奏が可能で、ペダルも足で踏む形になり、問題は解決されたのです。

このピアノ・ソナタは、直筆の楽譜が保存されていることでも知られています。ベートーヴェンは、当時、常に草稿を携えて移動していました。1806年の秋のある日、ウィーンに帰る途中で雨に降られ、持っていた原稿を濡らしてしまったといいます。そのことがきっかけで、鍵盤楽器の演奏に長けていたマリー・ビゴーという女性に見せたところ、彼女は初見でその曲を弾いてみせ、ベートーヴェンを感激させたという逸話があります。このときの直筆の楽譜は、パリ音楽院に残っています。その写真版（ファクシミリ）も、出版されていますが、3楽章に多くの修正がなされていることから、最初の2楽章を一気に書き、3楽章では推敲を重ねていたことが見て取れます。直筆の楽譜が時代を越え、大音楽家の思いを伝えてくれているのです。

もっと知りたい！豆知識

◆マリー・ビゴーは、ハイドンにも演奏力を絶賛されており、メンデルスゾーンの兄妹にピアノを教えたとも伝えられています。
◆「熱情」の作曲と並行して作られていたのが、ベートーヴェンが完成させた唯一のオペラである『フェデリオ』です。

『ホルン協奏曲』第1～4楽章

ヴォルフガング・アマデウス・モーツァルト

バルブのないホルンのために

ヴォルフガング・アマデウス・モーツァルトは、独奏ホルンと管弦楽のためのホルン協奏曲を4曲(1番から4番まで)作曲したといわれています。過去の研究では、1番から番号順に作られたと考えられてきましたが、近年の研究から、2番→4番→3番→1番の順で作曲されたと考えられています。『ホルン協奏曲』は、モーツァルトの友人でホルンの名手、ヨーゼフ・ロイドゲープのために作曲したといわれています。第1番の第1楽章アレグロは、モーツァルトが亡くなる前に完成させましたが、第2楽章のロンドは未完のまま残されました。そのため、弟子のジュスマイアーが補筆して完成させました。現在では、前者を「初稿」、後者を「ジュスマイアー版」と呼んでいます。

モーツァルト時代のホルンは、現代のホルンのようなバルブがついていなかったので、音を半音階的に変える場合は、ゲシュトップ奏法(英語ではストップ奏法)といってホルンのベルの中に右手を入れ、その位置を変えることで半音を鳴らしました。そのために高度な演奏技術が必要とされました。

近年の研究で判明した作品の順番で、モーツァルトの『ホルン協奏曲』を眺めると、前半の2番・4番は、後半の3番・1番に比べ、高い技巧、高い音が必要であることがわかりました。つまり、年代を経るに従ってやさしくなっていくのです。これは、ロイドゲープの加齢による衰えに対して、モーツァルトが配慮したものだと見られています。ロイドゲープとモーツァルトは仲の良い友人だったらしく、譜面には友人同士らしいいたずら書きがあったりもするそうです。

いまもホルン奏者にとっては、最も重要なレパートリーであり、実演も多い『ホルン協奏曲』からは天才モーツァルトの人間らしい一面が浮かび上がってきます。

ホルンの各部名称

複雑な構造をしているホルンですが、音色は柔らかで優しいのが特徴です。

もっと知りたい！豆知識

◆ブラームスは、モーツァルト時代のホルンであるナチュラルホルンを好みました。ブラームスの時代のドイツでは、ほぼ現代のようなバルブホルンに代わっていたにもかかわらず、作曲した管弦楽作品のホルンパートは、ナチュラルホルンを意識した書き方になっています。また現代でも、さまざまな演奏家によって、ナチュラルホルンが演奏されています。

◆ロイドゲープは後年、モーツァルトの父親とともにチーズ業を営んで成功し、モーツァルトより裕福な暮らしをしたといわれています。

組曲『水上の音楽』

ゲオルク・フリードリヒ・ヘンデル

ヘンデルのイギリス国王への謝罪の曲!?

『水上の音楽』は、ゲオルク・フリードリヒ・ヘンデルが作曲した管弦楽組曲です。3つの組曲を構成する25曲からなり、弦楽合奏と、オーボエ、ホルン、トランペット、フルート、リコーダーなどで演奏される、ヘンデルの代表的な管弦楽作品です。

題名は、実際に水の上で演奏されたことから名付けられました。それは、ロンドンを流れるテムズ川を舞台に、イギリス国王・ジョージ1世のために開催された演奏会でした。300年以上前なので、手漕ぎの小舟に50名ものオーケストラを乗せ、夜8時に国王の船とともに出発し、岸辺の邸宅でのディナーをはさみながら朝まで演奏を行う大規模なコンサートでした。条件の悪い野外、ましてや川の上で、良い演奏ができたのか、良い音響で聴くことができたのかは疑問ですが、国王は喜び、2度もアンコールをしたといわれています。

この曲は、ヘンデルが、ジョージ1世へお詫びのために作曲したといわれています。ロンドンで成功したヘンデルは、ドイツ・ハノーヴァー候のもとで、宮廷楽長に就任しますが、大都市ロンドンへの思いが強く、ハノーヴァーでの仕事を放り出してロンドンに移ってしまいました。当時のアン王女に厚遇されたからだといわれていますが、その跡を継いだのはハノーヴァー候でした。つまり、ヘンデルが不義理をしてしまった相手が、自分が活躍の地として定めた国の王になったというわけです。

そのことから、『水上の音楽』は、ヘンデルがジョージ1世に謝罪をし、機嫌を取るために捧げたものだと長くいわれてきました。しかし1920年代になって、その話は作り話であったことが明らかになります。テムズ川での演奏会の記録が見つかり、開催が1717年だったと判明したのです。即位から3年もかけて曲を作るのは長すぎるうえ、演奏会を計画したのはヘンデルではなく、国王の方だったということが明らかになったことから、実際に舟遊びで使われた曲は、現在、『水上の音楽』として知られている作品のごく一部で、作品全体としては、さまざまな機会に作曲・演奏されてきた曲を集めたものである、と考えられるようになりました。

テムズ川といえば、現在はタワーブリッジが架かるロンドンの名所のひとつです。

もっと知りたい!豆知識

◆バロック音楽を代表するヘンデルとバッハは同じ年に生まれ、その生誕地も130キロほどしか離れていません。生涯を通じて、2度バッハの方から会おうとしましたが、実現しませんでした。

◆音楽家の家系だったバッハとは異なり、ヘンデルは医師の家に生まれました。

前奏曲集

フレデリック・ショパン

「24」曲なのには、理由がある!?

フレデリック・ショパンの作品は、約230曲残されています。そのほとんどがピアノ独奏曲か、ピアノが関連した作品（例えば、2曲のピアノ協奏曲）です。まさに「ピアノの作曲家」だといえるでしょう。また彼は、ポーランドで生まれ育ちましたが、1831年にパリに亡命し、その地でピアニストとして大成し、まさに時代の寵児となりました。しかし故郷ポーランドのことを忘れたことはなく、同じくパリに亡命してきていた多くのポーランド人の心を慰めるべく、ポロネーズやマズルカなど、ポーランドの民俗舞踏に由来するピアノ曲を多数作曲しています。

今日、よく演奏される曲集にショパンの『前奏曲集』があります。短い前奏曲が24曲含まれていて、全体の演奏時間は長くても45分程度です。曲集に含まれた前奏曲の数が「24」というのには、それなりの理由があります。まずは、ピアノの鍵盤を想像してみてください。中央の「ド」から次の1オクター上あるいは下の「ド」の間、つまり1オクターブの間にいくつの音（鍵）があるか数えてみると……、12個ありますね。この12個の音を最初の音（主音）として、長調と短調というふたつの調を作ることができます。つまり、音楽で使用する調には、長調と短調を合わせて、24あるわけです。これらの調をすべて使って曲を作曲して曲集にすると、全部で24曲になるのです。同じような発想で作曲された曲集には、例えばバッハの『平均律クラヴィーア曲集』（P.39）第1、2巻があります。

現代のピアノは平均律（12の音をすべて均等に配置する）で調律されているので、ハ長調もト長調も同じように響きます。しかし、バッハやショパンの頃までのピアノは平均律ではなく、中全音律と呼ばれる異なる音律で調律されていたので、ハ長調とト長調でも響きが微妙に違っていたのです。バッハの曲集は『平均律クラヴィーア曲集』と呼ばれていますが、バッハが演奏していた鍵盤楽器は、現代でいう平均律で調律されたものではありませんでした。そのため、ハ長調とト長調の曲では、響きが違って聴こえるので、24のすべての調で作曲する意味があるわけです。

ちなみに、ショパンの『前奏曲集』のなかで日本で最も知られているのは、第7番のイ長調の曲です。長年、太田胃散のテレビCMで使用されてきたことがその理由です。テレビCMに使用されるぐらいですから、演奏時間も1分前後ととても短いのが特徴です。

もっと知りたい！豆知識

◆ラフマニノフやショスタコーヴィチなども、24の長・短調による前奏曲集を作っています。
◆リストも、ショパン同様にヴィルトゥオーソ（超一流の演奏家）として知られ、パリの社交界でショパンと人気を二分していました。ショパンは、パリでリストと知り合いになっています。

ヴァイオリン協奏曲

ルートヴィヒ・ヴァン・ベートーヴェン

ウィーン古典派の時代に生まれた傑作

『ヴァイオリン協奏曲』は、1806年に作曲されたヴァイオリンと管弦楽のための協奏曲です。ハイドンに才能を認められて弟子入りをし、1792年にウィーンに移住したベートーヴェンの作曲活動のなかで、1804年の『交響曲』第3番「英雄」（P.71）を皮切りにした10年間は、多くの傑作が誕生した時期でした。『ヴァイオリン協奏曲』は、同じ時期に作曲された協奏曲です。

3つの楽章からなる『ヴァイオリン協奏曲』は、叙情豊かで完成度が高く、初演でも喝采を浴び、メンデルスゾーンやブラームスの作品とともに「三大ヴァイオリン協奏曲」に数えられることもあります。

音楽史の視点では、ハイドン、モーツァルト、そしてベートーヴェンが活躍した時代を「古典派の時代」と呼びます。「古典」とは模範という意味。理性を重視する時代では、均整が取れた形式が好まれ、協奏曲をはじめ、交響曲、ピアノ・ソナタ、弦楽四重奏曲など器楽曲に多くの名曲が作られた時代です。ハイドン、モーツァルト、ベートーヴェンの3人がウィーンで活躍したことから「ウィーン古典派」とも呼ばれます。

当時は、1789～1799年のフランス革命を経て、ヨーロッパには市民が主人公となる近代社会が訪れた時代。作曲家も、教会や王侯貴族の依頼に応じて報酬を得る作曲家から、芸術家としての地位を確立して活躍する時代へと変化していきます。その先鞭をつけたのがベートーヴェンです。王侯貴族のためでなく、人類みんなのために曲を書くと宣言し、芸術家としての感情を託した曲を、世に送り出したのです。

音楽家として、ハイドンやモーツァルトの実績を徹底して発展させ、作品を生み出していったベートーヴェン。ハイドンが104番まで交響曲を残していたことを考えると、9番までしか作品を残さなかったベートーヴェンは、いかに推敲を重ね、ひとつの作品に向き合っていたかが見て取れます。ついに『交響曲』第9番では、合唱を取り入れ、器楽と声楽を統合した作品として、古典派に続くロマン派にも大きな影響を及ぼしました。

もっと知りたい！豆知識

◆ベートーヴェンは、クレメンティの勧めで、この『ヴァイオリン協奏曲』をピアノ協奏曲に編曲しています。ピアノ協奏曲には、『ヴァイオリン協奏曲』にはなかったカデンツァ（伴奏なしで即興的な演奏をする部分）が加えられています。
◆『ヴァイオリン協奏曲』は、後年、あまり演奏されない時期が続きましたが、同曲を「最も偉大なヴァイオリン協奏曲」と称えるヴァイオリニスト、ヨーゼフ・ヨアヒムが生涯を通じて演奏したことで、現代までその価値が知られるようになりました。

オペラ『ラクメ』

レオ・ドリーブ

『お菊さん』の作者の自伝的小説をオペラに

『ラクメ』は、フランスの作曲家、レオ・ドリーブによるオペラ作品です。ドリーブはフランス・ロマン派の作曲家で、「フランス・バレエ音楽の父」とも呼ばれる人物。バレエ作品『コッペリア』や『シルヴィア』で知られています。

『ラクメ』は3幕構成で、19世紀後半、イギリス統治時代のインドが舞台です。イギリス人将校のジェラルドと、バラモン教の美しい巫女・ラクメの悲恋の物語です。初演は1883年、パリのオペラ・コミック劇場で行われました。当時のフランス・オペラで流行っていた東洋的な雰囲気を描いた作品であり、西洋人男性と非西洋人女性の悲恋の物語でもあり、この流れが後にプッチーニの『蝶々夫人』(P.48)に続いていきました。

このオペラの原作は、ピエール・ロティの自伝的小説『ロティの結婚』です。ロティは海軍士官として、1885年と1900～1901年の2度、来日した経験をもち、1度目の訪日時には、鹿鳴館のパーティにも参加しています。ロティが書いた自伝的小説『お菊さん』は、長崎に滞在する間に経験した、日本人女性との同棲生活を題材に書かれています。当時、日本に憧れを抱いていた画家、フィンセント・ファン・ゴッホがこの作品から日本の情報を得ていたり、ラフカディオ・ハーンの来日の助けになっていたりと、ヨーロッパに日本と日本文化を紹介する一助になったと考えられます。

オペラ『ラクメ』で一番有名なのは、第1幕でラクメが侍女のマリカとともに、花が咲き乱れる小川のほとりで歌う「花の二重唱」です。美しい旋律がソプラノとメゾソプラノで歌われます。トニー・スコット監督の『トゥルー・ロマンス』をはじめとする多くの映画や、ブリティッシュ・エアウェイズをはじめとするCMでも使われているので、『ラクメ』という作品を知らなかったという方も、聴いたことがあるかもしれません。

初演でラクメを演じたマリー・バン・ザント。
アメリカ生まれのソプラノ歌手です。

もっと知りたい！豆知識

◆『ラクメ』は、アメリカやイギリス、日本などで上演され、かつては著名な歌手も出演しましたが、現在、この作品が上映されることは多くありません。

組曲『子供の領分』

クロード・ドビュッシー

溺愛する3歳の娘のために書いた組曲

ドビュッシーはフランスの近代音楽を代表する偉大な作曲家ですが、私生活では女性関係のトラブルが絶えなかったと伝えられています。特に最初の結婚をしているとき、教え子の母であったエンマ・バルダックと不倫関係になったことで、ドビュッシーの妻がコンコルド広場で自殺を図った事件は強烈です。未遂ではあったものの、これを機にドビュッシーはエンマと逃避行。エンマはすでに子どもを身ごもっており、その後、出産します。そのときに生まれた長女がクロード・エンマ（愛称シュシュ）です。気難しい性格だったといわれるドビュッシーですが、シュシュを溺愛し、3歳の彼女のために組曲『子供の領分』を作りました。

組曲とは、いくつかの小曲や楽章からなる器楽曲で、連続して演奏するよう並べられたものをいいます。ただし「組曲」の内容は時代によって異なり、例えばバロック時代は、同じ調の舞曲を組にして演奏するものでした。ドビュッシーが活躍したロマン派以降は、もっと自由な性格のものになり、組曲としてオリジナルに作られたものだけでなく、ビゼーの『カルメン』(P.167)や『アルルの女』(P.342)のように、オペラやバレエの音楽から抜き出し、演奏会で弾けるように組まれた管弦楽曲が多く見られます。

『子供の領分』は組曲として作られた作品で、2分から3分の小曲を合わせた6曲で構成されています。なかでもよく知られているのが、第6曲の「ゴリウォーグのケークウォーク」。機械仕掛けの人形ゴリウォーグが、黒人のダンスであるケークウォークに合わせ、踊る様子を描いています。日本でもアニメやテレビCM、ゲームでも使われているので、聴いたことがある方も多いでしょう。

「子供の」というタイトルが付された作品ですが、子どもが演奏することを想定した作品ではなく、大人のための作品です。忘れかけている子どもの頃の気分を思い出したいとき、聴きたい曲です。

もっと知りたい！豆知識

◆ドビュッシーの組曲としては、ピアノ連弾による『小組曲』も有名です。同曲は、後にアンリ・ビュッセルによって管弦楽に編曲されています。
◆冨田勲のシンセサイザーのデビューアルバム『月の光』には、『子供の領分』の第4曲「雪は踊っている」と第6曲「ゴリウォーグのケークウォーク」の2曲が収録されています。

『交響曲』第5番

グスタフ・マーラー

美しい新妻に捧げた美しい楽章

グスタフ・マーラーは、ロマン主義後期を代表する作曲家・指揮者で、主にオーストリアのウィーンで活躍し、壮大な交響曲と、管弦楽伴奏付き歌曲を残しました。1902年に完成した『交響曲』第5番は、彼のウィーン時代の絶頂期に作曲されています。この時期は音楽史の上でも重要で、世紀をまたいで、ロマン主義時代から現代音楽への過渡期にあたります。20世紀初のマーラーの作品である『交響曲』第5番は、1970年代後半からのマーラー・ブームを経た現在でも、高い人気を誇ります。

『交響曲』第5番は5楽章からなっていますが、第1楽章と第2楽章を「第1部」、第3楽章を「第2部」、第4楽章と第5楽章を「第3部」とする構成だと、マーラー自身が楽譜に記しています。第1部はマーラーが「葬送行進曲」と名付けた第1楽章で始まり、戦闘的なソナタ形式の第2楽章に続きます。第2部の第3楽章では、ホルン協奏曲と見紛うほど、ホルンパートが活躍します。そして第3部の愛の楽章といわれる第4楽章へと続き、フーガが6度も挿入された第5章で、力強くフィナーレを迎えます。

第2番から第4番までは、歌曲集を元にした声楽付きの交響曲ですが、第5番は純粋に器楽の交響曲で、マーラーの新たな一歩を踏み出した作品と見られています。その背景には、妻となるアルマ・シンドラーとの出会いもありました。2人が出会った頃、マーラーは41歳、アルマは22歳でしたが、お互いに一目惚れをし、会って1ヶ月後に婚約。その後、結婚します。アルマはウィーンの芸術家の家系で、自身も作曲家を目指す才女であったうえ、美貌の持ち主でした。彼女との結婚を機に、マーラーの人脈も広がっていきます。

アルマへの愛の証といわれるのが、美しい第4楽章「アダージェット」です。ハープと弦楽器のみによって演奏される、切なく甘美で、緩やかなテンポの楽章です。この楽章は、ルキノ・ヴィスコンティ監督による映画『ヴェニスに死す』のBGMとしても使われ、マーラーの人気を高めるきっかけにもなりました。

もっと知りたい！豆知識

◆マーラーは現在、作曲家として知られていますが、『交響曲』第5番に着手した当時の肩書はウィーン宮廷歌劇場の総監督で、ウィーンフィルの首席指揮者でした。『交響曲』第5番の作曲とほぼ同じ時期に、ウィーンフィルの指揮者を辞任したことも、人生の大きな転機になっています。

ピアノ協奏曲

エドヴァルド・グリーグ

故郷の自然を表現した人気のピアノ協奏曲

エドヴァルド・グリーグはノルウェー出身で、国民楽派の作曲家として知られています。

国民楽派とは、19世紀中頃から20世紀にかけて、民俗主義的な音楽を作った作曲家たちのことをいいます。日本の音楽用語としては、ドイツやフランス、イタリアなど音楽的先進地域の影響を受けつつ、それぞれの民俗音楽の特徴を活かして芸術音楽を発展させようとした運動を指し、ロシアや東ヨーロッパ、北ヨーロッパなどの地域の作曲家を国民楽派と呼びます。

『ピアノ協奏曲』は、1868年に作曲された3楽章からなる、グリーグによる唯一のピアノ協奏曲です。グリーグの作品としてはもちろん、数あるピアノ協奏曲のなかでも名曲とされ、人気も非常に高い曲です。ピアノの名手であるリストが初見で弾いて絶賛した、という逸話も残っています。

第1楽章はイ短調のアレグロ・モルト・モデラートで、冒頭は、ティンパニのトレモロで始まり、ピアノの流れ落ちるようなメロディーが続きます。とても印象的なこの部分は、フィヨルドに注ぐ滝の流れを表現しているともいわれています。フィヨルドは、氷河による浸食で作られた複雑な地形の湾・入り江のことです。フィヨルド地帯として最も有名なのは、スカンディナヴィア半島。このメロディは、グリーグの故郷、ノルウェーの自然の音色を表現しているのでしょうか。第2楽章は、弦楽器の柔らかい音色がノルウェーらしい情緒あふれるメロディを、第3楽章は、ピアノがノルウェー舞曲を想起させるメロディを奏でます。

協奏曲冒頭のフィヨルドを表現したといわれるピアノのメロディは、非常によく知られています。というのも、テレビドラマなどで主人公がまさに悲劇に突き落とされるような印象的な場面でよく使われているからです。誰もがこのメロディを聴くと、この先に辛いことが待っていることを想像してしまいます。

もっと知りたい！豆知識

◆シューマンの『ピアノ協奏曲』と比較されることが多く、類似点も多く指摘されています。グリーグとシューマンの『ピアノ協奏曲』を組み合わせたレコード・CD商品が多いのはそのためです。

◆民俗主義的な音楽といえば、「ロシア5人組」と呼ばれる、ボロディン、キュイ、バラキエフ、ムソルグスキー、リムスキー＝コルサコフが代表的といえるでしょう。

ピアノ曲集『ハンガリー狂詩曲』

フランツ・リスト

空回りするハンガリーへの想い

19世紀、超絶的な演奏テクニックと端正な顔立ちで、一世を風靡したピアニスト・作曲家である、フランツ・リスト。リストの生誕地であるライディングは、1811年当時、オーストリア支配下のハンガリー領域内でした。リストは1822年にライディングを離れ、その後、ハンガリーに住むことはなかったものの、出身をハンガリーであると自認し、ハンガリーの音楽家として活動していました。

『ハンガリー狂詩曲』は、リストがハンガリーへの愛国心を込めて書いた、ピアノ独奏のための作品集です。全部で19曲が収められています。まず第1番から第15番が1851～1853年に出版され、第16番以降は、晩年の1882～1885年に出版されました。本来はピアノ独奏曲でしたが、そのうちの6曲がリスト自身とドップラーによって管弦楽用に編曲されています。『ハンガリー狂詩曲』として、よく知られているのが第2番です。日本では運動会に使われていることも多いので、聴けば馴染みのあるメロディに出会えるでしょう。

リストは曲全体に、自身がハンガリー的と思った要素を入れています。それがハンガリー舞曲の形式のひとつ、ヴェルブンコシェです。ゆったりとしたテンポで始まり、徐々にテンポを上げ、最後は熱狂的に終わるダンス音楽です。また彼がハンガリー古来の民謡だと思い込んでいたメロディも取り入れています。

長くハンガリーを離れて暮らし、ドイツ系ハンガリー人の両親のもと、家庭内ではドイツ語が使用され、ハンガリー語は話せなかったというリスト。『ハンガリー狂詩曲』が発表されると、ハンガリーの文化・言語を理解していないと、批判を受けました。空回りの愛国心に思われていても、故郷ハンガリーへの想いと、作品の魅力は本物です。現代でもこの曲が世界中の人に愛され、多くの演奏家によって演奏されていることが、その証といえるでしょう。

もっと知りたい！豆知識

◆日本では運動会などでよく使われる第2番は、アメリカでもアニメなどで多用されています。なかでも、『トムとジェリー』の作品「ピアノ・コンサート」は有名で、この作品は、第19回のアカデミー賞短編アニメ賞を受賞しています。

24のカプリース

ニコロ・パガニーニ

尊敬を越えて悪魔を想起させた超絶技巧

ロマン主義音楽の時代のひとつの特徴が、ヴィルトゥオーソと呼ばれる超絶技巧を誇った、人気演奏家の出現です。それ以前の時代、ほとんどの音楽家は王侯貴族や教会の庇護のもとに活動していましたが、ブルジョア階級が富と実権を握るようになると、コンサートで聴衆にアピールすることで収入を得る音楽家が台頭します。ショパン、シューマン、リストなどが有名なヴィルトゥオーソですが、その先駆けとなったのがパガニーニです。

パガニーニはイタリア生まれで、ヴィオラやギターを演奏し、作曲も手がけていましたが、特にヴァイオリンのヴィルトゥオーソとしてよく知られています。人間離れしたテクニックによって「パガニーニは悪魔と契約を結んでいる」と人々から恐れられていたという逸話からも推察できます。また、指が常人では考えられないほど大きく開き、左手の指先の関節を直角に曲げて弦を押さえることができた、ともいわれています。

『24のカプリース（奇想曲）』は、パガニーニがヴァイオリン独奏用に作曲した小品集です。ピアノなどの伴奏を伴わずに、並外れた演奏テクニックでもって、華麗で幅広い演奏表現を実現することに成功しています。フランス語のカプリースはイタリア語のカプリッチョに相当し、気まぐれで奇抜な性格をもった小品のことです。

ヴァイオリンには4本の弦しかなく、1本の弦を弓でこすって演奏するので、基本的に1音しか演奏できません。しかし、2本の弦を同時に、あるいは3本以上の弦を時間差で弾くことで重音や和音（分散和音）を可能にしたり、左手で弦を弾いたりと、ありとあらゆるテクニックを駆使するので、今日の演奏家にとっても難曲中の難曲となっています。『24のカプリース』は、かろうじて1820年に「作品1」として出版されましたが、著作権などが確立していない時代、流出を恐れたパガニーニは、自らの演奏会でも、オーケストラにパート譜を配るのはほんの数日前で、演奏が終わると回収していました。死の直前には、楽譜もほとんど処分してしまいました。演奏テクニックについても、たったひとりの弟子にさえ、引き継ぐことはしなかったといわれています。

真偽はともかく、リストやショパンをはじめとする後の演奏家・作曲家に大きな影響を与えた存在であったことに、間違いはありません。

もっと知りたい！豆知識

◆その才能が悪魔的だと恐れられていたため、フランス・ニースでパガニーニが亡くなったとき、故郷ジェノバの人々は、祟りを恐れて遺体の引き取りを拒否。ニースでも引き取りが拒否され、結局、地中海の孤島で埋葬された、と伝えられています。
◆彼が並はずれたテクニックを駆使できたのは、彼がマルファン症候群という病気だったのではないか、という推測があります。長い指、柔らかい関節、そしてパガニーニの体型も、この病気の特徴を示していました。
◆ロシアの作曲家・ピアニスト・指揮者のラフマニノフも、マルファン症候群だったといわれています。

ムーン・リバー

ヘンリー・マンシーニ

ヘプバーンの歌声とともに有名に

1961年公開の映画『ティファニーで朝食を』。ニューヨークを舞台に、自由に生きる女性主人公をオードリー・ヘプバーンが演じ、いまなお人気の高いこの映画のなかで、ヘプバーンが歌った曲が「ムーン・リバー」です。映画のヒットともにこの曲の人気も高まり、レコードにもなりました。ヘプバーン自身が「自分はプロのシンガーではないから」と断ったため、その年に発売されたのは、彼女の歌声ではないシングルでしたが、アカデミー歌曲賞を受賞し、グラミー賞では最優秀レコード賞、最優秀楽曲賞、最優秀編曲賞の3部門を受賞しています。

翌1962年にアンディ・ウィリアムズのアルバムが大ヒットし、ロックやジャズなどのさまざまなジャンルで、多くのカバー曲が存在しています。いまやアンディ・ウィリアムズの曲という印象も強いですが、作曲者のヘンリー・マンシーニは、プロの歌い手ではないヘプバーンの声域(1オクターブ+1音)で歌えるように作曲したため、「ヘプバーンのための曲だった」と後に述べています。

マンシーニはアメリカの作曲家・編曲家で、名門ジュリアード音楽院で学んだ後、ユニバーサル映画に入社し、頭角を現した人物でした。映画音楽家としても、グラミー賞、アカデミー賞を何度も受賞しています。

映画音楽などのポピュラー音楽は、その定義が難しいですが、ジャズやロック、シャンソンなど、広く大衆に愛される音楽であるとするならば、その発展には録音・再生技術の進化が大きな影響を与えているといえます。かつては、音楽家の劇場やコンサートホールの生演奏で聴くことしかできなかった音楽が、ラジオや映画でも流れるようになり、さらに1950～1960年になると、レコードで聴くことが当たり前になっていったのです。

『ティファニーで朝食を』の作中で登場するニューヨーク公共図書館。冒頭シーンのティファニー本社と並んで、映画の聖地となっています。

もっと知りたい！豆知識

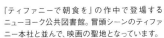

◆『ティファニーで朝食を』は、アメリカの小説家、トルーマン・カポーティによる中編小説が原作です。「ムーン・リバー」の作詞はジョニー・マーサーで、原作中の歌とは別物です。

◆サイレントから始まった映画界で、最初のオリジナルの映画音楽は、1908年の『ギーズ公の暗殺』のためにサン＝サーンスが作曲したものだといわれています。当初はクラシック音楽の作曲家が映画音楽を担当するケースが多かったのですが、徐々に多様なジャンルの作曲家が活躍するようになりました。

楽劇『ニュルンベルクのマイスタージンガー』 リヒャルト・ワーグナー

ワーグナー唯一の、歴史がテーマのオペラ

リヒャルト・ワーグナーは、ロマン主義時代の音楽を代表する作曲家・指揮者です。その作品の大半はオペラで、台本はすべて自分で執筆していました。理論家や文筆家としての実績があり、音楽のみならず、19世紀後半のヨーロッパの文化全体に、多大な影響を与えた人物です。

ワーグナーのオペラ作品は、古代ゲルマンの神話や伝説を題材にしているのが特徴です。『ニュルンベルクのマイスタージンガー』は歴史を題材にした楽劇です。

マイスタージンガーとは、ドイツの手工業ギルドが与えたマイスター（英語でマスター）の称号のひとつ。「親方」=「マイスター」、「歌手」=「ジンガー」が組み合わさった言葉でした。職人組合の親方や職人たちが組合に集まり、詩と歌を競い合うという、ニュルンベルクをはじめとした南ドイツで発展した文化です。

オペラの主人公、ハンス・ザックスは靴屋の親方。16世紀のニュルンベルクに実在した人物で、生涯に4000を超えるマイスター歌を残すなど、マイスタージンガーの代表的存在です。登場人物は、主人公ザックスに加え、ニュルンベルクにやってきた若い貴族であるヴァルター、金細工師のポークナー、ポークナーの娘のエヴァなど。歌合戦に優勝した者が、エヴァに求婚できる権利が与えられることになりますが、エヴァに恋をするヴァルターは、歌合戦に参加する資格がありませんでした。そこで資格試験を受けたものの失敗。しかし、最終的には歌う権利が与えられて優勝し、ヴァルターとエヴァが結ばれるというストーリーです。

ニュルンベルクは、1933年のナチ党の権力掌握以来、党大会が開かれていた場所で、ナチス・ドイツと縁のある町です。第二次世界大戦前半にドイツで盛んに上演されたのもこの楽劇でした。

職人の街ニュルンベルクで行われるクリスマスマーケットは、訪問者数世界一を誇ります。

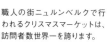

もっと知りたい！豆知識

◆『ニュルンベルクのマイスタージンガー』は、ワーグナーが1835年にニュルンベルクを訪れたときの経験がもとになっています。

◆『ニュルンベルクのマイスタージンガー』は、ワーグナーのオペラ・楽劇を演目とする音楽祭（別名：リヒャルト・ワーグナー音楽祭）で多く上演されています。現代のオペラでは、時代や場所を変えて演出を行うことが多いですが、同作品の場合、16世紀のニュルンベルクという舞台を動かすと、作品の本質を歪めることになるため、置き換えの演出に挑戦した上演は成功しないといわれています。

フルート協奏曲

ジャック・イベール

フルートが主役になる協奏曲の傑作

『フルート協奏曲』は、20世紀前半に活躍したフランスの作曲家、ジャック・イベールの作品です。初演は1934年で、初演者のフルート奏者、マルセル・モイーズに献呈されました。

フルート協奏曲は、広くフルートを独奏楽器とする協奏曲のことをいいます。フルートは18世紀前半に独奏楽器として人気が高まり、王侯貴族に最も愛好された楽器でした。この時期、アマチュアの彼らが自らの技巧を示すため、お抱えの作曲家たちにフルート協奏曲を作らせました。

フルート協奏曲としてよく知られているのは、ヴィヴァルディ、大バッハの次男カール・フィーリプ・エマヌエル、モーツァルトの作品でしょう。いずれも現代のような金属製のフルートではなく、「フラウト・トラヴェルソ」と呼ばれた木製のフルートのための作品です。木製なので柔らかい響きがして、王侯貴族たちが宮殿などで演奏を披露するのには適した楽器でした。

イベールはオーボエ、アルト・サックス、チェロといった楽器のために協奏的な作品を書いていますが、なんといっても『フルート協奏曲』が重要で、彼の代表作にもなっています。

曲は3つの楽章で構成されています。管弦楽の短い序奏から、フルート独奏が第1主題を奏でる第1楽章（アレグロ）、フルートが独奏で哀愁のあるメロディを奏でる第2楽章（アンダンテ）、ロンド形式で跳ねるようなフルートが楽しめる第3楽章（アレグロ・スケルツァンド）と続きます。

イベールの『フルート協奏曲』は、彼の絶頂期ともいえる時期に作られ、その評価を決定づけたものです。イベールの作品を表すとき、「軽妙」、「洒脱」、「洗練」などといった言葉が使われますが、18世紀の華麗な王政文化を形容する言葉であるのも興味深い点です。

フルートには、大小16個の穴が空いていて、これを開閉しながら演奏します。

もっと知りたい！豆知識

◆フラウト・トラヴェルソというのは「横型フルート」という意味です。縦型のフルートはリコーダーです。
◆リコーダーはブロック・クレーテと呼ばれることがあります。現代のフルートもそうですが、フルート管は3つの部分に分けられています。これによって、フルートの基本的なピッチを変更することができます。19世紀頃までヨーロッパの各都市で基本となるピッチが異なっていたので、管の長さを調節するしかありませんでした。

『ヴィヴァルディの様式による協奏曲』 フリッツ・クライスラー

自作なのに他人の名前で!? 不思議な偽作事件

フリッツ・クライスラーは1875年、オーストリア・ウィーン生まれのヴァイオリニスト・作曲家です。ユダヤ人であったため、1943年にアメリカ国籍を取得しました。20世紀における最も偉大なヴァイオリニストのひとりであり、『愛の喜び』(P.338)や『愛の悲しみ』など、クライスラーの作品は、いまも多くの人に愛されています。

性格も気さくで、若い演奏家に自分の楽器を気前よく与えていたクライスラーは、語られるエピソードの多い人物としても知られています。そのなかでも最大のものが、「偽作」騒動でしょう。偽作に関わる騒動といえば、他人の作品を自分の作品だと偽ることを想像しますが、クライスラーの場合は逆でした。古い時代の埋もれていた作品を発見すると、その作品の旋律のごく一部を取り入れて曲を自作し、埋もれていた作曲家の作品を再発見したとして演奏し、出版したのです。例えば、発見したヴィヴァルディの作品のごく一部を取り入れただけのオリジナル作品を、「ヴィヴァルディ作曲・クライスラー編曲」として世に送り出し、評論家たちの手放しの称賛を受けました。

そんなことを30年ほど続けていた1935年頃、ある記者が、編曲と銘打たれているのに原曲が見当たらないことに疑問を抱き、クライスラーに尋ねると、あっさり偽作であることを認めたといいます。真意はわかりませんが、本人は「プログラムに自分の名前ばかり載るのは不遜に思えた」「自作ばかりでは聴衆が飽きるから」などと語ったと伝えられています。

長きにわたり聴衆を騙してきたと受け取られ、当時は大事件となりました。称賛していた評論家のなかには、手のひらを返したように激怒した人もいたといいますが、曲そのものの良さを褒めていたのではないという意味では、クライスラーだけを責められない気もします。

この作曲者詐称事件を受け、クライスラーが自作の曲であることを公表した曲たちは、『ヴィヴァルディの様式による協奏曲』『プニャーニの様式による前奏曲とアレグロ』など、タイトルを変えていまも残っています。この曲たちが現代も多くの人を魅了している事実こそ、作品本来の魅力を証明しているといえるでしょう。

もっと知りたい！豆知識

◆クライスラーの親は町の開業医で、精神科医として有名なフロイトとも親しかったそうです。クライスラー自身も、一度は医学の勉強をしたものの、性に合わず、医学の道を断念したといわれています。

◆クライスラーは、いたずら心から、ある楽器屋の主人に、自分の愛器を買う気がないか尋ねたところ、ヴァイオリニスト・クライスラーの楽器を盗んで売ろうとした犯人に間違えられたというエピソードが残っています。実際に演奏してみせたところ、その上手さに、楽器屋の主人も本人であると納得したと伝えられています。

カノン

ヨハン・パッヘルベル

2小節を追いかけ……300年変わらぬ美しさ

パッヘルベルは、バロック期に活躍したドイツの作曲家でオルガン奏者、さらに教師でもありました。オルガン奏者としては南ドイツ・オルガン楽派の最盛期を支え、作曲家としては200曲以上の楽曲を作り、コラール前奏曲（教会の礼拝で賛美歌の導入として演奏されるオルガン曲）やフーガの発展に貢献した人物です。カノンは『3つのバイオリンと通奏低音のためのカノンとジーグ』に含まれており、本来はジーグという舞曲の前に演奏されるものでした。

パッヘルベルのカノンは、多彩なカノンのなかでも、3つの声部（3本のヴァイオリン）が、2小節の間隔でまったく同じ旋律を追唱する、代表的なカノンです。特徴は、チェンバロとチェロによる通奏低音の伴奏を伴うところです。通奏低音とは、主にバロック音楽で見られる伴奏の形で、楽譜には低音部の旋律と和音を示す数字記号のみが書かれ、チェロ奏者が低音部を、チェンバロ奏者が適切な和音を付けて演奏します。

パッヘルベルのカノンが世の中に知られるようになったのは、1919年に音楽学者のベックマンがパッヘルベルの室内楽に関する論文を掲載したのがきっかけでした。世界的なヒットは、1968年にパイヤール室内楽団が演奏し、それをレコード録音したからでしょう。同じ年に、ギリシャのバンドであるアフロディテス・チャイルドがカノンをアレンジした「雨と涙」をリリースし、こちらも大ヒットしました。

カノンとは……？

カノンとは複数の声部（パート）が同じ旋律を異なるタイミングで順次演奏するポリフォニー様式の曲のことです。

もっと知りたい！豆知識

◆カノンと同様に、主題となる旋律が繰り返される形式にフーガがあります。フーガは終始、主題を追随する必要がないので、カノンより自由度が高いといえます。

◆パッヘルベルのカノンの低声部は、2小節単位で「大逆循環」と呼ばれるコード進行が用いられています。心地よく響くため「黄金コード」と呼ばれ、現代のヒット曲にも多く使用されています。パッヘルベルのカノンに因み、一般に「カノン進行」「カノンコード」と呼ばれることもあります。このためポップスなどでも使えます。

戦争レクイエム

ベンジャミン・ブリテン

戦争の不条理を叫び、世界平和を願う

作曲家としてオペラや管弦楽曲の作品などを残したベンジャミン・ブリテンが、1962年に発表した管弦楽付き合唱作品が『戦争レクイエム』で、代表作のひとつとされています。

レクイエムは、カトリック教会で行われる死者のためのミサです。ブリテンは、カトリックのミサで使用される典礼文と、第一次世界大戦において25歳の若さで戦死したイギリスの詩人ウィルフレッド・オーウェンの詩を組み合わせることで、一般的なレクイエムの枠組みを越えて戦争の不条理さと世界の平和を訴えるという、メッセージ性の高い作品に仕上げています。

『戦争レクイエム』は、第1章「永遠の安息」、第2章「怒りの日」、第3章「奉献文」、第4章「聖なるかな」、第5章「神の子羊」、第6章「われを解き放ち給え」で構成され、ソプラノ・テノール・バリトンの3人の独唱者と混声合唱、児童合唱、そしてオルガン付きの大編成のオーケストラ、小編成の室内オーケストラで演奏されます。

この作品で、演奏者は大きく3つのグループに分かれています。1つ目は現実的な戦場を描く、テノールとバリトンと室内オーケストラ。オーウェンの英語の歌詞に、オーケストラの伴奏が付きます。2つ目のグループでは、ソプラノと混声合唱が、大編成のオーケストラに乗せ、ラテン語による典礼文を歌います。これらふたつのグループは、調和したり対立したりしながら進んでいきます。そして3つ目のグループである児童合唱とオルガンは、少し離れた位置で典礼文を歌います。

『戦争レクイエム』は、第二次世界大戦にドイツ軍によって破壊された聖マイケル大聖堂（コヴェントリー大聖堂）の再建を祝う儀式曲を、ブリテンが依頼されて作りました。聖マイケル大聖堂での初演以降、この作品は音楽の専門家だけでなく、多くの人たちから高く評価され、ブリテンの作曲家としての名声を確固たるものにしました。世界平和とは何か、再び考えるべきときを迎えているいま、改めてじっくり聴きたい曲です。

もっと知りたい！豆知識

◆1962年、聖マイケル大聖堂での初演のソリストは、第二次世界大戦の当事国を代表する国のソリストに依頼され、ロシアのヴィシネフスカヤ、イギリスのピアーズ、ドイツのフィッシャー＝ディースカウが予定されました。冷戦に伴う緊張の時期、ヴィシネフスカヤの出演は許されませんでしたが（イギリスのフーパーが代役となりました）、翌年のブリテン自身の指揮による世界初録音は、当初予定されたソリストで行われました。

オペラ『ラ・ファヴォリート』

ガエターノ・ドニゼッティ

20数年の活動で70作ものオペラを残した速筆

ガエターノ・ドニゼッティは、1797年イタリア・ベルガモ生まれの作曲家で、ロッシーニやベッリーニとならび、19世紀前半のイタリアでオペラ作曲家として人気を得た人物です。9歳でベルガモに創設された慈善音楽院に入学し、生涯の師となるヨハン・ジモン・マイールに出会い、師の尽力でボローニャ音楽院に入学。33歳のとき、オペラ『アンナ・ボレーナ』で名声を得て、『ルクレツィア・ボルジア』『愛の妙薬』などの人気のオペラを発表し、活躍を続けました。

ドニゼッティの特徴は、主たる活動期間である20数年の間に、70曲を超えるオペラ、600曲以上の作品を発表している、多作家であることです。オペラの作曲は通常、完成までに何ヶ月もの時間を要するため、かなり筆が速かったことがわかります。

『ラ・ファヴォリート』は、1840年にパリ・オペラ座にて初演されたフランス語のグランド・オペラです。ちなみに、「ファヴォリート」とは、「お気に入り」を意味します。このオペラは全4幕で、ドニゼッティは友人宅で、友人が急用で出かけていたたった3時間ほどで第4幕を書き上げてしまったという逸話が残っています。代表作のひとつとされる『ランメルモールのルチア』も、6週間で仕上げたといわれています。

ドニゼッティはオペラ作家として人気を博しながら、妻と3人の子どもを相次いで亡くすなど、辛い経験を重ね、49歳で精神病院に入院します。彼は梅毒に罹患していたらしく、それに起因する麻痺性発作から創作力が高まったため、筆が速かったのではないかと推測されています。

ミラノよりさらに北東にある都市、ベルガモ。かつては、西ヨーロッパの郵便の拠点でもありました。

もっと知りたい！豆知識

◆オペラの一形態、ブッファの代表作『愛の妙薬』は、当初依頼していた別の作曲家が作れなくなったために、ドニゼッティがピンチヒッターとして依頼を受け、2週間で完成させたといわれています。

トゥランガリア交響曲

オリヴィエ・メシアン

現代音楽を代表する傑作のひとつ

『トゥランガリア交響曲』は、フランス生まれの作曲家・オルガン奏者・ピアニスト、そして音楽教育者であるオリヴィエ・メシアンによって、1946～1948年にかけて作曲された管弦楽曲です。この交響曲は、メシアンの代表作であるのみならず、現代音楽の傑作として、高い評価を得ています。

現代音楽の定義は難しいのですが、一般に20世紀から21世紀の音楽を指します。西洋音楽は、バロック時代→古典派の時代→ロマン主義の時代へと変化を重ねてきましたが、ロマン主義から現代音楽へは、前の時代の音楽を一部に継承しつつ、新しさをとり入れる形で移行しました。現代音楽の時代は、それまでの時代の音楽を継承・発展させ、またひとつの時代に共通するスタイルや形式を追求することはありませんでした。あえて特徴を挙げるなら、無調（調性のない音組織）や不協和音の多用でしょう。

メシアンによれば、『トゥランガリア交響曲』の「トゥランガリア」はサンスクリット語で、「トゥランガ」は時、「リア」は愛という意味です。10の楽章で構成され、オンド・マルトノ、木管楽器、金管楽器、鍵盤楽器、打楽器、弦楽器などによる大規模な編成で演奏されます。ちなみにオンド・マルトノとは、1928年にフランス人の電気技師、モーリス・マルトノによって発明された電気楽器です。

300年以上前のバロック音楽には共感できても、現代音楽は苦手だという人は少なくないでしょう。不協和音や、突如として大きな音が響きわたるような現代音楽には、眠りに誘われるような心地良さを感じることは難しいかもしれません。ですので、例えば、不意に鳴る大きな音を通じて、「この作曲家は何を狙っているのだろう」とか「何を訴えているのだろう」と、作曲家の意図（コンセプト）を考えながら楽しんでみるのはいかがでしょうか。

もっと知りたい！豆知識

◆鳥類学者としても活動していたメシアンは、世界中の鳥の声を楽譜に書き取っており、いまでも貴重な資料となっています。また、音を聴くと色彩などを連想する、共感覚の持ち主であったといわれています。

◆世界初演は1949年で、バーンスタインの指揮のもと、ボストン交響楽団によって行われました。1990年に、韓国人指揮者、チョン・ミョンフンの指揮による演奏をメシアン自身が絶賛し、この演奏を反映するため、1990年に一部改定されています。

オペラ『ジュリアス・シーザー』

ゲオルク・フリードリヒ・ヘンデル

古代ローマの英雄を巡る物語をオペラに

『ジュリアス・シーザー』は、バッハとともにバロック音楽を代表する作曲家ヘンデルが、1723年から1724年にかけて作曲したオペラです。

作曲時のヘンデルは、すでにロンドンに拠点を置いていて、貴族によって設立された「王室音楽アカデミー」の芸術部門の中心として、『タメルラーノ』『ロデリンダ』などのオペラを作曲および上演していました。『ジュリアス・シーザー』は、正式名を『エジプトのジュリアス・シーザー』といい、イタリア語読みで『ジュリオ・チェーザレ』と呼ばれることもあります。

この作品は、ローマの将軍シーザーが、紀元前47年、政敵であるポンペイウスを追ってエジプト遠征に行った際の物語です。エジプトに到着したシーザーがエジプト人から合唱で迎えられ、トロメーオ（エジプト国王・プトレマイオス13世）から暗殺したポンペイウスの首を貢がれるという衝撃的な1幕から始まり、ポンペイウスの息子であるセストがトロメーオに復讐を果たし、シーザーとクレオパトラが結ばれるまでを描きます。演奏時間は3幕で3時間40分ほどです。

『ジュリアス・シーザー』は、バロック・オペラのなかでも特に人気が高く、1724年にロンドンで行われた初演は、大成功を収めました。もちろん現在でも人気が高く、欧米での上演頻度は、ヘンデルのオペラのなかで最も多くなっています。

タイトルは『ジュリアス・シーザー』ではありますが、クレオパトラ役のアリアが魅力的なのも特徴です。テクニックを駆使し、切々とした感情を歌うクレオパトラのアリアに注目して聴いてみるのも、楽しみ方のひとつでしょう。

第1幕の舞台であるエジプトのアレクサンドリアは、現在はカイロに次ぐ第2の都市として成長しています。

もっと知りたい！豆知識

◆アリアとは、オペラの他、オラトリオやカンタータなどに含まれる、器楽伴奏付きの旋律的な独唱曲です。日本では、詠唱と呼ばれることもあります。

スペイン交響曲

エドゥアール・ラロ

名前は「交響曲」でも実態は「協奏曲」

『スペイン交響曲』は、フランスの作曲家・ヴァイオリン奏者・ビオラ奏者のエドゥアール・ラロが作曲し、1875年にパリで初演された作品です。5つの楽章からなり、「交響曲」というタイトルがついていますが、実質的には、ヴァイオリン独奏と管弦楽による協奏曲です。

交響曲とは、管楽器、弦楽器、打楽器の編成による管弦楽団(オーケストラ)によって演奏される楽曲で、複数の楽章(基本的に4楽章で内1つがソナタ形式)で構成されるものをいいます。

協奏曲は、独奏楽器とオーケストラによる演奏のことで、イタリア語ではコンチェルトです。基本的に、交響曲の第3楽章のメヌエットを除いた急・緩・急の3楽章で構成されます。ソロで演奏される楽器としては、ヴァイオリンをはじめ、ピアノ、フルート、ホルン、チェロなどがあり、オーケストラの前に出て演奏します。

ラロの家は軍人の家系で、ラロが職業音楽家となることに猛反対しました。ラロは16歳のとき、家の反対を押し切ってパリに出て、ヴァイオリンと作曲を学びます。しかし、作曲家として賞を獲得し、実力を示すことはできても、長く作曲で生計は立てられませんでした。そのうえ43歳のとき、パリで人気のオペラに挑戦し、大失敗。作曲をやめようかというほどの失意のなかで出会ったのがスペインの名ヴァイオリニストのパブロ・サラサーテです。この時期のパリの音楽界では、オペラ一辺倒からソリスト(ヴィルトゥオーソ)が活躍するようになっていたので、ラロはサラサーテが高い技巧を発揮できるようにこの楽曲を作り、この曲は大変な人気となりました。

この曲はラロ自身にも大きな名声をもたらしました。サラサーテありきの協奏曲ではなく、立派な交響曲を作ったのだという思いから、ラロは協奏曲ではなく『スペイン交響曲』というタイトルをつけたのではないでしょうか。

もっと知りたい!豆知識

◆ラロの家は、祖父の代まではスペイン(バスク)にいたため、スペインを祖国のように感じていました。ビゼーのオペラ『カルメン』が初演されてヒットし、パリにスペインブームが巻き起こるのは、『スペイン交響曲』の初演の1ヶ月後なので、『スペイン交響曲』はブームの先駆けといえるでしょう。

◆ラロが42歳のときに結婚した妻、ジュリーは、優れたアルト歌手でした。オペラ作品で失敗したときも、ラロが書き溜めた歌曲作品を歌って、夫を励ましたと伝えられています。

366 days of Classical music

366日の西洋音楽

8月

オペラ『三つのオレンジへの恋』

セルゲイ・プロコフィエフ

大国の思惑に消されたオレンジへの恋

セルゲイ・プロコフィエフは、1891年、ロシア帝国(現ウクライナ)で生まれた作曲家・ピアニスト・指揮者です。10歳になる前から作曲を始め、サンクトペテルブルク音楽院で作曲とピアノを学んでいた頃からすでに、次々と作品を発表して注目を浴びました。ロシア革命が終わった1918年に亡命を決意し、日本経由でアメリカに渡ります。アメリカを拠点に活動した後、1923年にはフランス・パリに拠点を移し、最終的には、1936年、ソビエト連邦に帰り、20年に及ぶ海外生活を終えることになります。

『三つのオレンジへの恋』はアメリカ時代の1921年に書かれたオペラで、イタリアの劇作家、カルロ・ゴッツィの寓話にもとづいています。3つのオレンジを持ってこなければ故郷に帰れないと呪いをかけられた王子が、オレンジから出てきた王女と恋に落ち、困難に見舞われながらも結ばれる物語です。このお話のなかでプロコフィエフは、登場人物のひとりの名前をこっそり、アメリカで出会った当時の恋人、カロリナ・コディナ(リーナ)に因み「リネッタ」に変えています。

そんなアピールが功を奏したのか、プロコフィエフとリーナは結婚。リーナ自身も、マドリードで生まれ、コーカサス、スイスで過ごした後、ニューヨークで育ったコスモポリタンです。美貌のソプラノ歌手として、アメリカで活躍していました。夫婦は子どもにも恵まれ、順風満帆に見えましたが、リーナにとっては辛いものでした。というのも、プロコフィエフが作曲家としてのキャリアを重ねていくのに対し、リーナは声楽家として伸び悩んでしまったからです。最も厳しかったのは、同じコスモポリタンだと思って結婚したプロコフィエフが、故郷である当時のソ連に帰ることを選択したことでしょう。

ソ連にとっては世界的な音楽家が帰ってくることは自国の宣伝にもなり、魅力的な作曲依頼などを用意して帰還を誘いました。しかし実際に帰ってみると、依頼が覆されるなど、政治的に締め付けられていきます。プロコフィエフはともかく、リーナにとってはまったくの異国で不自由な生活に追い込まれ、2人の関係は壊れ、あろうことか、プロコフィエフは、以前から密かに交際していた若い恋人のもとに行ってしまいます。離婚を巡る裁判では、2人の結婚は最初からなかったこととされ、その後、リーナはいきなり逮捕され、強制労働収容所に送られるという過酷な運命を辿ることになるのです。

もっと知りたい!豆知識

◆アメリカに亡命する前に立ち寄った日本で、プロコフィエフは、2ヶ月にわたり、東京、横浜、京都、大阪、奈良、さらに箱根や軽井沢などを訪れています。当時、ヨーロッパの大物作曲家が日本を訪問したことがなく、日本の音楽界に影響をもたらしました。

◆外国籍であるということだけで逮捕されたリーナが収容所から釈放されるのが、8年後の1956年。1974年になってようやく西側への出国が許されます。彼女は、後に、リーナと同じようにソ連を離れた息子とともに、セルゲイ・プロコフィエフ財団を設立しています。

『ピアノ・ソナタ』第8番「悲愴」

ルードヴィヒ・ヴァン・ベートーヴェン

ベートーヴェンにとって大切な「ハ短調」

1798～1799年に書かれたと考えられている『ピアノ・ソナタ』第8番「悲愴」。耳の病気に悩まされることなく作品を作っていた初期の時代を代表する傑作とされます。

「悲愴」は、『ピアノ・ソナタ』第14番「月光」、第23番「熱情」とともに、「ベートーヴェンの三大ピアノ・ソナタ」と呼ばれることもあります。実は、「月光」と「熱情」は、後の人々が付けた名前で、「悲愴」だけがベートーヴェン自身に関係する標題です。初版譜の表紙には「大ソナタ悲愴」と書かれていたことから、少なくとも、本人の了解を得て付けられたものだと考えられています。

「悲愴」は英語で「パセティク（pathetic）」です。感情が激しく動く状態を指す言葉で、必ずしも「悲愴感漂う」というような危機的な状況にある感情だけでなく、喜びや悲しみなどの感情が深く心を揺さぶる状態を意味しています。では、どうしてベートーヴェンにしろ出版社にしろ、この標題を選んだのでしょうか。

この時代に作曲されたピアノ用の独奏曲（ピアノ・ソナタ）は、ほとんどが長調でした。なぜなら、この時代のピアノ・ソナタは、ピアノを習い覚えたアマチュアの女性のために作曲されていたからです。なので、ハ長調やト長調といったシャープやフラットなどの記号がつかない平易な曲が多かったのです。しかし、ベートーヴェンの『ピアノ・ソナタ』第1番がヘ短調（フラット4つ）だったように、短調のピアノ・ソナタも作曲されるようになりました。「悲愴」はハ短調（フラット3つ）、「月光」は嬰ハ短調（シャープ4つ）、「熱情」はヘ短調（フラット4つ）で書かれています。

また、ベートーヴェンの時代には音楽の調は特定の感情を表すという「調性格論」がまだ有効だったので、ベートーヴェンも含めて、当時の人々はハ短調という調は「悲愴な感情」を表す調だと受け入れていました。ベートーヴェンの『交響曲』第5番「運命」がハ短調なのも、決して偶然ではないのです。

ベートーヴェンの三大ピアノ・ソナタ

ピアノ・ソナタ第8番	「悲愴」
ピアノ・ソナタ第14番	「月光」
ピアノ・ソナタ第23番	「熱情」

いずれも有名なので、一度は耳にしたことがあるかもしれません。

もっと知りたい！豆知識

◆「悲愴」は、アニメ『のだめカンタービレ』で主人公ののだめが演奏している場面がある他、数多くのドラマやゲームなどでBGMに使われています。また、編曲により、さまざまなジャンルの音楽で使用されています。

オペラ『仮面舞踏会』

ジュゼッペ・ヴェルディ

スウェーデン国王の暗殺事件をオペラに

『仮面舞踏会』は、「オペラ王」の異名をもつイタリアの作曲家、ジュゼッペ・ヴェルディの作品です。ヴェルディは19世紀を代表するロマン派音楽の作曲家で、『椿姫』(P.125)や『アイーダ』(P.35)をはじめとする彼の作品は、現在も世界中で上演されています。

ヴェルディがオペラを書こうと選んだ台本は、スウェーデンの啓蒙専制君主グスタフ3世が、仮面舞踏会の壇上で暗殺された1792年の事件を題材にした、ウジェーヌ・スクリーブの戯曲でした。これは、王と、暗殺者であるアンカーストレム伯爵の妻との架空の恋を背景にした戯曲です。ヴェルディは、この台本をもとに、さらに新しい台本を作ろうと、法律家で作家であるソンマに依頼しました。

このスクリーブの戯曲で描かれる王と暗殺者とその妻の三角関係は史実にもとづかない創作であったため、この作品はナポリ当局、さらに教皇庁の検閲の対象となりました。数々の変更を経て、主人公グスタフ3世はボストン総督リッカルドへ、暗殺者はアンカーストレム伯爵から総督の秘書レナートへと変更し、舞台も変えることでようやく初演を迎えたのは、作曲・台本の完成から1年半近く経った1859年2月のことでした。

最終的に『仮面舞踏会』は、ボストン在住のイギリス総督であるリッカルドが、腹心であるレナートの妻、アメーリアと禁断の恋に落ちてしまう物語となりました。リッカルドが身を引き、レナートとアメーリアをイギリスに帰すことを決意したにもかかわらず、それを知らないレナートが仮面舞踏会でリッカルドを刺殺してしまう悲劇なのです。

ヴェルディの音楽自体は変更されることはなく、ヴェルディの指揮で行われたローマのアポロ劇場での初演は大成功を収め、『運命の力』『ドン・カルロ』とともに、『仮面舞踏会』はヴェルディ中期を代表する三大傑作に数えられるようになりました。

20世紀以降は、舞台をスウェーデンに戻した台本で上演する機会も増えていますが、それを誰よりも望んだヴェルディが生きている間には叶うことはありませんでした。

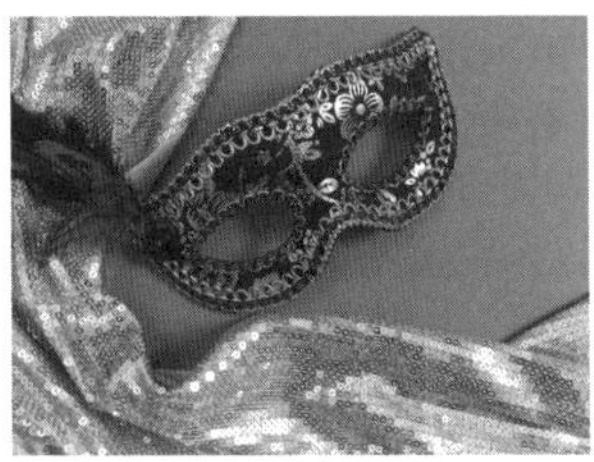

仮面舞踏会とは、目元や顔全体を隠す仮面を被り身分を隠して行われる舞踏会です。

もっと知りたい！豆知識

◆検閲に関して当局と交渉を繰り返していた時期は、イタリア統一運動が激化していたうえ、1858年1月にイタリアの民族主義者がフランス皇帝ナポレオン3世暗殺未遂事件を起こしたことから、初演への道のりはさらに厳しくなりました。
◆日本での初演は、1923年、東京・帝国劇場で、カーピ伊太利大歌劇団によって行われました。

『交響曲』第6番

グスタフ・マーラー

迫りくる不幸を予知した交響曲!?

グスタフ・マーラーは、19世紀後期、主にオーストリアのウィーンで活躍した作曲家・指揮者です。大規模な交響曲や管弦楽の伴奏が付いた歌曲の分野で特に優れた作品を生み出してきました。

多くの作品を世に送り出したマーラーですが、全体を通して、厭世的で、死を感じさせる作品が多いといわれます。そうした作品傾向の象徴として挙げられるのが、『交響曲』第6番です。さらにこの作品は、ウィーン初演時に付けられたとされる「悲劇的交響曲(Tragische Symphonie)」という副題で知られています。

1904年に完成した『交響曲』第6番、および前後の第5番と第7番は、マーラーの中期に書かれた、純粋に器楽のみで演奏される交響曲です。特に第6番は、古典的な4楽章構成で、第1楽章と第4楽章が同じイ短調であるなど、古典的な性格が顕著に表れています。管弦楽としては、管楽器と打楽器が増やされ、ハンマーなどが使われているのが特徴です。第4楽章で打たれるハンマーは、マーラーの妻であったアルマ・マーラーが後に述べたところによると、「運命の打撃」を象徴しているといいます。

この時期のマーラーは、幸せの絶頂期にいました。曲が完成する2年前に、美貌をもつ作曲家であったアルマと結婚し、その年に長女、マリアが誕生。第6番が完成した1904年には次女、アンナが生まれています。仕事の面でも、指揮者として大きな成功を収め、ウィーン宮廷歌劇場(現在のウィーン国立歌劇場)の芸術監督として活躍していました。『交響曲』第6番は、華やかな私生活とは真反対に思える作品に仕上がっているのです。

しかし1907年になると、長女が猩紅熱とジフテリアの合併症で亡くなり、マーラー自身も心臓病と診断され、ウィーン宮廷歌劇場の芸術監督の職も辞することになります。「運命の打撃」は自身の運命を予言していたかのようにいわれています。

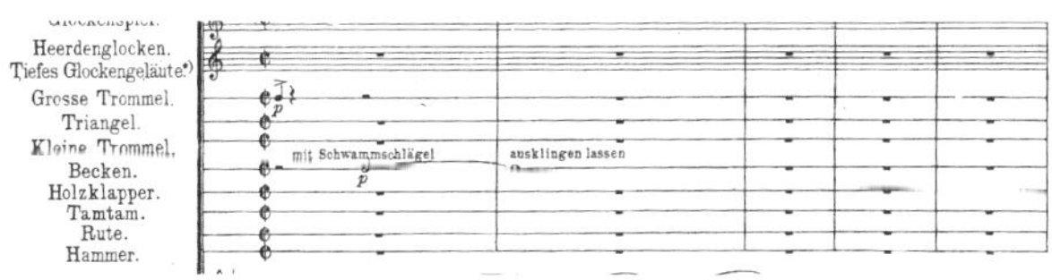

打楽器の欄には、「Triangel(トライアングル)」「Becken(シンバル)」と並んで、「Hammer(ハンマー)」と書かれています。

もっと知りたい！豆知識

◆マーラーは14人兄弟ですが、幼少時に半数の7名が病死しています。身近な人の死も、マーラーの作風に影響しているともいわれています。

オペラ『ルスランとリュドミラ』

ミハイル・グリンカ

近代ロシア音楽の父として後世に影響

ミハイル・グリンカは、1804年生まれのロシアの作曲家です。農村の豊かな地主の家に生まれ、11歳から音楽を学び、1818年には、アイルランドの作曲家・ピアノ奏者であるジョン・フィールドのレッスンも受けています。学校を卒業した後に、運輸省に勤務し、仕事の傍らピアノ曲などを作曲して、社交界から注目を集めていました。その後、イタリアをはじめとした国々で音楽を学ぶ機会を得たグリンカは、西欧の芸術に刺激を受ける一方で、ロシア人としてのアイデンティティが芽生えたといいます。

実際、それ以前のロシアでは、ロシアの民族音楽が顧みられることはなく、ドイツやイタリアなどの作品を輸入するばかりだったのです。そのため、帰国したグリンカが作曲したオペラ第1作目『皇帝に捧げた命』は、最初のロシア語オペラとなり、幅広い人々に好意的に迎えられました。

『ルスランとリュドミラ』は、1837～1842年にかけて作曲されたグリンカのオペラ2作目です。原作はロシアの詩人、アレクサンドル・プーシキンによる物語詩で、全5幕8話で構成されています。キエフ大公を主人公に、魔術師や魔女が登場する、いわゆるメルヘンオペラで、1842年12月に初演が行われています。

ロシア民謡を自由に取り入れ、不協和音や半音階、全音音階を独自の感性で駆使しているのが特徴です。特に躍動的な序曲は人気が高く、単独で演奏されることも多いため、よく知られています。

本当の意味でのロシア的な音楽を初めて作った作曲家としてのグリンカは、後世の音楽界に与えた影響も大きかったといえます。「近代ロシア音楽の父」と呼ばれ、ロシアの国民楽派を代表する「ロシア5人組」（バラキレフ、キュイ、ムソルグスキー、ボロディン、コルサホフ）の活躍を準備したのです。

このオペラはロシア国民主義のオペラの礎といえる存在となりました。

もっと知りたい！豆知識

◆グリンカの最初のオペラ『皇帝に捧げた命』は、ソビエト連邦時代には政治的な理由から、主人公の農民の名前を使って『イワン・スサーニン』という題名で呼ばれていました。

バレエ音楽『ロメオとジュリエット』

セルゲイ・プロコフィエフ

シェイクスピアの有名な悲劇を組曲に

『ロメオとジュリエット』は、ウィリアム・シェイクスピアによる有名な戯曲です。物語の舞台は、14世紀のイタリア・ヴェローナ。代々、対立を続けているふたつの家、モンタギュー家の一人息子であるロメオと、キャピュレット家の一人娘であるジュリエットが恋に落ち、最終的に2人ともに命を落としてしまう悲劇です。

ふたつのグループの対立に翻弄されて、若いカップルが悲しい恋の結末を迎える物語は、いつの時代、どの文化的背景をもつ人の心も動かしました。シェイクスピアが生きた時代も、そしてその後の時代も、多くの人々の心を掴んできたのです。

2人の悲劇は、オペラやバレエ、映画、ミュージカルからテレビドラマ、漫画、ゲームまで、さまざまな分野で題材として取り入れられています。クラシック音楽の世界でも、チャイコフスキーやベルリオーズなどが『ロメオとジュリエット』と題する標題音楽を作曲しています。とりわけ有名なのが、セルゲイ・プロコフィエフのバレエ音楽『ロメオとジュリエット』ではないでしょうか。

1934年、プロコフィエフが43歳のときに、レニングラードバレエ学校から創立200年祭で上演する曲を依頼されて作曲したのがこの曲です。ところが、1935年に、52曲で構成される曲を完成させるも酷評され、契約を撤回されてしまいます。そこで、プロコフィエフは仕方なく、管弦楽による演奏会用の組曲に組みかえて、「第1組曲」「第2組曲」として、それぞれ1936年と1937年に発表したのです。

バレエの方も、1938年になってチェコスロヴァキアの国立ブルノ劇場で初演を迎えています。初演後も、多くの振付師が、独自の演出により、この作品を上演していることでも、評価の高さが伺えます。

演奏会用の組曲は、実際にはプロコフィエフが編んだ通りに演奏されることは少なく、第1組曲、第2組曲から抜粋した数曲が演奏されることが多いようです。最も有名なのは第2組曲の最初の曲「モンタギュー家とキャピュレット家」。金管楽器のクレッシェンドしていくフレーズや不協和音が、両家のただならぬ闘いの様子を絶妙に描き出しています。

イタリアのヴェローナにあるジュリエットのバルコニー。実はこのバルコニーは、後になって作られたものだといいます。

もっと知りたい！豆知識

◆「モンタギュー家とキャピュレット家」は、テレビドラマの挿入歌やCMのBGMなどにも使用されています。

◆ふたつの演奏会用組曲に続き、第3組曲が1946年にモスクワで初演されています。また、バレエ『ロメオとジュリエット』から10曲を選んだピアノ組曲は、ピアニストでもあるプロコフィエフ自身によって、1937年に初演されています。

◆バレエ『ロメオとジュリエット』は、当初は、ハッピーエンドで終わる物語として書かれましたが、後に原作通りに書き換えられました。

ロンド イ短調

ヴォルフガング・アマデウス・モーツァルト

小品ながら神童の才能があふれるロンド

『ロンド イ短調』は、1787年、ヴォルフガング・アマデウス・モーツァルトが31歳のときに作曲した、ロンド形式によるピアノ独奏曲です。

モーツァルトは、この前年に『フィガロの結婚』、同じ年の10月には『ドン・ジョバンニ』と、いまも人気の大作を発表しており、作曲家として、表現力が高まっている時期に作られたピアノ曲といってよいでしょう。

ロンド形式とは、異なる旋律を挟みながら、主題を何度も繰り返す形式をいい、句を繰り返す形式のフランスの定型詩「ロンド（rondeau）」に由来しています。音楽の形式としては、主題部（A）、挿入部（B・C）が、A→B→A→C→A→B→Aのように繰り返されるため、日本語でロンドは、「輪舞曲」や「回旋曲」と表記されることがあります。

『ロンド イ短調』は「A→B→A→C→A→A」と見られる構成になっています。ロンド形式の曲は概して、明るく軽やかで、速いテンポのものが多いですが、この曲の主題はアンダンテ（歩くような速さで）で、哀愁を含んだ美しいメロディーで演奏されます。また、流れるような半音階のパッセージもまた、この曲の魅力になっています。

ご存知のようにモーツァルトは多くの作品を残しており、もちろん他にもロンドの作品を作っています。ではなぜ、あえて哀愁を感じさせるロンドを作ったのでしょう。それは、この年5月のモーツァルトの父・レオポルトの死が関係しているのではないかといわれています。レオポルトは、息子の才能を見出し、幼少時から音楽教育を与え、幼い頃からともに海外の巡業を行った人物。モーツァルトにとっての文通相手でもありました。そのため大きな存在を失った悲しみは大きかったことでしょう。

また、同年、モーツァルトの親友で、31歳で亡くなった親友、ハッツフェルト伯爵の死を悲しんだものと考える説もあります。父親への想いなのか、親友への想いなのか、いまとなっては知るよしもありませんが、8小節の主題にはさまれて、自由に展開していく美しいロンドが後世に残されたことだけは確かです。

もっと知りたい！豆知識

◆ロンド形式で有名な曲としては、モーツァルトの『アイネ・クライネ・ナハトムジーク』の第４章、メンデルスゾーンの『夏の夜の夢』の『結婚行進曲』などがあります。

『交響曲』「ザ・グレイト」

フランツ・シューベルト

難しすぎて忘れられた偉大な交響曲

歌曲集『冬の旅』をはじめ、600以上の歌曲、ピアノ独奏曲など、幅広く名曲を残したフランツ・シューベルト。シューベルトの交響曲の作品は、残っている楽譜や創作途中のスケッチ稿なども含め14曲あるとされていますが、6曲が未完となっています。そのなかで「未完成」と呼ばれるロ短調がよく知られています。しかし同様に「ザ・グレイト」と呼ばれる交響曲も忘れることのできない作品です。

シューベルトは、31歳で夭逝していますが、「ザ・グレイト」は彼が亡くなる2年前、1826年に完成しています。シューベルトは完成した同作品をウィーン楽友協会に献呈していますが、なんと難しすぎて「演奏不可能」だと放置されてしまいます。しかし、死後11年経った1839年、シューベルトの部屋を訪ねたロベルト・シューマンによって、忘れ去られてしまった作品の自筆譜が見つかります。

シューベルトのことを、歌曲やピアノ曲などの作曲家として認知していたシューマンは、大規模で優れた交響曲が遺されていたことに驚き、すぐに許可をとって、友人のメンデルスゾーンに送ったといいます。その発見のお陰で、メンデルスゾーンの指揮、ライプツィヒ・ケヴァントハウス管弦楽団によって、初演を迎えることができたのです。

この交響曲は、ドイツの森を想起させるホルンの美しい旋律で始まる第1楽章を入口に、雄大な構想による1時間を超える大作にふさわしい威厳を感じさせます。さらに麗しく流れるような旋律、シューベルトらしい詩的な世界と、即興的な自由さもあり、まさに「ザ・グレイト」な作品です。ただ、「グレイト」の呼び名は、シューベルトの交響曲にハ長調の作品がもうひとつあり、「大規模な方」という意味合いで出版社によって付けられたという経緯があります。

さらに、この呼び名が定着したのは、シューベルトの作品番号の変遷も大きく由来しています。シューベルトは、自ら作品に番号は付けず、後の人々によって、完成した順番と思われる順に番号が付けられました。ところが未完が多く、「ザ・グレイト」は死後に見つかったこともあり、「ザ・グレイト」は当初付けられた9番から7番へと変わり、さらに、国際シューベルト協会により9番とされたいまも、実際には統一に至っていません。そのため、誰もが分かる「ザ・グレイト」という通称が定着したのです。

もっと知りたい！豆知識

◆シューベルトの作品のなかで、「ザ・グレイト」と並んで人気の高い「未完成」も、作品番号が8番から7番に変わったため、通称がよく使われます。

『ヴァイオリン協奏曲』

フェリックス・メンデルスゾーン

三大ヴァイオリン協奏曲に数えられる傑作

シューマンやショパンとともに、ロマン派前期を代表する作曲家・指揮者・ピアニスト・オルガニストであったメンデルスゾーンは『ヴァイオリン協奏曲』を1曲残しています。曲の完成は1844年ですが、実は構想そのものは、1838年、メンデルスゾーンがライプツィヒ・ケヴァントハウス管弦楽団の常任指揮者の頃までさかのぼります。完成まで6年もの歳月を要していることがわかっています。

初演は、1845年、ケヴァントハウス管弦楽団の演奏会。同楽団のコンサートマスターであったフェルディナンド・ダヴィッドの独奏で行われています。ダヴィットは演奏を引き受けただけでなく、作曲の過程でメンデルスゾーンに技術的なアドバイスを行っていました。

明るさとともに、哀愁を漂わせ、ベートーヴェンとブラームスの作品とともに「三大ヴァイオリン協奏曲」に数えられています。知名度の点では他の2曲に追随を許しません。

この曲は、3つの楽章で構成されます。

第1楽章は、当時としては斬新なわずか2小節というオーケストラの序奏に続き、ヴァイオリン独奏が有名な第1主題を奏でます。独奏ソロヴァイオリンが叙情的に歌う第2楽章、軽快で躍動的な第3楽章が続き、独奏ヴァイオリンとオーケストラによる華やかなクライマックスを迎えます。

特徴的なのは、独奏ヴァイオリンの出番が非常に多いことです。3つの楽章を通して休みなく演奏が続くので、ヴァイオリニストは大変ですが、聴く側としては、たっぷりヴァイオリンの演奏が楽しめて、テクニックを堪能できます。

メンデルスゾーンの作品のなかには、他にもヴァイオリン協奏曲やピアノ協奏曲があるのですが、『ヴァイオリン協奏曲』ホ短調の知名度があまりに高いため、「メンデルスゾーンの協奏曲（コンチェルト）」といえば、『ヴァイオリン協奏曲』ホ短調を指し、作品番号も使われず、愛好家の間では「メン・コン」の愛称が用いられています。メンデルスゾーン本人が知ったら、苦笑いをしそうです。

もっと知りたい！豆知識

◆「三大ヴァイオリン協奏曲」という表現を使うとき、ブラームスの代わりに、チャイコフスキーの作品を入れることもあります。

広島の犠牲者に捧げる哀歌

クシシュトフ・ペンデレツキ

第二次世界大戦の悲劇を音楽で伝える

『広島の犠牲者に捧げる哀歌』は、ポーランドの作曲家・指揮者であるクシシュトフ・ペンデレツキが、1960年に作曲した52の弦楽器群による弦楽合奏曲です。タイトルに含まれる「広島の犠牲者」とは、1945年8月6日に広島に投下された原子爆弾の犠牲になった人たちのことを指しています。

ペンデレツキは、オーケストラによるトーンクラスターを得意とする現代音楽の作曲家として知られ、この曲は、彼の初期におけるクラスター様式の代表曲といえます。クラスターとは「房」のことで、ある音の高さから別の音の高さまで、ある一定の音程間隔で音を配置し、配置された音を同時に発する房状和音のことをいいます。この曲においては、52の各弦楽器（ヴァイオリン24、ヴィオラ10、チェロ10、コントラバス8）が、曲中でさまざまにグルーピングされて、クラスターを作りながら演奏を進めていきます。同曲には、クラスターだけでなく、半音よりもさらに狭い微分音程など、特殊な奏法が用いられています。

実はペンデレツキは、当初からこの曲を広島の犠牲者に捧げるために作り始めたわけではなく、最初の題名は、曲の長さである「8分37秒」としていました。この無機質のタイトルに見るように、作曲段階では抽象的な印象だったにもかかわらず、実際の演奏を聴くと、ペンデレツキ自身がこの曲のもつ「情緒的な迫力に感銘を受けた」と述懐しています。そこで、曲から連想される事柄を求め、最終的に広島の原爆犠牲者に捧げる曲とし、1961年にインターナショナル・ロストラム・オブ・コンポーザーズ（国際作曲賞）に出品する際にタイトルを決定しました。ペンデレツキの祖国、ポーランドが経験したアウシュビッツの犠牲者に捧げることも考えたそうですが、最終的に平和の祈りを込めて、遠い日本に思いを捧げてくれたことになります。

広島県広島市にある世界遺産、原爆ドーム。戦争の悲惨さを訴えています。

もっと知りたい！豆知識

◆第二次世界大戦の悲劇を訴える曲としては、アルノルト・シェーンベルクの『ワルシャワの生き残り』（P.371）もよく知られています。
◆1964年には、ペンデレツキは広島市長に手紙を送っています。また、1994年になって、ペンデレツキ自身の指揮で、広島交響楽団による広島初演が叶いました。

マタイ受難曲

ヨハン・セバスティアン・バッハ

「忘れ去られた名曲」の発見

受難曲というのは、新約聖書の福音書に書かれたイエスの受難物語（とらえられて十字架刑に処せられるまで）をもとに作曲をしたものです。福音書には作者の名前によって、マタイ、ヨハネ、マルコ、ルカの4つがあるので、受難曲もどの福音書の物語に曲を付けるかによって、「マタイ受難曲」だったり「ヨハネ受難曲」だったりします。バッハは『マタイ受難曲』、『ヨハネ受難曲』、『マルコ受難曲』の3曲を作って上演していますが、今日まで楽譜が残されているのは、最初のふたつだけです。

その理由は、バッハの受難曲は古いスタイルで作曲されているために、上演される機会がなかったからです。古いスタイルというのは、福音史家（テノール歌手）が聖書の言葉をそのまま語るように歌い、その合間に、独唱、合唱、コラール（賛美歌）などを差しはさむというものです。これに対してすでにドイツで流行していた受難曲は、受難オラトリオと呼ばれるように、聖書の言葉がそのまま語られることはなく、独唱、合唱、コラール（賛美歌）などをつなげるというやり方だったのです。

バッハの死後、『マタイ受難曲』の楽譜はハンブルクの音楽監督をしていた次男エマヌエルが相続し、エマヌエルも古いスタイルで受難曲を演奏します。父親の受難曲の一部を利用しましたが、作品そのものを上演することはありませんでした。というのも、演奏時間が長すぎたからです。

次男エマヌエルの死後、『マタイ受難曲』の楽譜は楽譜商を通して、ベルリンの銀行家アブラハム・メンデルスゾーンの手に渡ります。その子どものフェリックスが、音楽家となるメンデルスゾーンです。1824年、フェリックスは母方の祖母ベラ・ザロモンからこの受難曲の筆写譜を贈られ、演奏を決意しました。この時期、『マタイ受難曲』の初演は1729年と思われていたので、フェリックスは初演から100年後に復活上演するという触れ込みで、この受難曲の復活上演を成功させました。これ以後、「バッハ・ルネサンス」と呼ばれるようにバッハの音楽が盛んに演奏されるようになったのです。

もっと知りたい！豆知識

◆メンデルスゾーンの祖母が、メンデルスゾーンにプレゼントした手稿のオリジナルは、彼の先生でもあったベルリン・ジングアカデミーが所有していました。アブラハム・メンデルスゾーンが寄贈した楽譜のひとつでした。

◆メンデルスゾーンが上演した形は、バッハ時代の形とは異なっていました。例えば、クラリネットといったバッハ時代になかった楽器が代用されたり、オルガンの代わりにピアノが用いられました。

『交響曲』第1番「巨人」

グスタフ・マーラー

ロマン主義の終末を代表する音楽

『交響曲』第1番は、1884年から1888年にかけて作曲された、グスタフ・マーラーの最初の交響曲です。

マーラーが活躍した19世紀末から20世紀初頭は、ロマン主義芸術の終末を示す兆候が現れてきた時期。成熟の度合いが増すと同時に、耽美的、退廃的な側面も加速する「世紀末芸術」の様相を呈します。

音楽分野においては、転調や和声が複雑化し、ロマン主義の様式や形式の表現の可能性を追求し尽くし、古典的な均整や連続性は失われていきます。オーケストラは巨大化し、音楽美に関する新たな考え方も芽生え始めた時期といえます。

マーラーは、ブルックナー、R.シュトラウスとともに、そんな後期ロマン主義音楽を代表する作曲家・指揮者として知られます。マーラーの交響曲においては、楽章構成は個性的で、ソナタ形式は大きく変形され、陽気なスケルツォかと思えば、グロテスクな皮肉が込められていたりします。甘美な旋律にうっとりしていると、突然、オーケストラが騒がしく鳴り響くという、世紀末的音楽の様相を呈します。

『交響曲』第1番は、1889年の初演時には、交響詩として発表されました。この初演は、大失敗で、マーラーは、この後、4回の改訂を行っています。交響曲として演奏されるようになったのは、1896年の改訂後です。この改訂で、マーラーは第2楽章「花の章」を削除し、すべての標題を取って全4楽章の交響曲としました。

この交響曲は「巨人」という副題でも知られていますが、これは交響曲となる前の1893年に、交響詩として演奏する際に付けられたもので、ドイツのロマン派の作家、ジャン・パウルの長編小説『巨人』から取られています。『交響曲』の第1楽章の主題が自作の歌曲「朝の野原を歩けば」のメロディに由来することもあって、この交響曲は第1番が親しみやすく、また、演奏時間が短く、声楽を伴わないことから、マーラーのなかでは、最も演奏・録音の機会の多い交響曲となっています。

もっと知りたい！豆知識

◆マーラーは、『交響曲』第1番の作曲当時、失恋を味わい、その後、駆け落ちまで考える相手と巡り会っています。その経験が『交響曲』第1番を作る動機につながっていると考えられています。しかし、その恋愛感情が直接表されているとされる「花の章」は、最後の改訂で削除されてしまいました。

オラトリオ『ソロモン』

ゲオルク・フリードリヒ・ヘンデル

古代イスラエルの賢王のエピソード

『ソロモン』は、1748年、ゲオルク・フリードリヒ・ヘンデルが63歳のときに作曲されたオラトリオです。オラトリオとは、宗教的な内容の物語を、独唱・合唱・管弦楽のために劇風にした楽曲で、オペラに似ていますが、通常、舞台装置や衣装、演技などは伴わないものをいいます。

オラトリオ『ソロモン』は3幕の構成で、台本作者は不明。古代イスラエルの賢王ソロモンの伝記にもとづいていますが、一貫したストーリーではなく、1幕ごとに独立したエピソードが表現されています。ヘンデルはこのオラトリオをわずか1ヶ月で作曲したといわれ、1749年にロンドンのコヴェントガーデン劇場で初演が行われました。

編成は、フルート、オーボエ、トランペットなどの管楽器と弦楽器からなり、ほとんどの合唱曲は8声体で作曲されており、祝祭的な明るい雰囲気を創り出しています。

現在では、オラトリオの全曲が演奏されることは少ないのですが、第3幕の冒頭で演奏されるシンフォニア(器楽合奏曲)「シバの女王の入場」はしばしば単独で演奏され、とても有名です。第3幕は、ダビデ王から王位を継承したソロモンの名声を聞いたシバの女王が、そのうわさを確かめるために、金や宝石などをラクダに乗せて、ソロモン国を訪れる場面です。シバの女王は、想像以上の繁栄を誇るソロモン国、絢爛豪華なソロモンの宮殿を見て驚き、家臣たちの歓待ぶりに感嘆します。

「シバの女王の入場」として演奏されるのは3分程度ですが、主役となるオーボエ2本と弦楽器による明るい管弦楽曲です。短い16分音符で繰り返されるヴァイオリンの分散和音がソロモン宮殿の豪華さを、そして、トランペットのメロディがシバの女王一行を歓迎するラッパを想起させます。

華やかな「シバの女王の入場」は、2012年に開催されたロンドン・オリンピックの開会式でも使われました。

ソロモン王は、エルサレムに神殿を造り、十戒を刻んだ石版を収めた「契約の箱」を安置しました。

もっと知りたい!豆知識

◆オラトリオは、イタリアで始まったバロック音楽を代表するジャンルのひとつで、ラテン語にはじまり、イタリア語やドイツ語、英語などで書かれた台本が使われます。英語のオラトリオを創始したのはヘンデルで、『ソロモン』はイギリス帝国への祝福として、当時のイギリス人に喜ばれました。

カルミナ・ブラーナ

カール・オルフ

歌と管弦楽で世界を表現するカンタータ

『カルミナ・ブラーナ』は、1803年に、ドイツ南部・バイエルン州にある修道院で発見された、300篇にも及ぶ詩を集めた詩歌集のタイトルです。これらの詩は11世紀から13世紀にかけて書かれたとみられ、ラテン語、中世のドイツ語、古フランス語などが使われていました。カルミナは歌、ブラーナはバイエルンを意味するラテン語です。

音楽作品の『カルミナ・ブラーナ』は、1936年に、ドイツの作曲家、カール・オルフが、この詩集の中から24篇を選んで曲を付けて完成させた、舞台形式による世俗的なカンタータです。翌年、1937年にフランクフルト歌劇場で初演されて大成功を収め、世界的に知られるようになりました。カンタータは声楽曲の意味で、一般的な独唱や合唱からなる作品を指します。伴奏は簡素なものから大編成のオーケストラまでさまざまです。

オルフの『カルミナ・ブラーナ』は、混声合唱、少年合唱、ソリスト（ソプラノ・テノール・バリトン）に大規模なオーケストラが付く編成で演奏されます。導入曲（合唱）「おお、運命の女神よ」「運命の女神の痛手を」に、1部「初春に」、2部「酒場で」、3部「愛の誘い」が続き、エピローグが付き、最後にもう一度、冒頭の「おお、運命の女神よ」が演奏される全25曲で構成されています。オルフは、1934年の聖木曜日（復活祭直前の木曜日）に、詩歌集『カルミナ・ブラーナ』の写本を見たとき、写本の表紙に書かれていた「運命の車輪」の絵と詩にインスピレーションを感じ、その日のうちに主題曲（「おお、運命の女神よ」）を完成させたといわれます。

「おお、運命の女神よ」は、ドラマや映画、アニメ、ゲームなどのBGMをはじめ、スポーツ番組でも効果的に使われたりしているので、聴き覚えがある方は多いでしょう。

バイエルンの名所といえばノイシュバンシュタイン城。19世紀に建てられた比較的新しい城です。

もっと知りたい！豆知識

◆オルフは、『カルミナ・ブラーナ』で成功するまでは音楽教育者としての活動のかたわら作曲をしてきました。そのため『カルミナ・ブラーナ』が大成功するや、この曲が作曲家としての自分の出発点であるとして、出版社にそれ以前の作品を破棄するように願い出ています。

『交響曲』「イタリアのハロルド」

エクトル・ベルリオーズ

ストラディバリウスで技巧を披露するために

「イタリアのハロルド」は、ロマン派音楽の時代に活躍したフランスの作曲家、エクトル・ベルリオーズによる、ヴィオラ独奏付き交響曲です。イングランドの詩人、ジョージ・ゴードン・バイロンの長編詩『チャイルド・ハロルドの巡礼』からアイディアを得て、自身が訪れたイタリアの自然や、詩の主人公であるハロルドの心情などを音楽として描いています。完成は1834年。その年の11月にパリ音楽院ホールで初演が行われています。曲は4楽章で構成され、第1楽章で独奏ヴィオラが提示する主題が、全曲を通して形を変えて登場し、朗々と旋律を奏でます。ただ、独奏ヴィオラの登場は曲が進むに連れて減り、第4楽章ではほとんど登場しなくなってしまいます。

交響曲という形を取っていながら、実際には、ヴィオラの独奏を含む協奏作品である「イタリアのハロルド」。この曲の誕生の背景には、超絶技巧を誇るイタリアのヴァイオリニストとして知られるニコロ・パガニーニの存在があったといわれています。

現在もベルリオーズの代表曲として知られる『幻想交響曲』（P.299）を聴いて感動したパガニーニは、ヴィオラと管弦楽のための曲を書いてほしいとベルリオーズに依頼します。そのとき、名器ストラディバリウスのヴィオラを手に入れたパガニーニは、自分の技巧を存分に発揮し、見せつけるような曲がないことを嘆いていたのです。パガニーニといえば、当時、ヨーロッパ中の人気を集めていたヴィルトゥオーソでしたので、ベルリオーズとしても大歓迎で引き受けます。ところが、作曲の途中経過を見たパガニーニは、ベルリオーズの書いていた曲の独奏ヴィオラのパートでは、自分の技巧は披露できないと落胆し、ベルリオーズ自身も諦め、この話は破談になってしまいます。

しかしベルリオーズは、途中まで進めていた曲を、最後まで完成させることにしました。そうしてできたのが『イタリアのハロルド』です。初演の4年後、初めてこの曲を聴いたパガニーニは、ベルリオーズに賛辞とともに、2万フランという大金を送ったと伝えられています。さらに、パガニーニのこの善意に感激したベルリーオーズは、劇的交響曲『ロメオとジュリエット』を作曲し、パガニーニに献呈したといわれています。

もっと知りたい！豆知識

◆『イタリアのハロルド』の舞台になったイタリアの地はアブルッツィ地方。ベルリオーズは、フランスの作曲家における登竜門のコンクールのひとつ「ローマ賞」を受賞した際、この地を訪れています。

◆各楽章は次のように表題がつけられています。第1楽章「山々におけるハロルド、憂愁、幸福と歓喜の場面」、第2楽章「昨夜の祈祷を歌う巡礼の行列」、第3楽章「アブルッチの山人が、その愛人によせるセレナード」、第4楽章「山賊の饗宴、前後の追想」。

ブランデンブルク協奏曲

ヨハン・セバスティアン・バッハ

魅力あふれる6曲を集めて並べて献呈

『ブランデンブルク協奏曲』は、ヨハン・セバスティアン・バッハが、32歳から38歳の頃、ドイツ・ケーテン侯国の宮廷楽長として過ごした時期にシュヴァート辺境伯クリスティアンに献呈するために編さんされました。献呈日は「1721年3月24日」の合奏協奏曲です。

6曲の協奏曲の楽器編成はバラエティー豊かです。独奏楽器群は、第1番ではホルン、オーボエ、ファゴット、ヴァイオリンで、第2番は、トランペット、リコーダー、オーボエ、ヴァイオリン、第4番ではヴァイオリンとリコーダー、第5番ではフルート、ヴァイオリン、チェンバロです。第3番と第6番では独奏楽器群と合奏楽器群の区別はされていません。

大きな編成で狩猟ホルンが印象的な第1番、トランペットの高音が響く第2番、弦楽と通奏低音で演奏される第3番、リコーダーと独奏ヴァイオリンが響き合う第4番、チェンバロが独奏楽器を務める第5番、そして、ヴィオラとチェロの組み合わせでヴァイオリンを含まない弦楽合奏曲となっている第6番と、いずれも楽しく、それぞれの特性を活かした作品です。特に第5番はチェンバロ協奏曲ともいえ、後のピアノ協奏曲につながる画期的な作品です。

『ブランデンブルク協奏曲』と名前が付いていますが、含まれる6曲は献呈のために書いたわけではなく、長い期間に作った協奏曲のなかから、最上の曲を選んだと考えられています。この曲を献呈したのは、着任当初は好条件だったケーテンでの仕事の条件が悪化してきた時期であり、バッハは転職の機会を求めていたのかもしれません。しかし、バッハの個人的意思ではなく取り決めだったらしく、バッハは作曲料を手にしていたと思われます。もっとも、その後のバッハは、ライプツィヒの聖トーマス教会のカントルに就任、つまり転職を果たしています。

Brandenburg Concerto No.5 in D Major

チェンバロが印象的な第5番の冒頭。
楽譜の下二段がチェンバロパートです。

もっと知りたい！豆知識

◆各曲の成立時代についてはさまざまに推測されており、定説はありません。しかしその一部はケーテンに来る以前に務めていたヴァイマルの宮廷オルガニスト・楽師長の時代にさかのぼることは確かです。

パガニーニの主題による狂詩曲

セルゲイ・ラフマニノフ

祖国を喪失した失意のうちに生まれた曲

『パガニーニの主題による狂詩曲』は、ロシア帝国出身の作曲家・ピアニスト・指揮者であるセルゲイ・ラフマニノフが1934年に作曲した、ピアノを独奏楽器とする協奏的狂詩曲です。超絶技巧を誇ったヴィルトゥオーソであった、パガニーニが作曲した『24のカプリース』（P.218）の第24番の主題をもとに、24の変奏を試みている作品です。「狂詩曲」はラプソディのことで、自由な形式でつくられた幻想的な楽曲のことをいいます。

この曲は、当時、ヨーロッパでの拠点としていたスイスの湖畔にある別荘で作られていますが、それ以前の数年のラフマニノフは作曲活動の停滞期にありました。その原因となったのが「ロシア革命」です。1905年の第1次革命、そして1917年の第2次革命で、レーニンが指揮したボルシェヴィキによって十月革命が成立し、皇帝専制政治が倒れ社会主義国家が誕生すると、ラフマニノフは、家族とともにスカンディナヴィア諸国への演奏に出かけ、そのまま生涯ロシアに戻ることはありませんでした。

ロシアを出た翌年の1918年にはアメリカに渡り、以後、ラフマニノフはコンサート・ピアニストとしての活動を主軸に置くようになり、作曲家としての活動は停滞します。それは演奏活動に時間が割かれるだけではなく、祖国を喪失したことで創作意欲が衰えてしまったことも原因だとみられています。そのため、1926年になってようやくロシア出国後の初の作品となる『ピアノ協奏曲』第4番、そして1934年にこの『パガニーニの主題による狂詩曲』が書かれました。

一般的な変奏曲と異なり、主題が第1変奏のあとに置かれ、その後ひとつの主題をもとに、多彩な変奏が繰り広げられます。しばしば独奏曲として単独で演奏されることがある第18変奏で、第17変奏までの鋭いイメージから一転して、甘美で魅力的な旋律が登場。フィナーレまで、技巧と叙情性あふれる優雅な旋律が楽しめる曲です。

初演は、アメリカ・ボルチモアで、ラフマニノフ自身のピアノ独奏で行われ、大成功を収めました。その後、ナチスの台頭によりスイスの別荘にも滞在することができなくなり、移り住んだアメリカ・カリフォルニア州のビバリーヒルズの自宅で、1943年に亡くなったラフマニノフ。モスクワの墓地への埋葬を望んでいましたが、戦争中であったためその願いも叶いませんでした。

もっと知りたい！豆知識

◆『パガニーニの主題による狂詩曲』は、後にロシア出身のバレエダンサー、ミハイル・フォーキンにより、バレエ作品になっています。
◆第18変奏は映画の他、アニメ、コマーシャルなどにもよく使われています。

合奏協奏曲『四季』

アントニオ・ヴィヴァルディ

大作曲家が貧しい晩年を迎えた理由

『四季』は、バロック後期の作曲家・ヴァイオリニストのアントニオ・ヴィヴァルディの作品です。日本でも『四季』として大変よく知られていますが、これはヴィヴァルディのヴァイオリン協奏曲集『和声と創意の試み』12曲のうちの第1曲から第4曲、「春」「夏」「秋」「冬」の総称です。『四季』という名称は、ヴィヴァルディ自身が付けたものではありません。

「春」「夏」「秋」「冬」、それぞれの曲は3つの楽章で構成され、各楽章にソネットが付けられています。ソネットは14行からなる定型詩で、例えば、4曲のうちで人気の高い「春」の第1楽章（アレグロ）には、「春がやってきた、小鳥が喜びさえずりながら……鳥の声をソロヴァイオリンが高らかに……」という語句が付されています。

ヴィヴァルディは、この他にも協奏曲を中心に多くの曲を作曲していて、当時の人々からも高い人気を得た作曲家でした。そのため晩年も安泰で豊かであっただろうと想像するのですが、実態は違っていたようです。経歴をみると、ヴェネツィア生まれのヴィヴァルディはヴァイオリニストの父からヴァイオリンを学び、10歳で教会付属の学校への入学し、25歳で司祭になります。そして、その年に由緒ある女子のための孤児院ピエタの付属音楽院でヴァイオリンを教え始めます。この音楽院は、身寄りのない子どもの養育を目的とし音楽教育も盛ん。そんな学院のために、自ら演奏会用の曲を提供し、音楽教育を行ううちに、ヴィヴァルディの作曲家としての知名度も上がっていったのです。

オペラの作曲でも評価が高まっていたヴィヴァルディですが、『和声と創意の試み』が出版された1725年から約10年間、女子孤児院を休職し、作曲家兼興行主として各地を演奏旅行しています。1735年には一度復職するものの、1740年にはウィーンでオペラ興行を行うことを決心します。ただ、折悪く一番の理解者でパトロンだったカール6世が逝去し、オーストリア国内は喪に服したため国内での興行ができなくなります。興行主であったヴィヴァルディが負債を抱えることになり、失意のうちにウィーンで亡くなったといわれているのです。ただ、かつての教え子に恋をしてその妹と3人で同棲生活を始めたことでスキャンダルとなり、評判を落としたことが原因という説もあります。大作曲家が葬られたのは貧しい人々のための共同墓地で、葬儀もランクの低いものだったとのことです。

もっと知りたい！豆知識

◆日本では『四季』は、バロック音楽を中心に演奏するイタリアの室内楽団「イ・ムジチ合奏団」の演奏で、多くの人に知られることになりました。イ・ムジチ合奏団の『四季』は300万枚を売り上げ、クラシック音楽で初のミリオンセラーを記録しました。

バレエ音楽『カルタ遊び』

イーゴリ・ストラヴィンスキー

カメレオンとも呼ばれる20世紀を代表する作曲家

『カルタ遊び』は、1882年生まれのロシアの作曲家、イーゴリ・ストラヴィンスキーによるバレエ音楽。全3場で、トランプのポーカーをしている様子が描かれています。各場面は「第1ラウンド」「第2ラウンド」「第3ラウンド」と名付けられ、「3回勝負のバレエ」という副題も付けられています。

ストラヴィンスキーは、20世紀を代表する作曲家のひとりとして知られ、指揮者やピアニストとしても活動した音楽家です。ストラヴィンスキーは、作曲家としての実績を積む過程で、「原始主義」から「新古典主義」、そして「セリー主義（十二音技法）」へと次々と作風スタイルを変えていったことで知られています。そのため、「カメレオン」と称されることもあります。

初期の原始主義時代には、『火の鳥』（P.308）、『ペトルーシュカ』（P.130）、『春の祭典』（P.68）といった、有名な3つのバレエ音楽が作られています。原始主義は、中央ヨーロッパ以外の異国趣味の傾向が強くなり、文明社会では見えない本来の人間の力、つまり原始的な強さを音楽で表現しようとする動きで、復調（ふたつの異なる調を同時に使用する）、変拍子、旋律よりもリズムの展開による躍動感などが特徴です。

1920年のバレエ音楽作品『プルチネルラ』からが、彼の新古典主義時代とされ、『カルタ遊び』もこの時代の作品です。新古典主義は、後期ロマン主義への反動として、ふたつの世界大戦の間に現れた様式で、バロック音楽や古典派の音楽のような、簡素な作風が特徴です。

第2次世界大戦後は「セリー主義時代」とされます。セリー主義とは、調性に代わるものとして、セリー（音列＝一定の音程組織を持つ音の列）を主題のように展開する作曲の方法です。この方法は十二音技法と呼ばれ、1920年のシェーンベルクによって発案されました。当初ストラヴィンスキーはシェーンベルクの十二音技法には批判的でしたが、戦争セリーで作曲に取り入れ、周りの人を驚かせました。

日本語ではカルタと訳されていますが、トランプのポーカーをしている様子を描いた作品です。

もっと知りたい！豆知識

◆十二音技法は、アルノルト・シェーンベルクが『五つのピアノ曲』で、体系化したとされる作曲技法。12平均律にあるオクターブ内の12の半音を均等に使用することで、調（主音）に縛られずに作曲をする方法です。

オペラ『リゴレット』

ジュゼッペ・ヴェルディ

「呪い」をテーマにした絶望的な悲劇

『リゴレット』は、ジュゼッペ・ヴェルディの作曲による、全3幕のオペラ。1851年に、ヴェネツィアで初演され、大成功を収めた作品です。

ヴェルディは、19世紀を代表するイタリアのロマン派音楽の作曲家で、『椿姫』(P.125)や『アイーダ』(P.35)をはじめ、多くの優れたオペラ作品を世に送り出したことから「オペラ王」の異名をもちます。そのなかでも『リゴレット』は中期の傑作とされ、高い人気を誇る作品です。

『リゴレット』の主人公は、道化師のリゴレット。リゴレットが仕えるマントヴァ公爵、リゴレットの娘のジルダ、モンテローネ伯爵などが登場します。マントヴァ公爵は女好きで、モンテローネ伯爵の娘に手を出し、伯爵が怒ります。そんな様子を道化であるリゴレットがからかったため、伯爵はリゴレットに対して「呪ってやる!」と言葉を発します。しかし、マントヴァ公爵は、リゴレットが大切に育てた娘、ジルダをも騙して弄びます。それを知ったリゴレットは殺し屋に、公爵の殺害を依頼するのですが、公爵のことをすっかり愛してしまっていたジルダは、身代わりとなって殺されてしまいます。状況を悟ったリゴレットが、死んでいく娘を抱きしめ、「これは呪いだ!」と絶望して終わるのです。

『リゴレット』は、上演までに紆余曲折があった作品として知られます。ヴィクトル・ユーゴーの戯曲『王は愉しむ』をもとに台本を作ったオペラですが、元の戯曲はフランス王・フランソワ1世の享楽と、それに対する貴族サン=ヴァリエの呪い、その呪いが障害をもつ道化師とその娘に降りかかるという話。7月革命後のフランスにとっては衝撃的だったため、戯曲自体が上演禁止となっていたからでした。ユーゴーの原作に忠実に作品作りをしたいヴェルディは、内容はそのままに、タイトルは『呪い』とする案で進めましたが、やはりオペラも上演許可がおりませんでした。

そこで、フランソワ1世をフランス以外の国の一貴族(マントヴァ公爵)に置き換え、それ以外の登場人物の名前も変え、タイトルは『リゴレット』へと変更して初演を迎えました。初演は大成功で、その後、20回以上の再演を行うオペラの誕生となったのです。

本日のテーマ▼主題

もっと知りたい!豆知識

◆『リゴレット』のなかで、マントヴァ公爵役のテノール歌手が歌うアリア「女心の歌」は人気があり、誰もが一度は聴いたことがあるほど有名です。公爵が歌う曲ながら、ヴェルディはカンツォーネで軽やかに歌わせていて、あたかも公爵の性格を表しているようです。

8月21日

本日のテーマ▼ジャンル

『バラード』第1番

フレデリック・ショパン

ショパンが器楽曲にも転用したバラード

『バラード』第1番は、ポーランドの作曲家であり、技巧に長けたピアニストとしても人気のあったフレデリック・ショパンが、20代前半で作ったピアノの独奏曲です。ショパンは「バラード」を4曲書いていて、これがその最初となります。もっとも、ピアノのような器楽曲に「バラード」という表題を付けたのはショパンが最初なので、つまりこの曲が最初の器楽曲のバラードということになります。

バラードはラテン語のバラーレ(ballare)に由来し、「踊る」という意味です。ドイツ語ではバラーデ、フランス語ではバラード、英語ではバラードあるいはバラッドといいます。もともとは舞踏の伴奏用の歌だったようですが、やがて叙事的な物語風の詩を意味するようになりました。古くから物語風の詩に音楽は付けられていましたが、今日の我々がよく知っているのは、ゲーテの詩にシューベルトが作曲した「魔王」(P.159)でしょう。

器楽曲のバラードは、特に形式があるわけではなく、器楽によって自由に構想し、物語が展開される、幻想曲などに近いものといえるでしょう。また、悲劇的・破滅的に終わる傾向が強いことも特徴です。

『バラード』第1番は、ポーランドの詩人、アダム・ミツキェヴィチのバラッドにインスピレーションを得たといわれていますが、詩と曲の関係性を見出すことはできません。ソナタ形式が自由に変形されており、音楽の展開には、起承転結も感じられます。ピアノの鍵盤をいっぱいに使った劇的なパッセージで幕を閉じるこのバラードは、シューマンをして「ショパンの曲で最も好きな曲」と語られています。

ちなみに、ポピュラー音楽の世界でいう「バラード」は、ゆったりとしたテンポで、静かな曲、美しいメロディで感傷的な歌詞のものがメインですが、近年では、歌詞が感傷的であれば、ミディアム・テンポのポップスでもバラードと呼ばれることが増えています。

『バラード』第1番の楽譜。低い音から高い音へゆったりと指を運んでいくメロディではじまります。

もっと知りたい！豆知識

◆ショパンの作品以外の有名なバラードとしては、リストのピアノ独奏による『バラード』(第1番・第2番)、ブラームスのピアノ独奏による『バラード』などがあります。

『交響曲』「ハ長調」

ジョルジュ・ビゼー

不遇の生涯を忘れさせる若き日の作品

『交響曲』ハ長調は、1855年、ジョルジュ・ビゼーが17歳のときに作曲した交響曲です。オペラ『カルメン』(P.167)や『アルルの女』(P.342)の作曲者として知られていますが、この交響曲を作曲した当時、ビゼーはまだ、パリ音楽・演劇学校(現在のパリ国立高等音楽学校)の学生。オペラが流行するフランス音楽界にあって、新たな動きを模索していたシャルル・グノーの交響曲を聴いて触発されて作ったといわれています。

同曲は4楽章からなる古典派様式の交響曲です。ハ長調という調の特性もあり、全体として17歳らしい、明るい爽やかさに満ちています。古典的な第1楽章から始まり、オーボエのソロがゆっくりと歌うメロディーが美しい第2楽章、第3楽章は舞曲風、第4楽章で劇的なクライマックスを迎えます。ただ、ビゼーがこの曲の楽譜をしまい込んでしまったため、生前には一度も演奏されず、初演は80年後の1935年でした。初演後の評価は高く、いまも人気のある作品です。

17歳でレベルの高い交響曲を作曲し、19歳でフランスの新進作曲家にとっての最大の栄誉とされる「ローマ賞」を受賞したビゼー。ここまで順風満帆に見えるその生涯は、しかし、しばしば「不遇」と表現されます。その最大の原因は結婚でしょう。29歳のとき、恩師であったアレヴィの娘、ジュヌヴィエーヴに求婚しますが、アルヴィ家から断られます。師匠は亡くなっていましたが、当時は有名な作曲家で、売れない作曲家との結婚は反対されたのですが、それでも2人は結婚します。しかし、ジュヌヴィエーヴの母は精神科病院に入院することもあり、ジュヌヴィエーヴ自身も精神的に不安定で、義母と妻、さらに妻とビゼーの関係も悪くなっていきました。

辛い気持ち抑えて、ビゼーは1872年に『アルルの女』を作曲。上演の評判は芳しくなかったものの、すぐに管弦楽用に編成した交響組曲『アルルの女』は大成功しました。ところが続く作品『カルメン』の初演は失敗に終わり、ビゼーは落胆します。ご存知のように、その後、『カルメン』は高い評価を得るのですが、その成功を知ることなく、ビゼーは1875年、患っていたリュウマチが急変し、36歳の若さで亡くなります。ジュヌヴィエーヴは、彼女にとって偉大な父よりも夫が活躍することを快く思わずにビゼーの作品を納屋に放り込んだとか、まったく看病をしなかったといった話があり、いまも悪妻として知られています。

もっと知りたい！豆知識

◆ビゼーの『交響曲』第2番の楽譜は破棄されてしまっているため、『交響曲』第1番は単に、『交響曲』ハ長調と呼ばれるようになりました。
◆妻のジュヌヴィエーヴは、後に、ビゼーとの間にできた息子のジャックを連れて、ロスチャイルド財団の顧問弁護士と再婚し、花形サロンを形成します。ジャックの友だちであるマルセル・プルーストの小説『失われた時を求めて』に登場するゲルマン公爵夫人はジュヌヴィエーヴがモデルとなっています。

『ヴァイオリン協奏曲』第1番

マックス・ブルッフ

実力派ヴァイオリニストの助言で完成

『ヴァイオリン協奏曲』第1番は、ドイツ生まれの作曲家・指揮者・教育者であったマックス・ブルッフの作品。ブルッフの代表作であり、数多いヴァイオリン協奏曲のなかでも、特に人気の高い曲です。

この協奏曲はブルッフが20代後半、1864年から1866年にかけて作曲されました。1866年に一度完成し、ブルッフ自身の指揮で初演を行って好評を得たのですが、ブルッフは満足することができず、さらに磨きをかけるために友人のヴァイオリニスト、ヨーゼフ・ヨアヒムに助言を求めます。ヨアヒムは、ブラームスの『ヴァイオリン協奏曲』の初演でソリストを務めたことでも知られる、当時を代表するヴァイオリニストです。

そんなヨアヒムからの助言を反映して、ブルッフは大規模な改訂を行います。そして、1868年1月5日、ブルッフの誕生日にこの改訂版を演奏しました。今回はヨアヒムをソリストに迎えて、大成功を収めたのです。現在、ブルッフの『ヴァイオリン協奏曲』第1番として演奏されるのは、この改訂版の方です。

このヴァイオリン協奏曲は、3楽章で構成されますが、第1楽章は「前奏曲」と位置づけられ、第2楽章は切れ目なく演奏されます。第3楽章は「終曲」と名付けられています。歌手であったことからか、ブルッフの作品は、メロディーが美しいことに定評があります。代表曲であるこの曲も例外ではありません。

特に第2楽章のアダージョは、独奏ヴァイオリンがことの他美しい旋律を奏でます。ベートーヴェンやブラームスのヴァイオリン協奏曲に比べて、3つの楽章はほぼ同じ長さで、叙情的な第2楽章に中心があるように思われます。そのためにブルッフ自身も「幻想曲」と名付けることを考えるくらい、簡素で自由に構成された協奏曲であるといえるでしょう。

弦楽器の代表格、ヴァイオリン。弦楽器の中で最も演奏人口が多い楽器です。

もっと知りたい！豆知識

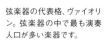

◆日本で西洋音楽の普及に努めた作曲者・指揮者である山田耕筰は1910年から3年間、ドイツ・ベルリンに留学していましたが、その間にブルッフから作曲を学んでいます。
◆演奏時間は3つの楽章をあわせても25分程度です。

ファウストの劫罰

エクトル・ベルリオーズ

東京大空襲で消えた日本語訳での初演

『ファウストの劫罰』は、フランスの作曲家、エクトル・ベルリオーズによって、1846年に発表された作品です。ベルリオーズの代表作で、ドイツの文豪ゲーテの『ファウスト』から着想を得ていています。ちなみに「劫罰」とは、永劫にわたる罰を意味します。

編成としては、巨大編成の管弦楽、4人のソリスト、混声6部合唱、児童合唱を擁する全4部の大作で、正式には劇的物語『ファウストの劫罰』というタイトルで、本来、演奏会用の作品です。ただ、オペラとして舞台形式で上演されることもあります。

ベルリオーズが作品に取り組んだきっかけは、1824年頃に『ファウスト』のフランス語訳を購入したことだといわれています。主人公のファウストは、錬金術にも長けていた学者で、ドイツに実在したとされる怪しい博士。そんな博士が悪魔と契約を結び、欲求のままに時空を超えた世界を巡る物語に、ベルリオーズは夢中になったそうです。自腹で『ファウストからの八つの情景』を作曲し、総譜をゲーテに贈呈しましたが、ゲーテには認められず、総譜は返却されてしまいます。その後20年ほど放置されましたが、思いは再燃し、以前の楽譜をもとに作曲を続けて、劇的物語『ファウストの劫罰』を完成させました。

これほどまでに情熱を注いで作った作品でしたが、1846年の初演では観客が入らず、上演はわずか2回で終了。上演したパリ・オペラ=コミック座は大損害を負い、ベルリオーズ自身も多額の負債を抱え、破産の危機に直面しました。

この作品はいまや高い評価を得て世界各地で上演されていますが、この作品が賞賛されるようになったのは、ベルリオーズが亡くなってからです。

日本での初演は、1936年の東京音楽学校の定期演奏会で、本来の演奏会形式によるものでした。舞台形式では、第二次世界大戦中の1945年3月10日に、東京交響楽団（現東京フィルハーモニー交響楽団）の臨時公演として、日本語訳での初演が予定されていました。しかし、3月10日はまさに、アメリカ軍による東京大空襲の日。前日と当日の空襲によって練習所とともに、楽譜も楽器も焼失してしまいました。

舞台形式での上演は、東京芸術大学歌劇研究部によって、文部省芸術祭公演・都民劇場公演として1951年に行われました。

もっと知りたい！豆知識

◆ゲーテの『ファウスト』をオペラ化した作品には、他にグノーの『ファウスト』、ボーイトの『メフィストフェーレ』などがあります。

オペラ『ウイリアム・テル』

ジョアキーノ・ロッシーニ

絶頂期、37歳でオペラ作りから引退したロッシーニ

『セビリアの理髪師』(P.145)をはじめ、現在も人気の高いオペラを作曲したイタリアの作曲家、ジョアキーノ・ロッシーニの39作目にして、最後のオペラ作品となったのが『ウイリアム・テル』です。日本では『ウイリアム・テル』と表記されますが、パリのオペラ座の依頼を受けて、フランス語の台本で書かれた作品なので、本来は『ギョーム・テル』と書かれるべきです。

4幕で構成されるオペラですが、日本では「序曲」が有名です。台本は、ドイツの詩人シラーの戯曲『ヴィルヘルム・テル』を原作とし、オーストリア圧制下のスイスで、スイス各州が自由を取り戻すために同盟を結び、闘う物語です。主人公のギョーム・テルは弓の名手で、敵に捕まりながらも、最終的に宿敵を射抜きます。勇敢な物語と平行して、スイス側のアルノルドとオーストリア・ハプスブルク家の王女・マティルドの敵同士の恋も描かれます。

『ウイリアム・テル』は、1829年に初演を迎え、大成功を収めるのですが、その後、ロッシーニは、オペラ作品を書くことをやめてしまいます。そのとき、ロッシーニはまだ37歳。声楽や器楽の作品は、その後もときどき発表していますが、彼の代名詞ともいえるオペラの作品作りからは、すっぱりと引退してしまったのです。

引退の理由は美食を追求するためだといわれています。確かに、ロッシーニは食通で、「ロッシーニ風」と名の付く料理もたくさんあります。ただ、作品が好評で、ヨーロッパ中に名声を轟かす勢いのなかでの引退は、さまざまな憶測を呼びました。

一説には、ヒットメーカーであったロッシーニは、イタリアにいればプロデューサーからの依頼が次々と舞い込み、この先もずっと多忙な日々を過ごさなければならないため、『ウィリアム・テル』の仕事でフランスの依頼を受けてフランスに行き、イタリアでのビジネスのつながりを断って引退したと考えられています。

また、『ウイリアム・テル』を発表した翌年の1830年、パリの七月革命に遭遇し、パリのある劇場と結んでいた契約が、体制が変わったという理由で無効にされてしまったことで、世の無常を感じて意欲を失ったともいわれています。また単に、多作の末にアイディアが枯渇しただけという説もあり、現代にも通ずるヒットメーカーの悲哀を感じてしまいます。

もっと知りたい!豆知識

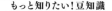

◆原作を書いたシラーは、ベートーヴェンの『交響曲』第9番「合唱」の歌詞の作者として知られています。

交響組曲『シェエラザード』

ニコライ・リムスキー＝コルサコフ

民族主義の代表「ロシア5人組」の作品

19世紀後半、民族による国家の形成や発展をめざす「国民主義思想」が広まり、音楽においても民族的な特徴に根ざした音楽を目指そうとする動きが興りました。その代表的な存在のひとつがロシアの「ロシア5人組」と呼ばれている作曲家たちです。

メンバーはバラキレフを中心に、キュイ、ボロディン、ムソルグスキー、そして、『シェエラザード』の作曲者であるニコライ・リムスキー＝コルサコフです。当時、ロシアでは西欧音楽の人気が高く、自国の民俗音楽に興味をもつ人はほとんどいませんでしたが、そんななか、彼らは反西欧・反ナショナリズムを掲げ、ロシアの国民音楽の創造を求めて活動しました。

彼らの多くは貴族出身の軍人で、職業的な音楽家ではありませんでした。それでも、理論的な考察を重ね、この時期のロシア音楽を発展させていきました。「5人組」とされていますが、活動を進めるうちに、賛同した人が多く集まっただけで、共通するスローガンを掲げていたわけではありません。

リムスキー＝コルサコフも、軍人貴族の家庭に生まれ、幼少より音楽の才能は認められていましたが、本格的に作曲を始めたのは5人組に参加してからだといわれています。『シェエラザード』は、1888年に作曲された交響組曲で、『千夜一夜物語(アラビアンナイト)』の語り手であるシェエラザードの物語をテーマにしている作品です。全4楽章(「海とシンドバッドの船」「カランダール王子の物語」「若い王子と王女」「バグダッドの祭り、海、聖堂の騎士のある岩にての難破、終曲」)で構成されていますが、アラビアンナイトの具体的なストーリーを表現しているわけではなく、中世アラビアの王宮の夜の世界を楽しめる作品になっています。

リムスキー＝コルサコフは作曲家としてのみならず、音楽教育家としても実績を残した人物です。『管弦楽法原理』などの著書もあり、ストラヴィンスキーやプロコフィエフの師としても、その名を知られています。ロシア5人組のなかでは、ムソルグスキーが最も徹底して国民主義的な信条を貫き、より広く知られる存在になっていますが、リムスキー＝コルサコフも、後世に大きな影響を残した人物といえるでしょう。

トルコやモロッコでは、アラビアンナイトの空気が味わえます。

もっと知りたい！豆知識

◆ロシア5人組と同時代にロシアで活躍したチャイコフスキーは、5人組と関わりながらも距離を置き、西欧的な洗練された作品作りを続けました。

オペラ『タイス』

ジュール・マスネ

若い修道士と娼婦の恋を描くオペラ

『タイス』は、ロマン派時代のフランスの作曲家、ジュール・マスネによる全3幕からなるオペラです。マスネはパリで高い人気を誇ったオペラ作曲家で、25曲以上の作品を残しています。若い頃にはヒット作に恵まれず、高い評価を得られるようになったのは1880年代に入ってからのこと。『タイス』は、マスネが51歳のとき、まさに円熟期を迎えて書いた作品です。

原作はアナトール・フランスの小説で、物語の舞台は4世紀のエジプトです。若い修道士アタナエルは美貌の高級娼婦であるタイスに、娼婦をやめて改心し信仰の道に入るよう説得します。タイスはその言葉を受け入れ、尼僧院へ行くことを決心します。ところが、尼僧院でタイスが瀕死の状況になったとき、タイスを忘れられないアタナエルは、自らが修行をしていた修道院を飛び出し、すべてを捨てて、尼僧院のタイスのもとに駆けつけます。しかし、天使がタイスを迎えに来て、タイスは亡くなり、アタナエルが絶望して終わるのです。

原作の内容が当時としては過激であったことから、1894年に、パリのオペラ座で行われたオペラの初演も失敗に終わっています。それでもマスネは大幅な改訂を施し、1898年に同じオペラ座で再演を行います。改訂版が成功し、マスネらしい人の心を動かす魅力的な旋律とともに、多くの人に親しまれるオペラとなりました。

オペラのなかでも、よく知られているのが「タイスの瞑想曲」です。第2幕の第1場と第2場の間の約5分間の間奏曲で、アタナエルの説得を受けて、自分の人生を振り返り、改悛するまでのタイスの心の動きを描いています。最初の主題があり、ハーモニーが次々と変化する中間部でタイスの揺れる気持ちが表れています。後半、主題が再び表れ心が浄化され、信仰の道に入ることへの静かな覚悟が弱い音で表されています。

「タイスの瞑想曲」は、オペラではハープとヴァイオリンで演奏されていますが、ピアノとヴァイオリンなど、さまざまな楽器用に編曲され、コンサート用の曲、特にアンコール曲としてしばしば演奏されます。

もっと知りたい！豆知識

◆初演のタイス役は、アメリカのソプラノ歌手、シビル・サンダーソンが務めています。タイスの曲は難しいため、プロのなかでも才能に恵まれた歌手が想定されています。

6つのパルティータ

ヨハン・セバスティアン・バッハ

バッハが完成に導いたパルティータの形

「パルティータ」は、イタリア語の「部分＝parte」から生まれた音楽用語で、バッハが活躍する以前の17世紀には「変奏曲」とほぼ同じ意味で用いられていました。そして18世紀のドイツで、共通の主題やモチーフ、情緒などによって、統一性をもった「組曲」という意味に変化します。その先駆けとなったのはフローベルガーやベームでしたが、ひとつの芸術的な形として完成させたのは、ヨハン・セバスティアン・バッハです。

バッハのパルティータのなかでも、『(6つの) パルティータ (BWV825-830)』がよく知られています。これらはバッハが、1726年から1730年に個別に発表してきた作品を、1731年に『クラヴィーア練習曲集』の「作品1」として出版したものです。ちなみに、『クラヴィーア練習曲集』はシリーズとして第4部まで続きましたが、第2部以降は作品番号を付けていません。

クラヴィーアとは、ピアノやハープシコード (チェンバロ、クラヴザン) などの鍵盤楽器の総称です。ピアノが発達していないバッハの時代は、ハープシコードやクラヴィコードを想定して、こうした練習曲も作曲されています。

バッハはオルガンのヴィルトゥオーソとして当時から有名だったので、多くの弟子が集まりました。こうした弟子の教育用としてすでに『イギリス組曲』や『フランス組曲』を作曲していました。しかし、『パルティータ』は「作品1」とあるように、バッハが最初に出版したクラヴィーア用の曲集です。ちなみに、『クラヴィーア練習曲集』第4部は、今日では『ゴルトベルク変奏曲』の名で知られています。

『6つのパルティータ』第1番。ケーテン侯の嫡子誕生を祝うために献呈しました。

もっと知りたい！豆知識

◆組曲とは舞曲から構成された楽曲です。古典的組曲と呼ばれるバッハが基本とした舞曲の配列は、アルマンド→クーラント→サラバンド→ギャラテリ→(作意の舞曲)→ジーグです。

◆変奏曲とは、主題をもとに、その旋律やリズム、和音などをさまざまに変化させた曲を、ひとつの楽曲にまとめたものをいいます。

『チェロ協奏曲』第9番

ルイジ・ボッケリーニ

チェロの名手だった作曲家

ルイジ・ボッケリーニは、1743年生まれ。ハイドンやモーツァルトと同時代に活躍したイタリア人作曲家で、チェロの名手でもありました。芸術一家に生まれ、13歳で演奏家デビュー。父子で神聖ローマ帝国の首都・ウィーンに召喚されて、宮廷劇場の奏者となりました。20代半ばから演奏旅行に出て作曲活動も行い、その後、スペイン王室に招かれ、亡くなるまでマドリッドで過ごしたといわれています。

ハイドンをはじめ同時代に華やかな活躍をした作曲家が多いため、陰に隠れがちですが、ボッケリーニは、弦楽四重奏や弦楽五重奏を中心に、交響曲、協奏曲など多くの曲を作りました。その数は、弦楽四重奏と弦楽五重奏が約100曲ずつ、その他の室内楽曲も100曲以上に及びます。特にホ長調の弦楽五重奏第3楽章は、「ボッケリーニのメヌエット」として有名です。

チェロ協奏曲は、13曲を残していますが（うち1曲は偽作とされています）、第9番の変ロ長調が、広く知られている作品です。

この第9番が知られるようになったのは、1895年にドイツのチェリスト、グリュッツマッハーによる校訂・編曲版が出てからのことです。しかしこの楽譜はグリュッツマッハーがつぎはぎでこしらえたもので、第2楽章は第7番のチェロ協奏曲からの引用で、いまでは「グリュッツマッハー稿」と呼ばれています。しかし第二次世界大戦後、本来の第9番の楽譜が発見されて、原譜でも演奏されることが多くなっています。

ボッケリーニはハイドンやモーツァルトと同世代で古典派に属します。彼はハイドンの交響曲や弦楽四重奏をモデルにしましたが、自身がチェリストであったことからチェロのパートを重視したことで、独自のスタイルを作りました。

チェロ協奏曲を作曲した18世紀の作曲家

作曲家名	生没年	出身地・活動地
G.Chr.ヴァーゲンザイル	1715～1777年	オーストリア
K.Fr.アーベル	1723～1787年	ドイツ・イギリス
J.ハイドン	1732～1809年	オーストリア
K.D.v.ディッタースドルフ	1739～1799年	オーストリア
L.ボッケリーニ	1743～1805年	イタリア
C.シュターミッツ	1745～1801年	ドイツ

ボッケリーニが活躍した時代は、名だたる作曲家たちがチェロ協奏曲を作曲していました。

もっと知りたい！豆知識

◆1948年になって、『チェロ協奏曲』第9番の原譜が発見され、グリュッツマッハーが『チェロ協奏曲』第7番の第2楽章を転用していた第2楽章は、ボッケリーニの原譜のまま演奏される機会が増えました。

大学祝典序曲

ヨハネス・ブラームス

大学の名誉博士号授与への返礼の曲

『大学祝典序曲』は、ヨハネス・ブラームスが1880年に作った演奏用序曲です。

作曲に至る経緯は、『ドイツ・レクイエム』(1868年)、『交響曲』第1番(P.10)(1876年)といった作品によって、ブラームスが高い評価を得たことに起因します。ブラームスの名声は遠くイギリスにも届き、ケンブリッジ大学が名誉博士号の授与と、ブラームスの指揮による『交響曲』第1番のイギリス初演を計画します。ところが気乗りのしなかったブラームスはそれを断ってしまいます。にもかかわらず、ロンドン王立フィルハーモニー協会は、ブラームスが授与式に出席しなくても彼に金メダルを授与したのです。

今度は、ドイツ(現ポーランド)の歴史ある大学である、ブレスラウ大学が名誉博士号を授与することを提案します。イギリスの件を気に病んでいたうえ、今度は、ブラームスを支持しているシュルツの推薦によるものだったので、ブラームスは指揮者のベルンハルト・シュルツに相談します。すると、何か曲でも書いてくれたらありがたいといわれたうえ、出席も必要ないということで、名誉博士号を受けることに決めて作曲に取り組みます。

ありきたりな曲を書く気もなかったブラームスは、19世紀はじめに起こったドイツの学生団体運動(ブルンシェンシャフト)から生まれた学生歌をもとにして、大学の自由を歌い上げる曲を構想し、そして完成したのが『大学祝典序曲』です。自由なソナタ形式を基本にしながら、「ガウデアームス(いざ楽しまん)」などの、保守に抵抗するための学生歌4曲と自主主題をつなぎ合わせています。曲の性格に合わせた楽器の割当を行い、ブラームスの曲にしては打楽器を多用しています。その一方で、単に明るいだけの曲ではなく同時期に作曲した『悲劇的序曲』にも似ています。

1779年にブレスラウ大学から名誉博士号を授与され、『大学祝典序曲』は1881年にブレスラウ大学によって開かれた特別集会で、ブラームス自身の指揮により初演を果たしました。

ケンブリッジ大学は、1209年に設立された世界有数の名門大学です。哲学者フランシス・ベーコンなどが卒業生です。

もっと知りたい!豆知識

◆ブラームスが書いた演奏会用序曲は、この曲と『悲劇的序曲』の2曲です。『大学祝典序曲』のオファーを受け、「笑う序曲」と「泣く序曲」の両方を作ろうと思い立ち、同時期に作曲しました。

喜びの島

クロード・ドビュッシー

絵画に触発されて作られた作品

『喜びの島』は、1904年にクロード・ドビュッシーによって作曲されたピアノ独奏曲です。『喜びの島』は、ジャン=アントワーヌ・ヴァトーの作品で、ルーブル美術館に所蔵されている絵画『シテール島の巡礼』に影響を受けて作曲されたと伝えられています。ちなみに最初は『シテール島への船出』というタイトルでしたが、後に改題され、現在のタイトルになっています。

ヴァトーは、曲線的で装飾的な甘美なロココ様式を代表する画家で、1717年に完成したのが『シテール島の巡礼』です。シテール島は、ギリシャの群島のなかのひとつで、ギリシャ神話に登場する愛の女神、アフロディーテが泡から生まれて最初に辿り着いた島とされ、愛と快楽の島として、たびたび芸術のテーマに取り上げられてきました。

絵画の世界では、人々が愛の島を目指して船に乗り込むところなのか、これから愛の島を離れようとしている場面なのかは議論されているようですが、愛の島をキーワードに若い恋人たちが集っている情景なので、甘美にして官能的な世界を感じることには変わりありません。

ドビュッシーのピアノ独奏曲『喜びの島』は、イ長調で4分の4拍子。中世ヨーロッパ教会旋法の一種、リディア旋法をもとに作られています。装飾音やリズムの変化を用いることで、幻想的な愛の喜びを描き出しているこの曲は、鮮やかな色彩感を出すために、ドビュッシーの作品には珍しく、高い演奏技巧が要求されます。初演は1904年にパリの国民音楽協会で、リカルド・ビニェスの演奏で行われました。

ドビュッシーといえば、18歳から人妻と関係をもち、同棲相手が自殺未遂を起こし、結婚後も不倫をして、妻はコンコルド広場において銃で胸を撃ち自殺未遂、そして不倫相手と逃避行をして子どもが生まれる……などという経験をしてきた人物。1904年の夏、逃避行の地、イギリス海峡のジャージー島で、すでに着手していた『喜びの島』に手を加え、逃避行の相手であるバルダック婦人の前で、この作品を完成させたと伝えられています。いまなら、メディアに追いかけられて謝罪するような状況です。愛する人との甘美な日々がたっぷりと詰め込まれているのかもしれませんが、その裏側を知ってしまうと、素直に素敵だと思えない人は多いかもしれません。

もっと知りたい！豆知識

◆『喜びの島』の管弦楽版は、ドビュッシー自身の指示にもとづいて、イタリアの指揮者、ベルナルディーノ・モリナーリによって編曲されましたので、原曲のイメージを壊すことのない編曲となっています。

366 days of Classical music

366日の西洋音楽

9月

乙女の祈り

テクラ・バダジェフスカ

夭逝した女性作曲家が祈ったこととは？

ピアノを習ったことがある方はもちろん、触ったことがない方にもよく知られている「乙女の祈り」は、東海道新幹線のホームドア開閉音としても知られています。

ただ、「乙女の祈り」の作曲者は誰かと問われると、多くの方が首を傾げるはずです。作曲者は、1834年生まれのポーランド出身の作曲家でピアニストのテクラ・バダジェフスカで、彼女が22歳のときに作った作品です。バダジェフスカはプロではなく、アマチュアだったとみられ、彼女の写真や肖像画は、第二次世界大戦で焼けてしまい残っていません。「乙女の祈り」の楽譜も、当初は商業出版ではなく自費出版されたと推測されています。

自費出版の曲が広まった背景には、当時の社会状況があります。19世紀中頃は、貴族に代わって市民が力を持った時代で、上流階級の人々の多くが、ピアノを買い、娘たちにピアノのレッスンを受けさせました。適度に難しく、聴き映えがする「乙女の祈り」はまさに彼女たちの求めていた曲でした。そのため、楽譜を出版して3年目にパリの音楽雑誌が目をつけて、「乙女の祈り」の楽譜を付録に付けて紹介すると、売り上げは100万部を超え、パリから世界中に広がったのです。

これほどのヒット作品でありながら、彼女の名前が知られていないのはなぜでしょう。大きな要因のひとつは、作曲者が27歳の若さで亡くなっていることです。病気がちであったとも推測され、作曲したピアノ曲は34曲で、後世にまで広まったのはこの曲だけでした。また、曲がシンプルであったために専門家から酷評され、祖国のポーランドでも評価されなかったといいます。

そして、もうひとつ疑問が残ります。それは、彼女が何を「祈った」のかということです。病弱だったことを考えると、健康を祈ったのかもしれませんが、実は、「乙女の祈り」のヒットに呼応して作られた作品に『かなえられた乙女の祈り』があるのです。そこから考えると、健康を願ったのではなさそうです。いずれにしても、その願いが叶ったのならひとつの救いといえるでしょう。

「乙女の祈り」の冒頭部分。
このテーマが繰り返し使われます。

もっと知りたい！豆知識

◆「乙女の祈り」が日本に紹介されたのは、大正時代前後とみられています。1950年代なかばから1960年代の高度成長期に、ピアノが急速に家庭に普及すると、いつかは弾いてみたい憧れの曲になりました。

◆近年、日本に留学したポーランド人によって、バダジェフスカの研究が行われ、その発表により、祖国ポーランドでも再評価されるようになりました。

バレエ音楽『世界の創造』

ダリウス・ミヨー

フランス6人組メンバーによるバレエ音楽

『世界の創造』は、フランス人の作曲家ダリウス・ミヨーが、1923年に作曲したバレエ音楽で、当時サブカルチャーであったジャズを取り入れていることが大きな特徴です。これのきっかけとなったのが1920年、作品上演のためにロンドンに滞在した際に、ビリー・アーノルド楽団によるジャズを聴いて衝撃を受けたことだといいます。1922年にはアメリカに演奏旅行に出かけ、翌年、本物の黒人ジャズをハーレムで聴き、その影響を受けて『世界の創造』を作りました。

アメリカに限らず、ミヨーは旅先で触れた民俗音楽などからもインスピレーションを得て作品を作ったり、さまざまな楽器編成を試みたり、映画音楽を作曲したりと、創作意欲の高い作曲家として知られています。

ミヨーは、いわゆる「フランス6人組」のメンバーとしても有名です。「フランス6人組」は第一次世界大戦のフランスで、ドビュッシーの後を継ぐと期待されたフランス音楽界をリードする作曲家たちです。メンバーは、ミヨーの他、アルテュール・オネゲル、フランシス・プーランク、ジョルジュ・オーリック、ジェルメーヌ・タイユフェール、ルイ・デュレです。前身となったのは「新青年」と称する若い作曲家のグループで、1827年にロシア・バレエ団がエリック・サティ作曲の「パラード」を初演したとき、その前衛さに惹かれてサティの周りに集まった人々でした。

ところがその後サティが抜けてしまい、代わりに加わったのが、詩人であり芸術家として幅広く活躍するジャン・コクトーです。コクトーは、「新青年」の作曲家たちから6人を選び、ピアノ小品集『6人組のアルバム』の出版を計画しました。そして、音楽批評家のアンリ・コレが『コメディア』誌にこの小品集に対する批評記事「ロシア5人組とフランス6人組」を書き、戦略的に世の人々の注目を集めたのです。

「ロシア5人組」とは、19世紀後半に民俗主義的な音楽をめざしたロシアの作曲家集団を指します。フランス6人組は、グループとしての活動はほとんどなかったものの、ロシア5人組と比較することでアピールし、それまでフランスで絶大な権力をもっていたドビュッシーに反発し、新たな音楽の方向性を探ろうとする勢力として存在感を示しました。

もっと知りたい！豆知識

◆音楽的な面では、フランス6人組の特徴は「多調性」であると論じられました。なかでも、リーダー格であったミヨーは、自ら多調を駆使した作品を発表し、このグループのトレードマークにしようとしましたが、メンバーの中には反発したり、レッテルを貼られることに苦慮したりする者もいました。ちなみに、多調とは、異なる調を同時に使用する作曲技法で、復調ともいいます。
◆タイユフェールは、メンバー中、唯一の女性です。

オペラ『トロイアの人々』

エクトル・ベルリオーズ

トロイの木馬で知られる『アエネーイス』を描く

『トロイアの人々』は、『幻想交響曲』(P.299)で知られるエクトル・ベルリオーズが作曲した、全5幕のグランド・オペラです。グランド・オペラとは主に、19世紀前半にフランス・パリのオペラ座を中心に流行した大規模なオペラのことをいいます。本作は、古代ローマの詩人であるヴェルギリウスの叙事詩『アエネーイス』をもとに、ベルリオーズ自身が脚本を書いています。

物語は第1部「トロイアの陥落」(1～2幕)と、第2部「カルタゴのトロイア人」(3～5幕)に分けられています。第1部はトロイア戦争でトロイアが滅びるまでが描かれ、トロイア人が、ギリシャ軍が残した木馬を城内に入れてしまい、木馬の中から出てきたギリシャ兵によって滅ぼされる、いわゆる「トロイの木馬」の話が出てきます。

第2部は、トロイアの英雄アエネアス(エネ)たちが、「イタリアで新しい国を築くだろう」という神のお告げを受け、トロイアを脱出し、助けを求めてアフリカのカルタゴに上陸してからの話です。エネは、カルタゴの女王ディドと恋に落ち、イタリアに向かう使命を忘れてカルタゴの平和を享受しますが、「イタリアに行け」と神の声が響き、エネはカルタゴを離れることを決心します。

音楽は、全体的に奇をてらわない古典的な響きをベースに、ベルリオーズならではの美しい旋律が散りばめられ、壮大で変化に富んでいます。第1幕のアリア「カサンドラの悲歌」や、第4幕のエネとディドの二重唱など声楽的に楽しめる部分がある一方、第4幕前半の間奏曲「王の狩りと嵐」など交響曲として楽しめる部分も豊富です。

全曲ノーカットで演奏すると約4時間にもなる長大さゆえ、1863年の初演は第2部のみ行われました。全曲の上演が行われたのは、ベルリオーズの死後21年も経った1890年でした。その後、大規模上演しやすい環境が整うにつれて全幕上演も増え、ベルリオーズ生誕200年記念の2003年には、パリのシャトレ座、アメリカのメトロポリタン歌劇場など、多くの劇場で上演されました。

トルコのトロイ遺跡にある木馬の複製。

もっと知りたい!豆知識

◆日本での全幕初演は2011年2月です。オペラではなく、コンサート形式でしたが、東京のサントリーホールでマリインスキー劇場管弦楽団と合唱団の演奏によって行われました。

◆コンピュータウイルスの「トロイの木馬」の名称は、『アエネーイス』のトロイの木馬に由来しています。

讃美歌「主よ、人の望みの喜びよ」

ヨハン・セバスティアン・バッハ

教会音楽家バッハを垣間見せる小品

バッハは65年の生涯をドイツのチューリンゲン地方で送りしました。同年に近くで生まれていたヘンデルが、イタリアやイギリスで活躍していたのとは対照的です。バッハは町楽師と呼ばれる音楽家の家に生まれ、幼い頃から弦楽器や管楽器の手ほどきを受けました。やがてオルガニストになる訓練を受け、作曲でも才能を発揮するようになります。

チューリンゲン地方のアルンシュタットやミュールハウゼンの町のオルガニストを務め、ヴァイマルの宮廷オルガニストとなります。そして32歳の頃からケーテン侯国の宮廷楽長になり、38歳のときにライプツィヒのトーマス教会の合唱長になります。合唱長とは、トーマス教会をはじめとする町の教会で演奏される礼拝音楽を、作曲・演奏するのが主な仕事です。さらに、そこで合唱を担当する教会附属学校の聖歌隊の子どもたちの音楽教育も担当していました。

こうした礼拝音楽のうち、独唱や合唱、そしてオーケストラ伴奏で演奏されるものを、「教会カンタータ」（カンタータは声楽曲の意味）と呼んでいます。バッハはライプツィヒで赴任した最初の3年間に、集中的にこの種の作品を作曲しています。現在200余曲が残されています。実際には300曲近くあったと考えられていますが、彼の死後散逸してしまいました。

教会カンタータの歌詞は、礼拝の説教の内容と関連しています。教会カンタータの多くが2部構成になっているのは、間に説教が入るからです。日本で最もよく知られている教会カンタータは、結婚式などでオルガンによって演奏される讃美歌（コラール）「主よ、人の望みの喜びよ」でしょう。

「主よ、人の望みの喜びよ」は、『心と口と行いと生きざまもて』（第147番）という曲の第1部と第2部のそれぞれ最後に歌われます。この曲は、イエス・キリストの母マリア、洗礼者ヨハネの母エリザベトを訪問したことを祝う祝日用の曲です。説教では、イエスを身ごもったことをエリザベトに祝福され、感動したマリアが神を讃えたという聖書の言葉が読まれます。祝福に満ちた結婚式にふさわしい曲だといっていいでしょう。

もっと知りたい！豆知識

◆1年間に必要とされる教会カンタータは60曲ほどです。
◆バッハは、世俗カンタータも20曲ほど作曲しています。
◆教会カンタータが広く知られるようになったのは、バッハの死後これらの曲を相続した長男フリーデマンが生活に困って楽譜を切り売りしたためといわれています。しかし、本来200余曲しかなかったという見方もあります。

『交響曲』第2番

アレクサンドル・ボロディン

本業は研究者！ 自称「日曜作曲家」の名作

アレクサンドル・ボロディンは、19世紀後半、ミリイ・バラキレフを中心としてロシアで国民主義的音楽づくりを目指した「ロシア5人組」のひとりです。

ボロディンは、有名な「ダッタン人の踊り」（P.43）を含む、オペラ『イーゴリ公』などを残していますが、作品数が大変少ないことが特徴です。プロの作曲家だったら、とても食べていけない作品数なのは、本業が作曲家ではなく、そのキャリアも音楽家としては異例のものだからです。

彼の生まれは、サンクトペテルブルクで、実父はグルジア皇太子です。実子として認知されず、戸籍上はボロディンという名の農民の子どもでした。しかし、ピアノのレッスンを含め、優れた教育環境で育てられました。17歳でサンクトペテルブルク大学の医学部に入学し、最優秀の成績で卒業後は陸軍病院に勤務します。26歳のとき、ドイツのハイデルベルク大学に留学し、元素周期表の作成で知られるロシア人化学者、メンデレーエフに師事し、卒業後は、母校サンクトペテルブルク大学に戻り、医学部生化学の助教授、そして教授となり、有機化学の研究者として多くの功績を残しています。特に、アルデヒドの研究で有名です。

このように化学者として大成したボロディンですが、特別に音楽教育を受けているわけではありません。作曲を正式に学んだのも30歳で、ロシア5人組のバラキレフに出会ってからです。研究者として生計を立てていて、音楽に使える時間は本業の合間だけなので、「日曜作曲家」と自称していたといいます。

『交響曲』第2番は、オペラ『イーゴリ公』と同時期の1869年に着手されましたが、完成したのは1877年と時間がかかっています。初演の評価は芳しくなく、ボロディン自身が手を入れ、2年後、5人組のひとりであるコルサコフの指揮で再演を行い、成功を収めました。4つの楽章からなる『交響曲』第2番は、明快さが魅力の曲で、「ロシア」を感じさせる勇壮な主題が登場します。

もっと知りたい！豆知識

◆ボロディンが活躍した当時のロシアは、音楽の分野では後進国で、専門の教育機関もなく、プロの作曲家として活躍できる状況ではありませんでした。むしろボロディンは化学者として西欧に出張できたために、音楽に触れる機会を得ています。1877年には、仕事でドイツに行ったときに、ドイツ・ワイマールでフランツ・リストと『交響曲』第2番のピアノ版を連弾し、アドバイスを受けたといわれています。
◆化学の世界では、「ボロディン反応」で自らの名を残しています。

『無伴奏チェロ組曲』第1番

ヨハン・セバスティアン・バッハ

練習曲から芸術的作品に変ぼうした組曲

『無伴奏チェロ組曲』第1番は、バッハが作曲した独奏チェロのための作品で、6曲の組曲が含まれています。バッハの自筆譜は残されておらず、1727年〜1731年頃にブラウンシュヴァイクの宮廷楽団でヴァイオリンを弾いていたG.H.L.シュヴァンベルガーの注文に応じて、バッハの妻のアンナ・マクダレーナが作成した浄書譜が残されています。この浄書譜は20世紀までバッハの自筆譜であると思われていました。それほどに妻の筆跡は夫バッハの筆跡に似ていたのです。

組曲とは、この時代では舞曲を組み合わせた曲のことをいい、英語ではスイート(suite)といいます。ホテルの「スイート」ルームの各部屋がひと続きになっているように、組曲ではアルマンド・クーラント・サラバンド・ジーグという舞曲の基本的な配置があり、アルマンドの前に前奏曲、サラバンドとジーグの間にメヌエット、ブーレ、ガヴォットなど比較的新しい舞曲が1〜2曲挿入されます。バッハには『無伴奏ヴァイオリンのための3つのソナタと3つのパルティータ』(1720年)という全6曲からなる曲集があります。パルティータ(P.257)は組曲ですが、実はこの無伴奏ヴァイオリンのための曲集の姉妹作品として作曲されたのは、無伴奏チェロのための組曲だったのです。

チェロは、3本あるいは4本の弦を同時に弾いて和音を奏でることができませんし、鍵盤楽器のように複数の旋律を同時演奏することもできません。しかしバッハは、無伴奏ヴァイオリンのための楽曲と同様に、弦を時間差で弾いて和音を鳴らしたり、ひとつの旋律ながら高音域と低音域の音をつなげると、異なる旋律線が聴こえるように工夫したりしています。高度な技術を要するため、20世紀はじめに名チェリストのパブロ・カザルスが作品の芸術性を発見するまでは、練習曲として扱われてきました。

バッハは、チェロ組曲をどのような楽器で演奏すればいいと考えていたのでしょうか。もちろんチェロですが、バッハの時代にはヴィオラ・ダ・ガンバと呼ばれるヴィオール族の低音楽器が使用されていました。他にも、ヴィオロン・チェロ・ピッコロ、ヴィオラ・ダ・スパッサ、ヴィオラ・ポンポーサなどの名称で呼ばれていますが、どれもヴァイオリンのように肩にのせて演奏する小型のチェロのような楽器です。これらはバッハの時代にもあり、教会カンタータで使用していました。現代では、こうしたさまざまな楽器で演奏が試みられています。

もっと知りたい！豆知識

◆パブロ・カザルスは、1876年、スペイン・カタルーニャ地方に生まれたチェロ奏者・指揮者・作曲家で、『無伴奏チェロ組曲』に出会った13歳のときは、バルセロナの市立音楽院でチェロを学んでいました。

◆バッハが特定の人物を想定して『無伴奏チェロ組曲』を作曲したわけではなく、おそらく音楽教育用に作曲したものと思われます。無伴奏ヴァイオリンの浄書譜が1720年に完成されていますので、姉妹作品である無伴奏チェロもその直後あたりに完成されていたと考えられています。

歌曲集『オーヴェルニュの歌』

ジョゼフ・カントルーブ

故郷・オーヴェルニュ地方の民謡をもとに作曲

『オーヴェルニュの歌』は、フランスの作曲家で音楽学者のジョセフ・カントルーブが、故郷のオーヴェルニュ地方の民謡をもとに作った歌曲集です。民謡を管弦楽伴奏の歌曲に編曲していて、ほとんどがソプラノの独唱で歌われます。

カントルーブは、オーヴェルニュ地方の由緒ある家に生まれ、幼少よりピアノのレッスンを受けていました。一時は銀行に勤めますが、病気で実家に戻り、快復した後にパリで音楽の道に進むことを決めます。パリでは作曲家で指揮者でもあるヴァンサン・ダンディに師事し、音楽家としての道を歩み始めます。

パリでは、1925年にオーヴェルニュ出身の若者たちとともに文化団体を立ち上げ、故郷の民謡や景勝地を紹介することに力を入れました。第1集から第5集に及ぶ『オーヴェルニュの歌』も、このような背景をもとに作られています。第1集から第4集までは1923年から1930年に作られていますが、第5集は亡くなる2年前の1955年に出版されているため、完成までに約30年も費やしたことになり、並々ならぬ情熱を注いでいたことがわかります。

『オーヴェルニュの歌』は、民謡の素朴な歌とメロディをもとにしていながらも、伴奏となる管弦楽の作曲については、大変洗練されているのが特徴です。原曲となる民謡は、羊飼いの生活を主題とするものが多く、羊飼いの笛やハーディ・ガーディ（弦楽器の一種）、バグパイプなど単純な楽器で伴奏しています。カントルーブは民謡の特色を残しながら、オーベルニュの風景が織りなす豊かな色彩を、オーケストラによって美しい音色に変換することで、芸術性の高い作品に仕上げています。

『オーヴェルニュの歌』の初演は、1930年ですが、全曲録音は1962年に、現ウクライナ出身のソプラノ歌手、ネタニア・ダグラツの歌唱によって初めて行われています。この盤は、「LP以降で最も優れた歌曲レコードのひとつ」とアメリカで絶賛され、「ダグラツ盤」と呼ばれています。

フランスのオーヴェルニュ地方は天然水「Volvic」で有名な自然豊かな場所です。

もっと知りたい！豆知識

◆ネタニア・ダグラツは、気品のある歌声が特徴のソプラノ歌手で、当時、ストコフスキーやバーンスタインなど著名な指揮者たちと共演し、絶賛されていました。

バレエ音楽『ボレロ』

モーリス・ラヴェル

幻想的で謎めいた作品が生まれる理由

「ボレロ」はフランスの作曲家、モーリス・ラヴェルが、バレリーナのイダ・ルビンシュタインから依頼を受けて、1928年に作曲したバレエ音楽です。その年に初演が行われるとたちまち人気が高まり、その後は各地でオーケストラでの演奏も行われるようになりました。

バレエの舞台は、スペイン・セビリアの酒場です。スペイン人の踊り子が酒場の舞台でゆっくりとリズムを取り、踊り始め、踊りが華やかになっていき、最後は酒場の客たちまで一緒に踊りだすというストーリーです。全曲を通じて、スペインの民俗舞踊、ボレロのリズムが繰り返され、メロディーも2種類のパターンで、クレッシェンドはひとつのみという特徴があります。小さい音で始まって、最大になって終わるため「世界一長いクレッシェンド」と呼ばれることもあります。

ラヴェルはフランス人ですが、生まれたのはスペインに程近いバスク地方です。ラヴェル自身は生まれて3ヶ月しか過ごしていませんが、母親がバスク出身で、母が歌うバスク民謡を聴いて育ったといわれ、「ボレロ」はラヴェルにとって縁のあるスペインの情緒があふれる作品として完成されています。

このように「ボレロ」に関しては異国情緒をもつ民俗的な音楽といえますが、彼の作品は実に多様です。ラヴェルの活躍した時代、ドビュッシーの印象主義、フランス6人組による新古典主義、ストラヴィンスキーによる原始主義などが興りましたが、ラヴェルを「〇〇主義の作曲家」と括ることは難しいといえます。代表的な作品を見ても、『水の戯れ』はドビュッシーに先駆けた印象主義、『夜のガスパール』はロマン主義、『クープランの墓』(P.56)は新古典主義の特徴があるなど多様で、ラヴェルの「仮面性」と表されることもあります。

小太鼓(スネア・ドラム)は最初から最後まで同じリズムを刻み続けます。

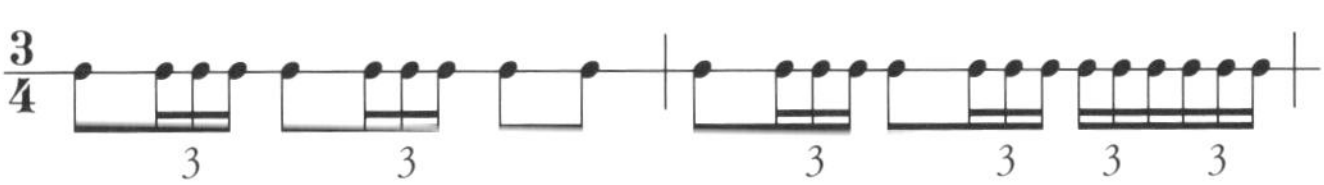

もっと知りたい！豆知識

◆ラヴェル自身は、この曲で繰り返されるリズムに関してスペインの工場からヒントを得たと語っています。
◆世界初演から約2年後、新交響楽団(現NHK交響楽団)によって、日本初演が行われました。

『フルート・ソナタ』「ウンディーネ」 カール・ライネッケ

ロマン派時代にドイツで活躍

カール・ライネッケは、1824年生まれのロマン派の作曲家・ピアニスト・指揮者で、教育者です。

ロマン主義は、18世紀末から19世紀前半のヨーロッパで台頭した芸術思潮です。古典主義のように形式や合理を美の規範にするのではなく、現実には存在しない世界、例えば神話、夢、子どもなどの世界に思いをはせて感情や感覚、直感を大切にする芸術の考え方です。音楽におけるロマン派は、古典派の音楽の形式は残しつつ、自由に感情や情景、イメージなどを色彩豊かに表現する音楽を発展させました。時代区分としては、1800年代初頭から1910年代まで続いたとされています。ロマン派音楽の代表的な音楽家としては、シューベルト、シューマン、メンデルスゾーン、ショパンなどが挙げられ、後期にマーラーやR.シュトラウスが現れます。

ライネッケは、有名な音楽理論家の父のもとで音楽を学び、7歳ですでに作曲を手掛け、10代半ばでフーガ付きのピアノ曲を出版しています。ピアニストとしても、12歳で初の公開演奏を行い、18歳になるとライプツィヒなどドイツ国内の都市や北欧へ演奏旅行に出ています。その後ライネッケはライプツィヒに数年間滞在し、音楽家としての力を付けます。

バッハが後半生を過ごした町でもあるライプツィヒには、ケヴァントハウス管弦楽団のコンサートホールがあり、演奏会の伝統が根付いていました。そしてこの地で、ロマン派時代を代表する作曲家であるメンデルスゾーンやシューマンに出会って教えを請うています。ドイツのロマン派音楽の中心都市ライプツィヒの作曲家たちとキャリアを築いていったのです。

その後、ケヴァントハウス管弦楽団の楽長、ライプツィヒ音楽院の教授へと順調に音楽家の道を歩んだライネッケが、1882年に作曲したのが『フルート・ソナタ』「ウンディーネ」です。フリードリヒ・フーケの戯曲『ウンディーネ』に着想を得たこの曲は、4つの楽章で構成され、フルートとピアノ伴奏で演奏されます。1884年のライプツィヒでの初演時には、ライネッケ自身がピアノ伴奏を行いました。

もっと知りたい！豆知識

◆ライプツィヒ音楽院は、ライネッケの時代にヨーロッパ屈指の名門音楽大学となりました。1901年、日本の西洋音楽黎明期における代表的な音楽家となった滝廉太郎は日本の音楽留学生第一号としてライプツィヒを訪れ、音楽院の試験に合格しています。

◆フリードリヒ・フーケは、ドイツの作家であり詩人です。軍人として遠征に参加した後、作家に転身しました。

『交響曲』第3番

ヨハネス・ブラームス

主題に自らのモットーを忍び込ませた!?

ヨハネス・ブラームスは、1833年、ドイツ・ハンブルクに生まれた作曲家・ピアニスト・指揮者です。職業音楽家であった父から教育を受け、10歳でピアニストとしてデビューし、20歳頃には、ハンガリー革命の影響で放浪をしていたヴァイオリニスト、レメーニの伴奏者として演奏旅行をしています。その旅で、若いブラームスは、ヨアヒム、リスト、シューマンに出会います。音楽批評家としても活躍していたシューマンは、ブラームスの才能を見抜き、評論を書いています。

ロマン派音楽を代表するシューマンに若くして見出されたブラームスですが、これによって古典派の偉業を残したベートーヴェンの後を継ぐことを期待されたブラームスのプレッシャーが大きかったことは想像に難くありません。また、ブラームスは自己批判の精神の強い人物でもあり、交響曲を作曲してはじめて作曲家として認められる風潮があった当時、『交響曲』第1番が完成するまでに19年の年月を要したことはよく知られています。

ブラームスの『交響曲』第1番は1877年に完成し、第2番も1877年、第3番は1883年、50歳のときに完成しています。ブラームスの残した交響曲4曲のうち、第1番は重厚、第2番は明るく快活、後の第4番は古典回帰を感じる作風です。

第3番は、交響曲というより室内楽的で、情緒豊かな旋律が特徴で、特にハ短調第3楽章は、美しくも悲哀を感じるメロディが印象的です。しかし、ブラームスをベートーヴェンの後継者として見る人々からは、この曲は初演時に良い評価を得られませんでした。この曲は、生涯にわたり親交のあったシューマンが、同じ50歳で亡くなったこともあり、彼へのオマージュであると考えられます。終楽章が静かに終わることで、この印象はより強められます。

弦楽器が印象的な美しい旋律を奏でる第3楽章。

もっと知りたい！豆知識

◆『交響曲』第3番は、他の3曲の交響曲に比べて演奏の頻度は少ないですが、フランソワーズ・サガンの小説『ブラームスはお好き』を映画化した『さよならをもう一度』（1961年）で使われて世界的に有名になりました。
◆シューマンは精神疾患に悩まされ、晩年のシューマンの家族をブラームスは支え続けました。シューマンの妻とは親密な間柄になったといわれていますが、シューマンの死後も、ブラームスは彼女と結婚することはありませんでした。

ピアノ小品集『7つの幻想曲』

ヨハネス・ブラームス

人生の最後を飾る小品の数々

ヨハネス・ブラームスは、交響曲やピアノ協奏曲、ヴァイオリン協奏曲などで知られ、こうした大規模な作品が現在でもよく演奏されます。しかし、亡くなる数年前、1892年から1893年には、『7つの幻想曲』『3つの間奏曲』『6つの小品』『4つの小品』といった珠玉のピアノ小品を集めた曲集を完成させています。

若い頃に才能を見出され、困難がありつつも順調に音楽家としてのキャリアを築いてきたブラームスですが、1890年になると、自身の能力に衰えを感じ、引退すら考え始めます。遺書を書き、生前整理に取り掛かったブラームスでしたが、あるひとりの音楽家の登場によって、再び創作意欲をかき立てられます。クラリネット奏者、リヒャルト・ミュールフェルトです。ブラームスはミュールフェルトの演奏に感激し、『クラリネット三重奏曲』『クラリネット五重奏曲』、そしてブラームスの最後の器楽曲となる『2つのクラリネット・ソナタ』を書き、彼との友情を深めていきます。

こうして創作意欲が高まりつつあるなかで作曲したのが、上述した4つのピアノ小曲集です。最初の『7つの幻想曲』は前作『2つのラプソディ』から12年後にようやく作曲したピアノ曲で、2曲のカプリッチョと5曲の間奏曲で構成。『3つの間奏曲』は3曲のアンダンテ楽章、『6つの小品』はバラード、ロマンスの各1曲と4曲の間奏曲、そして『4つの小品』は3曲の間奏曲とラプソディから構成されます。

ベートーヴェンの音楽遺産を継承して、ロマン派音楽の推進者であったブラームスの最後の曲の数々がこうした小品であるのは、興味深いものです。ここには、老作曲家の孤独や人生への諦念がつつましく表現されており、ひとりの人間としての最後を映し出した、味わい深い作品となっています。クラリネットのための3曲は、消える直前のローソクの最後の輝きのように映ってしまうでしょう。

『7つの幻想曲』の第1曲カプリッチョ。リズムを大切にしていることが伺えるメロディが印象的な曲です。

もっと知りたい！豆知識

◆小品集としては、最後から2番目になる『6つの小品』は、シューマンの妻、クララ・シューマンに献呈されています。

シンプル・シンフォニー

ベンジャミン・ブリテン

発見された小惑星に名前が付いた作曲家

『シンプル・シンフォニー』は、20世紀のイギリスを代表する作曲家、ベンジャミン・ブリテンが1933年から1934年にかけて作った曲で、彼の代表作として知られています。

4つの楽章からなり、急・緩・舞曲・急という楽章配列から、題名通り簡素な「シンフォニー」といっていいでしょう。一方、楽器構成としてはヴァイオリン(第1・第2)、ヴィオラ、チェロ、コントラバスのみなので、室内交響曲という呼び名が適切かもしれません。

4つの楽章には、それぞれ「騒々しいブーレ」「おどけたピツィカート」「感傷的なサラバンド」「浮かれたフィナーレ」というユニークなタイトルが付いています。第1楽章は神妙な感じで入り、タイトル通りの活発なブーレ(テンポの早い2拍子の舞曲)が印象的で、第2楽章はすべてピツィカートで演奏される楽しい楽章です。第3楽章は打って変わって、悲しみに溢れたサラバンド(3拍子の重々しい舞曲)、そして、第4楽章に「浮かれた」感じの楽しいフィナーレです。このように、さまざまな表情をもつ楽しい曲なので、室内オーケストラでよく演奏される人気の作品です。

ブリテンは、アマチュアのソプラノ歌手であった母親をもち、幼くしてピアノとヴィオラを習い、5歳で歌曲、7歳でピアノ曲、9歳で弦楽四重奏曲を完成させたと伝えられています。驚くことに、『シンプル・シンフォニー』も、9歳から12歳までに描いた作品スケッチがもとになっています。

ブリテンの没後の逸話としては、1984年にアメリカ・アリゾナ州にあるローウェル天文台のエドワード・ボーエルが、自ら発見した小惑星に「ブリテン」の名を付けたことはよく知られています。ボーエルは、ロンドン生まれで、ボーエル彗星を発見したことで有名な元文学者です。

『シンプル・シンフォニー』の原曲タイトル

第1楽章	Boisterous Bourrée(騒々しいブーレ)
第2楽章	Playful Pizzicato(おどけたピツィカート)
第3楽章	Sentimental Saraband(感傷的なサラバンド)
第4楽章	Frolicsome Finale(浮かれたフィナーレ)

各タイトルはすべて、頭文字で韻を踏んでいます。

もっと知りたい!豆知識

◆ブリテンの交響作品には『シンフォニア・ダ・レクイエム』『チェロ交響曲』『青少年のための管弦楽入門』がありますが、ブリテンの曲の場合は、「交響曲(シンフォニー・シンフォニア)」を、語源である「音が同時に響く」という意味としてとらえるべきでしょう。

バレエ音楽『くるみ割り人形』

ピョートル・チャイコフスキー

多くの人々を魅了するバレエ音楽作品

『くるみ割り人形』は、ピョートル・チャイコフスキーが、その晩年、1892年に作曲したバレエ音楽です。バレエ音楽で秀でたチャイコフスキーの作品のなかでも、『白鳥の湖』(P.191)や『眠れる森の美女』とともに三大バレエ作品に数えられます。

バレエの起源は、16世紀末のフランスの宮廷での舞台余興に遡ります。バレエ音楽は、広い意味では、バレエの歴史のなかで使われた音楽全般を指しますが、現在のように、バレエに演劇的な要素が取り入れられたのは、18世紀の後半で、フランスの舞踊家、ノベールの功績が大きいといわれます。さらに劇場音楽における重要な存在となったのは、19世紀の後半にバレエの中心がロシアに移ってからのことです。まさに、チャイコフスキーがその発展の立役者といえますが、1875年に発表した『白鳥の湖』は当初は観客に受け入れられなかったという経緯もあります。

『くるみ割り人形』は、ドイツの作家、E.T.A.ホフマンの童話『くるみ割り人形とねずみの王様』を原作にした、2幕3場のバレエ作品です。物語は、ある国の王子がねずみに呪われ、くるみ割り人形にされてしまい、クリスマス・イブに少女クララにプレゼントされます。そして、王子を助けたクララがお菓子の国に招待されるという内容です。

音楽としては、2幕の終盤に使われる「ドラジェ精の踊り」が有名です。とても愛らしい踊りに、発明されたばかりの楽器「チェレスタ」の非常に柔らかい、透明感のある響きがマッチしています。チェレスタは鍵盤付きの鉄琴の一種で、チャイコフスキーは、人々を驚かせるために、この楽器を演奏で使うことを周囲に口止めするほど気に入っていたといわれています。

「ドラジェ精の踊り」の「ドラジェ」は、砂糖でコーティングした菓子のことです。当時の日本にはドラジェを知っている人がほとんどいなかったため、長く「こんぺいとうの踊り」と訳されてきました。

もっと知りたい！豆知識

◆『くるみ割り人形』の作曲中に、ロシア音楽協会から急に新曲を入れた演奏会を依頼されたチャイコフスキーは、手元に新曲がなかったので、仕方なく作曲中の『くるみ割り人形』のバレエ音楽から8曲を選んで組曲にしました。後に、本人によってピアノ版にも編曲されています。

ピアノ曲集『版画』

クロード・ドビュッシー

インドネシアの音楽を取り込んで作曲

『版画』は、独自の作曲技法から、印象主義音楽（印象派）と称されるフランスの作曲家、クロード・ドビュッシーが1903年に作曲したピアノ独奏曲集です。ドビュッシー本人は、印象主義音楽の概念には否定的だったといわれていますが、『版画』は印象主義的なピアノ技法を確立した作品として評されています。

曲全体は、オリエント、スペイン、フランスから題材を取った3曲で構成され、初演は、スペイン人ピアニストのリカルド・ビニェスによって1904年に行われました。

第1曲「塔」は、インドネシア・バリ島のガムラン音楽を模して作曲したとされ、1オクターブに5つの音が含まれる「五音音階(ペンタトニック)」を用いた主題が、変化しながら繰り返され、オリエントの香りを漂わせています。

第2曲「グラナダの夕べ」は、スペイン・アンダルシアの古都、グラナダをイメージさせる曲です。ジプシーの音階（ハンガリー音階）と、ギターのかき鳴らしを真似した演奏によって、スペインを描いています。

第3曲「雨の庭」は、フランスの童謡が引用され、細かいアルペジオによって、庭の木々に降り注ぐ雨を表現することで、ドビュッシーの母国、フランスの雨の庭を表現しています。全音階、半音階、長調、短調が混在しているのが特徴です。

3つの土地をピアノで描く曲を作りながらも、作曲当時、ドビュッシー自身はフランス以外の2か所には行ったことがなく、本人も「想像で埋め合わせをするしかなかった」と手紙で語っています。

実際、第1曲は1889年にパリで行われた万国博覧会で聴いた、バリ島民が演奏するガムラン音楽に影響されたといい、第2曲のスペインに関しては、アンダルシアからほど遠いマドリード州の街に数時間滞在したことしかなかったそうです。それにもかかわらず、スペインの作曲家マヌエル・デ・ファリャは、スペイン民謡を使うことなく、細部までスペインを描ききっていると、ドビュッシーの想像力と才能を称賛したと伝えられています。

もっと知りたい！豆知識

◆ドビュッシーのピアノ曲および管弦楽曲集『映像』のなかに、『忘れられた映像』と呼ばれるドビュッシーの生前には出版されなかったピアノ曲集があります。『版画』の第3曲の「雨の庭」は、この『忘れられた映像』のなかの1曲「もう森には行かない」の改作です。
◆近年では、ドビュッシーの音楽は象徴主義との関連で論じられます。

オペラ『ばらの騎士』

リヒャルト・シュトラウス

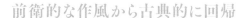

前衛的な作風から古典的に回帰

リヒャルト・シュトラウスは、19世紀末から20世紀にかけて活躍したドイツの後期ロマン派を代表する作曲家・指揮者です。交響詩とオペラの作品でよく知られています。

シュトラウスの父親はミュンヘン宮廷歌劇場の主席ホルン奏者で、幼い頃からから徹底した保守的な音楽教育を受けました。初期には父親の影響下で、シューマンやメンデルスゾーンを思わせるような保守的な作品を作っていましたが、ワーグナーなどの影響を受け、革新的な傾向をもつようになります。1889年に交響詩『ドン・ファン』(P.21)の初演が成功すると、革新的な作風をもつ作曲家として、評価されるようになりました。

その後も前衛的手法を推し進め、空前の反響を呼んだオペラ『サロメ』(P.315)や、1909年に初演を行った『エレクトラ』といった代表作を残しています。

翌年の1910年に発表されたのが、オペラ『ばらの騎士』です。しかし、『ばらの騎士』では、『エレクトラ』の過激なまでの前衛性は消え、後期ロマン主義音楽の様式を踏襲した古典的な作風に変わっています。マリア・テレジア治世下のウィーンを舞台に、シュトラウス自身が「モーツァルト・オペラを目指す」といったといわれるだけに、ロココ調の雰囲気が漂う、親しみやすい曲となっています。

先進的な音楽を目指す人々から評価を下げられても、シュトラウスは、その後も前衛的な音楽に戻ることはなく、誰にでも受け入れられるような曲を作るようになりました。『ばらの騎士』は全3幕で約3時間20分の上演時間です。

作曲家のなかには、生涯で作品を大きく変化させる作曲家がいます。例えば、シェーンベルクは原始主義から新古典主義、そしてセリー主義へと変化し、そのたびに周辺の人たちを驚かせました。またラヴェルのように、複数の作風が同時に存在する場合もありました。リヒャルト・シュトラウスは、後者の音楽家に該当するのではないでしょうか。同時代の作曲家シェーンベルクが古典派の音楽を自家薬籠のものとしていたように、シュトラウスの古典的な様式も選択可能な表現手段のひとつであったと思われます。

もっと知りたい！豆知識

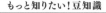

◆『ばらの騎士』の初演は、1911年に、ドイツ・ドレスデン宮廷歌劇場で行われ、大成功を収めました。その後、50回もの再演が行われた他、主要な歌劇場でも続々と上演されました。

パンペアーナ

アルベルト・ヒナステラ

ラテンアメリカを代表する作曲家のひとり

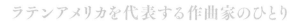

アルベルト・ヒナステラは、1916年、アルゼンチンのブエノスアイレスに生まれた作曲家です。オペラ、協奏曲をはじめ幅広く作品を残し、アルゼンチンをテーマにした作品も多く、ブラジルのヴィラ=ロボス、メキシコのチャベスなどとともに、ラテンアメリカを代表する作曲家です。

ヒナステラは7歳のときから本格的な音楽のレッスンを受け始め、アルゼンチンのウィリアムス音楽院を経て、ブエノスアイレス国立音楽院に入学しています。在学中に作曲したバレエ音楽『パナンビ（蝶）』は、ブエノスアイレスのコロン劇場で初演されると大成功を収め、若手の国際的な音楽家として注目されました。1941年には、アルゼンチンの農村やガウチョ(パンパ草原に住むカウボーイ)の生活を描いたバレエ音楽『エスタンシア』を作曲。『エスタンシア』は組曲にもなっていて、ヒナステラの代表曲のひとつになっています。その後、アルゼンチン国内の政治的な動向に翻弄されながらも、ヒナステラは、ヨーロッパ、アメリカへと活動範囲を広げていきました。

『エスタンシア』では、直接的にアルゼンチンの民俗音楽を取り入れていますが、ヒナステラは、その後、次第に前衛的な作風に移行しつつ、直には民俗音楽を使わずにアルゼンチンをイメージさせる手法へとシフトしていきます。それが現れているのが『パンペアーナ』です。『パンペアーナ』と題される曲は3曲があり、ヴァイオリンとピアノのための第1番(1947年)、チェロとピアノのための第2番(1950年)、管弦楽曲としての第3番「交響的パストラール」(1954年)が作られています。ちなみに、パンペアーナは、アルゼンチンのパンパ(草原)を意味し、リズムやメロディで、ガウチョが草原を駆け抜けていくイメージを表現しています。

アルゼンチンにあるコロン劇場(テアトロコロン)は、世界三大劇場のひとつです。

もっと知りたい！豆知識

◆「パストラール」とは、牧歌的な性格をもった音楽のことを指します。「パストラール」といえば、ベートーヴェンの『交響曲』第6番「田園」を指すこともあります。

◆ヒナステラは自身が国際的に活躍するとともに、アルゼンチン国内では、ラテンアメリカ音楽高等研究センターを創立し中南米の若い音楽家たちの育成に力を入れました。ラテンアメリカの若い世代の作曲家に奨学金を与えたり、著名な音楽家を招いて直接指導を受けられるような環境づくりを行ったりと、音楽教育の面でも大きな貢献をしています。

オペレッタ『こうもり』

ヨハン・シュトラウス2世

ヒーローでもイケメンでもない愛すべき主役

『美しく青きドナウ』(P.90)をはじめ、有名なワルツを数多く作曲し「ワルツ王」と呼ばれるヨハン・シュトラウス2世は、オペレッタの分野でも名曲を残し「オペレッタ王」という別名ももっています。『こうもり』は、オペレッタのなかでも最高傑作といわれる作品です。

オペレッタとは台詞と踊りのある歌劇のことです。文字通りにはイタリア語で「小さいオペラ」の意ですが、編成の規模や演奏時間の長さでオペラと区別されるというよりも、基本的に喜劇で娯楽的な内容のものを指し、ハッピーエンドが基本です。

『こうもり』はまさに楽しく観られる3幕からなるコメディです。主人公は、裕福な新興銀行家のアイゼンシュタイン男爵で、かつて、旧友のファルケ博士を泥酔状態で置き去りにし、恥をかかせたことがあります。そのとき、ファルケ博士がしていた仮装がこうもりだったため、以来「こうもり博士」という恥ずかしいあだ名を付けられ、博士はいつか復讐したいと考えていました。そこで、ファルケ博士はいろいろな人々を巻き込んだ仮装パーティーを企てるのですが、その様子が、オペレッタで繰り広げられます。参加者がそれぞれに抱える、人には知られたくない秘密があらわになりながら、楽しくストーリーは進み、最終的にアイゼンシュタイン男爵は謝罪し、みんながすべてを水に流してハッピーエンドで終わります。主人公が情けなく謝り、復讐を題材にしながらも悲劇的なことはまったく起こらないドタバタ劇なのです。

楽器編成は、木管2管による普通の2管編成に打楽器を加えた形で、演奏時間は2時間30分程度です。台本には、謝肉祭の時期の話だと記されてはいるのですが、現在では大晦日の設定になっていて、ドイツ語圏の歌劇場では大晦日恒例の演目となっています。パーティーシーンにスター歌手が出演することもあり、人気が高い作品です。

また、『こうもり』の序曲は、テレビ番組やCMをはじめ、さまざまなシーンで使われているので、誰もが一度は聴いたことがありそうなほど有名です。ウィーン・フィルハーモニー管弦楽団のニューイヤーコンサートでも、しばしば演奏されています。

もっと知りたい！豆知識

◆ヨハン・シュトラウス2世は、ヨハン・シュトラウス1世の息子で、1世は、生前「ワルツ王」と呼ばれました。2世がワルツの分野で実績を残したことでその名を継承し、1世は「ワルツの父」と呼ばれるようになりました。

◆ヨハン・シュトラウス1世は、息子が収入が安定しない作曲家になることに反対しましたが、ヨハン・シュトラウス2世も、弟のヨーゼフ・シュトラウスとエドゥアルト・シュトラウスも作曲家になりました。ヨハン・シュトラウス3世は、ヨハン・シュトラウス2世の甥です。

無伴奏ヴァイオリンソナタ

ウジェーヌ・イザイ

バッハと並ぶもうひとつの無伴奏ヴァイオリンソナタ

ウジェーヌ・イザイは、1931年にベルギーに生まれたヴァイオリニスト・作曲家・指揮者です。5歳の頃から、歌劇場指揮者であった父親からヴァイオリンの指導を受け、ベルギーの芸術大学、リエージュ音楽院に進み、卒業後はベルリン・フィルハーモニー管弦楽団の前身となる楽団でコンサートマスターを務めながら、ソリストとしても活躍します。

ヴァイオリニストとしての高い評価を確立したのは、1885年にパリのオーケストラ、コンセール・コロンヌとの共演で成功を収めたのがきっかけです。多彩なヴィブラートをはじめとする高い技術で聴衆を魅了し、20世紀最大のチェリストとされるパブロ・カザルスに絶賛された他、最後の大ヴィルトゥオーソと称されることもありました。

イザイの代表作といえば、『無伴奏ヴァイオリンソナタ』(作品27)の6曲でしょう。ヴァイオリニストのシゲティが演奏するバッハの『無伴奏ヴァイオリンのための3つのソナタと3つのパルティータ』を聴いて、自身も作曲しようと思いたち、一晩で6曲のスケッチを書き上げたと伝えられています。

バッハに匹敵する、あるいは凌駕しうる作品を求めたイザイが、これら6曲において、ヴァイオリン音楽の集大成を試みたことはいうまでもありません。その実、これら6曲の演奏には高度な演奏テクニックが求められ、イザイを讃えるために創設された「イザイ国際コンクール」などの課題曲にされています。

もうひとつこの曲集の特徴は、第1番から第6番の各曲が、特定のヴァイオリニストに献呈されていることです。第1番は前述したヨゼフ・シゲティ(約16分)、第2番はジャック・ティボー(約12分)、第3番はジョルジェ・エネスク(約7分)、第4番はフリッツ・クライスラー(約11分)、第5番はマチュー・クリックボーム(約10分)、第6番はマヌエル・キロガ(約7分)です。

最もよく演奏されるのは第2番です。第1楽章では、バッハの『無伴奏ヴァイオリンのためのパルティータ』の前奏曲の冒頭が響き、「妄執」という標題が与えられているように、バッハへの妄執が感じられます。第2楽章は「憂鬱」と題されて、最後にグレゴリオ聖歌「怒りの日」が引用されます。第3楽章は「影たちの踊り」で、長調の「怒りの日」が再度登場します。第4楽章は「復讐の女神たち」と題されて、第1楽章が再現されます。

もっと知りたい!豆知識

◆世界三大コンクールのひとつに数えられ、ベルギーで開催される「エリザベート国際王妃音楽コンクール」の前身は、イザイを讃えるために創設された「イザイ国際コンクール」です。そのため、イザイの代表作品『無伴奏ヴァイオリンソナタ』は、エリザベート国際王妃音楽コンクールの課題の常連です。

◆「ヴィルトゥオーソ」とは、素晴らしい演奏の技術をもち、達人の域に達した一流の演奏家を指す言葉です。語源はイタリア語で「博識、達人」という意味があります。

忘れられた映像

クロード・ドビュッシー

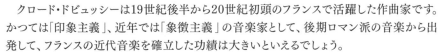

生前に出版されなかった忘れ去られた作品

クロード・ドビュッシーは19世紀後半から20世紀初頭のフランスで活躍した作曲家です。かつては「印象主義」、近年では「象徴主義」の音楽家として、後期ロマン派の音楽から出発して、フランスの近代音楽を確立した功績は大きいといえるでしょう。

彼の作品には、印象主義や象徴主義との関係を示唆する題名をもつものが多いのですが、『映像』もそのひとつです。

「映像」と名がつく作品は4作品ありますが、これらは共通の起源をもっています。ドビュッシーは出版社と契約して、ピアノ用3曲と2台ピアノ（または管弦楽）用3曲の計6曲の曲集をふたつ制作することになっており、すでに『映像』という題名も決まっていました。しかしこの計画は実現されることなく、ピアノ用の3曲として計画したものを『映像』第1集として発表し、2年後には残りのピアノ用3曲を『映像』第2集として発表します。そして、しばらくして2台ピアノ（または管弦楽）用として準備した3曲を『管弦楽のための映像』として完成させたのです。計画していたのは全部で12曲でしたが、作品になったのは9曲だけでした。

これら3つの『映像』とは関係ないのですが、生前には出版されなかったことから『忘れられた映像』と呼ばれている『映像』があります。1894年に作曲され、1977年になって出版されたこの遺作は、ドビュッシーの友人の画家、アンリ・ロウルの娘、イヴォンヌに献呈されたもので、3曲で構成されています。

1曲目の「レント（ゆっくりとの意）」は、「憂鬱にやさしく」と書かれています。2曲目の「ルーブルの思い出」には、「サラバンドの動きで」と添えられています。サラバンドは、17～18世紀にスペインなどで流行したゆっくりとした3拍子の舞曲です。「ルーブルの思い出」は、後の作品『ピアノのために』のなかの1曲「サラバンド」として改作されています。

3曲目は「嫌な天気だから『もう森へは行かない』の諸相」と題され、細かい音符のパッセージで雨音を表している作品です。「もう森へは行かない」は、フランスの童謡のタイトル。ドビュッシーは、「もう森へは行かない」にもとづく曲を4曲作っていて、これはそのひとつです。後の作品『版画』の第3曲目の『雨の庭』は、「嫌な天気だから『もう森へは行かない』の諸相」の改作となっていて、ピアノの技巧をより発揮できる、まとまりのある曲に仕上げています。

もっと知りたい！豆知識

◆『忘れられた映像』という題名は、作曲時ではなく、1977年に出版されるときに付けられました。
◆日本語訳は映像となっていますが、フランス語ではイマージュ（image）、つまりイメージなので、こちらの方がわかりやすいかもしれません。つまり、題名や標題がもつイメージを音楽的に表現しようとしたのが『映像』だということになります。

『交響曲』第2番

セルゲイ・ラフマニノフ

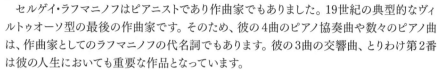

「ピアノ協奏曲」を生んだ「交響曲」

セルゲイ・ラフマニノフはピアニストであり作曲家でもありました。19世紀の典型的なヴィルトゥオーソ型の最後の作曲家です。そのため、彼の4曲のピアノ協奏曲や数々のピアノ曲は、作曲家としてのラフマニノフの代名詞でもあります。彼の3曲の交響曲、とりわけ第2番は彼の人生においても重要な作品となっています。

『交響曲』第1番の失敗で精神的なショックからなかなか立ち直れなかったラフマニノフは、『ピアノ協奏曲』第2番が成功して作曲家として創作意欲を高めます。ナターリアとの結婚、そしてふたりの娘にも恵まれた人生の最良の時期に誕生したのが、『交響曲』第2番です。サンクトペテルブルクのマリインスキー劇場で、自らがタクトを握った初演も大成功でした。作品は恩師のタネーエフに献呈され、『ピアノ協奏曲』第2番と同じ「グリンカ賞」も授与されたのです。

『交響曲』第2番は4つの楽章から構成されていますが、同一のモチーフが異なる楽章に登場し、第4楽章ではこれまでに登場したモチーフが集約されます。そのために、抒情的な美しい旋律が滔々と流れますが、音楽的な統一感が損なわれることがありません。名曲の名曲たる所以でしょう。

第1楽章では基本となるモチーフが提示され、速いテンポで展開する第2楽章では、グレゴリオ聖歌「怒りの日」のメロディが登場します。この聖歌はラフマニノフが好んだもので、他の作品でも聴かれます。第3楽章のアダージョは最も有名な楽章で、この交響曲を象徴する楽章でもあります。スラブ風の旋律が美しく歌われ、聴く人はロシア情緒が満喫できるでしょう。第4楽章ではこれまで登場したモチーフやメロディが回想されます。

ラフマニノフのこの名曲は、話題には事欠きません。2004年に交響曲の自筆譜が発見されたのです。一時期大英図書館の所蔵となりましたが、その後2014年にオークションで落札されました。また、2007年には、この交響曲が「ピアノ協奏曲」に編曲されてCD化されました。ラフマニノフの5曲目のピアノ協奏曲としてです。原曲の1、3、4楽章を基本にして編曲されており、協奏曲の伝統に従って3楽章構成にされています。交響曲であっても、底流にピアノ協奏曲の精神が流れていることがわかります。日本でも第3楽章のメロディはドラマの挿入曲やモチーフとして使用されて、多くの人が耳にするメロディとなっています。

もっと知りたい！豆知識

◆当時の有名な指揮者のニキシュはこの交響曲を真っ先に演奏するつもりでいたらしいのですが、作品が自分に献呈されなかったことから、演奏を渋ったというエピソードが残されています。しかし名曲の誘惑には勝てなかったようです。

エジプト行進曲

ヨハン・シュトラウス2世

スエズ運河開通を祝した行進曲

「エジプト行進曲」は、1869年にオーストリアの作曲家で指揮者でもあるヨハン・シュトラウス2世によって作曲され、1869年11月12日のスエズ運河開通を祝して、バーデン大公フリードリヒ1世に献呈されました。

地中海と紅海(スエズ湾)をつなぐスエズ運河は、アフリカを回らずにアジアとの海運ができることを願ってきたヨーロッパの人たちにとって「夢の運河」です。さらに開通まで10年以上の歳月を要したため注目度は高く、その完成によって当時のヨーロパの人々の東方への興味を掻き立てました。それは、音楽家たちにとっても同様で、スエズ運河開通を記念して建設されたカイロの歌劇場のこけら落としのために作られたヴェルディのオペラ『アイーダ』(P.35)をはじめ、サン=サーンスが吹奏楽のために作った『東洋と西洋』など、スエズ運河の開通に合わせて書かれた曲も多く存在しています。

ただ、シュトラウス2世の「エジプト行進曲」は、元々は、スエズ運河開通のお祝いのために書かれたものではないと伝えられています。スエズ運河の開通と同じ、1869年の夏、シュトラウス2世と弟のヨーゼフ・シュトラウスはロシアを訪れ、コーカサス地方の少数民族チェルケス人の名前を付けた「チェルケス行進曲」を初演していますが、ウィーンでも同タイトルで出版する準備をしていたときに、スエズ運河開通のビッグニュースが飛び込んできたため、「チェルケス行進曲」を「エジプト行進曲」と改題したというのです。

11月には、オーストリア=ハンガリー皇帝フランツ・ヨーゼフ1世をはじめ、世界の元首が一堂に会して、スエズ運河開通祝典が行われたのですから、シュトラウス2世も、気持ちの高揚は感じずにはいられなかったと想像できます。その思いは、初版譜の表紙に描かれた、ピラミッドとエジプト総督、イスマーイール・パシャのパレードからも見て取れます。

スエズ運河は、現在は船のみならず、電信ケーブルも通り、ますます人々の暮らしを豊かに支えています。

作曲の経緯はともかく、アラブ音楽の音階を模倣したアラビア音階が使われ、当時のヨーロッパの東方趣味を感じさせる一曲になっています。

もっと知りたい!豆知識

◆「エジプト行進曲」と同様に、エジプトを描いた作品であるヴェルディのオペラ『アイーダ』は、エジプト総督であるイスマーイール・パシャの依頼によって作られました。しかしヴェルディは、当初の依頼である「カイロのオペラ劇場の開場式典の祝賀音楽の作曲」は断っています。その後もパシャからの依頼は続き、オペラ『アイーダ』が出来上がりました。オペラ劇場もスエズ運河も開通した後にできた作品ですが、こういった経緯があるため「スエズ運河の開通記念の作品」だと誤解されています。

6声のカノン

ヨハン・セバスティアン・バッハ

有名なバッハの肖像画に描かれた謎のカノン

ヨハン・セバスティアン・バッハは18世紀前半のドイツで活躍した作曲家です。

彼の作品はその後の音楽の世界に大きな影響を与えました。特に影響が大きかったのは、彼の対位法的な作品です。対位法というのは作曲方法のひとつで、複数の旋律を独立性を保持したまま組み合わせる方法です。この時代では、対位法に優れていることが学識ある音楽として認められる第一条件でした。

バッハは1747年に、教え子であるミツラーが主催する「音楽学術交流会」の会員になり、協会への入会要綱を満たすため、「6声のカノン」とカノン風変奏曲『高き御空よりわれは来たり』を提出しました。

ここで気になるのが、提出された作品がいずれも、カノンであることです。これは偶然ではありません。カノンも対位法のひとつで、最初に提示された旋律を間隔をおいて、そのまま正確に模倣していきます。楽譜には3つの旋律がそれぞれ3小節分書かれていて、1小節目と3小節目の終わりに「※」のような記号がついています。これをどのように解釈するのかというと、例えば、一番上の旋律を最初から演奏して、「※」の記号のあるところにくると、最初の旋律を上下逆さました旋律（反行形）を演奏しはじめるという指示です。残りふたつの旋律も同じようになっているので、3つの旋律を、楽譜通り同時に演奏しはじめ、2小節目からは反行形もいっしょに演奏するということになります。つまり、3つしか旋律は書かれていませんが、6つの旋律が同時に鳴ることになるのです。そして2小節目と3小節目を以後反復すればいいのです。

このように、実際にどのように演奏して音楽にするのかが、記号などで示されたカノンを「謎のカノン」といいます。こうした作曲技法が音楽家の学識であったわけです。

もっと知りたい！豆知識

◆このカノンは、主題となる旋律が3つあるので「三重のカノン」と呼ばれます。
◆このカノンの解読方法は、上記の方法以外にも多数あることが知られています。

花

滝廉太郎

日本の西洋音楽黎明期を支えた立役者

250年に及ぶ鎖国を経て、明治時代を迎えると、日本は富国強兵政策のもと、ヨーロッパ文化を積極的に導入するようになります。西洋音楽に関しても海外から取り入れていこうと、1872年(明治5年)に発表された、日本最初の近代的学校制度を定めた教育法令「学制」では、学校で音楽を教えるとしています。

ところが、学校で教えるべき音楽が何かさえわからない状況のなか、学校における音楽教育は見送られることになりました。その後、政府は「音楽取調掛」という音楽教育機関を文部省所属で設け、文部官僚だった伊澤修二をアメリカに留学させ、音楽教育を開始するための準備に取り掛かります。アメリカの音楽教育者、L.W.メーソンに学んだ伊澤は、翌年にはメーソンを日本に招き、音楽教育を行う指導者の育成が始まりました。

音楽取調掛は、1887年(明治20年)には「東京音楽学校」となり、ドイツ人音楽家が多数招かれ、音楽教員の養成に加え、音楽家の養成も行うようになりました。

滝廉太郎は、15歳でこの東京音楽学校に入学し、本格的に音楽を学びます。めきめきと力を付け、21歳の頃には、組曲『歌曲集 四季』を作曲しています。そのうちの1曲が、今もよく歌われている「花」です。「春のうららの隅田川」に柔らかい日差しを、「櫂のしずくも花と散る」にぐんぐん進むレガッタの活気を感じるこの曲の題名を、多くの人が「春」と勘違いしてしまうのは、隅田川を舞台に春の情景を印象的に表現しているからでしょう。

同じ頃、滝廉太郎は、中学唱歌「荒城の月」や「箱根八里」、幼稚園唱歌「お正月」を作曲しています。滝の曲は、西洋音楽にもとづく美しい旋律も、そこに乗せる日本語の歌詞もともに大切に作られていることが特徴です。

滝は文部省からドイツ留学を命じられ、22歳で、メンデルスゾーンが設立した名門、ライプツィヒ音楽院に入学します。ところがそのわずか2ヶ月後に重い病に倒れて日本への帰国を余儀なくされ、23年の生涯を閉じることになります。

短い生涯であったことで、残した作品ははっきりと確認されているもので34曲と少ないですが、いまも歌い継がれている曲の多さを考えると、滝廉太郎が日本の西洋音楽教育に残した功績の大きさは多大だといえるでしょう。

もっと知りたい!豆知識

◆組曲『歌曲集 四季』は、二重唱の『花』、独唱の『納涼』、混声四部合唱の『月』、同じく混成四部合唱の『雪』で構成されています。作詞は、詩人で国学者の武島羽衣が行っています。

◆『花』については、1番がよく知られていますが、朝と夕暮れを歌った2番、夜の月を歌った3番があります。

西洋音楽の歩み

西洋の音楽史と日本の歴史を比べてみましょう。西洋でさまざまな音楽が開花していたとき、日本ではどんなことが起きていたのかがわかります。

西暦	音楽史(時代)	音楽史	日本史(時代)	日本史
-500	古代		縄文	
0				
100		ピタゴラス ギリシャ音楽劇	弥生	
200				邪馬台国
300	中世		古墳	大和朝廷
400				
500		グレゴリオ聖歌		仏教伝来
600		教会旋法	飛鳥	大化の改新
700			奈良	古事記、 日本書紀編纂
800			平安	
900				古今和歌集 枕草子 源氏物語
1000		騎士歌人		
1100				院政開始
1200			鎌倉	元寇

西暦	音楽史(時代)	音楽史	日本史(時代)	日本史
1300	ルネサンス		鎌倉	
1400		カンツォーネなどの世俗歌曲	室町	北山文化 応仁の乱
1500		ポリフォニーの全盛		東山文化
	バロック		安土桃山	キリスト教伝来
1600		和声音楽 オペラ オラトリオ	江戸	鎖国
1700		調性の確立 ピアノ発明 平均律		元禄文化
	古典派	ソナタ形式 交響曲 オペラ改革		化政文化
1800				ペリー来航
	ロマン派	標題音楽 楽劇 国民楽派	明治	西洋音楽教育開始
1900	近代	印象主義 表現主義	大正	
			昭和	
	現代	具体音楽 電子音楽	平成	

もっと知りたい！豆知識

バレエ音楽『恋は魔術師』

マヌエル・デ・ファリャ

ジプシーたちのアンダルシア訛りも魅力的

『恋の魔術師』は、スペイン生まれの作曲家、マヌエル・デ・ファリャの作品です。この作品は元々、著名なジプシーの舞踊家、パストーラ・インペリオの依頼により、音楽劇『ヒタネリア』として室内オーケストラのために作曲されました。しかし、1915年に行われた初演の評判があまり良くなかったので改訂を行い、演奏会用の組曲『恋は魔術師』として制作し、好評を得ました。この成功を機に、ファリャはこの曲をバレエにすることを決意します。バレエとしては、1925年にパリで上演され、ファリャを代表する作品になりました。

ファリャは、マドリードでピアノを学び、近代スペイン音楽復興の立役者といわれるフェリペ・ペドレルに師事し、スペイン民俗音楽に興味をもったといわれ、『恋の魔術師』のような民俗主義的な作品もいくつか手掛けています。

『恋の魔術師』は、スペイン南部、アンダルシアでのヒターノ（スペインでジプシーと呼ばれたロマ）が発展させた民俗音楽フラメンコと、オーケストラを融合させたバレエ音楽です。

オペラの主人公は、浮気者の元夫の亡霊に悩まされているジプシー娘のカンデーラです。彼女は新しい恋人と結ばれるため、友人のジプシー娘たちに頼んで、亡霊を誘惑してもらうことで追い払おうとします。真夜中、美しいジプシー娘たちが踊りだすと、女好きだった元夫の亡霊が現れ、一緒に踊り始めます。ダンスのスピードが増していき、最高潮に達したとき、亡霊は焚き火に吸い込まれ、消滅します。そして亡霊から解き放たれたカンデーラは、恋人カルメロと結ばれるのです。

このダンスの場面の音楽『火祭りの踊り』は特に有名で、単独で演奏される機会も多くピアノ編曲も有名です。

この作品では、登場するジプシーたちはアンダルシアの訛りで歌い、それがいかにも自然に曲に乗るように作曲されています。そのため、作品に引き込まれ観ているうちに、アンダルシアの風を感じることができる魅力的な作品です。

スペインのアンダルシアは、典型的な地中海性気候です。

もっと知りたい！豆知識

◆ファリャは、フランコ政権を避けて、1939年にアルゼンチンに亡命しています。

◆スペイン語でジプシーは「ヒターノ（gitano）」といい、『恋は魔術師』のための最初の音楽劇『ヒタネリア（Gitaneria）』は「ヒターノ気質」「ヒターノ的な」という意味です。

『即興曲集』作品90

フランツ・シューベルト

変化に富み、彩り豊かな即興曲集

ロマン派音楽の時代に活躍したオーストリアの作曲家シューベルトは、31歳の若さで亡くなっていますが、その晩年に多くの作品を残しています。「歌曲の王」とも呼ばれるシューベルトですが、室内楽曲やピアノソナタをはじめとするピアノ曲など、器楽曲も多く、亡くなる前年の1827年に2作のピアノの即興曲集、『4つの即興曲』(作品90)と『4つの即興曲』(作品142)を作曲しています。

即興曲といっても、即興演奏で作られるわけではありません。曲全体の雰囲気やテーマなど、いわゆる楽想を即興的に、自由な形式で書かれた小品のことです。即興曲としては、シューベルトのこの2作品の他、ショパンの『即興曲』第1番〜第3番や『幻想即興曲』、リストの『即興曲(夜想曲)』などが有名です。作品90の「即興曲」というタイトルは出版社によって付けられたものです。ここでの4曲は自由で、曲それぞれに個性があるのが特徴です。

作品90の第1曲(アレグロ、モルト、モデラート、ハ短調)は、重々しい和音を用い、同時期の歌曲『冬の旅』と同様に重く暗い雰囲気で、第2曲(アレグロ、変ホ長調)は、三連符を用いた軽やかな曲で、シューベルトの即興曲の中でも、よく知られた曲です。第3曲(アンダンテ、変ト長調)は変ト長調という珍しい調性で、2分の4拍子というこれも珍しい拍子を指定された曲です。そして第4曲(アレグレット、変イ長調)は、比較的演奏しやすく親しまれている曲で、冒頭は変イ短調で、徐々に変イ長調に変化していくのが特徴です。

シューベルトの生前に出版されているのは第1曲と第2曲のみで、第3曲と第4曲は1857年になって出版されました。シューベルトのピアノソナタなどに比べると難易度が低く、演奏しやすいため、教材としてもよく取り上げられています。

『4つの即興曲』の第1曲。冒頭に「Allegro molto moderato」と表記してあります。

もっと知りたい！豆知識

◆『4つの即興曲』は、4曲をまとめて大きくソナタ形式を取っているとも見られていて、現在では、通常、4曲を1組として演奏されます。第3曲は劇付随音楽『キプロスの女王ロザムンデ』の主題をそのまま生かした変奏曲です。

イタリア古典歌曲「カロ・ミオ・ベン」

トンマーゾ・ジョルダーニ

残っているただひとつの作品は超有名曲

「カロ・ミオ・ベン」は、1730年生まれのイタリア・ナポリ出身の作曲家、トンマーゾ・ジョルダーニが作曲したアリエッタです。アリエッタは、叙情的な独唱曲であるアリアの小規模なものをいいます。ジョルダーニはハイドンと同時代の作曲家なので、「カロ・ミオ・ベン」は古典歌曲となりますが、同曲はイタリア古典歌曲のなかでも非常に知名度が高い曲なので、多くの方が一度は聴いたことがあるでしょう。

ジョルダーニの父は、家族と雇った歌手を連れて巡業する小規模なオペラ一座の経営者だったらしく、一家はドイツやオランダなどを転々とした後、ロンドンに移住しています。

ジョルダーニ自身は、ロンドンで8年を過ごし、1764年にアイルランド・ダブリンの劇場から招聘され音楽監督になり、オペラの普及に貢献します。3年後には再びロンドンに戻り、16年間ロンドンでオペラ作曲家として活躍し、1783年、50代前半でアイルランドに戻り、ダブリンで没しています。イタリア生まれではありますが、その生涯のほとんどをロンドンで暮らしていることになります。

「カロ・ミオ・ベン」の作曲・出版は1783年以前、つまり最後にロンドンに暮らした時代だとされています。「カロ・ミオ・ベン（Caro mio ben）」の意味は「いとしき女（ひと）よ」。愛する女性に「愛しい女（ひと）よ。せめて私を信じてください」と、自分を愛してくれることを願っている歌で、原曲は、弦楽4部と独唱で演奏されます。歌詞はイタリア語ですが、作詞者は不明です。

実は、「カロ・ミオ・ベン」は1980年まで、同じイタリア・ナポリの作曲家であるジュゼッペ・ジョルダーニの作曲とされてきました。真の作者であるトンマーゾ・ジョルダーニは、オペラの普及につとめ、ロンドン、ダブリンでは有名な作曲家だったので、オペラをはじめ、管弦楽曲、チェンバロの協奏曲や室内楽曲オラトリオ、歌曲などの作品を残していますが、彼の作品として広く知られるのはこの1曲のみです。

もっと知りたい！豆知識

◆「カロ・ミオ・ベン」がジュゼッペ・ジョルダーニ作曲とされてきたのは、元々は、イタリア・ミラノに本拠を置く楽譜出版社、リコルディ社の『イタリア古典アリア集第2巻』（1890年）が、「ジュゼッペ・ジョルダーニ作曲」と誤って記載したことが原因で、これを根拠として普及版が出版され、誤情報が広まったと見られています。

『クラリネット五重奏曲』

ヴォルフガング・アマデウス・モーツァルト

クラリネット1本+弦楽四重奏で演奏

『クラリネット五重奏曲』は、モーツァルトが亡くなる2年前、1789年に作曲したクラリネットと弦楽四重奏(ヴァイオリン2本、ヴィオラ、チェロ)のための室内楽曲です。クラリネット奏者であった友人のアントン・シュタードラーのために作曲されたといわれています。そのため『シュタードラー五重奏曲』の愛称でいまも呼ばれています。

曲は、4つの楽章から構成され、演奏時間は30分程度です。透明感のある弦楽器の響きのなかで、伸びやかな音色のクラリネットが歌う、晩年の最高傑作とされています。ブラームスはこの曲に刺激されて、『クラリネット五重奏曲』を作曲したといいます。

『クラリネット五重奏曲』の初演は、1789年12月でした。しかしこのときにシュタードラーが使用したのは、バセット・クラリネットという、普通のクラリネットより3音低い音、つまりバセットホルンの音域まで出せる楽器です。ウィーンの宮廷楽器製作者だったテオドール・ロッツが発明して製作した楽器です。バセット・クラリネットが普及することはなく、現代までにこの楽器用の曲は60曲ほどしかありません。しかし近年になって、モダン・バセット・クラリネットが開発され、モーツァルトの作品でも従来のクラリネットでは出せなかった音が出せるようになりました。これに伴って、現代の作曲家も新作を発表しています。クラリネットはいまや誰でも知っている楽器ですが、その誕生は1700年頃で、モーツァルトの時代はまだ新しい楽器でした。ただ音色については人気が高く、オーケストラでオーボエやフルートに加わって次第に使われ始めた時期だったのです。

シュタードラーは、ウィーン宮廷楽団でクラリネットを演奏していて名演奏家として知られていました。新しい楽器であるクラリネットの魅力を引き出すことができる作曲家であるモーツァルトと、「ウィーン最初のクラリネット名演奏家」として知られたシュタードラーの能力が掛け合わされたからこそ誕生した曲といえるでしょう。

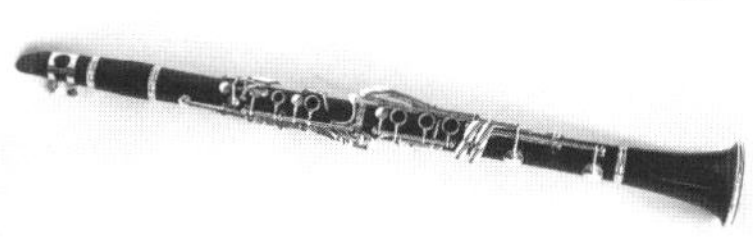

クラリネットは中学や高校の吹奏楽部でおなじみの木管楽器です。

もっと知りたい!豆知識

◆モーツァルトは、浪費家として知られ、この曲を作曲した時期もお金に苦労をしていました。シュタードラーもまた、借金があり、愛人と暮らすために妻と別居しているようなタイプで、音楽以外のところでも、2人は気が合ったのではないかといわれています。

オラトリオ『火刑台上のジャンヌ・ダルク』

アルテュール・オネゲル

百年戦争でフランスを救った聖人がテーマ

『火刑台上のジャンヌ・ダルク』は、フランスの劇作家・詩人で外交官であったポール・クローデルの台本と、フランスとスイスの二重国籍をもつ作曲家のアルテュール・オネゲルの作曲によってつくられたオラトリオです。オラトリオとは、宗教的な題材の歌詞による、独唱・重唱・管弦楽のための大規模な作品のことをいいます。

1934年から1935年にかけて制作され、構成はプロローグが付いた全11場で、編成はホルンを欠くオーケストラで、サクソフォーンやオンド・マルトノなど多彩な楽器を用います。オンド・マルトノは、1928年にフランス人のマルトノによって発明された電気楽器です。混成四部合唱、児童合唱、独唱が付き、ジャンヌ・ダルクや修道士ドミニクといった主要人物は歌手ではなく役者がパントマイムで演じます。

物語は、フランスとイギリスが戦った百年戦争（1337～1453年）において、窮地にあったフランスを救ったにもかかわらず異端であるとの疑いを受け、裁判によって火刑をいいわたされたジャンヌ・ダルクをテーマにしています。

最終の第11場で、ジャンヌ・ダルクは死刑を執行されて炎に包まれます。「肉体は滅べど魂は永遠なり」と聖マリアの声が聞こえ、ジャンヌ・ダルクは天に招かれ、合唱が「愛するもののために自分の命を犠牲にするほど大きな愛はない」と歌い、幕を閉じる感動的なストーリーです。

オネゲルが敬愛していたクローデルの協力により完成した秀逸な台本と、観客を引きつけて離さないオネゲルの音楽で、『火刑台上のジャンヌ・ダルク』は初演から大成功を収めます。聖書や歴史上の人物を主題とした作品をはじめ、幅広く作品を残したオネゲルの実績のなかでも、最高傑作のひとつとされています。また、元々はオラトリオで作曲されていましたが、オペラの形で上演されることも多くあります。

パリにあるジャンヌ・ダルク像。
故郷であるオルレアンの方角を向いています。

もっと知りたい！豆知識

◆ポール・クローデルは、その生涯が映画にも描かれている女性彫刻家、カミーユ・クローデルの弟です。
◆オネゲルは、いわゆるフランス6人組のメンバーのひとりです。

エリーゼのために

ルートヴィヒ・ヴァン・ベートーヴェン

長年探し続けられたエリーゼという女性

ピアノを習った経験がある方はもちろん、オルゴールにもよく使われるので、誰もが一度は聴いたことがある曲『エリーゼのために』は、ルートヴィヒ・ヴァン・ベートーヴェンが1810年に作曲したピアノ曲です。

世界中で有名になった曲ですが、長い間、大切なことが謎のままでした。それは、エリーゼとは一体誰なのかということです。

ベートーヴェンは、生涯独身でしたが、恋愛のエピソードは数多く残されています。ただ、その相手のほとんどは特定されています。また、曲名の元になったのは、楽譜に書かれていた「エリーゼのために 4月27日に ベートーヴェンの思い出のために」の文字だったそうですが、自筆譜はなくなっていて確かめることもできなかったのです。

そのため、多くの研究者がエリーゼの正体を確かめようとしました。これまで、有力とされてきたのが「エリーゼ」は「テレーゼ」という説です。ベートヴェンは、40歳くらいのとき、当時19歳であったテレーゼ・フォン・マルファッティという、社交界きっての美人に求婚し、断られているのです。ベートーヴェンは悪筆であったため、楽譜に書かれた「テレーゼ」の文字が「エリーゼ」と読み間違えられたのではないかと考えられてきました。

しかし2010年に、エリーゼは、エリザベート・レッケルというドイツ出身のソプラノ歌手であると、オーストリアのメディアが発表しました。ベートーヴェン研究家のコーピッツ氏がウィーンの教会で見つけた書類に拠ると、エリザベートの第一子の洗礼の記録で、母親の名前として「エリーゼ」と記されていたのです。そこで、エリザベートのウィーンでの呼び名がエリーゼだったとわかったというのです。

彼女の兄とベートーヴェンは親しく、その縁で親しくなったようですが、エリザベートは、この曲ができて3年後に作曲家と結婚しています。

もっと知りたい！豆知識

◆『エリーゼのために』と呼ばれるこの曲は、楽曲整理のための番号「WoO59」や、通し番号『バガテル第25番』と呼ばれることもあります。バガテルは「小品」の意味です。

小犬のワルツ

フレデリック・ショパン

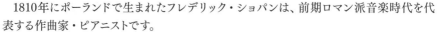

前期ロマン派を代表するポーランドの作曲家

1810年にポーランドで生まれたフレデリック・ショパンは、前期ロマン派音楽時代を代表する作曲家・ピアニストです。

19世紀に入ると間もなく始まったロマン派音楽時代は、18世紀の啓蒙主義の考え方にもとづいた音楽、つまり、民話のような飾り気のない、自然な音楽を好んだのに対して、現実にない世界、例えば神話や歴史、子どもの世界や人間の感情や主観を大切にした音楽が志向されました。初期ロマン派音楽を代表する音楽家がシューベルト、メンデルスゾーン、そしてショパンです。19世紀も後半になると、ロマン派音楽はさらに円熟してさまざまな様相を呈してくるので、ショパンが活躍した初期は、素朴なロマン主義を体現していたといえるでしょう。

ショパンはシューマンと同じ年に生まれ、20歳で祖国ポーランドを離れた後は、フランス・パリでサロンを中心に活動していました。ロマン派音楽時代は、極めて高度な技術を持った演奏家が活躍しましたが、ショパンはピアニストとしても名を馳せました。

作曲家としては、ほとんどの作品がピアノ曲という珍しい作曲家です。通称「小犬のワルツ」もピアノ曲で、『3つのワルツ』(作品64)のうちの第1曲です。ショパンの恋人で、女流作家のジョルジュ・サンドが飼っていた小犬が、自分のしっぽを追いかけるようにぐるぐる回っている様子を見たサンドが、この様子を音楽にできるかをショパンにたずねると、ショパンはその場で「小犬のワルツ」を作ったと伝えられています。

「一瞬のワルツ」といわれるほど短い曲ですが、大きく3つの部分から構成されています。最初と最後の主題部分は「leggiero(軽く)」、中間部は「sostenuto(支えるように音を保って)」で、美しい響きが流れるように移り変わっていき、軽やかさだけではない深みを出しています。

ショパンはワルツをはじめ、ノクターン(夜想曲)、ポーランド起源のマズルカやポロネーズなど、多様な曲種の名曲をたくさん作りました。その特徴は、即興性に裏付けされた叙情性です。ショパン自身のもつ優れた技巧でピアノを弾きながら作曲を行ったことも大きく影響しているのでしょう。短いながら、その場で後世の人まで魅了する1曲を作り上げた「小犬のワルツ」のエピソードは、その作品作りを凝縮しているようにも感じられます。

もっと知りたい!豆知識

◆『小犬のワルツ』は、パリに着いて経済的にも大変だったショパンを最初にもてなし、ピアノの弟子にもなったデルフィナ・ポトツカ婦人に献呈されました。

366 days of Classical music

366日の西洋音楽

10月

10月1日

バレエ組曲『ガイーヌ』より「剣の舞」

アラム・ハチャトゥリアン

本日のテーマ▼主題

集団農場が舞台の愛国バレエがラブロマンスに改訂

アメリカのロックバンド、チープ・トリックをはじめさまざまにアレンジされ、テレビのCMやニュース番組のBGMなどでもおなじみですが、もともとは旧ソ連のアルメニア人音楽家、ハチャトゥリアンが作曲し、1942年に初演されたバレエ『ガイーヌ』の1曲です。ガイーヌとは主人公の女性の名前で、「剣の舞」は劇中、クルド人の男性が剣を持って勇壮に踊る場面の音楽です。

舞台はソビエト連邦時代のアルメニアのコルホーズ、いわゆる集団農場です。綿花を栽培しているガイーヌと夫のギコたちの農場に、ある日、国境警察隊長のカルサコフがやってきます。人々は歓迎しますが、ギコは密輸業者と協力して国外に逃亡しようと企てます。自首するように促すガイーヌを監禁し、ギコたちは山中に逃げますが、ガイーヌの兄、アルメンの機転で密輸業者はカルサコフにとらえられ、ガイーヌをナイフで刺したギコもつかまります。カルサコフの看病で傷が回復したガイーヌはカルサコフと恋仲になり、アルメンら3組の結婚式が同時に開かれて、さまざまな踊りで祝福されます。

これがロシアのペルミで初演されたときのあらすじですが、1957年にモスクワで上演されたときに、ストーリーが大幅に改訂されました。改訂版ではガイーヌは独身で、アルメンは兄ではなく恋人という間柄です。

コルホーズは協同組合組織の農場で、社会主義農業経営の基本形態としてソビエト経済を支えました。第二次世界大戦中に初演された原典版では、このコルホーズの重要性が強調され、愛国主義的な作風になってしまいましたが、改訂版ではよりロマンチックな物語に変更されたのです。

「剣の舞」の舞台であるアルメニアは、コーカサス山脈とアルメニア高地が大部分を占める山国です。

もっと知りたい！豆知識

◆ハチャトゥリアンはグルジア（現ジョージア）生まれのアルメニア人。コーカサス地方の民族音楽の要素を取り入れた作風で知られ、現在アルメニアで発行されている50ドラム紙幣に肖像が使われています。

◆「剣の舞」はバレエ『ガイーヌ』の初演前日までできておらず、徹夜をして一晩で書き上げました。ただあまりにも曲が有名になり、「ミスター剣の舞」などと呼ばれてむっとしていたというエピソードも残っています。

◆1942年に『ガイーヌ』を初演したのはキーロフ・バレエ団でした。創立は1740年頃と長い伝統を誇り、もともとは本拠地であるサンクトペテルブルクのマリインスキー劇場に由来し、マリインスキー・バレエと称していました。ソビエト連邦の成立後、革命家の名前を冠してキーロフ・バレエに改称されましたが、現在は元の名称に戻っています。

『ハイドンの主題による変奏曲』

ヨハネス・ブラームス

バリエーション豊かなアレンジを楽しむ

ドイツ・ロマン派の大家、ブラームスが最初の交響曲を書き上げたのは1876年、彼が43歳のときでした。この『ハイドンの主題による変奏曲』、通称「ハイドン変奏曲」は、その3年前の1873年に自身の管弦楽法の集大成として完成させた曲で、いよいよ交響曲に取りかかるという足がかりになった作品でした。

変奏曲とは、最初に提示する主題を変奏していく楽曲で、すべてを変奏するのではなく、一部を維持することで曲としての統一が保たれます。「ハイドン変奏曲」は第1から第8までの変奏と終曲から構成されています。主題旋律は単純で誰もが口ずさめるものですが、変奏を重ねるごとに調性やテンポ、楽器構成などが複雑に変化してゆき、きわめて豊かな世界が広がります。

「ハイドン変奏曲」の主題は、フランツ・ヨーゼフ・ハイドンの『ディヴェルティメント（喜遊曲）』の第2楽章のメロディ「聖アントニウスのコラール」です。ブラームスは、友人のハイドン研究家、カール・フェルディナンド・ポールからこの曲のことを知り、この主題をもとに変奏曲を書くことを思い立ちます。もっとも、このディヴェルティメントはハイドンの作品ではないという説もあります。

オーボエとファゴットによるアンダンテ（歩くくらいの速度）の主題に続いて、まず第1変奏ではポコ・ピウ・アニマート（少し生き生きと）で弦楽器が滑らかに流れ、第2変奏はピウ・ヴィヴァーチェ（より活発）に木管が奏でます。調性も短調に変わっています。その後、長調の第3変奏、再び短調の第4変奏を経て、長調に戻った第5変奏、第6変奏はヴィヴァーチェ（活発に）と軽快なリズムを刻み、厳かな第7変奏、三たび短調の第8変奏の後、アンダンテの終曲で幕を閉じます。この終曲のバス声部では、主題のバス5小節が連続的に変奏され、上声部全体が返送されるという「パッサカリア」あるいは「シャコンヌ」と呼ばれる変奏曲になります。ブラームスは、『変奏曲』第4番の終楽章も同じような変奏曲にしています。

もっと知りたい！豆知識

◆ブラームスは当初、この曲を2台のピアノのための作品として書き、その後、管弦楽曲に書き直しました。初演は1873年、ウィーンの楽友協会大ホールで、ブラームス自身の指揮、ウィーン・フィルハーモニー管弦楽団による演奏でした。

◆変奏曲という独立した形式は、16世紀に誕生したとされています。スペイン、イタリア、イギリスなどの作品にその例が見られ、特にスペインでは、アントニオ・デ・カベソンやルイス・デ・ナルバエスの曲集に見られます。その後、17世紀に入ると、イタリアのジローラモ・フレスコバルディが、パルティータなどの変奏曲を数多く作曲。バロック期を経て、モーツァルト、ベートーヴェンら古典派の時代になって確立されました。

10月3日

本日のテーマ▼逸話

『ヴァイオリン・ソナタ』ト長調

ギヨーム・ルクー

24歳の誕生日の翌日に腸チフスで死去

1870年1月20日、ベルギーで生まれたルクーは、正規の音楽教育を受けていないにもかかわらず、才能を開花させた天才でした。24歳の若さでこの世を去りますが、それも誕生日の翌日に死去するという、皮肉な運命でした。

ルクーは6歳でヴァイオリンとピアノを始め、家族でフランスに移り住んでからはチェロも学びました。本格的に音楽に熱中するのは14歳の頃からです。物理教師からバッハとベートーヴェンの作品を教えられ、学友たちと演奏会を開きながら、自分でも作曲をするようになりました。ベートーヴェンの弦楽四重奏曲のスコアを、肌身離さず持ち歩いていたほどだったといいます。

1889年から師事したセザール・フランクが1990年に死去すると、ヴァンサン・ダンディに師事しました。彼の推薦で新進作曲家の登竜門であるローマ賞に応募したカンタータ『アンドロメダ』が2位を獲得。結果に納得のいかないルクーは受賞を辞退しますが、この曲を聴いて感銘を受けた大ヴァイオリニストのウジェーヌ・イザイからの依頼で書いたのが、ルクーの代表作である『ヴァイオリン・ソナタ』ト長調です。3つの楽章から構成される曲で、第2楽章は、出身地ベルギーのワロン地方の民謡に由来するという8分の7拍子から始まり、拍子は多様に変化します。

イザイの演奏で初演され、大成功を収めますが、その5ヶ月後、ルクーは弟子や友人と食べた氷菓子で食中毒を起こします。それから2ヶ月、食中毒の原因である腸チフスによって帰らぬ人となってしまったのです。前日に24歳の誕生日を迎えたばかりの1894年1月21日のことでした。

ルクーの創作意欲を刺激した故郷、ベルギーのワロン地方。

もっと知りたい！豆知識

◆ルクーはベルギーで生まれ、フランスで活動しましたが、師匠のフランクやヴァイオリン・ソナタを初演したイザイも同郷の出身でした。フランクとイザイはリエージュ州の生まれで、ルクーの生まれたヴェルヴィエも同じリエージュ州の都市です。

◆名ヴァイオリニストとして知られたイザイは、フランクをはじめサン＝サーンス、ショーソンなど多くの作曲家から曲を提供されました。自ら作曲も手がけており、なかでも無伴奏ヴァイオリン・ソナタは非常に高度なテクニックが要求されます。没後の1937年には、ブリュッセルでイザイ国際コンクールが開催されました。現在は、エリザベート王妃国際音楽コンクールとして、世界三大コンクールのひとつに数えられています。

『2台のピアノのためのソナタ』

ヴォルフガング・アマデウス・モーツァルト

女性の弟子と一緒に演奏するために作曲

モーツァルトがこの曲を作ったのは、弟子のヨーゼファ・バルバラ・アウエルンハンマーと2人で演奏するためだったといわれています。アウエルンハンマーはオーストリアの資産家の娘で、1758年9月の生まれ。1756年1月生まれのモーツァルトより2歳年下になります。師匠であるモーツァルトに恋心を抱いていましたが、モーツァルトにはその気はなかったようです。

この曲は1781年11月、ウィーンのアウエルンハンマー家における私的な演奏会で初演され、モーツァルトは第2ピアノ、弟子が第1ピアノを担当しました。同時に『2台のピアノのための協奏曲』も演奏されており、聴衆の反応は上々だったとされています。翌年の1月と5月にも2人で演奏会を開いており、モーツァルトが彼女に強い信頼を寄せていたことがわかります。彼女には、今日『アウエルンハンマー・ソナタ集』と呼ばれるヴァイオリン・ソナタ6曲も献呈しています。

モーツァルトは、他にも2台のピアノのためのソナタを作曲しようとしたのか、いくつかの断片を残していますが、完成させたのはこの1曲のみです。音楽史家のアルフレート・アインシュタインは、著書『モーツァルト　その人間と作品』（浅井真男訳）で、「両パートの均斉のとれた配分の技術、戯れる対話、装飾音型の精緻さ、そして楽器の音域の混合と十分な利用における音響感覚などのいっさいが、ぶきみなほど老練なので、一見《表面的》で娯楽的なこの作品が、モーツァルトが書いたもののうちの最も深く、最も熟した楽曲の1つとなっている」と、この『2台のピアノのためのソナタ』を絶賛しています。

二ノ宮知子の漫画『のだめカンタービレ』で、主人公の「のだめ」こと野田恵が、指揮者を目指す千秋真一と出会って初めて演奏するのがこの曲です。アニメやテレビドラマなどで耳になじんでいる方も多いことでしょう。

もっと知りたい！豆知識

◆モーツァルトがこの曲を作曲した1781年は、彼がウィーンに移ってきたばかりで、質のいいピアノを確保するのも大変でした。資産家の娘であるアウエルンハンマーを弟子にすることは、収入面からも作曲の環境からも好都合だったのかもしれません。

◆アウエルンハンマーは、腕のいいピアニストであると同時に、ピアノ曲の作曲家としても知られ、主に変奏曲を数多く残しています。『モーツァルトのオペラ「魔笛」のアリア「おいらは鳥刺し」による6つの変奏曲』などはいまでもよく演奏されます。

◆モーツァルトの弟子には他にも優秀な女性が多く、バルバラ・フォン・プライヤーともこの『2台のピアノのためのソナタ』を演奏しています。プライヤーには、ピアノ協奏曲の第14番と第17番を献呈しています。

スケートをする人々

エミール・ワルトトイフェル

スポーツ競技にワルツの芸術性がプラス

ワルトトイフェルの「スケートをする人々」は、「スケーターズ・ワルツ」とも呼ばれ、氷上を優雅に滑っている様子を彷彿とさせる曲です。日本では詞をつけて歌われることもあり、耳になじんでいる人も多いポピュラーな曲ではないでしょうか。

ワルトトイフェルがこの曲を作ったのは1882年。まだ冬季オリンピックも行われていない時代でした。パリのブローニュの森にあったスケート場に着想を得て作曲したといわれています。

中世のヨーロッパで、それまでは凍った川や湖の移動手段に過ぎなかったスケート道具が、レジャーでも活用されるようになり、18世紀中頃、スコットランドのエジンバラに、世界で最初のスケートクラブが誕生します。やがて芸術性や表現力を競うフィギュアスケートが誕生します。

このフィギュアスケートに音楽をつけたのが、近代フィギュアスケートの父と呼ばれるジャクソン・ヘインズでした。米ニューヨーク出身のバレエダンサーだったヘインズは、1864年にヨーロッパに渡り、ウィーンを中心に大流行していた、ウィンナ・ワルツと出合います。社交ダンスやバレエの表現をスケートに取り込んだ彼は、ヨーロッパ各地に学校を設立して、この競技の普及を図ります。こうして1882年、ウィーンで大規模な国際大会が開催されました。

ワルトトイフェルが「スケートをする人々」を作曲したのは、ちょうどこの頃のことです。華麗なワルツのリズムからは、激しいジャンプやスピンの連続技のあるいまのようなフィギュアスケートとはほど遠い競技だったことがうかがえます。

昔のスケートと現在のスケートでは、人々が抱くイメージが異なるようです。

もっと知りたい！豆知識

◆ワルトトイフェルは、フランス・アルザス地方のストラスブールで、ユダヤ人の家系に生まれました。父親はオーケストラを統率するなど、音楽一家で、自身もパリ音楽院で学んだ後、28歳で宮廷ピアニストになりました。やがて舞踏会のための音楽を数多く作曲し、「フランスのワルツ王」と呼ばれるようになりました。

◆この曲が日本で知られるようになったのは、NHKの音楽番組『みんなのうた』で流れたことが大きいそうです。『みんなのうた』は、子どもも大人も広く口ずさめる良質の歌を届けようと、1961年にテレビとラジオで始まった5分番組で、現在も放送中です。「スケートをする人々」は青木爽の作詞、末吉保雄の編曲、東京放送児童合唱団の歌唱で、1964年に放送されました。

『幻想交響曲』

エクトル・ベルリオーズ

ふたつの失恋と殺人計画

フランスの作曲家ベルリオーズが代表曲『幻想交響曲』を書いたのは、26歳という若さでした。この曲の背景には、ふたつの手痛い失恋と、それに伴う恐ろしい殺人計画が絡んでいるのです。

1827年、23歳のベルリオーズは、イギリスの劇団によるシェイクスピアの『ハムレット』を観劇し、オフィーリアを演じたハリエット・スミスソンに恋心を抱きます。何度手紙を書いても会ってくれないスミスソンに、やがてベルリオーズは殺意を抱くほど落胆し、その気持ちを音楽に昇華させるべく作曲に取りかかります。

5つの楽章からなる交響曲で、各楽章には標題が付いていて、物語風に音楽が展開するという画期的な作品でした。

その物語とは、若い芸術家がある女優への恋に破れ、服毒自殺を図るも死にきれず、朦朧とした意識のなかで幻覚を見て、その幻覚のなかで、彼は女優を殺して断頭台にかけられ、彼女も含めた魔女たちに囲まれて死を迎えるというものです。

まさにスミスソンとの失恋をもとにしたような物語ですが、この謎にはまだ先があります。ベルリオーズは作曲中に別の女性、ピアニストのマリー・モークと恋に落ち、結婚の約束をします。1830年12月にはこの『幻想交響曲』が初演され、大評判となりますが、翌年、モークの母親から「娘は別の男と結婚する」との手紙が送られてきます。激怒したベルリオーズは、モークと母親、婚約者の3人を殺害して服毒自殺するという、まるで『幻想交響曲』さながらの計画すら立てます。しかし彼女の元へ馬車を走らせている途中で思いとどまりました。海岸に打ち寄せる波の音が、彼を正気に戻したといいます。

1832年に『幻想交響曲』を聴きにきていたスミスソンと再会し、何と彼女と結婚することになります。彼女との間には一児をもうけますが、やがて不仲になり別居。スミスソンが1854年に亡くなると、同じ年に別の女性と再婚するといった具合で、ベルリオーズの激烈さは年を重ねても変わらなかったようです。

もっと知りたい！豆知識

◆ベルリオーズはオーケストレーションに秀でた作曲家として知られ、『幻想交響曲』ではハープやチューバなど、それまで交響曲では使用されなかった楽器を加えて、壮麗な音色を作り出しています。ギロチンで首をはねる音、教会の鐘の音といった情景描写も鮮やかで、リストやマーラーらの作曲家にも多大な影響を与えました。

◆ベルリオーズが育ったのは、フランス南部のラ・コート＝サンタンドレという田舎町で、子どものころはフルートを習った程度でした。開業医だった父親に従い、パリの医学校に入学しますが、在学中にオペラ座に通ううち、音楽に没頭。父親の反対を押し切って音楽の道を志し、パリ音楽院で作曲を学ぶことになります。最初に作曲した本格的な作品は、1824年に書いた『荘厳ミサ曲』でした。

『アランフエス協奏曲』

ホアキン・ロドリーゴ

独奏ギターとオーケストラとの競演

スペイン音楽といえば、すぐに思いつくのがギターでしょう。フラメンコをはじめとした民俗芸能の伴奏には必須の楽器ですし、「アルハンブラの思い出」(P.195)などを作曲したフランシスコ・タレガをはじめ、ギターの名曲を残した作曲家はたくさんいます。

しかし、この哀愁を帯びた音色を出せるギターが、西洋音楽のオーケストラと一緒に使われることは、19世紀までほとんどありませんでした。音量が小さいのが理由ではないかといわれていますが、20世紀に入って、他の独奏楽器にも負けないギター協奏曲の名曲が誕生しました。

『アランフエス協奏曲』は、ロドリーゴが30代終盤の1939年に作曲した、ギターと管弦楽のための曲です。アランフエスは、マドリード近くにある古都の名で、スペイン内戦で被害を受けたこの街への祈りを込めて作曲されたといわれています。

ロドリーゴは、この曲の他にも、4台のギターのための『アンダルシア協奏曲』、2台のギターのための『マドリガル協奏曲』など、数多くのギター協奏曲を残しています。また『アランフエス協奏曲』が書かれたのと同じ1939年にはイタリアのマリオ・カステルヌオーヴォ＝テデスコが『ギター協奏曲』第1番を、翌年にはメキシコのマヌエル・ポンセが『南の協奏曲』を作曲するなど、ギター協奏曲が盛んに作られるようになりました。

一方でロドリーゴは、スペイン近代音楽の歴史でも重要な位置を占めています。『魔法使いの弟子』(P.66)で有名なフランスのポール・デュカスに師事し、色彩感豊かで旋律的な音楽を身につけながら、スペインの風土をも受け継いだ独自の作風を貫きました。

アランフエスには世界遺産に指定されているアランフエス王宮があります。

もっと知りたい！豆知識

◆スペイン東部のサグントに生まれたロドリーゴは、3歳のときに悪性ジフテリアにかかり、失明してしまいます。目が見えないなか、早くから音楽の才能を開花させ、地元の音楽学校を経て、1927年にパリのエコール・ノルマル音楽院に留学します。ここで5年間、デュカスの元で学んだことが、彼の基礎になっています。

◆『アランフエス協奏曲』をはじめ、数々のギター曲を作曲しているロドリーゴですが、実はギターは弾けず、ピアノで作曲していました。ピアノ曲や歌曲にも数多くの作品を残しています。

◆『アランフェス協奏曲』の第2楽章は哀愁をたたえた美しい旋律で広く知られており、多くのミュージシャンにアレンジされています。ジャズのマイルス・デイヴィス、チック・コリアなどの演奏が特に有名です。

オペレッタ『メリー・ウィドウ』

フランツ・レハール

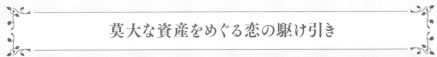

莫大な資産をめぐる恋の駆け引き

陽気な未亡人という意味の『メリー・ウィドウ』は、オーストリア=ハンガリー帝国生まれのレハールが作曲した、3幕からなるオペレッタです。オペレッタとは、台詞と踊りを伴う歌劇のことで、19世紀中頃のパリで発祥し、ウィーンやベルリンなどで盛んに演じられるようになりました。

『メリー・ウィドウ』の舞台は、パリにあるポンテヴェドロという架空の国の公使館です。国王の誕生日を祝うパーティーにやってきた男たちの視線の先には、大富豪だった故グラヴァリ氏の若く美しい未亡人、ハンナがいました。公使のミルコ・ツェータは、彼女がフランス人と再婚しないように策をめぐらせます。ハンナが外国に嫁いでしまうと、彼女が相続した莫大な資産がポンテヴェドロから失われてしまうからです。

ミルコは公使館書記官のダニロ・ダニロヴィッチをハンナに引き合わせようと試みます。ところがダニロはかつてのハンナの恋人で、身分の違いと意地の張り合いから別れたのでした。一方、ミルコの妻ヴァランシエンヌは、フランス人のカミーユ・ド・ロシヨンをハンナにあてがおうとします。そんな男女の思惑が入り乱れたパーティーの結末は……。

初演は1905年、ウィーンのアン・デア・ヴィーン劇場でした。第3幕でハンナとダニロが歌うおなじみの「唇は黙して」は甘美なメロディーで恋の喜びを表現していて、聴いていると何とも幸せな気分に包まれます。

『メリー・ウィドウ』の主な登場人物

ハンナ・グラヴァリ（ソプラノ）	若く美しい裕福な未亡人
ミルコ・ツェータ（バリトン）	ポンテヴェドロ国のパリ駐在公使
ヴァランシエンヌ（ソプラノ）	ミルコの妻
ダニロ・ダニロヴィッチ（テノール）	公使館の書記官、ハンナの元恋人
カミーユ・ド・ロシヨン（テノール）	フランス人、ヴァランシエンヌの愛人

未亡人、元恋人、夫婦が繰り広げるドタバタ劇です。

もっと知りたい！豆知識

◆レハールは現在のハンガリー北部、スロバキアとの国境の町、コマーロムで、ドイツ人の両親のもとに生まれました。プラハ音楽院でドヴォルザークらに師事した後、ウィーンでオペレッタの作曲を始め、1903年の『メリー・ウィドウ』で一躍、人気を博します。

◆レハールが活躍していた頃のウィーンは、ヨハン・シュトラウス2世のオペレッタ『こうもり』（P.278）が人気を呼んだ「金の時代」になぞらえて、「銀の時代」といわれていました。次々と人気オペレッタが登場し、華やかな雰囲気に包まれている時代でした。『メリー・ウィドウ』以外の代表作には、エメリッヒ・カールマンの『チャールダーシュの女王』『伯爵令嬢マリツァ』、ロベルト・シュトルツの『ウィーンのカフェ』などがあります。

10月9日

『悲劇的序曲』

ヨハネス・ブラームス

本日のテーマ▼ジャンル

物語を伴わず単独で演奏する前提に

序曲とは、もともとはオペラなど音楽を伴う大規模な作品の幕前に演奏される管弦楽曲のことを指します。物語のあらすじや情緒を予告するような音楽で、観衆は序曲を聴きながら、これから始まる舞台の展開をわくわくして待ち構えます。こうした序曲が単独で演奏されることで、交響曲が誕生しました。またその一方で、もとのオペラや劇とのつながりを有したまま、序曲として演奏されるようになった曲もあります。ベートーヴェンの「レオノーレ」や「エグモント」などは、序曲だけの単独演奏でも十分に音楽性を有しており、やがて演奏会でも序曲だけが取り上げられるようになります。さらにメンデルスゾーンなどは、初めから演劇の前奏ではなく、単独で演奏することを想定して序曲を作曲するようになり、例えば、『フィンガルの洞窟』の通称で知られる『ヘブリディーズ諸島』は物語を伴いません。こうした管弦楽曲のことを「演奏会用序曲」と呼ぶようになりました。

ちょうどその時代に登場したブラームスは、ふたつの演奏会用序曲を作曲しています。『大学祝典序曲』(P.259)と『悲劇的序曲』で、どちらも1880年に書かれていますが、曲の印象は正反対です。

旺文社の「大学受験ラジオ講座」のテーマ曲として、ある一定の年齢の方々にはなじみ深い『大学祝典序曲』の明るい曲調とは異なり、『悲劇的序曲』はそのタイトル通り、短調を基調とした劇的な構成が特徴です。演奏時間は15分もかからず、コンサートでは1曲目にプログラムされるのが普通ですが、重厚な響きといい、多彩な展開といい、後に「交響曲の第1楽章に匹敵する」と称される堂々たる作品となっています。

ちなみに、やがて演奏会用序曲は、新たに交響詩というジャンルに取って代わられることになります。

『悲劇的序曲』のドイツ語原題は、「Tragische Ouvertüre」となります。この楽譜はフランス語版なので「Overture Tragique」となっています。

もっと知りたい！豆知識

◆ブラームスが『悲劇的序曲』を作曲した1880年は、『交響曲』第2番と第3番を作曲する中間の円熟味を増してきた時期でした。この3年後に作曲される『交響曲』第3番は、『悲劇的序曲』の楽想に影響を受けたと指摘されることもあります。

◆『悲劇的序曲』の初演は1880年12月、ウィーン楽友協会大ホールで、ハンス・リヒター指揮のウィーン・フィルハーモニー管弦楽団が演奏しました。リヒターはリヒャルト・ワーグナーの助手を務めたこともあり、4部からなる楽劇『ニーベルングの指環』全曲の初演を指揮した人物です。ブラームスはワーグナーとはライバル関係で、犬猿の仲だったともいわれますが、リヒターは『悲劇的序曲』だけでなく、ブラームスの『交響曲』第2番や第3番も初演しており、音楽性、人間性の幅広さを感じさせます。

『夏の夜の夢』より序曲

フェリックス・メンデルスゾーン

引っ越しで紛失した楽譜を完璧に再現

よくモーツァルトのことを「神童」といいますが、神童ぶりではメンデルスゾーンも負けてはいません。6歳でピアノを始め、8歳でカール・フリードリヒ・ツェルターのもとで作曲を学ぶと、めきめき頭角を現し、9歳で室内楽の演奏会に参加。12歳のとき、ツェルターの友人だった文豪、ゲーテの前で即興演奏を披露したところ、「奇跡の次元を超えている」と絶賛されたほどです。

17歳のときには、シェイクスピアの戯曲に着想を得た『夏の夜の夢』序曲を書きますが、この曲には彼の驚異の記憶力を物語るエピソードがあります。

メンデルスゾーンはその後、引っ越しの際にこの曲の楽譜を紛失してしまいます。凡人なら悔しがっておしまいでしょうが、彼は記憶だけを頼りにすべて書き出したといいます。後に紛失した元の楽譜が出てきますが、異なっていたのは7か所だけで、しかもその箇所はメンデルスゾーンがあえて書き直したものだったのです。

こうして長く「演奏会用序曲」として知られていた『夏の夜の夢』ですが、作曲から17年後の1843年、序曲に感銘を受けたプロイセン王フリードリヒ・ヴィルヘルム4世の命で、12曲からなる劇付随音楽を新たに作ります。いまでは、序曲はそのまま『夏の夜の夢』の劇音楽として利用され、組曲という形で演奏されることが多いようです。

ちなみに、この9曲目が「結婚行進曲」(P.14)で、結婚情報誌のCMに使用されるなど、いまも結婚式の定番としておなじみの音楽です。

戯曲『夏の夜の夢』の著者ウィリアム・シェイクスピアは、最も優れた英文学の作家ともいわれる人物です。

もっと知りたい!豆知識

◆メンデルスゾーンの曲だけでなく、『夏の夜の夢』はシェイクスピアの原作も含めて、かつては『真夏の夜の夢』という邦題でした。英語の原題『A Midsummer Night's Dream』を坪内逍遥が翻訳したのが最初ですが、Midsummerは実は真夏ではなく、夏至を意味します。1940年に英文学者の土居光知が新たに翻訳本を出版するに当たり、「真夏」では季節感が合わないと改題しました。

◆シェイクスピアの『夏の夜の夢』にもとづいた音楽作品としては、メンデルスゾーンの他にも、ベンジャミン・ブリテンがオペラ、ヨハン・シュトラウス1世がウィンナ・ワルツ、ヨーゼフ・ランナーがガロップを作曲しています。アルフレート・シュニトケには『夏の夜の夢ではなく』というパロディー的な管弦楽曲があります。

亡き王女のためのパヴァーヌ

モーリス・ラヴェル

ノスタルジーをかき立てる調性の秘密

『亡き王女のためのパヴァーヌ』はラヴェルが1899年、24歳の頃に作曲したピアノ曲です。初めて聴いてもどことなく懐かしく、ノスタルジックな気持ちになります。後に管弦楽用に編曲され、人々に愛される名曲となりました。

亡き王女とは、17世紀のスペイン王女、マルガリータのことだといわれています。ラヴェルはルーヴル美術館でディエゴ・ベラスケスが描いた彼女の肖像画を見て、曲のイメージを膨らませたとされています。マルガリータは神聖ローマ帝国の皇帝に嫁ぎ、6人の子どもをもうけますが、21歳の若さでこの世を去ります。ベラスケスの描いた彼女の肖像画は何点か残っていますが、いずれも幼い子どもの頃の姿です。

パヴァーヌは16世紀のイタリアで流行した宮廷舞踏曲で、イタリアの街パドヴァがなまったパーヴァという言葉に由来しています。ゆっくりとした踊りで基本となるステップを繰り返し、優雅な動き特徴としています。

ラヴェル自身、この曲は「スペインの宮廷で小さな王女が踊ったような曲」だと語っています。フランス南西部、スペインとの国境に近いバスク地方シブールで生まれたラヴェルは、母親がスペイン人だったことから、子どもの頃からスペイン民謡に親しんで育ちました。かわいらしいスペインの王女を思って作ったこの曲には、そんな子ども時代の思い出が詰まっているのかもしれません。

この曲の調は、長調と短調とも区別しにくく、ルネサンス時代以降の音楽に特徴的な旋法的な音楽です。主旋律を奏でるホルンの響きが牧歌的に響き、多くの人がノスタルジーを感じてしまうのでしょう。

ベラスケス作の肖像『青いドレスのマルガリータ王女』は、ウィーンの美術史美術館に展示されています。

もっと知りたい！豆知識

◆ラヴェルはオーケストレーションの才能に秀で、ムソルグスキーのピアノ組曲『展覧会の絵』（P.365）を管弦楽曲に編曲した作品は、原曲よりも有名といっていいでしょう。自らのピアノ曲もたくさん管弦楽作品に編曲しており、『亡き王女のためのパヴァーヌ』以外にも『マ・メール・ロワ』『古風なメヌエット』などが多彩な音色で楽しめます。

◆幼かったラヴェル少年に、よくスペイン民謡を口ずさんで聴かせていた母マリーは、1917年に76歳で亡くなります。人生最大の悲しみに直面したラヴェルはひどく嘆き、3年間も新作を書けなかったほどでした。

『左手のためのピアノ協奏曲』

モーリス・ラヴェル

戦争で右手を失ったピアニストの委嘱で作曲

ラヴェルは、ピアノ協奏曲を2曲残しています。そのうち最初に完成した曲が、ピアノを左手だけで弾くように指定されて書かれた『左手のためのピアノ協奏曲』です。この曲は、第一次世界大戦で右手を失ったピアニスト、パウル・ヴィトゲンシュタインの依頼で作曲されました。

オーストリア生まれのヴィトゲンシュタインは、1913年にピアニストとしてデビューしますが、翌年に第一次世界大戦が勃発。徴兵された彼はポーランド戦線で負傷し、右手の切断を余儀なくされますが、傷が回復すると練習を重ね、さまざまな曲を左手だけのために編曲するなどし、コンサート活動を再開します。

評判を得た彼は、当時の著名な作曲家に左手だけの曲を作ってもらうよう委嘱。その中のひとりにラヴェルがいました。ラヴェルはその頃、もうひとつのピアノ協奏曲に取りかかっていましたが、それと並行して左手のための協奏曲に挑戦します。サン＝サーンスやスクリャービンなど、さまざまな作曲家が作った左手のためのピアノ曲を研究し、9ヶ月かけて完成させたのです。

こうして1931年のウィーンで、ヴィトゲンシュタインのピアノで初演されますが、曲は極めて高度なテクニックが要求されたため、ヴィトゲンシュタインは勝手に楽譜に手を加えて演奏してしまいました。これにラヴェルは激怒し、2人の仲は険悪になってしまいました。

その後、1933年にフランスで、ジャック・フェヴリエのピアノによって、楽譜通りに演奏されます。のちには、レオン・フライシャーや舘野泉といった右手の不自由なピアニストがレパートリーにしている他、多くのピアニストが左手だけの演奏でこの高難度な名曲に挑み続けています。ちなみに後年、ヴィトゲンシュタインも自分の非を認めました。

もっと知りたい！豆知識

◆ヴィトゲンシュタインはラヴェル以外にも数多くの作曲家に左手のためのピアノ曲を委嘱しています。プロコフィエフは左手のための『ピアノ協奏曲』第4番を作曲しましたが、「一音たりとも理解できない」と演奏を拒否。初演はプロコフィエフの死後の1956年、やはり戦争で右手を失ったドイツ人ピアニスト、ジークフリート・ラップの演奏で行われています。他にもリヒャルト・シュトラウスやベンジャミン・ブリテンらが、ヴィトゲンシュタインの委嘱で左手のためのピアノ曲を作曲しています。
◆ラヴェルが同時進行で作曲していたもうひとつのピアノ協奏曲は、『左手のためのピアノ協奏曲』に遅れること1年後の1931年に完成。翌年に、女流ピアニストのマルグリット・ロンのピアノ、ラヴェル自身の指揮で、パリで初演されました。

10月13日

『ピアノ五重奏曲』

セザール・フランク

本日のテーマ▼謎

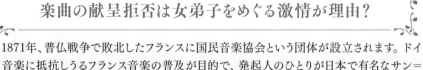

楽曲の献呈拒否は女弟子をめぐる激情が理由？

1871年、普仏戦争で敗北したフランスに国民音楽協会という団体が設立されます。ドイツ音楽に抵抗しうるフランス音楽の普及が目的で、発起人のひとりが日本で有名なサン＝サーンスでした。会員資格はフランス国籍を有する者に限られ、草創期のメンバーにはビゼー、マスネ、フォーレ、デュパルク、そしてフランクといったそうそうたる音楽家が名を連ねています。

フランクはベルギーの生まれですが、少年時代に一家でパリに移り住み、フランスに帰化しています。フランクはサン＝サーンスよりも13歳年上で、国民音楽協会の設立時には50歳間近でしたが、教会のオルガン奏者を務めるなど地味な活動が多く、サン＝サーンスほどの人気はありませんでした。

フランクが1880年、新曲のピアノ五重奏曲を国民音楽協会で披露することになります。演奏するのはマルシック四重奏団とピアノを担当するサン＝サーンスでした。

フランクはこの曲をサン＝サーンスに献呈しようと、楽譜に「わが友、サン＝サーンスへ」としたためていました。見事な演奏が終わり、フランクが祝福の言葉をかけようと近寄ろうとしたところ、何とサン＝サーンスは献呈譜をそのままにして、舞台を後にしてしまったのです。なぜサン＝サーンスがこうした無礼な行動をとったのかについて、いまではその理由は定かではありません。しかしひとつ想像できることがあります。それはフランクの弟子のオーギュスタ・オルメスという女性の存在があるといわれています。オルメスは1876年からフランクに作曲を師事していましたが、サン＝サーンスはたびたび彼女に結婚を申し入れていたという逸話が残されています。ピアノ五重奏曲のなかに、フランクのオルメスに対する激情を感じたサン＝サーンスは、フランクの曲を演奏することへの複雑な気持ちがあったのかもしれません。

もっと知りたい！豆知識

◆フランクは人当たりがよく面倒見もよかったことから、固い絆で結ばれた弟子がたくさんいました。なかでもヴァンサン・ダンディ、エルネスト・ショーソン、アンリ・デュパルクらは初期からの門弟で、師のことを敬愛をこめて「ペール・フランク」(父フランク)と呼んでいました。
◆フランクの弟子だったオーギュスタ・オルメスは、主に舞台音楽や声楽曲を手がけました。生涯、彼女は結婚はしませんでしたが、妻子持ちの詩人、カチュール・マンデスと同棲し、5人の子どもをもうけています。
◆サン＝サーンスは2歳でピアノを弾き、3歳で作曲したといわれる神童でした。ただ天才ゆえでしょうか、言動は辛辣で無頓着なことが多く、他人のピアノを褒めることはめったにありませんでした。ミヨーやドビュッシーら近代音楽の作曲家にも厳しい評価をしています。

『練習曲集』「30番」

カール・チェルニー

反復練習で超難度の曲も弾きこなせるように

子どもの頃にピアノを習った人なら、誰もが経験する通り道がチェルニー30番でしょう。バイエルやブルグミュラーの教則本と並んで、基礎を学ぶ練習曲のひとつですが、ほとんどの人はどんな曲だったか覚えていないのではないでしょうか。

チェルニー以前にも、ピアノの練習のための曲を作曲していた人はいて、例えばヨハン・バプティスト・クラーマーが、1815年に出版した『実践ピアノ技法大曲集』の第5巻は、その後19世紀の偉大な指揮者ハンス・フォン・ビューローによって改定され、今日でも「クラーマー・ビューロー練習曲」として使用されています。この曲集は、練習曲というジャンルを純粋に手や指の訓練だけではなく、演奏していて楽しい曲に発展させていくきっかけになりました。

そんな時代に登場したのがチェルニーでした。1791年にウィーンでチェコの音楽一家に生まれたチェルニーは、3歳でピアノを弾いたという神童で、10歳のときにベートーヴェンのもとを訪ねて、『ピアノソナタ』第8番「悲愴」を披露したといいます。このベートーヴェンや、ピアノの指導者として知られるクレメンティのもとで基礎からたたき直されたチェルニーは、やがて演奏家よりも作曲家、理論家を志向するようになり、数々の練習曲集を残すことになります。

通称「30番」は、作品番号849というとても大きな数字のついたことからわかるように、最晩年の作で、正式には『30曲の技法練習曲』といいます。その名の通り、ピアノのテクニックを身につける目的で反復して練習するための曲です。チェルニーが培ったノウハウを注ぎ込んで、あえてシンプルな曲にしたといっていいかもしれません。日本では、ベートーヴェンのソナタを演奏するために必須の教則本として考えられてきましたが、欧米ではあまり使われておらず、むしろクレメンティやクラーマーなど、チェルニー以前の練習曲集を用いる傾向が強いようです。

もっと知りたい！豆知識

◆演奏家としてよりも、ピアノの指導者や音楽理論家として知られるチェルニーですが、ピアノの腕前が落ちることはなかったようです。1812年にはベートーヴェンの『ピアノ協奏曲』第５番「皇帝」のウィーン初演に当たり、ソリストに選ばれています。

◆チェルニーはピアノの練習曲以外にも数多くの曲を書いており、交響曲は2曲残しています。その最初の曲を発表したのは56歳のときで、ベートーヴェンが最後の『交響曲』第９番を初演したときよりも遅い年齢でした。

◆チェルニーは優れたピアノ指導者でもあり、弟子のなかには超絶技巧のピアノ曲で知られるリストもいます。リストが生涯でピアノの指導を受けたのは、チェルニーただひとりといわれています。

バレエ音楽『火の鳥』

イーゴリ・ストラヴィンスキー

ふたつのロシア民話をもとにした前衛バレエ

ストラヴィンスキーが20代の若さで手がけた初めてのバレエ音楽『火の鳥』は、彼の祖国であるロシアのふたつの民話がもとになっています。

ひとつは「イワン王子と火の鳥」です。イワン王子はロシア民話にたびたび登場する英雄で、この物語では、火の鳥を探して旅をする王子が、灰色オオカミの助けでエレーナ姫と結ばれます。もうひとつは「ひとりでに鳴るグースリ」で、不死の悪魔であるカシチェイに囚われた王女を王子が救いにくるという話です。グースリとはロシア伝統の弦楽器のことです。

このふたつの民話をもとにして『火の鳥』というバレエ作品にしようとしたのは、バレエ・リュス（ロシア・バレエ団）を創設したセルゲイ・ディアギレフでした。1909年にパリで旗揚げしたバレエ・リュスは、ディアギレフが総合芸術としてのバレエを提供すべく設立したバレエ団で、新進気鋭の作曲家に新曲を依頼し、当代一流の振付師が演出をつけ、話題を集めました。

『火の鳥』はバレエ・リュスの最初の創作バレエでした。そのために失敗は許されないと思ったディアギレフは創設メンバーの振付師ミハイル・フォーキンとともに台本をまとめ上げ、音楽はベテランの作曲家アナトーリ・リャードフに依頼します。ところが、遅筆のリャードフは筆が進まず、業を煮やしたディアギレフは俊傑のストラヴィンスキーを抜擢。ストラヴィンスキーは、半年ほどの期間で、このロシアの風土に根差した民話に前衛的な音楽をつけ、公演を大成功に導いたのです。

ストラヴィンスキーはその後、『ペトルーシュカ』（P.130）や『春の祭典』（P.68）などのバレエ・リュスの音楽を手がけ、20世紀を代表する大作曲家の道へと歩んでいきます。

ロシアの伝統的な弦楽器であるグースリ。他の弦楽器と同じように、弦を弾いて音を出します。

もっと知りたい！豆知識

◆ストラヴィンスキーが進んだ大学は、サンクトペテルブルク大学の法学部でした。そこで彼はリムスキー＝コルサコフの息子と出会い、その勧めで1902年にリムスキー＝コルサコフの個人授業を受けるようになります。意外な出会いが彼の将来を決めたのです。

◆『火の鳥』を初演したバレエ・リュスは、ヴァーツラフ・ニジンスキー、ジョージ・バランシン、アンナ・パヴロワといった名舞踊家を抱え、アンリ・マティス、パブロ・ピカソ、ココ・シャネルら一流芸術家が参加し、世界最高峰の舞台を提供しました。しかし1929年、創設者のディアギレフの死去によって解散します。わずか20年間の活動でした。

◆『火の鳥』といえば手塚治虫の漫画が思い浮かびますが、このバレエのストーリーとは直接の関係はありません。手塚によると、バレエ『火の鳥』を見て火の鳥役のバレリーナに心を奪われたことが、この漫画を描くきっかけだったそうです。

『弦楽セレナーデ』

アントニン・ドヴォルザーク

小さな夜のくつろぎの音楽

ドヴォルザークには2曲のセレナーデがあり、どちらも30代のときの曲で、楽器編成の違いから、1875年作曲のホ長調を「弦楽セレナーデ」、1878年作曲のニ短調を「管楽セレナーデ」と呼んでいます。

セレナーデとは「夕べの音楽」という意味で、日本語では小夜曲や夜曲などといわれます。

もともとは女性の窓辺で男性が歌う甘い曲のことでしたが、17世紀から18世紀にかけて器楽曲として発展しました。夕べのもてなしや憩いの場でくつろぎの音楽として演奏された音楽形式で、モーツァルトの『セレナーデ』第13番「アイネ・クライネ・ナハトムジーク」は、ドイツ語で「小さい夜の音楽」という意味からも、まさにその典型といえるでしょう。

19世紀に入ると、セレナーデはほとんど作られなくなります。そんななかで現在もよく演奏される人気曲が、チャイコフスキーとドヴォルザークの「弦楽セレナーデ」です。この2曲は、CDでカップリング収録され、しばしば比較されることもあります。

ドラマチックな展開のチャイコフスキーと比べると、ドヴォルザークの「弦楽セレナーデ」は落ち着いていて、どこか懐かしい感じがします。全5楽章からなり、演奏時間も約30分と、気軽に楽しめるのも人気の秘密でしょう。

20世紀に入っても、ヴァルター・ギーゼキングが『弦楽四重奏のためのセレナーデ』、ベンジャミン・ブリテンが『テノール、ホルンと弦楽のためのセレナーデ』、イーゴリ・ストラヴィンスキーが『ピアノのためのセレナーデ』を作曲しています。ジャズだと、グレン・ミラーの『ムーンライト・セレナーデ』などもあり、いつの時代になってもくつろぎの音楽は必要なようです。

『弦楽セレナーデ』の冒頭は、ヴィオラが奏でる8分音符のリズムで始まります。

もっと知りたい！豆知識

◆ドヴォルザークが弦楽セレナーデを作曲した1875年は、オーストリア政府から国家奨学金をもらえることになった頃で、生活が安定していました。この曲からは、前途洋々たるドヴォルザークの穏やかで安らいだ心情が伝わってきます。

◆ドヴォルザークのもうひとつのセレナーデ、「管楽セレナーデ」は、管楽といいながらも、オーボエ、クラリネット、ファゴット、ホルン、チェロとコントラバスという低音弦楽器も含まれています。全編にわたってチェコ民謡風のメロディで、ひなびた雰囲気が漂います。

◆日本語ではセレナーデの他、セレナードと呼ばれることもあり、言葉の揺れが見られる単語です。語源はラテン語の「穏やかな」という意味のserenusで、ドイツ語でセレナーデ、イタリア語でセレナータ、英語でセレネイド、フランス語でセレナードと発音されます。

『アルプス交響曲』

リヒャルト・シュトラウス

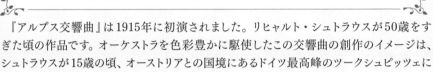

若き日の登山の経験を思い出して作曲

『アルプス交響曲』は1915年に初演されました。リヒャルト・シュトラウスが50歳をすぎた頃の作品です。オーケストラを色彩豊かに駆使したこの交響曲の創作のイメージは、シュトラウスが15歳の頃、オーストリアとの国境にあるドイツ最高峰のツークシュピッツェに登山したときの思い出がもとになっています。

シュトラウスはこのとき、友人と夜中の2時頃に麓の町を出発して、登頂に成功。山頂で雄大なアルプスの山々や湖などの景色を満喫しますが、下山途中で嵐に遭遇します。肌までびしょ濡れになりますが、何とか山を下りることができました。「続く数日間、僕はこの旅のすべてをピアノで作曲した」と残しており、このときの記録が『アルプス交響曲』の下地になったのは間違いないでしょう。

やがて年を重ね、作曲家および指揮者として成功を収めたシュトラウスは、大評判を取ったオペラ『サロメ』(P.315)で得た収入で、1908年、ツークシュピッツェへの登山口となるリゾート都市、ガルミッシュ・パルテンキルヒェンに山荘を建てます。現在もこの山荘は残っていますが、周囲は高級別荘地で、山荘というより大邸宅といった方がふさわしいかもしれません。

シュトラウスは、この山荘で1911年から『アルプス交響曲』のスケッチに取りかかり、1914年に本格的に作曲を開始。1915年に完成し、ベルリンでシュトラウス自身の指揮によって初演されました。単一楽章の交響曲ですが、曲調は実に豊かで、何本ものホルンによる狩りのイメージ、風音器や雷鳴器などを駆使した嵐の再現と、目にも耳にも楽しい構成になっています。

シュトラウスがこの曲を書いたのは50歳の頃です。その後もオペラ作品などを手がけ、1949年に85歳で亡くなりますが、終焉の地も、ガルミッシュ・パルテンキルヒェンの山荘でした。

もっと知りたい！豆知識

◆『アルプス交響曲』は大がかりな楽器編成でも知られます。シュトラウスが指定した人数は総勢120人ほどで、ホルンは舞台上の8人の他、舞台裏に12人を要求。打楽器も、ティンパニー2人に大太鼓、小太鼓、シンバル、トライアングル、タムタム、グロッケンシュピール、さらに風音器、雷鳴器、カウベルまで登場します。

◆シュトラウスは指揮者としても超一流でした。職業指揮者の先駆けといわれるハンス・フォン・ビューローの助手を務めた後、ビューローの後を継いでミュンヘンのバイエルン国立歌劇場の音楽監督に就任したほどです。その指揮は、若い頃は激しい身振りでしたが、後年は誇張のない抑制されたスタイルでした。指揮の弟子にはカール・ベームやジョージ・セルらがいます。

『弦楽セレナーデ』

ピョートル・チャイコフスキー

4つの楽章が5度関係の調性で構成

ドヴォルザークの『弦楽セレナーデ』(P.309)とともによく知られたのが、チャイコフスキーの『弦楽セレナーデ』です。この曲は4つの楽章から構成され、各楽章はハ長調→ト長調→ニ長調→ト長調／ハ長調と配列されています。調性が単純な調ばかりなので、全曲を通し、耳に心地よい曲といえるでしょう。後期ロマン派の音楽が、♯や♭の多い調を好むことを考えると、チャイコフスキーのこの曲の透明感のある響きがいっそう際立ちます。

それぞれの楽章には標題がつけられていて、第1楽章は「ソナチネ形式の小品」と題されています。チャイコフスキー自身、「モーツァルトへのオマージュ」と書いているように、「アイネ・クライネ・ナハトムジーク」に代表されるモーツァルトのセレナーデの様式を意図して作られています。

第2楽章は「ワルツ」。第1ヴァイオリンが甘く気品のあるメロディーを奏でます。

第3楽章の標題は「エレジー(哀歌)」ですが、調性は長調です。そして間を空けることなく第4楽章へと入ります。「ロシアの主題によるフィナーレ」との標題がついており、序奏も主題もロシア民謡をベースにしています。最後には第1楽章の序奏が再び現れ、一気に終わりを迎えます。

弦楽器だけの編成ですが、チャイコフスキーは、「弦楽器奏者の数が多ければ多いほど、作曲家の意図に合う」と楽譜に書き込んでいました。初演は1881年に、サンクトペテルブルクでエドゥアルド・ナープラヴニークの指揮で行われました。ナープラヴニークによると、公演は非常に好評で、満場のアンコールで再びワルツを演奏したようです。

ロシアのサンクトペテルブルク。町の中心には、聖イサーク大聖堂があります。

もっと知りたい！豆知識

◆チャイコフスキーが弦楽セレナーデを作曲したのは40歳のとき。モスクワ音楽院に着任した頃からの親友でチェロ奏者のコンスタンチン・アルブレヒトに献呈されました。

◆「オー人事、オー人事」のスタッフサービスが、この曲を使用したCMを始めたのは1997年のことです。2019年には歌手の平原綾香が、この曲に日本語の歌詞をつけて歌うバージョンも登場しました。

◆この曲の初演を指揮したナープラヴニークはチェコ出身の音楽家で、サンクトペテルブルクのマリインスキー劇場で長く首席指揮者を務めました。作曲、編曲も手がけており、チャイコフスキーの『交響曲』第6番「悲愴」は、ナープラヴニークによる改訂版が一般的に使用されています。

ワシントン・ポスト

ジョン・フィリップ・スーザ

作文コンクールのために書かれた行進曲

マーチングバンドで用いられるスーザフォンを考案するなど、「マーチ王」の異名を持つスーザですが、この「ワシントン・ポスト」は子どもの作文コンクールのために書かれた曲でした。

ワシントン・ポストとは、アメリカの首都、ワシントンDCで発行されている新聞で、ニクソン大統領のウォーターゲート事件をスクープしたことでも知られています。現在はウォールストリート・ジャーナルやニューヨーク・タイムズなどに次いで全米第6位の発行部数を誇る大手新聞ですが、1877年の創刊当初は一地方紙に過ぎませんでした。

1889年、同紙のオーナーになったばかりのフランク・ハットンとベリア・ウィルキンスは、購読者を増やそうと、あるイベントを企画します。子どもたちを対象に作文を募集し、その表彰式で演奏する行進曲の作曲をスーザに依頼したのです。当時、スーザはアメリカ海兵隊の楽団長でしたが、まだそれほどの知名度はありませんでした。

依頼に応えて、スーザは新聞と同じ題名の行進曲を作曲します。作文コンクールの表彰式は6月15日、当時のベンジャミン・ハリソン大統領も出席して盛大に行われ、スーザの行進曲「ワシントン・ポスト」は観衆から大喝采を浴びます。この曲はスーザに名声をもたらすとともに、ワシントン・ポストの名も広く世に知らしめるところとなりました。

ワシントン・ポスト紙の本社ビル内には、いまもアメリカ海兵隊の制服を身につけたスーザの肖像画が飾られ、スーザの同紙への貢献をたたえています。

スーザフォンは、マーチングバンドに欠かせない楽器です。「ワシントン・ポスト」でも使われます。

もっと知りたい！豆知識

◆スーザは生涯に100曲を超える行進曲を作っていますが、作曲したのは行進曲だけではありません。子どもの頃から楽器の他に声楽にも親しんでおり、オペレッタもいくつか残しています。同名の行進曲もある『エル・カピタン』はときどき上演されています。

◆スーザの名を冠したスーザフォンは、マーチングなど野外で動きながら演奏できるように考案された楽器です。楽譜出版社の創業者でもある楽器製造業者のジェームズ・ウェルシュ・ペッパーにスーザが作らせたとされていますが、異論もあるようです。

◆「日本のスーザ」と呼ばれたのが、NHKの連続テレビ小説『エール』の主人公のモデルになっている古関裕而です。古関は東京五輪の『オリンピック・マーチ』をはじめ、数多くの行進曲、応援歌を残しています。

『ピアノ・ソナタ』第14番「月光」

ルートヴィヒ・ヴァン・ベートーヴェン

曲をささげた令嬢は「不滅の恋人」？

ベートーヴェンは生涯、独身を貫きました。ですがその死後、彼の部屋からは3通の恋文が発見されています。この恋文のなかで、ベートーヴェンは相手のことを「不滅の恋人」と呼んでいます。いったいベートーヴェンの「不滅の恋人」とは誰だったのでしょう。

有力なひとりとされているのが、ベートーヴェンのピアノの生徒でもあったジュリエッタ・グイッチャルディです。ベートーヴェンよりも12歳年下の彼女は、1782年、現在のポーランド南東部、ウクライナとの国境近くの町プシェミシルで生まれます。1800年に両親とともにウィーンに移り住んでベートーヴェンと知り合い、翌1801年からピアノを教わることになります。

この美貌の令嬢に、30歳を過ぎたばかりのベートーヴェンはまたたく間に惹かれていきます。親友の医師、フランツ・ゲルハルト・ヴェーグラーにあてた手紙で、ベートーヴェンは「彼女と結婚すれば幸せになると感じているが、身分の違いから結婚できない」と揺れる心の内を打ち明けています。

そんな悩めるベートーヴェンがグイッチャルディにささげた曲が『ピアノ・ソナタ』第14番「月光」でした。1802年に献呈されたこの曲は、当初から彼女を思って作ったわけではないという説もありますが、神秘的で流麗な第1楽章、激しい熱情がほとばしる第3楽章など、愛と苦悩を抱えたベートーヴェンの内面が見事に表出している曲ではないでしょうか。

グイッチャルディは翌1803年、作曲家のヴェンゼル・ロベルト・フォン・ガレンベルクと結婚。その後、ナポリに移り住み、ベートーヴェンとは疎遠になっていきました。

その後も数多くの女性に恋心を抱き、「不滅の恋人」候補は何人も存在するベートーヴェンですが、56歳で亡くなるまで結婚することはありませんでした。

印象的な三連音符が続く第1楽章の冒頭。三連符は月光が降り注ぐ波の動きを表現しています。

もっと知りたい！豆知識

◆「月光」の愛称はベートーヴェンがつけたものではなく、自身は「幻想曲風ソナタ」と書き記しています。詩人で音楽評論家のルートヴィヒ・レルシュタープが後年、この曲に寄せた「ルツェルン湖の月光の波に揺らぐ小舟のよう」とのコメントから、「月光」と呼ばれるようになりました。

◆ベートーヴェンが「幻想曲風」と記したように、この曲は、それまでのピアノ・ソナタの伝統を逸脱しています。3楽章構成で、しかも1楽章が即興的に和音を分散させてはじまります。

10月21日

鉛の兵隊の行進曲

ガブリエル・ピエルネ

本日のテーマ▼音楽史

ロマン派と印象主義の両面を併せ持つ

ドイツやオーストリアの西洋音楽の主流とは異なり、フランス音楽は独自の歩みをたどってきました。なかでも19世紀後半、後期ロマン派からの流れは非常に特徴的で、西洋音楽史に大きな足跡を残しています。

19世紀の半ば、ワーグナーやブラームスが全盛の時代、フランスに起こったのはサン=サーンスに代表される「アルス・ガリカ」という運動でした。「フランスの芸術」という意味のこの言葉を掲げ、普仏戦争でドイツ・プロイセンに敗北した1871年に、フランクやフォーレらと国民音楽協会を設立。フランス人作曲家の器楽曲、管弦楽曲の創作、振興を図りました。

ところが20世紀に入ると、フランスに印象主義音楽という様式が誕生します。ドビュッシーやラヴェルに代表される音楽で、ロマン派音楽のような感情や物語性を表現するのではなく、雰囲気や空気感といったものを音楽にするという様式でした。あやふやな調性や不協和音の多用などが具体的に挙げられます。

1863年生まれのピエルネは、ロマン派と印象主義の相反する両面が垣間見られる作曲家です。『タイスの瞑想曲』で知られるマスネに作曲を学び、わかりやすく甘美なメロディーを奏でるかと思えば、印象主義的な和声ものぞかせます。指揮者としても知られ、パリのオーケストラ、コンセール・コロンヌを率いて、ドビュッシーやラヴェル、ルーセルといった印象主義作品の数々を初演しています。

ピエルネの作品は、現在はあまり聴く機会に恵まれませんが、『鉛の兵隊の行進曲』は子ども向けのかわいらしい音楽として耳になじんでいる人も多いことでしょう。

『小さな友達のためのアルバム』の各曲タイトル

❶ Pastorale(パストラーレ)
❷ Farandole(ファランドール)
❸ La Veillee de l'Ange Gardien(守護天使の集まり)
❹ Petite Gavotte(小さなガヴォット)
❺ Chanson d'Autrefois(昔の歌)
❻ Marche des Petite Soldats de Plomb(鉛の兵隊の行進曲)

『小さな友達のためのアルバム』は、6曲構成です。

もっと知りたい！豆知識

◆『鉛の兵隊の行進曲』は、もともとピアノ曲集『小さな友達のためのアルバム』に入っていた1曲です。ピエルネはそれを自ら管弦楽曲に編曲し、広く演奏されるようになりました。その後も多くの編曲者が、子どもが演奏できるようにアレンジし、CDや楽譜を発売しています。

◆ピエルネが指揮者を務めたコンセール・コロンヌは、1873年にパリで創設されたオーケストラです。ピエルネは、初代のエドゥアール・コロンヌに次いで、1910年から同楽団の音楽監督に就任し、1932年まで務めました。現在はローラン・プティジラールが2005年から音楽監督を務めています。

◆ピエルネは1882年、19歳でローマ賞の大賞を受賞しています。ローマ賞はフランスにおける新進作曲家の登竜門で、1663年にルイ14世によって創設されました。ラヴェルは5度も応募したものの、大賞を受賞することはできませんでした。

オペラ『サロメ』

リヒャルト・シュトラウス

ワイルドの戯曲をもとに背徳と官能の世界を描く

交響詩のジャンルで高い評価を受けていたシュトラウスが、オペラに挑戦して、最初に成功を収めた作品が『サロメ』でした。1905年に初演されたこのオペラは、アイルランドの作家オスカー・ワイルドの戯曲がもとになっています。

物語の舞台は古代エルサレム。新約聖書の世界です。ユダヤの王ヘロデは、実の兄を殺して王妃ヘロディアスを奪い、さらに王妃の娘サロメにいい寄ります。義父から逃れたサロメは、地下に幽閉されている預言者ヨカナーンに興味を持ちキスを迫ります。しかしヨカナーンは断固拒否して、サロメを追い払うのです。

サロメを探しにきたヘロデは、サロメに踊りを命じます。サロメは当初断りますが、ほしいものは何でも与えるといわれて踊り出し、銀の皿に載せたヨカナーンの首を要求します。運ばれてきたヨカナーンの首に、「よくもキスをさせなかったわね」といってキスをするサロメ。狂気じみたサロメの行動に恐れをなしたヘロデは、サロメを殺すよう兵士たちに命じ、オペラは幕を閉じます。

1893年に出版されたワイルドの戯曲は、その背徳性から賛否両論を呼びますが、シュトラウスのオペラも物議を醸しました。ドレスデンで初演されると大いに反響を呼び、シュトラウスは名声を得ますが、ウィーンでは上演禁止となり、ニューヨークでは終演後、観客の怒号があまりに激しく、1回で公演が中止になってしまいました。

現在はシュトラウスを代表するオペラとして盛んに上演されていますが、少女らしさと淫蕩さが求められるサロメ役は、かなりの難役とされています。

フランスの画家ギュスターヴ・モローが描いたサロメ。宙に浮かぶ生首がヨカナーンです。

もっと知りたい！豆知識

◆初演のときには物議を醸したオペラ『サロメ』のなかで、特に話題になったのが、「7つのヴェールの踊り」です。ヘロデの求めに応じて踊るサロメのダンスで、ワイルドの戯曲には特に明記されていませんが、ヴェールを1枚ずつ脱いでいく行動を想起させます。オペラでどうやってエロティシズムを表現するかは、演出家の解釈にかかっています。

◆シュトラウスが最初にオペラに挑戦したのは、1894年初演の『グントラム』でした。シュトラウス自身が台本を書いたこのオペラは酷評され、大失敗に終わります。3作目の『サロメ』が成功を収めたことで、彼はこの分野にも自信を持つことができ、その後、『エレクトラ』『ばらの騎士』とヒット作を連発していくことになります。

10月23日

マドンナの宝石

エルマンノ・ヴォルフ=フェラーリ

本日のテーマ▼ジャンル

間奏曲だけが残ったヴェリズモ・オペラ

「マドンナの宝石」はイージーリスニングの曲としてよく知られています。「マドンナ」とは「私の女性」という意味ですが、特に「聖母マリア」を意味します。この曲は、ヴォルフ=フェラーリが作曲したオペラ『マドンナの宝石』の含まれる間奏曲で、今日ではこの間奏曲だけが知られています。

このオペラは1911年にベルリンで初演され、上演言語はドイツ語でした。ヴォルフという名前からわかるように、彼の父がドイツ人で、ドイツの滞在期間も長く、作品の出版もドイツの出版社が引き受けてくれていたからです。

物語の舞台は南イタリアのナポリ。ジェンナーロは奔放な娘マリエッラに好意を寄せていましたが、彼女は悪の組織のリーダー、ラファエレに恋心を抱いています。ラファエレが「お前のために聖母像の宝石を盗み出してやる」とマリエッラに話しているのを盗み聞きしたジェンナーロは、マリエッラに気に入られたいと先に宝石を盗んできます。しかし、街のシンボルの聖母像の宝石を盗み、自責の念に駆られたジェンナーロは……。

オペラといえば、英雄の悲劇であったり、宮廷を舞台にしたり、あるいは神話や民話を題材にしていましたが、イタリアでは19世紀末から現実の社会を舞台にしたオペラが創作されるようになりました。このようなリアリズムを追求するのが「ヴェリスモ」運動で、ヴォルフ=フェラーリのオペラも、時期こそ少し遅くなりますが、ヴェリスモ・オペラの系譜に位置付けることができます。現代性が売り物だったヴェリスモ・オペラが次第に人気がなくなっていくのは当然ですが、この間奏曲だけは広く、今日まで演奏され続けています。

フェラーリが音楽を学んだドイツのミュンヘン。彼は、父の故郷で成功を収めたのです。

もっと知りたい！豆知識

◆ヴォルフ=フェラーリはドイツ人の父、イタリア人の母のもと、ベネチアで生まれました。ミュンヘンの音楽学校在学中の1890年代から作曲を始め、もっぱらコミック・オペラを手がけました。いずれも母国イタリアでの初演では評価を得られなかったものの、第2の故郷、ドイツでは成功を収めたようです。

◆有名な『マドンナの宝石』間奏曲第1番は、第1幕と第2幕の間に流れる音楽として作られました。ポール・モーリア、ニニ・ロッソらイージーリスニングの音楽家が好んで演奏したことで、世界中に広く伝わりました。

弦楽のためのレクイエム

武満徹

ストラヴィンスキーの激賞で世間が評価

1996年にこの世を去った武満徹は、海外でも高い人気を誇る、日本を代表する現代音楽家です。彼が世の中に認められるようになったのは、この『弦楽のためのレクイエム』をめぐる世界的大作曲家との出会いがきっかけでした。

1950年にピアノ曲で作曲家デビューした武満は、映画音楽や劇音楽など幅広く手がけましたが、音楽的な評価はそれほどでもありませんでした。1957年に発表した『弦楽のためのレクイエム』もさっぱりでしたが、2年後の1959年、ストラヴィンスキーが来日したことで、評価が一変します。

NHKのアーカイブで日本の作曲家たちの音楽を聴いたストラヴィンスキーは、武満の曲を絶賛。それによって一気に名声が高まり、翌1960年に開かれた第1回東京現代音楽祭で再演され、ドイツ大使賞を受賞します。海外でも「ストラヴィンスキーに絶賛された作曲家」と紹介され、知名度が上がったのです。

真偽はともかく、いまや多くの人が名曲だと認めているのは確かですし、武満はその後、『ノヴェンバー・ステップス』、『鳥は星型の庭に降りる』など、多彩な楽器編成による芸術性の高い作品を次々と発表してきました。「タケミツ」といえば世界の音楽界にとどろく名前であり、その第一歩となる『弦楽のためのレクイエム』が埋もれることなく世の中で認められることになったのは、本当によかったのではないでしょうか。

『弦楽のためのレクイエム』が初演された東京の日比谷公会堂。

もっと知りたい！豆知識

◆『弦楽のためのレクイエム』は東京交響楽団の委嘱で作られ、同楽団の演奏で1957年に初演されました。武満徹はこの曲を、1955年に死去した作曲家、早坂文雄に献呈しています。早坂は戦前戦後にかけて数多くの曲を発表し、後に続く日本の作曲家に多大な影響を与えています。『羅生門』『七人の侍』など、黒澤明監督作品の映画音楽でもおなじみですが、武満も後に『乱』で黒澤監督と組んでいます。

◆ストラヴィンスキーが来日したのは、この1959年の一度だけでした。およそ1ヶ月間滞在し、京都で寺院を巡ったり、大阪で能や文楽を鑑賞したりするなど、日本文化を大いに満喫したようです。期間中にはNHK交響楽団を指揮して、バレエ組曲『火の鳥』や交響詩『うぐいすの歌』など、自身作曲の作品を演奏しています。

10月25日

『交響曲』第25番

ヴォルフガング・アマデウス・モーツァルト

本日のテーマ▼作曲法、演奏法

4本のホルンを駆使して短調を表現

モーツァルトは生涯でおよそ50曲の交響曲を作曲していますが、短調の曲はこの第25番と第40番の2曲しかありません。どちらもト短調であり、後期の代表作である第40番と区別して、こちらは「小ト短調」とも呼ばれます。

もうひとつ、この曲には大きな特徴があります。それは金管楽器のホルンが4本も使われているということです。それまでは通常、ホルン2本で曲を作っていました。4本にするとそれだけ響きが豊かになるのですが、理由はそれだけではありませんでした。

この時代、ホルンにはまだ指で音を調整するバルブがなく、自然の倍音しか出すことができませんでした。ところが短調の曲だと、どうしても倍音で出ない音が必要になってきます。そこでモーツァルトはホルンを4本の編成にして、2本をト音管、2本を変ロ音管の楽器にしました。こうすることで、ホルンに短調の主題を奏でさせたのです。

この当時、4本のホルンを用いた交響曲としては、ハイドンの『交響曲』第39番が知られています。ハイドンが革新的な曲を量産していた、いわゆる「シュトルム・ウント・ドランク(疾風怒濤)」期(1768～1772年頃)のト短調の曲で、やはりト音管と変ロ音管のホルンを2本ずつ使用します。モーツァルトが「小ト短調」を書いたのは1773年ですから、ハイドンの第39番を意識していたというのは十分にありうることです。直前にウィーンを訪れていたことから、ハイドンの短調交響曲などの新しい傾向を知っていたのかもしれません。4本のホルンの使い方も共通しています。あるいは、近年ではウィーンの宮廷で演奏されたガスマンの短調の弦楽四重奏曲に触発されたとも推測されています。

いずれも、モーツァルトやハイドンが活躍した頃の交響曲や弦楽四重奏曲の多くが長調だったので、短調で作曲するだけで革新的な作品とみなされたのです。

丸くて特徴的な形をした金管楽器がホルン。一度は見たことがあるのではないでしょうか。

もっと知りたい!豆知識

◆モーツァルトが『交響曲』第25番を作曲した1773年は、父レオポルトとともに出かけた3回目のイタリア旅行から故郷ザルツブルクに帰ってきた年でした。この年の前半に手がけた4曲の交響曲はいずれもイタリアの影響を受けていますが、その後、ウィーンに2ヶ月間滞在すると、独自の境地を見いだします。その第1歩といえるのがこの「小ト短調」でした。

◆この曲は、ミロス・フォアマン監督のアカデミー賞受賞映画『アマデウス』(1984年)の冒頭に使われたことで一躍有名になりました。老いさらばえたサリエリが深夜に自殺を図り、「モーツァルト、許してくれ」と叫ぶ狂気をはらんだ情景に、ピッタリの効果をもたらしています。ただし、映画の内容はほとんどフィクションで、サリエリにとってモーツァルトがライバルであったわけではありません。

オペラ『犠牲』

カール・オルフ

歌舞伎の演目『寺子屋』を題材にしたオペラ

『カルミナ・ブラーナ』で知られるドイツの作曲家、オルフの最初のオペラ『犠牲』は、歌舞伎の演目『菅原伝授手習鑑』の1段『寺子屋』をモチーフにしています。

オペラの舞台は10世紀の日本。松王と千代の夫婦は、謀反のかどで時平に討たれた道真の忘れ形見、菅秀才を預かって育てていました。千代は菅秀才を、道真の弟子だった源蔵の寺子屋に入門させます。源蔵は、菅秀才が自分の息子の小太郎とあまりにもそっくりなことに驚きます。やがて時平が寺子屋にやってきて、菅秀才の首を求めます。源蔵は道真への忠義を守るため、時平に菅秀才ではなく、我が子、小太郎の首を差し出すのです。

『寺子屋』のあらすじとは若干、異なるようですが、役名はほとんど変わっていません。オルフがこのオペラを作曲したのは1913年、まだ18歳でした。明治期に東京帝国大学で教鞭を執ったドイツ人の日本文化研究者、カール・フローレンツのドイツ語訳『寺子屋』を読んで感銘を受けたオルフが、初のオペラ作品に仕立てました。

しかし、オルフ自身が「若気の至り」として上演を嫌がっていたことで、ずっと幻の作品として封印されてきました。日の目を見たのは、2010年のこと。ダルムシュタット州立歌劇場で、コンスタンティン・トリンクスの指揮で世界初演が行われました。すでにオルフはこの世を去った後でした。キャストでは唯一の日本人として、菅秀才と小太郎の二役を、ソプラノの橋本明希が演じています。

『菅原伝授手習鑑』の登場人物松王丸を描いた役者絵。古くから浮世絵や歌舞伎などの日本の文化が西洋に影響を与えてきました。

もっと知りたい！豆知識

◆オルフは少年時代、日露戦争（1904～1905年）で日本がロシアに勝利したことで、日本に興味を持ち、憧れを抱いていたといわれています。1962年には念願の来日を果たし、約1ヶ月の滞在で東京、名古屋、大阪、札幌など全国を講演して回り、子どもたちに音楽の指導をしました。彼の音楽教育法を伝えるザルツブルクのオルフ研究所には、現在も多くの日本人が学びにいっています。

◆日本を舞台にしたオペラというと、他にプッチーニの『蝶々夫人』（P.48）が有名ですが、日本人作曲家以外にもいくつか名作があります。マスカーニの『イリス』は江戸時代、盲目の父と暮らす娘のイリスが遊郭に売られていく物語です。また、イギリス人のサリヴァンが作曲したコミック・オペラ『ミカド』は、19世紀末に欧米で大ブームを巻き起こしました。

エニグマ変奏曲

エドワード・エルガー

イニシャルや愛称を各変奏曲に割り当てる

「エニグマ」とは、ギリシャ語起源の「謎」という意味の言葉です。

エルガーの代表作である管弦楽のための『エニグマ変奏曲』は、その名の通り、謎に彩られた曲といえるでしょう。正式な曲名は『自作主題による変奏曲』ですが、この通称「エニグマ」は初版の楽譜の最初のページに印刷されていて、作曲者自身もそう呼ばれることに異論はなかったようです。

エルガーは、この曲にふたつの謎を込めたといわれています。

ひとつ目の謎は、各変奏曲につけられた愛称です。この曲は、主題の他に14の変奏曲で構成されていて、エルガーはそれぞれの変奏曲に人物を特定できるイニシャルをつけていました。例えば第1変奏の「C.A.E.」は、妻のキャロライン・アリス・エルガー（Caroline Alice Elger）の頭文字、第9変奏の「ニムロッド」は、親友の音楽出版者でドイツ人のアウグスト・イェーガーのことを指しています。「ニムロッド」とは旧約聖書に出てくる狩りの名人の名前で、イェーガーがドイツ語で「狩人」という意味があることから、この愛称をつけたようです。

最後の第14変奏「E.D.U.」は、エルガー自身の愛称、エドゥをもじったものですが、問題はその前の第13変奏で、この曲だけは、いまだに誰を描いたのか謎のままなのです。一説には愛人ではないかとされていますが、エルガーは結婚前に有名なヴァイオリン曲『朝のあいさつ』をささげるなど愛妻家として知られていて、ここに愛人を登場させるというのは考えにくいのではないでしょうか。

もうひとつの謎も、いまも謎のままです。実際の主題の他に「作品には現れない隠された別の主題がある」とされていて、多くの研究家が謎解きに挑んでいるものの、まだ解き明かされてはいません。

『エニグマ変奏曲』の第1楽章。タイトルに「C.A.E」と書かれています。

もっと知りたい！豆知識

◆『エニグマ変奏曲』は1899年、ロンドンでハンス・リヒターの指揮で初演。大成功を収め、エルガーの名声を一気に高めました。この曲はその後、エルガー自身によってピアノ曲に編曲されています。

◆エルガーはイギリスの国民的作曲家とされ、1924年には国王の音楽師範に任用、1931年には準男爵に叙せられています。エルガーの正式な呼称は、初代準男爵サー・エドワード・ウィリアム・エルガーです。

◆「エニグマ」の名称でよく知られているものに、ナチス・ドイツに用いられた暗号機があります。1918年にドイツの発明家、アルトゥール・シェルビウスが開発し、第二次世界大戦中、連合国側によって解読されますが、ドイツ軍は最後まで解読されたとは気付けず、エニグマを使い続けました。このエニグマは、エルガーの曲とは全く関係はありません。

フランスの山人の歌による交響曲

ヴァンサン・ダンディ

近代フランス音楽として独特の様式を追求

ロマン派が全盛を極めた19世紀後半に入ると、ヨーロッパ各地でその地域の歴史や文化に根ざした独自の音楽の流れが起こってきました。ロシアではムソルグスキーやボロディンといった国民楽派が民俗主義的な芸術を志向し、他にもチェコのスメタナ、フィンランドのシベリウスといった作曲家が、それぞれの伝統文化を受け継いだ新たな音楽の創造を目指しました。

フランスでも、ドイツやオーストリアとは異なる独特の音楽様式が確立し、やがて近代フランス音楽という潮流が出てきます。フォーレ、ドビュッシー、ラヴェルといった作曲家が代表格ですが、そのひとりにダンディがいます。

パリ音楽院でフランクに師事したダンディは1874年、23歳で正式デビュー。25歳のときにワーグナーの『ニーベルングの指環』（P.53）全曲の初演を聴いて衝撃を受け、オペラの創作に意欲を見せます。1897年初演のオペラ『フェルヴァール』はワーグナーの影響を強く受けた曲で、「フランスの『パルジファル』」といわれて人気を集めます。

教育者としても知られ、パリにスコラ・カントルムという音楽学校を設立。サティやルーセルら数多くの音楽家を育てた他、指揮者としても、フォーレやドビュッシーなど、フランス音楽の作品を積極的に取り上げました。このダンディの代表作が『フランスの山人の歌による交響曲』です。1886年に書かれた交響曲で、フランスの山岳地帯、セヴェンヌ地方の民謡をモチーフに、3つの楽章からなっています。交響曲には珍しく独奏ピアノが使用され、協奏交響曲のような側面を持っています。

題名にある「山人の歌」は、祖父の故郷、南フランスのセヴェンヌ地方の民話です。この民話が交響曲の主題として、3つの楽章に変奏されています。この変奏曲は『セヴェンヌ交響曲』とも呼ばれ、南フランスの美しい自然が音楽的に描写されています。

もっと知りたい！豆知識

◆ダンディと同じフランクの門下には、ショーソン、ヴィエルヌ、デュパルクらそうそうたる作曲家がそろい、お互い切磋琢磨していました。弟子たちは師のことを「ペール・フランク」（父フランク）と呼び、深い尊敬と愛情で結ばれていたといいます。

◆ダンディはセヴェンヌ地方を13歳で初めて訪れ、心を奪われて以来、毎年のようにこの地に滞在していたそうです。

◆ダンディが1894年に設立した音楽学校、スコラ・カントルムは、1900年にパリ・カルチェラタンのサン＝ジャック通りに移転し、現在は約1000人の学生が音楽を学んでいます。卒業生には、エリック・サティ、アルベール・ルーセルの他、日本人の高木東六もいます。

10月29日

オペラ『さまよえるオランダ人』

リヒャルト・ワーグナー

本日のテーマ▼主題

幽霊船の伝説をもとに永遠の愛の物語に昇華

ワーグナーの初期の代表的なオペラ『さまよえるオランダ人』は、幽霊船の伝説をもとにドイツの詩人、ハイネが書いた『フォン・シュナーベレヴォプスキー氏の回想記』を舞台化した作品です。さまよえるオランダ人（フライング・ダッチマン）とは幽霊船の名前で、アフリカ南端の喜望峰あたりに現れ、港に入りたくても入れずに近海をさまよっているというのです。比較的最近まで、多くの目撃談が寄せられていました。ドイツ語では「デア・フリーゲンデ・ホレンダー（Der fliegende Holländer）」です。

ノルウェーの貿易船の船長、ダーラントは嵐に遭い、船を海岸に停めて嵐が過ぎ去るのを待ちます。そこへ幽霊船が現れ、船長のオランダ人が自分の運命を呪います。彼は永遠に海をさまよう罰を受けており、7年に一度の上陸を許されたときに永遠の愛を誓う女性と巡り合わない限り、呪いが解かれることはありません。

幽霊船だと気がつかないダーラントはオランダ人の財宝に目がくらみ、娘のゼンタをオランダ人に嫁がせる約束をします。ゼンタはその頃、壁の絵に描かれた「さまよえるオランダ人」を思い、自分の愛の力で彼を救うと決意しています。そこへダーラントがオランダ人を連れて帰ってきて、2人は運命的に惹かれ合うのですが……。

ワーグナーは1839年に船で嵐に遭遇しており、そのときの経験がこの作品のきっかけになったともいわれています。1843年にドレスデンで初演されたときは失敗に終わりましたが、いまではワーグナーの出世作として人気の演目になっています。

ポルトガルの航海者であるバルトロメウ・ディアスが到達したことで知られる喜望峰。当時の貿易ルートの重要なポイントになりました。

もっと知りたい！豆知識

◆オペラのもとになった喜望峰あたりに現れるフライング・ダッチマンの伝説は、幽霊船を目撃した者には不幸が訪れるというものです。例えばイギリス国王のジョージ5世が王座に就く前の1881年、練習船に乗っているときに目撃しました。このとき、最初にフライング・ダッチマンの赤い光を発見し、大声で叫んだ水兵は、数時間後にマストから甲板に落ちて死んだそうです。

◆17世紀はイギリス人とオランダ人が敵対していたので、英語の「ダッチ」という言葉はネガティブな意味で使われます。例えば、「ダッチ・アカウント＝割り勘」「ダッチ・ロール＝蛇行運転」などです。幽霊船が「さまよえるオランダ人」と呼ばれたのも、このような背景があったのでしょう。

わが人生は愛と喜び

ヨーゼフ・シュトラウス

ウィーンからヨーロッパ中に広まったワルツ

3拍子の華麗な踊りであるワルツは、おそらく知らない人はいないほど、いまではポピュラーなダンス音楽です。しかし、その歴史は決して古くはなく、オーストリアや南ドイツで人気のあった3拍子のレントラーと呼ばれた舞曲が、18世紀の中頃からオペラやバレエの舞踏場面で使われるようになり、やがて19世紀に入ると一大ブームを巻き起こします。

それは、1814年から1815年にかけて、ナポレオン戦争後のヨーロッパの秩序を話し合うウィーン会議が開かれたのがきっかけでした。会議が難航するなか、夜ごと舞踏会が開かれて「会議は踊る、されど進まず」と揶揄されたほどで、ウィンナ・ワルツは一気にヨーロッパ中に広がりました。

なかでもその人気を牽引した作曲家がヨハン・シュトラウス1世でした。彼の楽団はウィーン市民に熱狂的に受け入れられ、やがて「ワルツ王」「ワルツの父」の異名をとります。さらにその長男、ヨハン・シュトラウス2世も数多くの曲を書いている他、次男のヨーゼフ・シュトラウス、四男のエドゥアルト・シュトラウス1世、エドゥアルトの長男のヨハン・シュトラウス3世、その甥のエドゥアルト・シュトラウス2世と、シュトラウス家は4代にわたってウィーンの音楽界で活躍しています。

『わが人生は愛と喜び』を作曲した次男のヨーゼフは、兄のヨハン2世と比べると地味な存在ですが、やはりたくさんのワルツを作曲しました。この曲は1931年のドイツ映画『会議は踊る』の劇中音楽に使われ、いまも多くの人に愛されています。

ウィーン大学の学生たちのために作られた曲なので、序奏にはドイツの学生歌が引用されています。

もっと知りたい！豆知識

◆『わが人生は愛と喜び』が劇中音楽に使われた映画『会議は踊る』は1931年のドイツ映画で、1933年に政権に就いたナチスは「退廃的」として上映を許しませんでした。舞台演出家でもあったエリック・シャレル監督、ヴィリー・フリッチ、リリアン・ハーヴェイらの出演によるオペレッタ映画で、数々の音楽にあふれている作品です。ヨーゼフの曲は、他にも『天体の音楽』がテーマ音楽として使われています。

10月31日

本日のテーマ▼逸話

歌曲「こうのとりの使い」

フーゴ・ヴォルフ

自作への助言に憤慨、ブラームスをこき下ろす

1860年に当時オーストリア領だったヴィンディッシュグレーツ（現スロベニアのスロヴェニ・グラデツ）で生まれたヴォルフは、歌曲「こうのとりの使い」の作曲者として知られています。一方で、当時の西洋音楽の重鎮、ブラームスを毛嫌いし、激しい批判を繰り返した批評家としても名前を残しています。

もともとヴォルフは、ブラームスとライバル関係にあったワーグナーのファンでした。10代でウィーンに出てきて間もなく、ワーグナーのオペラ『タンホイザー』と『ローエングリン』の上演に接し、感激して滞在するホテルに押しかけたほどです。

ヴォルフがブラームスを敵視するようになったのは、1879年のことです。自分の作品を携えてブラームスを訪ねたヴォルフは、27歳年上の大先輩から「もっと勉強した方がいい」と助言されて憤慨。以降、ワーグナー派の急先鋒としてブラームスを非難するようになったのです。

ヴォルフはその後、ザルツブルク劇場の合唱指揮者を務めるかたわら、数多くの歌曲を作曲しつつ、1884年からはウィーンの週刊誌『サロンブラット』の音楽評論を担当。歯に衣着せぬ厳しい評論が特徴で、ブラームスへの批判を容赦なく繰り広げます。この評論はある程度の評価を受けた半面、多くの人々の反発も買いました。

ヴォルフは、管弦楽曲や室内楽曲、オペラなどの作曲も行いますが、1890年代に入ると精神的にも追い詰められて自殺未遂を図るなどし、1903年に42歳でこの世を去ります。

『こうのとりの使い』は1888年に作曲。エドゥアルト・メーリケの詩集に曲をつけた『メーリケ歌曲集』の第48番です。コウノトリが赤ん坊を運んでくるという伝説をもとにした詩に、民謡調のユーモラスな旋律と伴奏が付されたものです。

日本では、一度絶滅したコウノトリ。しかし、懸命な保護や人工繁殖によって、再び野生の姿が見られるようになりました。

もっと知りたい！豆知識

◆ワーグナーに心酔していたヴォルフですが、歌曲や合唱曲は数多く作曲したものの、舞台音楽やオペラはあまり残していません。1896年には、イプセンの原作に曲をつけたオペラ『代官さま』がマンハイムで初演され、成功を収めますが、その直後から精神の病に侵され、作曲から遠ざかっていきます。

◆19世紀のドイツで人気を二分していたワーグナーとブラームスですが、本人同士は特に仲が悪いわけではありませんでした。ブラームスはワーグナーの作品を積極的に研究し、ワーグナーもブラームスの作品を否定はしていません。この頃、ウィーンではエドゥアルト・ハンスリックが徹底的にワーグナーを批判し、ブラームスを支持したことから、両派の激しい応酬となりました。ハンスリックはヴォルフの楽譜の出版を拒否し、ヴォルフはハンスリックのことを痛烈に非難しています。

366 days of Classical music

366日の西洋音楽

11月

スコットランド幻想曲

マックス・ブルッフ

民俗音楽の要素を取り入れてアレンジ

ブラームスなどと同時代のドイツの作曲家、ブルッフは、民俗音楽の要素を取り入れた曲作りで知られています。なかでも代表的な曲が、スコットランドの民謡をモチーフにした『スコットランド幻想曲』です。

『スコットランド幻想曲』は1879年から1890年にかけて、ブルッフが40代になった頃に書かれた曲です。ブルッフはそれまで一度もスコットランドを訪れたことはありませんでした。スコットランドの民謡集に感銘を受けた彼は、そのなかの4曲をアレンジして、序章と4つの楽章からなる曲を作り上げました。全楽章にわたって独奏ヴァイオリンが美しいメロディを奏でる協奏的な作品となっています。正式名称は、『スコットランド民謡の旋律を自由に用いた管弦楽とハープを伴ったヴァイオリンのための幻想曲』といいます。

それぞれの楽章で引用されているスコットランド民謡は、第1楽章が「森を抜けて、若者よ」、第2楽章が「粉まみれの粉屋」、第3楽章が「ジョニーがいなくてがっかり」、第4楽章が「スコットランドの民よ」で、このうち第3楽章は、シンガポール出身のヴァイオリニスト、ヴァネッサ・メイによって、『リトル・スコティッシュ・ファンタジー』というヴァイオリン曲にリメイクされて、人気曲になりました。

ブルッフは他にも、ユダヤ教の音楽から旋律を引用し、チェロと管弦楽のための『コル・ニドライ』などを作曲。民俗音楽を駆使した先駆者となり、やがて国民楽派の隆盛を導きます。

『スコットランド幻想曲』のスコア表紙。

もっと知りたい！豆知識

◆ブルッフは、作曲家としてだけでなく、指揮者や教育者としても知られ、1891年からはベルリン王立芸術アカデミーで教鞭を執り、1907年には副学長に就任しています。1911年に退官し、その後、名誉会員になっています。1910年には日本から留学してきた山田耕筰もブルッフの教えを受けています。

◆『スコットランド幻想曲』は、『ツィゴイネルワイゼン』の作曲で知られるスペイン出身のヴァイオリニスト、サラサーテのために書かれ、彼に献呈されています。1881年にブルッフ自身の指揮で初演が行われたときのヴァイオリン独奏は、作曲上のアドバイスを行ったヨーゼフ・ヨアヒムが務めました。その後、1947年にリトアニア出身の名ヴァイオリニスト、ハイフェッツが初録音したことで、世界に広く知られることになりました。

祝典行進曲

團伊玖磨

皇太子ご成婚を祝した希望あふれるマーチ

團伊玖磨の『祝典行進曲』は1959年、当時の皇太子と皇太子妃、現在の上皇さまと上皇后さまのご成婚を祝して作られた曲です。勇壮というよりも優雅で気品にあふれ、平和な時代を象徴する行進曲といっていいでしょう。團本人も「軍隊を連想させる行進曲ではなく、コンサート用の優雅な曲想の行進曲を作曲して、これからの希望あふれる日本を祝福したかった」と述懐しています。

皇太子ご成婚はテレビ受像機の普及に貢献した大イベントで、4月10日の結婚の儀の後に行われた馬車によるパレードでは、大勢の人が沿道に詰めかけ、おふたりを祝福しました。そのときの映像はいまでもときどきテレビで放送され、この曲がBGMで使われていますが、実際のパレードでは演奏されていません。

初演はその日の夕方、神宮外苑の国立競技場で行われた「皇太子さまご結婚お祝いの夕」で、陸上自衛隊、海上自衛隊、航空自衛隊、警視庁、東京消防庁、皇宮警察本部の音楽隊とアメリカ第五空軍軍楽隊の合同バンドによって行われました。その後、1964年の東京オリンピックの開会式で入場行進のときにも演奏された他、1984年のロサンゼルスオリンピック開会式、1990年のおふたりの即位の礼などでも演奏されました。

團は1993年、現在の天皇皇后両陛下のご結婚のときにも、新たに『新・祝典行進曲』を作曲しています。この曲は、同年6月9日の結婚の儀のパレードで、宮内庁楽部などによって披露された他、2019年11月10日の天皇ご即位を祝したパレードでも演奏されました。演奏時間は約7分程度です。

團伊玖磨の主な作品

歌劇	「夕鶴」、「ひかりごけ」
交響曲	『交響曲』第１～６番
管弦楽	序曲「東京オリンピック」
歌曲	花の街
童謡	ぞうさん

交響曲から童謡や映画音楽まで、さまざまな音楽を手がけました。

もっと知りたい！豆知識

◆團伊玖磨に皇太子ご成婚をお祝いする曲を委嘱したのは、朝日新聞社と東芝レコードでした。専属作曲家だった團に対し、東芝レコードは当初、歌曲の作曲を勧めます。それを團本人がかたくなに拒否し、行進曲を推したことから、『祝典行進曲』の誕生に至りました。
◆團は小学生の頃にピアノを始め、作曲家を志します。実業家で男爵だった父親は息子の将来を案じ、日本音楽界の第一人者だった山田耕筰のもとに連れていき、音楽の道は厳しいと説いてもらおうとしました。ところが逆に激励され、團は作曲で生きていく決意を固めたといいます。
◆『祝典行進曲』は、1964年の東京オリンピック開会式で入場行進の際に演奏されましたが、東京オリンピックでは新曲の序曲「東京オリンピック」も披露されました。開会式の幕開けを飾ったのがこの曲で、この後、各国の国旗掲揚、君が代演奏、入場行進と続きました。

アルビノーニのアダージョ

レモ・ジャゾット(トマゾ・アルビノーニ)

20世紀の音楽学者がバロック音楽の名曲を創作?

「アルビノーニのアダージョ」は、日本では葬儀の際によく背景音楽として流される曲です。また1963年に公開されたオーソン・ウェルズ監督の映画『審判』で使用されたのをはじめ、多くの映画やドラマで使用されています。

トマゾ・アルビノーニは、18世紀前半のイタリアのベネツィアで活躍した音楽家です。オペラ作曲家として名声を博しましたが、その作品の多くは今日では消失しています。ただ、器楽曲はソナタや協奏曲が残されており、今日でもよく演奏されます。

「アルビノーニのアダージョ」も、彼の作品と思いきや、実は偽作であることがはっきりとしています。第二次世界大戦で壊滅的な被害にあったドイツのドレスデン州立図書館で、焼失を逃れたアルビノーニの自筆譜が発見されたとして、イタリア人の音楽研究者であるレモ・ジャゾットという人物が、「アルビノーニ作曲:オルガンと弦楽のためのアダージョ」を出版したのです。1958年のことでした。しかし、この曲は完全にジャゾットの創作でした。

上述したウェルズの映画で使用されたことを機に、アルビノーニの作として世界中に流布してしまったわけです。「本当にアルビノーニの作品なのか」という、研究者からのたびたびなされる疑問に対して、ジャゾットは発見されたという自筆譜を証拠として提示しませんでした。そのため、これがアルビノーニの作品であると裏付けられなかったのです。

しかし、ジャゾットが1998年に87歳でこの世を去る数年前に、こんなコメントを残しています。「私はアルビノーニを忘却の淵から救いたかった。アルビノーニが書いた曲を実際に聴けば、彼への関心が高まると思ったのです」。

アルビノーニの楽譜が保管されていたドレスデンは、古くから音楽文化が栄えた街でした。

もっと知りたい!豆知識

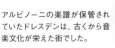

◆アルビノーニは、50曲ほどのオペラの他、器楽曲、宗教曲などを作曲したといわれています。今日も残っているなかでは、『オーボエ協奏曲』が最もよく知られています。オペラも数曲のアリアが現存しています。

◆ジャゾットの作とされる『アルビノーニのアダージョ』は、しばしばポピュラー音楽にアレンジされて演奏されている他、葬儀の際にもよく流されます。アレンジでは、アメリカのロックバンド、ドアーズの『友人同士の宴』、スウェーデンのミュージシャン、イングヴェイ・マルムスティーンの『イカロス組曲』作品4が知られています。また映画音楽としては、『審判』の他にも『ローラーボール』(1975年)、メル・ギブソン主演の『誓い』(1984年)などでも使われています。

『ピアノ奏法入門』作品101

フェルディナント・バイエル

教則本にその名を残す19世紀の大衆音楽家

ピアノ教室でおなじみの「バイエル教則本」は、『ピアノ奏法入門』作品101が正式名称です。作曲したのは、1806年にドイツで生まれた、作曲家でピアニストのバイエル。いまでは教則本にしか名前が残っていませんが、彼が出版した楽譜は当時、大評判を呼び、次々と依頼が舞い込むほどの人気作曲家でした。

バイエルの曲が初めて出版されたのは、1838年。マインツにある楽譜出版社、ショット社からの発行でした。本人の曲だけでなく、当時人気のあったオペラ曲をピアノ用に編曲したものや、ドイツ歌曲や、外国の歌の編曲など多岐にわたったその曲たちは、飛ぶように売れたといいます。ショット社だけでなく、ボンのジムロック社、ライプツィヒのブライトコプフ・ウント・ヘルテル社、ホフマイスター社と、さまざまな出版社から曲が出されていることから、相当な流行作曲家だったことがうかがえます。

ピアノを習う人が増えていったこともあり、1850年に初級者のための教則本『ピアノ奏法入門』を出版します。この楽譜集には全部で106曲といくつかの予備練習曲が収められ、なかには先生と生徒による連弾曲も含まれています。

日本には1880（明治13）年、アメリカ人音楽教師、ルーサー・ホワイティング・メーソンによってもたらされました。メーソンは、文部省「音楽取調掛」に雇われて、西洋音楽を教えていた人物です。彼は、英語訳のバイエル教則本を用いて指導に当たりました。いまでも多くのピアノ教室がバイエルを使用していますが、欧米ではあまり使われていないそうです。

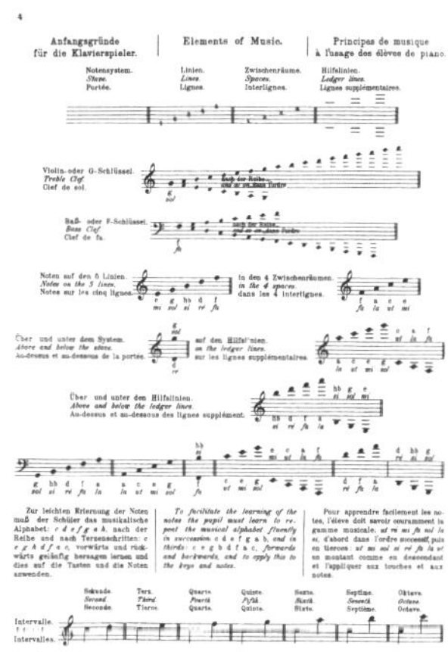

冒頭では、拍の取り方や音楽記号の読み方など、基礎から解説しています。

もっと知りたい！豆知識

◆バイエルはドイツ・ライプツィヒ近郊クヴェアフルトの生まれで、母親や母方の祖父がオルガニストだったこともあり、神学校に進学。ここでオルガンやピアノの訓練を受けます。16歳で父親が他界したのを機に、本格的に音楽の道を進む決心をしました。

◆バイエル教則本が日本でここまで広まったのは、戦後の高度経済成長期、一般家庭にピアノが一気に普及したことが理由だと考えられています。また、日本の音楽教育には徒弟制が残されており、教師が使用した教則本をさらに弟子も使用するという慣習があったことも理由のひとつです。

バレエ音楽「ダフニスとクロエ」

モーリス・ラヴェル

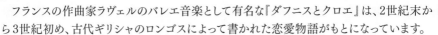

古代ギリシャのラブストーリーをもとにバレエ化

フランスの作曲家ラヴェルのバレエ音楽として有名な『ダフニスとクロエ』は、2世紀末から3世紀初め、古代ギリシャのロンゴスによって書かれた恋愛物語がもとになっています。

舞台はギリシャ神話のニンフ(精霊)たちが暮らす、神聖な森の近く。春の午後、ヤギ飼いの少年ダフニスと羊飼いの少女クロエたちの若者が祭壇に集まって踊りを楽しんでいます。ダフニスとクロエは恋人同士ですが、クロエのことが好きな牛飼いのドルコンが割り込んできて、クロエのキスを賭け、ダフニスと踊りを競います。勝ったのはダフニスでしたが、そこに海賊の一味がやってきて、クロエをさらってしまいます。クロエが海賊の首領に犯されそうになったところに現れるのが、半獣神パンの幻影。パンのおかげで海賊たちは退散し、ダフニスとクロエは再会を喜びます。そしてパンの神に感謝をささげ、踊るのです。

この神話のバレエ化を考えたのは、ロシア出身の振付師、ミハイル・フォーキンでした。フォーキンは台本を書き上げると、ロシア帝室バレエに持ちかけましたが、残念なことに採用されませんでした。しかし、ロシア出身の興行師、セルゲイ・ディアギレフがこの台本に目をつけます。パリで自らのバレエ団、バレエ・リュスを旗揚げしようと思っていた頃でした。ディアギレフは、『夜のガスパール』などのピアノ曲で高い評価を受けていたラヴェルに作曲を依頼。1912年にバレエ・リュスによって初演されました。ダフニスはヴァーツラフ・ニジンスキー、クロエはタマーラ・カルサヴィナと、どちらもロシアを代表する当代一のバレエダンサーが演じました。

フォーキンの振付はその後廃れてしまったものの、さまざまな振付師がラヴェルの曲を自由に解釈して上演し、いまでも人気のバレエ演目として知られています。また、ラヴェルはバレエ全曲から抜粋した第1組曲と第2組曲をまとめていて、オーケストラ公演のプログラムとしてもしばしば取り上げられます。

もっと知りたい！豆知識

◆『ダフニスとクロエ』の初演は、1912年5月から6月にかけてパリで開かれた、バレエ・リュスの公演の最後を飾るプログラムでした。ところが、その前のプログラムだったドビュッシーの『牧神の午後への前奏曲』にニジンスキーが振り付けた『牧神の午後』が大反響を呼び、公演を延期。『ダフニスとクロエ』は初日が繰り下げられたばかりか、公演日数も削られることになります。これには台本を書いた振付師のフォーキンだけでなくラヴェルも激怒しますが、公演の評価は高かったといいます。この初演を最後に、フォーキンはバレエ・リュスを去っていきました。

◆日本では1941年、新交響楽団(現NHK交響楽団)がジョセフ・ローゼンストックの指揮で『ダフニスとクロエ』第2組曲を初演。バレエ版『ダフニスとクロエ』は、その約20年後の1963年、パリ・オペラ座バレエ団が来日して大阪と東京で公演を行いました。

オペラ『ファルスタッフ』

ジュゼッペ・ヴェルディ

イタリア・オペラの喜劇的側面の終着点

16世紀末に誕生したオペラの題材は元来は創造が中心でしたが、18世紀に入ると、庶民的で身近な物語をもとにした題材を扱うようになります。こうして誕生したのが喜歌劇で、オペラ・ブッファと呼ばれました。

ブッファとは「道化・滑稽」といった意味のイタリア語で、1733年初演のジョヴァンニ・B・ペルゴレージが作曲した『奥様女中』(P.75)が、嚆矢(こうし)といわれています。もともとはオペラの幕間劇として書かれましたが、後にこの作品だけが切り離され、単独で演じられるようになります。やがてオペラのひとつのジャンルとして確立され、代表的な作品としては、モーツァルトの『フィガロの結婚』(P.112)や『ドン・ジョヴァンニ』、ロッシーニの『セビリアの理髪師』(P.145)などが挙げられます。

やがて19世紀に入ると、オペラはドイツやフランスなど、その土地その土地で独特の発展を遂げます。ヴェルディは古典から現代までさまざまな原作をもとに、人間性や社会性を深く掘り下げた作品を数多く手がけ、イタリア・オペラに変革をもたらしました。

その集大成ともいえるのが、1893年初演の最後のオペラ『ファルスタッフ』です。原作はシェイクスピアの『ウィンザーの陽気な女房たち』で、喜劇に挑んだのは1840年以来、半世紀ぶりのことでした。『ファルスタッフ』には、モーツァルト、ロッシーニといった先人の作風が注ぎ込まれ、形式にとらわれない自由な作品に仕上がっています。イタリア・オペラの喜劇的側面を表した完成品といえるでしょう。

『ファルスタッフ』の有名なアリア

「名誉だと！　泥棒めが！」	ファルスタッフ（バリトン）
「これは夢か？　まことか？」	フォード（バリトン）
「行け、老練なジョン」	ファルスタッフ（バリトン）
「私が昔ノーフォーク公爵の」	ファルスタッフ（バリトン）
「喜びの歌は愛しい人の唇から出て」	フェントン（テノール）
「季節風の息にのって」	ナンネッタ（ソプラノ）

主役のファルスタッフや、彼の企みに巻き込まれるフォードやその娘などのアリアが有名です。

もっと知りたい！豆知識

◆『ファルスタッフ』が初演されたのは、ヴェルディが79歳のときです。1年半をかけて書き上げられ、1893年2月、ミラノのスカラ座で初演の幕を開けました。人妻を口説こうとする老騎士のファルスタッフを、大勢でやり込めるという喜劇で、登場人物全員がそろって歌う幕切れのフーガ『この世はすべて冗談』は、作曲家の年齢を感じさせない、躍動感に満ちた名曲です。

◆ヴェルディがシェイクスピアをもとにオペラを作曲したのは『ファルスタッフ』だけではありません。シェイクスピアの四大悲劇のうち、『マクベス』を1847年に、『オテロ』を1887年に完成させています。ヴェルディは終生、シェイクスピアへの敬意を抱き続けていたといわれています。

アルジェリア組曲

カミーユ・サン＝サーンス

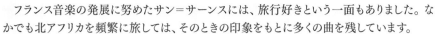

旅好きな作曲家が北アフリカで見聞きした印象

フランス音楽の発展に努めたサン＝サーンスには、旅行好きという一面もありました。なかでも北アフリカを頻繁に旅しては、そのときの印象をもとに多くの曲を残しています。

1830年、フランスは北アフリカのアルジェリアに侵攻し、1834年にフランス領として併合します。その翌年に生まれたサン＝サーンスが初めてアルジェリアを旅したのは、1873年のことでした。帰国したサン＝サーンスは、その思い出を『オリエンタルの夢』という曲で表現しますが、1879年に初演されたとき、この曲を聴いた楽譜出版業者のオーギュスト・デュランは、「アルジェリアの印象をもっと曲にすべきだ」とサン＝サーンスに強く勧めます。こうしてできたのが、4曲からなる管弦楽のための『アルジェリア組曲』でした。

4曲それぞれに名前がついており、1曲目は前奏曲『アルジェを目指して』、2曲目は『ムーア風狂詩曲』、3曲目は『オリエンタルの夢』を改題した『夕べの夢想』、そして4曲目が『フランス軍隊行進曲』です。北アフリカの街の風景や民族舞踊などが効果的に描写され、いずれもエキゾチックな雰囲気にあふれています。

他にもピアノと管弦楽のための幻想曲『アフリカ』や、ピアノ協奏曲第5番『エジプト風』などに、北アフリカの旅情が取り入れられています。アフリカだけでなく、北米、南米にセイロン島や現在のベトナムまで、サン＝サーンスは世界中を旅しましたが、本人は手厳しい音楽批評家でもあったことから、フランスの音楽界には敵も多く、パリにいては気が休まることがなかったことも、その理由のひとつのようです。

1921年に86歳でこの世を去ったのも、アルジェリア旅行中のことでした。

アルジェリアの北側には地中海があり、それを越えた先はフランスです。

もっと知りたい！豆知識

◆『アルジェリア組曲』は1880年、パリのシャトレ座で、エドゥアール・コロンヌの指揮で初演されました。その後、サン＝サーンス自身によってピアノ独奏曲に編曲され、1919年には自らの演奏で録音もされています。第4曲の『フランス軍隊行進曲』はこの曲だけ単独で取り上げられることも多く、吹奏楽でもよく演奏されます。

◆ピアニストとしても活躍したサン＝サーンスは、旅行先で演奏会を開くこともしばしばでした。イギリスでは当時のヴィクトリア女王の前で御前演奏を行ったこともありますし、アメリカは2度にわたって訪れ、フィラデルフィアやシカゴ、ワシントン、ニューヨークなどで演奏を披露しました。1916年に南米を旅行中、手に麻痺を感じるようになり、1921年8月のカジノでのピアノコンサートを最後に、ピアニストを引退。その年の12月にアルジェリアで息を引き取りました。

3つのジムノペディ

エリック・サティ

モンマルトルの酒場で生まれた音楽

フランスの作曲家、サティの『ジムノペディ』は、10代でパリ音楽院を退学してしまった彼が、画家や詩人や踊り子といった自由な芸術家たちがたむろしていたパリ・モンマルトルの酒場で、ピアノ伴奏の仕事を始めた22歳の頃に作曲したピアノ曲です。『ジムノペディ』のタイトルは、古代ギリシャの神々をたたえる祭典「ギュムノパイディア」に由来します。サティはこの祭りの模様が描かれた壺を見て、曲の着想を得たといわれています。

サティが目指したのは「展開しない」「終わりの見えない」音楽でした。同じ速さ、同じリズムでひたすら音型反復する伴奏にのせて、どこかアンニュイでゆったりとしたピアノの旋律が漂うように流れます。

サティが活躍した19世紀末から20世紀にかけては、それまでのロマン派の音楽からさまざまな民族楽派に移行する時期で、フランスでは国民音楽協会が設立され、多くの作曲家たちがフランス独自の音楽を模索していた頃でした。やがてドビュッシーやラヴェルといった印象主義が出現しますが、サティの音楽には、それまでの古典派やロマン派のようなドラマチックな芸術性もなければ、印象主義のような華やかな自由さもありません。「人間の環境のなかで、音楽は自然に存在すべきだ」と語り、西洋音楽の基本である調を感じさせない、革新的な技法を編み出したのです。

サティの音楽は、同時代人のドビュッシーやラヴェルに支持された他、詩人のジャン・コクトーが高く評価。コクトーはサティにバレエの創作を持ちかけ、自らの台本で、サティの音楽を使用し、さらにピカソの美術で、バレエ『パラード』が上演されました。

サティは、ライヒのミニマル・ミュージックなどにも影響を与え、「現代音楽のルーツ」とも呼ばれています。

もっと知りたい！豆知識

◆この曲は、ルイ・マル監督のフランス映画『鬼火』（1963年）に使われたことで、世界的に知られるようになりました。日本では、1975年に東京・池袋に開館した西武美術館で環境音楽として流れ、認知度が上がった他、1980年代になるとテレビCMやドラマの劇中音楽、さらにはカフェやクラブでも盛んに聴かれるようになりました。

◆サティは後年、フランシス・ピカビア、マルセル・デュシャン、マン・レイといったダダイズムの芸術家らと交流を持ちます。サティの最後のバレエ音楽『本日休演』の初演で幕間に上映された映画『幕間』（1924年）には、ピカビアやデュシャンらとともにサティ自身も出演しています。

禁じられた遊び

作曲者不詳

反戦への思いを込めたギターの名曲

ギターを始めた人が必ずつま弾く『禁じられた遊び』は、本当は「愛のロマンス」というタイトルです。1952年の、ルネ・クレマン監督のフランス映画『禁じられた遊び』に使われ、またたく間に知れ渡りました。いまではこれが曲名として流布しています。

映画の舞台は1940年、第二次世界大戦中のフランスです。空襲から逃げる途中で両親を亡くした少女ポーレットは、農家の少年ミシェルと出会います。死というものがよく理解できないポーレットに、ミシェルは死んだ動物たちのお墓を作るという遊びを通じ、「死」を教えていきます。遊びはだんだんとエスカレートしていき、ポーレットはついに孤児院に入れられることになります。離れ離れになってしまうポーレットとミシェル。幼い2人の運命から、戦争の悲惨さが浮き彫りになります。

撮影は終わったものの、その時点で音響に費やすお金は残っていませんでした。予算をすべて使い果たしてしまっていたのです。困っていたクレマン監督は、パリのカフェで、スペイン出身の若手ギタリスト、ナルシソ・イエペスの演奏を耳にします。クレマン監督から相談を受けたイエペスは、映画内のすべての音楽を、ギター1本で行いました。そのメインテーマに選んだのが、スペイン民謡をもとにした「愛のロマンス」だったのです。この曲のおかげで、イエペスも世界的に有名なギタリストになりました。

あの哀愁を帯びたメロディーには、反戦への強い思いが込められているのです。

日本では、クラシック・ギターの練習曲としてよく知られ、教本にもよく掲載されています。

もっと知りたい！豆知識

◆スペインの農家に生まれたイエペスは、4歳でギターを始め、20歳の頃には一流オーケストラと共演するほどの名手となっていました。来日コンサートも多く、1960年以来、計17回、訪日しています。

◆『愛のロマンス』は、『禁じられた遊び』の前にも映画音楽として使われたことがあります。1941年のアメリカ映画『血と砂』（ルーベン・マムーリアン監督）で、劇中挿入歌として流れました。

◆映画『禁じられた遊び』は1952年のベネチア国際映画祭で最高賞の金獅子賞を受賞した他、米アカデミー賞でも、外国語映画賞に相当する名誉賞に輝きます。少女ポーレットを演じた当時5歳のブリジット・フォッセーは天才子役としてもてはやされ、いまもなお女優として活躍しています。

『交響曲』未完成

フランツ・シューベルト

第2楽章までの楽譜を友人に献呈

「歌曲の王」として人気のあったオーストリア出身のシューベルトは、交響曲の作曲にも果敢に取り組みました。しかし、交響曲の分野ではあまりにも偉大な先輩、ベートーヴェンを意識しすぎていたためか、未完で終わった作品もいくつかあります。

そのなかの1曲が、今日では、『交響曲』「未完成」の名で知られるロ短調の交響曲です。この時代、交響曲は4楽章で構成されていましたが、この曲ができあがっているのは第2楽章までだけで、第3楽章のスケルツォとトリオの一部のピアノ・スケッチならびに、スコアの最初の2ページしかできていませんでした。

シューベルトがこの曲を書いたのは1822年、25歳の頃でした。翌年、ウィーン郊外グラーツにある音楽家協会から名誉会員の称号を贈られた彼は、この曲を返礼として献呈します。受け取ったのは、シューベルトの作曲家仲間のアンゼルム・ヒュッテンブレンナーでした。2楽章しかなかったことから「未完成」だと思ったのか、ヒュッテンブレンナーはその曲を発表することなく、自宅の書棚にしまい込みます。

それから37年。アンゼルムの弟でシューベルトの秘書を務めていたこともあるヨーゼフ・ヒュッテンブレンナーが、この楽譜を兄の自宅で発見します。シューベルトはとうの昔にこの世を去っていました。1865年にウィーンで初演されると、またたく間に評判を呼び、いまやシューベルトを代表する名曲として多くの人に親しまれています。

それにしてもシューベルトは、なぜ未完成のまま音楽家協会に送ったのでしょう。第4楽章まで書き上げるつもりはあったのでしょうか。享年31歳というあまりにも早い死は、この謎を謎のまま後世に残すこととなりました。

シューベルトを描いた油絵。

もっと知りたい！豆知識

◆『交響曲』「未完成」は、かつてシューベルトの『交響曲』第8番に数えられていました。シューベルトが完成させた交響曲が7曲あったため、未完成のこの曲は8番とされたのですが、20世紀半ば、完成されたスコアのスケッチが完成曲とみなされ、第7番となりました。その結果、それまで第7番だった最後の『交響曲』「ザ・グレート」が第9番となります。しかしその後、やはり第7番は未完の曲だということになり、「未完成」が第7番、「ザ・グレート」が第8番とされました。いまでは「未完成」は第7番と第8番の表記が混在しています。
◆この曲が未完成に終わった謎をめぐる映画として、1933年のオーストリア作品『未完成交響楽』(ヴィリ・フォルスト監督)があります。完全なフィクションではありますが、シューベルトの音楽がたっぷりと流れる美しい映画で、シューベルトの失恋を、曲が未完成になった理由として描いています。さて真実は……。

オペラ『ミニョン』

アンブロワーズ・トマ

オペラ・コミックを代表するフランス語の作品

「君よ知るや南の国」がいまも歌い継がれているオペラ『ミニョン』は、フランス・オペラの作曲家、トマの代表作です。ゲーテの小説『ヴィルヘルム・マイスターの修業時代』をヒントにして、幼い頃にさらわれ、旅芸人の一座で暮らしている少女ミニョンと、放浪生活をしている学生ヴィルヘルムの、出会いと恋のゆくえを、フランスならではのオペラ・コミックのタッチで描いています。オペラ・コミックとは18世紀に登場した滑稽で軽妙なオペラで、歌以外に台詞があるのが特徴です。

オペラというとイタリアが本場ですが、フランスのオペラも、イタリアに遅れて発展してきました。17世紀後半から18世紀にかけ、ジャン＝バティスト・リュリやジャン＝フィリップ・ラモーといった作曲家が、フランス語でオペラを作曲。やがて19世紀ロマン派の時代になると、サン＝サーンスの『サムソンとデリラ』、ビゼーの『カルメン』（P.167）、グノーの『ファウスト』といった人気オペラが登場します。

トマもそういった時代のひとりです。ローマに留学してオペラを学んだトマは、帰国後の1837年、最初のオペラ『二重梯子』をパリのオペラ・コミック座で上演します。この作品は大成功を収め、オペラ作曲家としてトマの名前は大いに知れ渡ることになります。

『ミニョン』の初演もオペラ・コミック座で、1866年にセレスティーヌ・ガリ＝マリエの主演で行われました。その後、1870年にはイギリス、1871年にはアメリカでも上演されるなど、世界中で評判を呼びます。オペラ・コミック座での公演は1894年、トマの存命中に1000回を突破。同劇場を代表する人気作品だったのです。

オペラ『ミニョン』のポスター。第2幕で起こる火事の様子など、劇中のシーンが描かれています。

もっと知りたい！豆知識

◆オペラ『ミニョン』には、ふたつの異なるエンディングがあります。もともとジュール・バルビエとミシェル・カレが書いた台本では、最後はミニョンが死んでしまうという、原作に忠実なものでした。しかしオペラ・コミックはハッピーエンドが慣習だったため、ミニョンとヴィルヘルムが結ばれるというバージョンも用意されています。

◆日本での初演は1921年、ロシアのボリショイ劇場が公演したものでした。日本人では1951年、東京の新橋演舞場で藤原歌劇団が行ったものが最初です。

◆ミニョンが自分の生い立ちを歌う『君よ知るや南の国』は、単独で歌われることも多い人気曲です。日本でも1931年に関種子が、1937年に三浦環がレコードを発売しています。1970年代には天地真理主演でミュージカルにもなりました。

オペラ『コジ・ファン・トゥッテ』

ヴォルフガング・アマデウス・モーツァルト

姉妹の心変わりを賭けた他愛のない口説き

『コジ・ファン・トゥッテ』は、モーツァルトが1790年に作曲したオペラ・ブッファです。タイトルは「女はみんなこうしたもの」という意味で、姉妹それぞれの恋人が変装して別の相手を口説いてみるという他愛もない恋物語です。

フィオルディジーリとドラベッラの姉妹には、それぞれグリエルモとフェルランドという士官の恋人がいます。若い2人は、恋人が自分を裏切るわけはないと言い張りますが、哲学者の友人ドン・アルフォンソは、「女性でもふとした出来心はある」と笑います。果たしてどちらが正しいか。3人は賭けをすることになりました。

まずグリエルモとフェルランドは、「急に戦争に行かなくてはならなくなった」とそれぞれの恋人に告げて去っていきます。次に2人は変装して姉妹の前に現れ、互いの相手に言い寄ります。2人とも相手を口説き落とすことに成功しますが、一方で自分の恋人が裏切ったことに激怒もします。そこでドン・アルフォンソはなだめます。「女はみんなこうしたもの」と。

この「コジ・ファン・トゥッテ」という台詞は、実はモーツァルトがこの4年前に作曲したオペラ『フィガロの結婚』に出てきた言葉で、『フィガロの結婚』を見た神聖ローマ皇帝のヨーゼフ2世が、この言葉をテーマに新しいオペラを書くよう、モーツァルトに勧めたといわれています。『フィガロの結婚』と同じロレンツォ・ダ・ポンテが台本を書き、1790年1月にウィーンのブルク劇場で初演されました。ヨーゼフ2世はそれから間もなく世を去ったため、10回ほどしか上演されませんでした。

その後、内容が不道徳だという理由から、あまり評価されず、かつては人気のなかった『コジ・ファン・トゥッテ』ですが、特にワーグナーは音楽も含めて酷評しています。オペラの殿堂、ミラノのスカラ座では、1826年から1951年まで、100年以上も上演されませんでした。20世紀後半になってからその価値が見直されました。6人の登場人物が二重唱から六重唱までバラエティー豊かなアンサンブルを披露し、いまではモーツァルトのオペラのなかで最も好きだという人も多いほどです。

もっと知りたい！豆知識

◆『コジ・ファン・トゥッテ』を作曲した頃のモーツァルトは、ピアニストとしては人気でしたが、浪費癖もあり、生活は苦しかったといわれています。高収入の仕事に恵まれなかったこともありますが、モーツァルトの才能をねたんだ宮廷楽長のサリエリら音楽貴族が、裏でモーツァルトの演奏会を妨害したとも伝えられています。

◆『コジ・ファン・トゥッテ』の台本を書いたダ・ポンテは、イタリア出身の詩人で、ウィーンで台本作家の腕を認められ、皇帝ヨーゼフ2世のもとで数多くのオペラの台本を書きました。しかし、ヨーゼフ2世の死去後は冷遇され、後にアメリカに渡って、ニューヨークでイタリア文学を教えたりしていました。

愛の喜び

フリッツ・クライスラー

ウィンナ・ワルツの始祖になぞらえたヴァイオリン曲

3拍子の舞踊音楽であるワルツのなかでも、19世紀にウィーンを中心にヨーロッパでブームを巻き起こした音楽がウィンナ・ワルツです。それまでのワルツと比べて速度が倍近くも速く、指揮者は1小節を一振りで指揮します。さらに、3拍子の2拍目をわずかに前のめりにして演奏するのが特徴です。ウィンナ・ワルツでは特に、「ワルツ王」ヨハン・シュトラウス2世をはじめとするシュトラウス家の曲が、一世を風靡しました。

ワルツ全盛期の1875年にウィーンで生まれたクライスラーは、3歳の頃から音楽好きの父親にヴァイオリンの手ほどきを受け、7歳でウィーン音楽院に入学します。10歳のときに首席で卒業すると、今度はフランス政府の奨学金でパリ高等音楽院に入学し、12歳でまたも首席で卒業します。翌年にはアメリカで初めての演奏会を開き、やがて世界中で名声を手にしました。

ヴァイオリンの演奏だけでなく作曲も手がけ、代表曲のひとつに「愛の喜び」がありますが、実は35歳のときにベルリンでこの曲を発表したときは、「ワルツの始祖」とも呼ばれるヨーゼフ・ランナーの作であると偽っていました。後に自分の作品であることを告白しますが、あまりにもウィンナ・ワルツが好きすぎての偽証事件は大騒動を巻き起こしました。

ワルツ王いろいろ

ヨーゼフ・ランナー	ワルツの始祖
ヨハン・シュトラウス1世	ワルツ王のちにワルツの父
ヨハン・シュトラウス2世	ワルツ王
エミール・ワイトトイフェル	フランスのワルツ王
ピョートル・チャイコフスキー	ロシアのワルツ王

「ワルツの○○」という愛称を持つ作曲家は複数人います。

もっと知りたい！豆知識

◆クライスラーはユダヤ系の家系だったこともあり、ナチスの台頭に伴ってパリに移住。1939年にはニューヨークに渡り、1943年にはアメリカ国籍を取得します。以後、二度とヨーロッパに戻ることはありませんでした。

◆クライスラーは、ピアニストでもあったロシア出身の作曲家、ラフマニノフと親交があり、ラフマニノフは「愛の喜び」をピアノ独奏用に編曲しています。2人でグリーグのヴァイオリン・ソナタを録音したレコードもあり、友情の深さがうかがえます。

◆「愛の喜び」は、クライスラーのもうひとつの代表曲「愛の悲しみ」と対で演奏されることがあります。さらに「悲しきロスマリン」を加えて、ウィーン古典舞曲3部作と呼ばれています。

『スペイン舞曲集』

エンリケ・グラナドス

船旅嫌いの作曲家がニューヨーク公演で渡航した帰路に

スペインのカタルーニャ地方に生まれたグラナドスは、アルベニスと並び、スペインの国民的作曲家として知られています。ピアニストとしても活躍し、ピアノ曲を数多く残しましたが、なかでも12曲からなる『スペイン舞曲集』は彼の代表曲といっていいでしょう。

25歳で着手したこの曲は、スペインの民族性を意識して作られました。スペイン民謡をそのまま引用することはしていませんが、スペイン音楽のさまざまな要素を取り入れており、例えば第3曲の『ファンダンゴ』は、フラメンコに用いられるファンダンゴのリズムを基調としています。第5曲の『アンダルーサ』は特に演奏機会の多い人気の曲で、ギターの奏法が応用され、ギターでもよく演奏されています。「アンダルーサ」は「アンダルシア風の」という意味です。

この曲集で一気に評価を高めたグラナドスは、ピアノ曲だけでなく、オペラやサルスエラといった舞台作品、室内楽曲、歌曲など幅広く手がけます。ロマン派や印象主義の作風も取り入れ、洗練された曲調で人気を集めました。

そんなグラナドスに悲劇が訪れます。ピアノ組曲の『ゴイェスカス』を改作したオペラをパリで初演しようとしたのですが、第一次世界大戦の勃発で断念。しかし、ニューヨークのメトロポリタン歌劇場から初演の依頼が舞い込みます。船旅が大嫌いなグラナドスでしたが、妻とともに渡航。1916年1月にニューヨークで行われたオペラ『ゴイェスカス』の初演は大成功を収めました。

そのままスペインへの直行便で帰国する予定でしたが、アメリカのウィルソン大統領の招きにより、ホワイトハウスで演奏会を開くことになり、滞在を延長。3月にロンドン経由で帰国中、英仏海峡を航行していた客船サセックスが、ドイツ潜水艦の魚雷攻撃を受けて沈没してしまったのです。

グラナドスはかろうじて救命ボートに救い上げられたものの、海中に沈んでいく妻の姿を見て再び身を投じ、夫妻ともども海の藻屑と消えていってしまいました。

もっと知りたい！豆知識

◆『スペイン舞曲集』は12曲ともタイトルがついていますが、グラナドスが自分でつけたものは、第4曲『ビリャネスカ』と第7曲『ヴァレンシアーナまたはカレセーラ』の2曲だけだといわれています。残りのタイトルは、バルセロナの出版社、ユニオン・ムシカル・エスパニョーラによって後付けされました。それぞれの曲は当時、グラナドスと親交のあった人物に献呈されており、そのなかには後に妻となったアンパロ・ガルも含まれています。

◆『スペイン舞曲集』はピアノ以外の楽器でも演奏され、第5曲の『アンダルーサ』はギターで演奏される機会の多い曲です。スペインのビクトル・エリセ監督による1983年の映画『エル・スール』には、第2曲『オリエンタル』や第5曲『アンダルーサ』が使われています。

『交響曲』第3番「オルガン付き」

カミーユ・サン＝サーンス

循環主題技法、2部構成に楽器編成もケタ違い

サン＝サーンスの『交響曲』第3番「オルガン付き」は、パイプオルガンばかりかピアノまで必要とされる非常に大がかりな曲です。楽器編成もケタ違いですが、曲の構成も通常の4楽章を内包する形で2楽章となっています。4つの楽章に分かれてはいるものの、第1楽章と第2楽章、第3楽章と第4楽章は結合されており、2つの楽章に圧縮されているように感じられます。サン＝サーンスは、前半を「I」、後半を「II」とローマ数字を用いたタイトル付けをしており、後にマーラーが取り入れた「部」の構造を先取りしていたといえるでしょう。

循環主題技法とは、共通の主題や旋律をそれぞれの楽章に随時登場させ、曲全体の統一を図るという方式です。交響曲ではベルギー出身で、サン＝サーンスと同じくフランスで活躍したセザール・フランクの『交響曲』ニ短調が名曲として知られています。「オルガン付き」でサン＝サーンスが用いた循環主題は、グレゴリオ聖歌の『ディエス・イレ（怒りの日）』でした。短調の『ディエス・イレ』を、第4楽章では長調に転調して、宗教的な救済を意味させたのです。

この曲はロンドンのフィルハーモニック協会の委嘱によるもので、初演は1886年5月、ロンドンのセント・ジェームズ・ホールで、サン＝サーンス自身の指揮で行われました。翌1887年1月には、サン＝サーンスが拠点とするパリでも演奏され、どちらも大成功を収めます。この曲で、サン＝サーンスは「フランスのベートーヴェン」と称えられました。

『交響曲』第3番「オルガン付き」の循環主題の部分。

もっと知りたい！豆知識

◆サン＝サーンスはこの『交響曲』第3番「オルガン付き」を、初演直後に亡くなった友人の作曲家、リストに献呈しています。リストもまた交響詩『前奏曲』などで循環主題技法を取り入れています。

◆サン＝サーンスは作曲家であると同時に、ピアニストやオルガニストでもありました。2歳でピアノを弾いたという神童でしたが、13歳でパリ音楽院に入学してオルガンを学ぶと、即興演奏に卓越した腕を見せます。1857年からは、当時のパリのオルガニストとしては最高峰といわれたマドレーヌ教会で、オルガニストを務めました。

◆サン＝サーンスは、『交響曲』第3番「オルガン付き」について「注ぎ込めるすべてを注ぎ込んだ」と語っています。パイプオルガンの他にピアノ奏者を2人要し、ピアノの名人芸的な技法にオーケストラの華麗さ、そして教会のオルガンの荘厳さが加わり、何とも贅沢な響きを醸します。

オペラ『売られた花嫁』

ベドルジハ・スメタナ

民族自立の機運を高めたチェコ語のオペラ

オペラ『売られた花嫁』や交響詩集『我が祖国』(P.83)などで知られるスメタナは、チェコ音楽の礎を築いた国民的作曲家です。しかしスメタナが生まれた1824年、彼の祖国はチェコではなく、オーストリア帝国の支配下にありました。民族主義が台頭した時代、スメタナはチェコの民族意識を強く持ち、多くの曲を世に出しました。

スメタナが、チェコを代表する国民オペラ『売られた花嫁』の作曲を始めたのは1863年、彼が音楽での成功を目指して移住したスウェーデンから、プラハに帰国してきた頃のことでした。オーストリア帝国の政治姿勢も自由主義的なものに変わりつつあり、スメタナはチェコの風土に根差した新たなオペラを書こうと意欲を燃やします。そうしてできあがったのが、チェコ語によるオペラ『売られた花嫁』でした。

物語の舞台はチェコの農村です。農家の娘マジェンカにはイェーニクという恋人がいましたが、両親の勧めで大地主ミーハの息子と結婚させられることになります。ミーハには2人の息子がいたものの、長男は放浪の旅に出て行方がわからず、結婚相手は次男のヴァシェクしかいません。ところがイェーニクこそが家出をした長男だったのです。結婚仲介人から持ちかけられて、イェーニクは「マジェンカはミーハの息子としか結婚しない」という契約を交わします。この契約によってイェーニクは仲介人から金貨を受け取っていたため、恋人に売られたと思ったマジェンカは怒り、悲しみます。しかし、契約の条件だとイェーニクも結婚相手に当てはまっており……。

このオペラは1866年、プラハ国民仮劇場で初演され、大喝采で迎えられます。これを契機にチェコの民族自立の機運が高まり、スメタナも『我が祖国』など民族主義的な作品で応えていきます。ちなみにこの劇場が「仮」となっているのは、恒久的な国民劇場が建設される1862年までに仮に設置された劇場だからです。完成したのは1881年で、こけら落としにはスメタナのオペラ『リブシェ』が初演されました。

チェコのプラハにあるプラハ国民劇場。いまでも毎日のように演奏会が開かれています。

もっと知りたい！豆知識

◆スメタナは1866年から8年間にわたってこの劇場の首席指揮者に就き、自身の曲以外にも、チェコの作曲家の作品を積極的に取り上げました。

◆スメタナが生まれた当時のチェコは、ドイツ系のハプスブルク家が統治するオーストリア帝国の領土でした。その後、1867年にオーストリア＝ハンガリー帝国に改組されますが、ハプスブルク家の支配は変わりませんでした。同帝国は第一次世界大戦の敗北で崩壊し、ようやく1918年、チェコスロバキアとして独立国家が成立しました。19世紀にはプラハに住むドイツ人向けのドイツ劇場もありました。

11月17日

『アルルの女』第2組曲「メヌエット」

ジョルジュ・ビゼー

本日のテーマ▼謎

全曲版には入っていない第2組曲の名曲

フランスの作曲家、ビゼーの『アルルの女』はアルフォンス・ドーデの劇『アルルの女』の劇音楽として作曲された27曲を指します。ビゼーの音楽がつけられた劇は作曲された年である1872年にパリで初演されました。しかし、とても小さなオーケストラによる演奏だったこともあり、評価はよくなかったといいます。

今日では劇音楽として『アルルの女』全27曲が演奏されることはめったになく、ここからの抜粋曲で構成されたふたつの組曲の形で愛好されています。また、『アルルの女』では第1組曲、第2組曲とも、アルトサックスが使われています。木管楽器のサクソフォーンは1840年代にベルギー人のアドルフ・サックスが開発した新しい楽器で、この時代にオーケストラに用いられることはめったにありませんでした。

第1組曲は「前奏曲」「メヌエット」「アダージェット」「カリヨン」の4曲、第2組曲は「パストラール」「間奏曲」「メヌエット」「ファランドール」の4曲で構成されています。

なかでも第2組曲の「メヌエット」は、フルートとハープによる美しいメロディーが印象的で、とてもなじみ深い曲です。もっともこの有名な曲は『アルルの女』の27曲には含まれておらず、ビゼーの死後ふたつの組曲を編集した友人で作曲家のエルネスト・ギローが、ビゼーのオペラ『美しきパースの娘』から選び、追加したものです。ビゼーは『アルルの女』の初演から3年後の1875年、わずか36歳でこの世を去っています。埋もれてしまっていたかもしれない曲たちが、ギローのおかげで後々こんなにも愛されているわけですから、やはり持つべきものは友ということでしょう。

南フランスにあるアルル。画家のゴッホが過ごしたことでも知られています。

もっと知りたい！豆知識

◆父親が声楽教師、母親がピアニストという音楽一家に育ったビゼーは、9歳でパリ国立高等音楽院に入学するなど、早熟の天才でした。ピアノの腕も超一流でしたが、本人はオペラ作曲家を目指し、『真珠採り』や『美しきパースの娘』などを発表。1874年には『カルメン』を完成させますが、その初演から3ヶ月後、敗血症のために死去してしまいます。

バレエ「四季」

アレクサンドル・グラズノフ

ペテルブルク楽派とモスクワ楽派の融和に努める

アレクサンドル・グラズノフはロシアの作曲家で、1865年にサンクトペテルブルクに生まれました。幼い頃から音楽の才能を発揮し、「ロシア5人組」の主要メンバーであるバラキレフの目に留まりました。バラキレフは、さっそくグラズノフをリムスキー・ジルサコフに紹介しています。リムスキー・コルサコフは、16歳のブラズノフが作曲した『交響曲』第1番「スラブの風」の指揮をして、若き音楽家の門出を祝福したのです。その後、西ヨーロッパに演奏旅行に出て、ヴァイマルではリストにこの交響曲を演奏してもらっています。こうして国際的な名声を高めたグラズノフは、交響曲、さらに弦楽四重奏曲、バレエ音楽の分野でも名作を残すのです。

彼のバレエ音楽では、『ライモンダ』と『四季』が有名です。前者は1897年、後者は1899年の作品なので、相次いでバレエ音楽を作曲したことになります。

バレエ『四季』は、1幕4場からなる小規模なバレエです。通常のバレエとは異なり、特定のストーリーをもっていません。音楽の方も、前奏曲にはじまり、それぞれ標題をもった各場面の音楽が続きます。第1場「冬」では「霜」、「氷」、「霰」、「雪」、第2場「春」では「バラの踊り」と「小鳥の踊り」、第3場「夏」では「矢車菊とケシのワルツ」、「舟唄」、「トウモロコシの精の踊り」、第4場「秋」では「小さなアダージョ」、「バッカスの礼賛」と、バレエの舞台が想像できそうな標題ばかりです。そして最後に終曲(アポテオーズ)となります。

グラズノフが青年時代を送っていたロシアでは、サンクトペテルブルクを中心に「ロシア5人組」が活躍し、ロシアの国民的音楽の創設に努力していた一派と、モスクワを中心として西ヨーロッパの音楽を標榜するとりわけチャイコフスキーなどが代表される一派とに分かれて、相互に頭角を競い合っていました。後年グラズノフは、1906年から1917年までサンクトペテルブルク音楽院の院長となり、両派の融合に努力してショスタコーヴィチを育てるなど、その後のロシア、そしてソビエト音楽の発展の基礎を築きました。

もっと知りたい！豆知識

◆グラズノフが音楽をつけたバレエ『四季』は、1900年にフランス出身の振付師、マリウス・プティパの演出で、サンクトペテルブルクで初演されました。登場するのは人間ではなく、霜、氷、そよ風といった自然現象と妖精たちで、霜の役はロシアの伝説的バレリーナ、アンナ・パヴロワが演じました。

◆グラズノフがサンクトペテルブルク音楽院の院長時代に、ロシア革命が勃発します。革命後はレニングラード音楽院への改組を図り、ボリシェビキ体制と協調関係を築きますが、教授陣からはより進歩的な学校経営を求められたこともあってか、次第に音楽院への情熱を失っていきます。1928年、ウィーンで開かれたシューベルト没後100周年記念行事に出席するのを機に、国外に出たグラズノフは、二度とロシアに戻ることはありませんでした。

11月19日

本日のテーマ▼主題

ミュージカル『ウエスト・サイド・ストーリー』 レナード・バーンスタイン

『ロミオとジュリエット』を現代のニューヨーク舞台に翻案

映画化もされたブロードウェイ・ミュージカルの名作『ウエスト・サイド・ストーリー』は、シェイクスピアの戯曲『ロミオとジュリエット』に着想を得た作品です。アメリカのダンサーで振付師のジェローム・ロビンズの原案に、指揮者としても知られるバーンスタインが曲をつけ、1957年に初演されました。

舞台は現代(1950年代)のニューヨーク。多くの移民が暮らすウエスト・サイドでは、貧困や差別による争いが絶えませんでした。ポーランド系移民の非行少年グループ「ジェット団」のリーダーであるリフは、敵対するプエルトリコ系移民の「シャーク団」に決闘を申し込む決意をします。リフは、グループから足を洗った親友のトニーに、決闘を申し込むダンスパーティーに立ち会うよう頼みます。一方、シャーク団のリーダー、ベルナルドは、腹心のチノと結婚させようと、妹のマリアをプエルトリコから呼び寄せたところでした。

ダンスパーティーの当日、会場に現れたジェット団、シャーク団のメンバーは挑発し合い、一触即発の状態でした。そんな状況にもかかわらず、トニーとマリアは一目で恋に落ちます。その夜、路地裏の窓辺にマリアの姿を見つけたトニー。2人でお互いの気持ちを確かめ合うのですが……。

決して結ばれることのない2人の悲劇を、バーンスタインの珠玉の音楽が彩り、ミュージカルは大評判を呼びます。2人が非常階段のバルコニーで思いを寄せ合って歌う『トゥナイト』は、さまざまな歌手によって歌い継がれている名曲です。

1961年のロバート・ワイズとジェローム・ロビンズの共同監督作に次いで、スティーヴン・スピルバーグ監督によって2度目の映画化が実現することになりました。

『ロミオとジュリエット』にあてはめると……

ウエスト・サイド・ストーリー	ロミオとジュリエット
トニー	ロミオ
マリア	ジュリエット
リフ	マキューシオ
ベルナルド	ティボルト
アニタ	マリアの乳母
ドック	ローレンス修道士

「現代版ロミオとジュリエット」といわれる通り、登場人物はロミオとジュリエットの主要人物と同じ立ち位置の人物がいます。

もっと知りたい!豆知識

◆バーンスタインはミュージカルだけでなく、数々の管弦楽曲、ピアノ曲なども残しています。ユダヤ系の出自でもあり、『交響曲』第1番「エレミア」、『交響曲』第3番「カデッシュ」などはユダヤ教の影響を受けた宗教的な側面を持っています。一方でジャズや現代音楽の要素も盛り込むなど、多様で柔軟なスタイルで多くの曲を産み出しました。

◆『ウエスト・サイド・ストーリー』の初演から3年後の1960年、バーンスタインはミュージカルの主要曲を抽出して編曲し、管弦楽のための演奏会用組曲『シンフォニック・ダンス』を発表。1961年にニューヨークのカーネギー・ホールでニューヨーク・フィルハーモニックの演奏で初演が行われました。オーケストラのレパートリーとして、現在でもよくコンサートなどで披露されます。

ガヴォット

フランソワ＝ジョセフ・ゴセック

プロヴァンスの農民の踊りからオペラや組曲に導入

ベルギー出身のゴセックは、18世紀後半から19世紀にかけてフランスで活躍した作曲家です。30曲近くの交響曲を書いていることから、「フランス交響曲の父」とも称されますが、現在の日本では、かわいらしいヴァイオリン曲であるガヴォットで知られるだけかもしれません。

ガヴォットとは、17世紀のフランスではやった舞曲です。4分の4拍子、または2分の2拍子の軽快で優雅な踊りで、14世紀のプロヴァンス地方で農民が踊っていた音楽が原型といわれています。ガヴォットの名前は、この地方の山岳民族、ガヴォ族に由来します。

17世紀の中頃、フランスの作曲家、ジャン＝バティスト・リュリがオペラやバレエに導入してから広まり、組曲の中の1曲として用いられるようになりました。例えばバッハの『無伴奏ヴァイオリンのためのパルティータ第3番』では、7つの楽章の中の3番目にロンド形式によるガヴォットが組み込まれています。ガヴォットだけ単独で演奏されることもある名曲なので、ご存じの方も多いことでしょう。

近年になってもガヴォットを盛り込んだ曲は作られており、フォーレの舞台音楽『マスクとベルガマスク』、プロコフィエフの古典交響曲、ストラヴィンスキーのバレエ音楽『プルチネルラ』、バーンスタインのミュージカル『キャンディード』などにもガヴォットが登場します。

ゴセックのガヴォットは、オペラ『ロジーヌ』に出てくる曲で、後にドイツのヴァイオリニスト、ウィリー・ブルメスターがピアノ伴奏つきのヴァイオリン独奏曲にアレンジしたものが広まりました。現在ではヴァイオリンだけでなくさまざまな楽器で演奏され、たくさんの人に親しまれています。

中世のプロヴァンス地方は、アルプス山脈の南側が含まれていました。

もっと知りたい！豆知識

◆ゴセックは現在のベルギーの出身ですが、1751年にパリに出て以来、フランス音楽の振興に尽力するようになりました。フランス革命が起きると救国軍の楽隊指揮者を務め、いまの国立高等音楽院の前身である国立音楽学院の初代院長に指名され、後進の育成に努めました。

◆バロック時代のフランス宮廷舞踏会や、王室の舞踏会では踊りの順番も決まっていたようです。まずは大勢で輪になり、手をつないで踊るブランルから始まり、ガヴォットが終わると、ペアダンスへと移ります。初期はクーラントが踊られていましたが、17世紀末からはメヌエットが取って代わります。3拍子の格式の高いダンスで、全員が着席して見守るなか、次々とペアを代えて踊り継いでいったようです。

口笛吹きと犬

アーサー・プライヤー

飼い犬をモデルに、少年とじゃれ合う子犬を音楽で表現

口笛による軽快なメロディーが楽しい「口笛吹きと犬」は、テレビCMなどで日本でもおなじみの曲ですが、作曲のいきさつはよくわかっていません。ただ、作曲者のアーサー・プライヤーはロキシーという犬を飼っていて、この愛犬がモデルになったようです。公園で少年が口笛を吹くと子犬が駆け寄ってきて少年とじゃれ合うという場面を、音楽で表現しています。

プライヤーは1869年、アメリカのミズーリ州で生まれました。父親はプライヤー吹奏楽団の創設者で、その手ほどきで楽器を始め、11歳ですでにトロンボーンを吹いていました。トロンボーンとは、金管楽器の一種で、中低音を奏でる楽器です。特徴的なのは、管をスライドさせて音程を変えること。腕を伸ばして管をスライドさせ、長さを微調整することでいろいろな音程を出します。伴奏も主旋律もソロもこなすことができるため、活躍の場が多い楽器でもあります。いまでは、オーケストラや吹奏楽、マーチングバンドなどで必ずといっていいほど見られるトロンボーンですが、オーケストラに加わるようになったのは19世紀以降です。

トロンボーンの腕がよかったプライヤーはその後、「マーチ王」として知られるジョン・フィリップ・スーザが率いるスーザ吹奏楽団に入団し、トロンボーン奏者として活躍します。細かなヴィブラートと音を、素早く跳躍させる超絶技法で表現し、「トロンボーンのパガニーニ」と称されるほどの才能を発揮。自ら編曲や作曲も手がけ、スーザの代理で指揮を務めたこともありました。

やがて父親の死去に伴い、スーザ楽団を退団。プライヤー吹奏楽団を引き継いで再結成し、1903年にニューヨークのマジェスティック劇場でデビューします。「口笛吹きと犬」の他に知られているプライヤーの作品には、「スコットランドの釣鐘草」というスコットランド民謡をトロンボーン用に編曲した作品があります。レコード録音にも積極的で、音源はいまもレコード会社のビクターに残っています。

「口笛吹きと犬」の口笛パートは、楽譜ではピッコロで演奏することになっていますが、プライヤー吹奏楽団による録音では、実際の口笛でも吹いているようです。最後には犬の鳴き声も入っており、演奏してもレコードで聴いても、楽しい曲ではないでしょうか。

もっと知りたい！豆知識

◆プライヤーは、「口笛吹きと犬」の他にも、行進曲、音楽詩、軽歌劇など約300もの曲を作曲しています。またスコットランド民謡をアレンジした「スコットランドの釣鐘草」など編曲も数多く手がけ、いまも多くの人から、そのアレンジで演奏されています。

◆「口笛吹きと犬」は、サントリーのトリスウイスキーをはじめ、テレビCMでたびたび使われてきました。他にもショッピングセンターのBGMなど、さまざまな場面で流れており、耳になじんでいる人も多いことでしょう。

主な金管楽器

オーケストラは、大きく分けて弦楽器、木管楽器、金管楽器、打楽器で編成されています。同じように多くの楽器が集まって合奏するものに、吹奏楽がありますが、オーケストラとの違いは、コントラバス以外の弦楽器がないこと。ここでは、オーケストラと吹奏楽の共通点である「金管楽器」を紹介します。

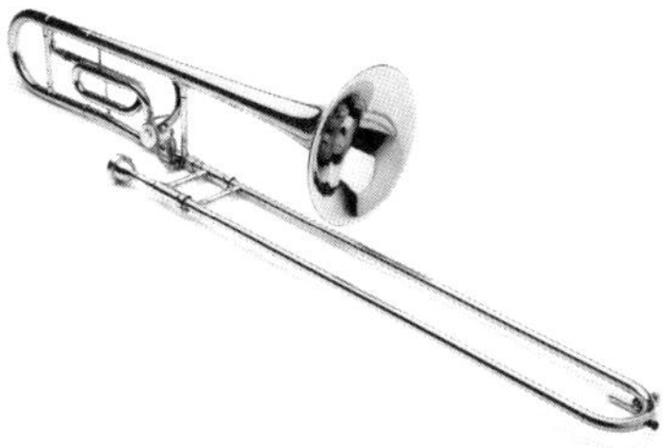

トロンボーン

管をスライドさせて音程を決める、中低音を担当する金管楽器です。

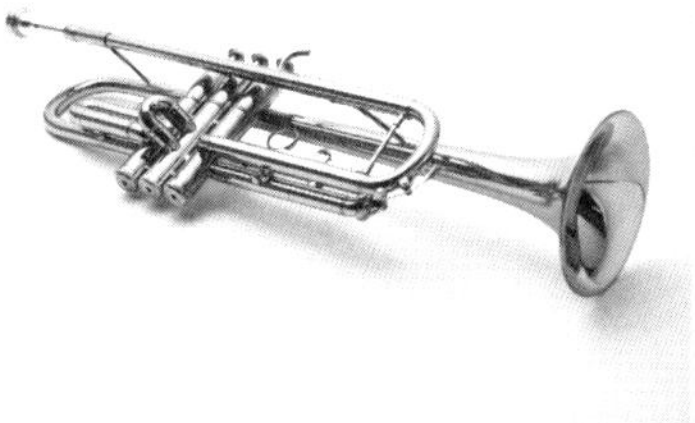

トランペット

いわゆるラッパ。明るく華やかな音が特徴的です。

ユーフォニウム

中低音を担当する金管楽器。柔らかい音を出します。

ホルン

カタツムリのような形をした金管楽器。音が出る部分は花のように広がっています。

チューバ

管楽器の中でもっとも低い音を出します。管の長さは最長約9m。

もっと知りたい！豆知識

◆プライヤーが所属していたスーザ吹奏楽団は1892年にスーザによって創設されました。自らの行進曲をレパートリーにして、全米はもとより、ヨーロッパや世界ツアーも行われましたが、1932年、スーザの急逝で解散しました。

『交響曲』第38番「プラハ」

ヴォルフガング・アマデウス・モーツァルト

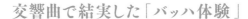

交響曲で結実した「バッハ体験」

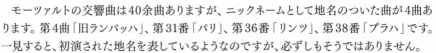

モーツァルトの交響曲は40余曲ありますが、ニックネームとして地名のついた曲が4曲あります。第4曲「旧ランバッハ」、第31番「パリ」、第36番「リンツ」、第38番「プラハ」です。一見すると、初演された地名を表しているようなのですが、必ずしもそうではありません。

ランバッハはオーストリアの有名な修道院がある地名です。ウィーン旅行の途上に宿を提供してもらったお礼にと、モーツァルトの父レオポルトが自分の交響曲と息子の交響曲を贈呈しました。20世紀になって父親の曲が息子の曲ではないかという説が流布して、父親の曲が「新ランバッハ」と呼ばれました。しかし、実際は従来の説が正しいことが判明して、息子の曲は「旧ランバッハ」と呼ばれるようになりました。

「パリ」は、パリの演奏会シリーズ「コンセール・スプリチュエル」で初演したことに由来します。「リンツ」は、モーツァルトが故郷のザルツブルクからウィーンに戻る途中にリンツで開催された演奏会で初演したものです。旅の途上なので、モーツァルトは4～5日でこの曲を完成させています。これら2曲は、いずれもモーツァルト自身が初演しています。

「プラハ」は、オペラ『ドン・ジョヴァンニ』の初演で訪れたプラハで初演されたために、こう呼ばれるようになったのですが、プラハ旅行の前にウィーンで初演されていたともいわれています。いずれにしても、モーツァルト自身が初演しています。

この交響曲に顕著なのは、第1楽章に見られる対位法的書法です。対位法というのは、独立した旋律を組み合わせる技法で、音楽史的にはモーツァルトが生まれる前に、特にヨハン・セバスティアン・バッハの作品でもって絶頂に至ります。しかし、人々の音楽の趣味はすでに、小難しくて聴くのも難しい対位法的な音楽から、和音伴奏のついた単旋律の音楽へ移っていました。

モーツァルトはウィーンに定住するようになり、バッハやヘンデルの音楽を熱心に研究するようになります。これは「バッハ体験」と呼ばれるほど、彼のその後の創作に影響を与えました。この経験はすでに、ハイドンに献呈した弦楽四重奏曲に現れていましたが、交響曲で顕著になったのはこの作品からでした。最後の交響曲「ジュピター」の第4楽章のフィナーレ(P.98)への道が準備されたといえるでしょう。

もっと知りたい！豆知識

◆モーツァルトは1786年にオペラ『フィガロの結婚』をウィーンで初演しますが、思ったほど評判は得られませんでした。しかし12月にプラハでの演奏を依頼され上演したところ、大成功をおさめます。この成功でもって、翌年プラハで新作のオペラを初演するという約束がされました。

◆和音伴奏のついた単旋律の音楽と対位法の書法を融合させたのが、1780年以降のハイドンやモーツァルトの音楽で、いわゆる古典派の音楽です。

オリンピック賛歌

スピロ・サマラス

見つかったピアノ譜をもとに日本人の編曲で復活

オリンピックの開会式で、必ず演奏される曲があります。それがギリシャの作曲家、サマラスが曲を書いた『オリンピック賛歌』です。

この曲は1896年、近代オリンピックが始まった第1回アテネ大会の開会式で披露されました。ギリシャの詩人、コスティス・パラマスの詩に、サマラスが曲をつけた合唱曲で、静かにゆっくりと始まった旋律が徐々に躍動しはじめ、最後にはすべての歌声と楽器が一体となって、高らかにオリンピックの喜びを歌いあげます。列席したギリシャ王もアンコールを要求し、2度目の演奏後には、さらに拍手が増したといいます。

この曲はその後、楽譜を紛失してしまったため、大会ごとに別の曲が演奏されていました。ところが1958年、国際オリンピック委員会(IOC)の総会が東京で開かれるのを前に、ギリシャから楽譜が見つかったとの連絡がIOC委員の東龍太郎にもたらされます。楽譜はサマラスがピアノ用に編曲したものでした。日本オリンピック委員会は、後に東京オリンピックの開会式のために『オリンピック・マーチ』を作曲した、古関裕而に編曲を依頼。こうして5月14日、NHKホールで行われたIOC総会の開会式で、山田一雄の指揮、NHK交響楽団の演奏で『オリンピック賛歌』が復活したのです。

その後、1960年のスコーバレー冬季オリンピックの開会式で演奏され、以後、開会式での演奏が恒例になりました。オーケストラの演奏は古関が編曲したものが公式に認定されており、その総譜はIOC本部に保管されています。

1896年の第1回オリンピックが行われたパナシナイコスタスタジアム。

もっと知りたい！豆知識

◆サマラスはアテネ音楽院で学んだ後、パリ国立高等音楽院に留学します。その後、イタリアに移り住み、数多くのオペラを手がけました。その後、1911年にアテネに戻り、祖国で生涯を終えています。

◆『オリンピック賛歌』の編曲を手がけた古関裕而は、1909年に福島県で生まれた作曲家で、生涯で5000もの曲を作曲したといわれています。そのジャンルは幅広く、クラシックから歌謡曲、軍歌、応援歌、校歌とさまざまで、なかでも行進曲の多さから「和製スーザ」とも呼ばれました。晩年にはテレビ番組『オールスター家族対抗歌合戦』の審査員を12年にわたって務め、お茶の間でも親しまれました。2020年のNHK連続テレビ小説『エール』の主人公は、この古関をモデルにしています。

『ゴルトベルク変奏曲』

ヨハン・セバスティアン・バッハ

眠れぬ夜を過ごす伯爵のために作品

ヨハン・セバスティアン・バッハのよく知られた作品のひとつに、『ゴルトベルク変奏曲』があります。2段鍵盤のチェンバロのための曲で、アリア（変奏曲の主題）と30の変奏から構成されています。アリアは最後に反復されるので、曲数としては32になります。この作品は、『クラヴィーア練習曲集』第4部として、1741年に出版されました。

題名にある「ゴルトベルク」は、バッハの弟子になった若者のことで、当時ドレスデンに駐在していたロシア大使のカイザーリンク伯爵が養子としてロシアから連れてきた人物です。「不眠症で悩む伯爵が寝付くまでの曲を」と依頼されて、バッハがこの曲を作曲し、ゴルトベルクが毎夜この曲を弾いたというエピソードが、フォルケルという音楽研究者が書いたバッハの最初の評伝（1802年）に掲載されています。

この頃、ゴルトベルクはまだ10代半ばだったので、この話の真偽は疑われてきました。しかし同じ評伝に、バッハがこの楽譜の出版本を持っていて、誤りを訂正したという話も伝えられているのですが、1974年にバッハが持っていた出版本がフランスで発見され、ここに実際にバッハの訂正があったのです。そうなると、フォルケルが伝えた話もまんざらの嘘でもなさそうです。さらに、その情報源がバッハの次男エマヌエルだということもわかっているので、伯爵の依頼での作曲ではなかったものの、バッハから献呈された楽譜を10代の若者に演奏させた可能性はあるのかもしれません。

主題となるアリアは美しい旋律で、全部で32小節です。これは、全体の曲数と同じ数となっています。変奏曲は主題を変奏していくものですが、この変奏曲では主題の低声部の旋律が維持されて、上声部で変奏が展開されます。最後の第30変奏では、当時のユーモラスな民謡の旋律ふたつが挿入されています。

チェンバロとは、鍵盤を使って弦を弾くことで音を出す鍵盤楽器です。英語ではハープシコードと呼ばれます。

もっと知りたい！豆知識

◆1741年に『ゴルトベルク変奏曲』が出版されたときの楽譜には、バッハの手で『2段の鍵盤のチェンバロのためのアリアと種々の変奏曲からなるクラヴィーア練習曲集』と書かれています。『クラヴィーア練習曲集』はこの曲を含めて4部が出版されており、『ゴルトベルク変奏曲』はその第4巻に当たります。クラヴィーアとは鍵盤楽器の総称で、当時はまだピアノが発達しておらず、鍵盤楽器といえばチェンバロが主流でした。

◆『ゴルトベルク変奏曲』は、20世紀カナダのピアニスト、グレン・グールドが1956年にデビュー盤で録音した曲としても知られています。チェンバロ曲と思われていたこの曲をピアノの超絶技巧で演奏し、批評家たちから絶賛され、全米ヒットチャートで1位を獲得するなど、大いに話題を呼びました。

バレエ音楽『蜘蛛の饗宴』

アルベール・ルーセル

印象主義から新古典主義への過渡期を飾るバレエ音楽

フランスでは19世紀末から20世紀初頭にかけて、ドビュッシーやラヴェルらによってフランス近代音楽が台頭します。物語や感情を描写したそれまでのロマン派音楽に比して、気分やイメージといった抽象的なものを表現しようとした音楽様式ですが、同じ時代にあって、ルーセルはまた違った音楽性を志向していきました。

もともと海軍を志し、中尉にまで昇進したルーセルでしたが、25歳で音楽の道に進むことを決意。パリの音楽学校であるスコラ・カントルムに入学し、作曲家で音楽教師のヴァンサン・ダンディに師事します。やがて自分でも教える立場になり、門下には年上のエリック・サティもいました。

スコラ・カントルムが幅広い音楽を志向していたこともあり、ルーセルも時流に流されることなく、古典主義をもとに独自の様式を目指します。ちょうど時代は新古典主義音楽が台頭してきた頃で、ルーセルもその一員に数えられることがあります。

新古典主義は、ロマン派や印象主義などを否定する楽派です。音楽を感情から切り離し、バッハやモーツァルトに見られるような、形式にのっとった音楽への姿勢ともいえます。フランスでは、ドビュッシーの死後に登場してきたデュレやオネゲル、ミヨーといった、いわゆる「フランス6人組」の作曲家が相当します。

『蜘蛛の饗宴』は、そんな印象主義から新古典主義への過渡期に活躍した、ルーセルの最初のバレエ音楽です。ファーブルの『昆虫記』にインスピレーションを受けて作った2部構成のバレエで、まだ印象主義的な色合いが濃く出ています。

現在では、ルーセル自身が再編した演奏会用の組曲、交響的断章『蜘蛛の饗宴』がよく演奏されています。

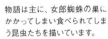

物語は主に、女郎蜘蛛の巣にかかってしまい食べられてしまう昆虫たちを描いています。

もっと知りたい！豆知識

◆『蜘蛛の饗宴』は1912年の作曲で、翌1913年にパリの芸術劇場で初演されました。2部構成で、第1部は前奏曲に続いてアリの入場、カブトムシの入場、蝶の踊り、蜘蛛の踊り第1番、アリのロンド、2匹の戦闘的なカマキリ、蜘蛛の踊り第2番とさまざまな昆虫が登場。第2部では一転、カゲロウの羽化、カゲロウの踊り、カゲロウの死など、カゲロウをモチーフにした曲が続きます。交響的断章は、ここから抜粋した7つの楽章で構成されています。

◆1894年に海軍を辞してスコラ・カントルムで音楽の勉強を始めたルーセルですが、1914年に第一次世界大戦が始まると、今度は陸軍に入隊します。激戦地の西部戦線に派遣され、傷病兵輸送車の運転手を務めました。1918年に戦争が終結すると、再び音楽界に復帰して、たくさんの曲を残しました。

オペラ『フィデリオ』

ルートヴィヒ・ヴァン・ベートーヴェン

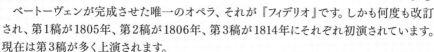

何度も改訂を試みたベートーヴェン唯一のオペラ

ベートーヴェンが完成させた唯一のオペラ、それが『フィデリオ』です。しかも何度も改訂され、第1稿が1805年、第2稿が1806年、第3稿が1814年にそれぞれ初演されています。現在は第3稿が多く上演されます。

舞台はスペインの政治犯を収容する監獄です。

無実の罪で収監されているフロレスタンを救い出そうと、妻のレオノーレはフィデリオという偽名の男性に扮して牢獄で働き始めます。牢番のロッコはフィデリオの働きぶりを気に入り、娘のマルツェリーネと結婚させようとしますが、フィデリオは「私を信頼しているのなら、禁じられている地下牢に連れていってほしい」と頼みます。地下牢には夫フロレスタンが幽閉されていました。

そこへ、大臣が牢獄の視察に来るという手紙が届きます。実はフロレスタンは大臣の旧友でしたが、政敵でもある刑務所長のドン・ピツァロによって不当に閉じ込められていたのです。大臣の視察で悪事がばれるのを恐れたピツァロは、フロレスタンの殺害を決意します。ピツァロがフロレスタンを刺し殺そうとした瞬間、フィデリオが立ちふさがって叫びます。「まず妻から殺しなさい。私は妻のレオノーレよ！」

1805年にウィーンのアン・デア・ウィーン劇場で第1稿が初演されたときはさんざんな評判で、ベートーヴェンはすぐに改訂に取りかかります。2幕もののオペラに改作した第2稿は、翌1806年に初演され、今度は成功を収めます。

それからしばらく上演されることはありませんでしたが、ベートーヴェンの名声が上がるにつれ、再演を希望する声が相次ぎ、ベートーヴェンは台本を改訂することを条件に受け入れます。これが1814年初演の第3稿でした。

以後、ベートーヴェンが残した唯一のオペラとして、いまも高い人気を誇っています。

もっと知りたい！豆知識

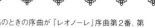

◆何度も改訂を重ねたため、オペラ『フィデリオ』には全部で4曲の序曲があります。第1稿のときの序曲が『レオノーレ』序曲第2番、第2稿のときが『レオノーレ』序曲第3番で、その後、1807年にプラハで上演されたときに序曲だけ書き直したものが『レオノーレ』序曲第1番だと考えられています。第3稿のときの序曲は『フィデリオ』序曲で、これが今日、『フィデリオ』を上演するときに序曲として演奏されています。

◆第2稿のときにベートーヴェンが書いた『レオノーレ』序曲第3番は、現在では演奏会用序曲として単独で演奏されることの多い人気曲です。グスタフ・マーラーは、1904年にオペラ『フィデリオ』を指揮した際、この曲を間奏曲として第2幕第2場の前に演奏し、議論を巻き起こしました。いまでもこの場面で『レオノーレ』序曲第3番を演奏する指揮者は少なくありません。

『練習曲集』作品10

フレデリック・ショパン

高度な演奏技術に加えて芸術性も要求

練習曲（エチュード）とは、文字通り演奏技術を身につけるための練習を目的にした曲のことですが、ショパンによってこれに芸術性が付加されました。ショパンの練習曲は全部で27曲ありますが、いずれも高度なテクニックを要求されると同時に、音楽的にも完成されており、いまも演奏会で頻繁に取り上げられる曲ばかりです。

1833年に出版された作品10の12曲は、同世代のピアニストで作曲家のリストにささげられました。このなかでも特に有名な曲が、第3番の『別れの曲』（P.32）と第12番の『革命』（P.107）でしょう。

第3番は、激情的な中間部をはさんで奏でられるとろけるような旋律が特徴的ですが、技巧に加えてフレージングの表現力が求められるという点で、従来の練習曲とは一線を画しているといえるでしょう。

また、第12番は当時ロシアの支配下にあったポーランドで武装革命が起こったものの、1831年にロシアがワルシャワを侵攻して鎮圧したという報を受け、ウィーンからパリに居点を移そうとしていたショパンが思いを込めて作った曲だといわれていますが、最近は作り話だとする説もあるようです。

他にも、第1番は『滝』、第5番は『黒鍵』の愛称がついていますし、1837年に出版された作品25の12の練習曲にも第7番『恋の二重唱』、第11番『木枯らし』などと呼ばれる曲があります。これらはどれもショパン自身がつけたものではありませんが、愛称があることでより親近感が湧くということがあるかもしれません。

12の練習曲の作品10が出版されたとき、ショパンはまだ23歳ながら、すでにパリのサロンでは人気の作曲家でピアニストでした。曲を献呈したリストは、ピアニストとしては超一流でしたが、これから作曲活動に力を入れていこうとしていた時期で、2人は以後、深い親交で結ばれます。

ショパンの後、練習曲はリストやドビュッシー、ラフマニノフなども手がけていて、ピアノ曲のひとつのジャンルとして確立していきました。

もっと知りたい！豆知識

◆それぞれの曲の愛称は日本で流布しているもので、海外では別の呼び名で親しまれている曲もあります。例えば第3番『別れの曲』は悲哀を意味する『Tristesse』、第4番は激流を意味する『Torrent』と称されています。

◆ショパンの練習曲には、作品10の12曲、作品25の12曲の他に、作品番号の付いていない3曲があります。この3曲は、チェコの作曲家、イグナーツ・モシェレスが、ベルギーの音楽評論家、フランソワ＝ジョゼフ・フェティスとともに親しい作曲家に練習曲を依頼して編纂したピアノ教則本『メトードのメトード』に収められています。

11月28日

歌曲『ラ・セレナータ』

フランチェスコ・パオロ・トスティ

本日のテーマ▼逸話

オペラ全盛のイタリアでひたすら歌曲に邁進

近代イタリア歌曲の創始者ともいわれるトスティは1846年、イタリア南部のアドリア海に面したオルトーナで生まれました。19世紀後半のイタリアといえばヴェルディのオペラが大人気を博していた頃で、作曲家はこぞってオペラの創作に力を注いでいました。そんななか、トスティはひたすら歌曲の作曲に集中し、300を超える曲を残しています。

幼くしてヴァイオリンを弾きこなしていたトスティは、12歳でナポリ音楽院に入学。在学中から歌曲の作曲を始め、やがてイタリア王室の声楽教師を務めるようになります。30代以降はロンドンに移住し、今度はイギリス王室や王立音楽院で声楽を教えました。その功績でナイトの称号も授与されます。トスティは母語のイタリア語だけでなく、英語やフランス語の詩にも曲をつけ、歌曲の芸術的評価を高めました。

トスティはその後は、歌曲の作曲に努め、その作品は現在も声楽のコンサートで必ずプログラムに入っているほど人気があります。声楽を学んでいる人で、トスティを歌ったことがない人はいないと言い切ってもいいでしょう。

『ラ・セレナータ』は、そんなトスティを代表する歌曲のひとつです。ジョヴァンニ・アルフレード・チェザレオの詩に曲をつけたもので、1888年に発表されました。かたわらで幸せそうにまどろんでいる愛する女(セレナータ)に向かって優しく語りかける歌で、ルチアーノ・パヴァロッティをはじめ数々の名歌手が録音を残しています。

生誕地のオルトーナでは1996年、生誕150年を記念して「トスティ歌曲国際コンクール」が創設されました。4年に1度開かれており、毎回世界中から集まった声楽家が歌声を競っています。

イギリスの王立音楽院は、ロンドンの中心部にいまもあり、世界各国から音楽家を目指す人々が通っています。

もっと知りたい!豆知識

◆トスティは、英王室で声楽を教えていたほどですが、英語は一言も解さなかったともいわれています。

◆トスティ歌曲国際コンクールは、2003年から日本での予選大会が開かれています。国際コンクールと同様、4年に1回の開催で、2019年は10月に最終審査が行われました。

◆トスティに詩を提供した詩人としては、ガブリエーレ・ダンヌンツィオがよく知られています。トスティよりも17歳年下のダンヌンツィオは作家としても活躍し、『快楽の子』『死の勝利』といった小説は日本でも評判を呼びました。また政治活動も活発に行い、後のファシズム台頭に影響を及ぼしています。トスティはダンヌンツィオと組んで30曲以上の歌曲を手がけており、なかでも歌曲集『アマランタの4つの歌』はつとに有名です。

『交響曲』第4番「不滅」

カール・ニールセン

ティンパニーの競演で滅ぼすことのできない魂を表現

北欧デンマークを代表する音楽家カール・ニールセンは、ヴァイオリン奏者で指揮者と、演奏家と作曲家というふたつのキャリアを歩んだ人物です。そのため、大きなストレスを抱えていたようで、結婚生活も破綻していたことから、彼の人生は危機的な状況にあったと思われます。今日、彼の代表作として数えられることの多い『交響曲』第4番「不滅」は、1914年から1916年に作曲されています。ちょうど第一次世界大戦のさなかで、こうした社会的不安がさらに彼の精神状態を深刻な状況におしやったと想像できます。

この交響曲は伝統的な楽章構成をとらず、単一楽章形式です。そのため、調の選択が自由になるので、実際にニールセンはニ短調にはじまるや、イ長調、ト長調、嬰ハ短調、ホ長調と、自由に転調しています。興味深いのは、最初こそ短調ですが、その後はすべてシャープ系の調です。特にホ長調という調はとても明るい調なので、標題の「不滅」とも関連しそうです。

もうひとつの特徴は、ティンパニーが活躍することです。演奏では2人のティパンニー奏者が要求され、最後の第4部ではティンパニーが大音響で掛け合いを演じます。オーケストラの歴史を振り返ってみると、ティンパニーは初期からメンバーでした。クラリネットやトロンボーンが参加するずっと以前からです。しかも、ティンパニーは必ずトランペットとセットなのです。このふたつの楽器は古代からある楽器で、戦争や狩には必要とされる楽器でした。ベートーヴェンの『交響曲』第3番「英雄」、『交響曲』第7番、第9番や、マーラーの『交響曲』第2番「復活」では、トランペットとティンパニーが鳴り響きます。ニールセンもきっとどこかでこれらの曲を聴いていたのでしょう。

ニールセンは、この曲についてこう語ったといいます。「音楽は生命であり、それに似て『滅ぼし得ざるもの』である。この交響曲は、偉大な芸術のみならず、人間の魂までもが『滅ぼし得ざるもの』であることを強調すべく意図されたものである」。日本語ではこの「滅ぼし得ざるもの」を「不滅」と訳していますが、ただ「滅する」ことがないだけなく、ドイツ語訳「Das Unauslöschliche」や英語訳「The Inextinguishable」に表れているように、「消し去ろうとして消すことができない」という意味が込められているように思われます。希死念慮につきまとわれながら、現世で必死になって生きようとする芸術家の姿を見ることができるのではないでしょうか。

もっと知りたい！豆知識

◆ニールセンは、コペンハーゲンのデンマーク音楽アカデミーで音楽を学んだ後、デンマーク王立管弦楽団でヴァイオリン奏者を務めるかたわら、作曲に精を出します。いまでこそ国を代表する作曲家として知られますが、生前の評価はそれほど高くなく、死去後の1960年代以降、アメリカの指揮者、バーンスタインが積極的に取り上げるなどしてから世界中で演奏されるようになりました。

◆ティンパニーはこの曲以外にもしばしばオーケストラの主役を演じることがあります。ベートーヴェンは巧みに使用したことで有名で、なかでも『交響曲』第9番の第2楽章では2台のティンパニーがオクターヴ違いのヘ音に調律され、激しい連打で曲を引っ張ります。他にもマーラーの『交響曲』第2番「復活」は3人の奏者を要し、プーランクはティンパニーをソロに用いた協奏曲を作曲しました。

ラ・マルセイエーズ

クロード・ジョゼフ・ルージェ・ド・リール

フランス革命の義勇兵が歌いながら行進して広まる

フランスの国歌である『ラ・マルセイエーズ』は18世紀末、フランス革命のときに誕生した歌ということは広く知れわたっています。では、どのような経緯でこの曲は生まれたのでしょうか。

フランス革命勃発から3年後の1792年4月、革命政府はフランス王室を擁護していたオーストリアに対して宣戦布告します。その報を受けた国境の町、ストラスブールの市長は、駐屯部隊を鼓舞するための歌をルージェ・ド・リール大尉に依頼しました。軍学校の出身ながら音楽に秀でていた大尉は1日で曲を作り上げ、「ライン軍のための軍歌」という題名で司令官のニコラ・リュクネール元帥に献呈します。

それから数ヶ月後にフランス各地で組織された義勇兵が次々とパリに集結するなか、遠くマルセイユからの義勇兵が行進の際に歌っていたのがこの曲でした。勇壮な歌詞と人々を鼓舞するようなメロディーがパリっ子の心をとらえ、「ラ・マルセイエーズ」として爆発的にヒットします。「ラ・マルセイエーズ」とは、「マルセイユの軍隊」の「軍隊」が省略されたものと思われます。

この曲は、1795年にフランス国歌に採用され、現在に至っています。7番まである歌詞は「武器を取れ、わが市民よ！　隊列を組んで、進め！　進め！　汚れた血でわれらの畑を染め上げよ！」という勇ましいものですが、当初から変わっていません。

曲を作ったとされるルージェ・ド・リールはその後、反革命的として逮捕されますが、政変により処刑を免れます。晩年は年金も与えられず1836年、76歳でひっそりとこの世を去りました。

フランス・パリのシャンゼリゼ通りにあるエトワール凱旋門。側面には、「ラ・マルセイエーズ」と呼ばれる彫刻が施されています。

もっと知りたい！豆知識

◆「ラ・マルセイエーズ」はさまざまなアレンジがありますが、なかでも有名なのはベルリオーズがオーケストラ用に編曲したバージョンです。「ラ・マルセイエーズ」は1804年にナポレオンが皇帝に就くと禁止され、それが1830年まで続きます。この年の7月革命でブルボン王朝が再び倒されて復活を遂げますが、そのときにベルリオーズが独唱と合唱、オーケストラのために編曲しました。

◆「ラ・マルセイエーズ」のメロディーを使用した曲としてよく知られるのが、チャイコフスキーの序曲『1812年』（P.144）です。ナポレオンのロシア遠征をイメージした曲で、大敗北を喫して退却したフランス軍の象徴として「ラ・マルセイエーズ」を大胆に取り入れています。またビートルズが1967年に出したシングル曲『愛こそはすべて』では、イントロに「ラ・マルセイエーズ」が登場します。

366 days of Classical music

366日の西洋音楽

12月

12月1日

本日のテーマ▼謎

交響詩『禿山の一夜』

336

モデスト・ムソルグスキー

酷評されて未発表だった曲を親友が死後に編曲

ロシアの作曲家ムソルグスキーが交響詩『禿山の一夜』を構想したのは19歳の頃のことです。ロシアでは夏至の日、イワン・クパーラ祭といって、たき火の周りで踊ったり火を飛び越えたりする祭りが開かれます。聖ヨハネ祭ともいわれ、この日にはシダの花が咲いて財宝のありかを教えてくれたり、魔物が出てきて大騒ぎしたりするといった言い伝えもあるのですが、ムソルグスキーはその魔物の伝説を音楽にしようと考えました。

ゴーゴリの小説『イワン・クパーラの前夜』をオペラにするなど、いろいろとアイデアは浮かぶものの、なかなか実現には至りません。ようやく1867年、28歳のときに『禿山の聖ヨハネ祭の夜』としてピアノとオーケストラによる曲を完成させます。ですがこの曲は、尊敬する作曲家バラキレフからはオーケストレーションがなっていないと酷評されてしまいます。こうして一度も演奏されることのないまま、ムソルグスキーはアルコール依存症を悪化させた心臓発作により、1881年に死去します。42歳でした。

ムソルグスキーには、このように未発表や未完成のままの曲が多く残されていましたが、友人の作曲家、リムスキー＝コルサコフがその死後、手を入れて発表したものが数々あります。ディズニーのアニメーション映画『ファンアタジア』で使用された音楽も、『禿山の聖ヨハネ祭の夜』や未完のオペラ『ソローチンツィの定期市』から選曲して編曲したもので、1886年に交響詩『禿山の一夜』として発表された曲です。

1968年になってムソルグスキー自身の楽譜が初めて出版され、荒々しく独創的な原曲のよさが再確認されることになりました。原曲版とリムスキー＝コルサコフ編曲版を聴き比べてその違いを楽しむのもいいでしょう。

イワン・クパーラ祭では、人々が花輪を編むという習慣があります。

もっと知りたい！豆知識

◆ムソルグスキーには、『禿山の一夜』だけでなく、その死後に再評価された曲は少なくありません。ピアノのための組曲『展覧会の絵』(P.365)は多くの作曲家が管弦楽への編曲に取り組み、なかでもラヴェルの編曲版のおかげで世界的に有名になります。また唯一、生前に完成させたオペラ『ボリス・ゴドゥノフ』や未完のオペラ『ホヴァーンシチナ』も、ショスタコーヴィチが管弦楽版を改訂するまでは知られていませんでした。

◆『禿山の一夜』は、リムスキー＝コルサコフ以外にもさまざまな音楽家のアレンジで知られています。シンセサイザーを駆使した作曲で知られる冨田勲は、1975年のアルバム『火の鳥』にシンセサイザーで編曲した『禿山の一夜』を収録。またドイツのメコン・デルタ、アメリカのアナル・カント、イタリアのニュー・トロルスといったロックバンドがこの曲をロックにアレンジして演奏しています。

管弦楽曲『エル・サロン・メヒコ』

337

アーロン・コープランド

最もアメリカ的な作曲家が取り入れたメキシコの香り

移民の国アメリカでは、ジャズやブルースなどポピュラー音楽の分野でさまざまな独自の文化が生まれました。クラシック音楽でも多様な発展を遂げ、なかでもコープランドは最もアメリカ的な作曲家といわれています。

コープランドは1900年、リトアニア系ユダヤ人の移民の子としてニューヨークに生まれます。8歳から作曲を始め、15歳でポーランドのピアニスト、パデレフスキーの演奏を聴いて感動した彼は、音楽家の道に進む決心をします。

21歳でパリに留学。ブーランジェらに師事して帰国すると、アメリカ的な音楽を模索します。先住民族の音楽や黒人の大衆音楽を研究し、さらにカナダや南米、アフリカなどを頻繁に旅行して、さまざまな民謡や精神を自らの作曲に取り入れました。

そんな曲のひとつに『エル・サロン・メヒコ』があります。1932年、メキシコ生まれの作曲家で指揮者だった友人、カルロス・チャベスの招きで初めてメキシコを旅行したとき、「エル・サロン・メヒコ」というナイトクラブを訪れます。大きなダンスホールで楽団が陽気な音楽を奏でるエキゾティックな雰囲気に興奮を覚えたコープランドは、メキシコの音楽に酔いしれる人々の生き生きとした様子を曲にしたいと思いました。こうして誕生したのが、ナイトクラブの店名をタイトルにした『エル・サロン・メヒコ』でした。この曲は1936年に完成。翌1937年、メキシコシティでチャベスの指揮により世界初演され、コープランドの名を大いに高めました。

コープランドはその後、『ビリー・ザ・キッド』『ロデオ』『アパラチアの春』といったバレエ音楽や、交響曲をはじめとした管弦楽曲、ピアノ曲、さらには映画音楽などで、ヨーロッパとは異なるアメリカ的な音楽を追求していきました。

クラブ「エル・サロン・メヒコ」があったメキシコシティの街並み。中米屈指の大都市です。

もっと知りたい！豆知識

◆コープランドが登場する以前、19世紀のアメリカ音楽は、ヨーロッパ音楽の流れを汲んだものばかりでした。東海岸のニューイングランド地方を中心に、ジョージ・フレデリック・ブリストウやジョン・ノウルズ・ペインといった作曲家による音楽が評価されますが、ニューオーリンズ出身のルイス・モロー・ゴットシャルクが初めてアメリカの土地に根差した音楽を志向します。そこからコープランドやジョージ・ガーシュウィンらに発展し、国際的にもアメリカ音楽が注目されるようになりました。

◆コープランドは後に、リチャード・ソープ監督のミュージカル映画『闘牛の女王』(1947年)で使用する音楽として『エル・サロン・メヒコ』を編曲します。コープランドは他にも何作かの映画音楽を手がけており、ウィリアム・ワイラー監督の『女相続人』(1949年)ではアカデミー賞のドラマ・コメディ音楽賞を受賞しました。

楽劇『神々の黄昏』

リヒャルト・ワーグナー

338

始まりは3幕ものの『ジークフリートの死』だった

4夜にわたって上演されるワーグナーの舞台祝祭劇『ニーベルングの指環』(P.53)の掉尾(ちょうび)を飾るのが、『神々の黄昏』です。最後の『神々の黄昏』だけで実に4時間半もの上演時間を要します。まさにけた外れの大作ですが、実はもともとは『ジークフリートの死』として1話完結のオペラとして上演する計画でした。

物語は北欧神話や中世ドイツの叙事詩『ニーベルンゲンの歌』がもとになっています。

愛するブリュンヒルデと幸せな生活を送っていた英雄ジークフリートでしたが、新たな武勲を求めて旅立つことになります。ブリュンヒルデを当主グンターの妻にと企むギービヒ家は、訪ねてきたジークフリートの記憶を奪い、グンターの妹グートルーネに求婚させるよう仕向けます。自分のことをすっかり忘れてしまっているジークフリートに怒りを覚えたブリュンヒルデは、グンターの異父弟ハーゲンにジークフリートの弱点を教えてしまいます。ようやく記憶が戻り、ブリュンヒルデへの愛を改めて誓うジークフリートでしたが、ハーゲンの魔の手が迫っていました。

ワーグナーは1848年、この『ジークフリートの死』を3幕もののオペラにしようと台本の草案を書きますが、なじみのない北欧神話をモチーフとすることから出来栄えを心配する意見を取り入れ、徐々に構想を膨らませていきます。1851年には、その前段に当たる『ジークフリート』、さらにこの壮大な物語の発端にまでさかのぼる形で全4部の大長編オペラにすることを決意します。

『ニーベルングの指環』の作曲は1853年、序夜の『ラインの黄金』から着手され、第1夜『ヴァルキューレ』、第2夜『ジークフリート』と続き、発想の発端だった『ジークフリートの死』を発展させた第3夜『神々の黄昏』の作曲が開始されたのが1869年です。すべて書き上げたのは1874年のことでした。着想から完結するまで26年を要しましたが、上演時間も15時間という超大作です。

もっと知りたい！豆知識

◆ワーグナーは『ニーベルングの指環』全4部作が完結してからの上演を望んでいましたが、支援していたバイエルン国王のルートヴィヒ2世から、できたものから上演するよう催促されます。仕方なく1869年に『ラインの黄金』、1870年に『ヴァルキューレ』を上演。『ジークフリート』と『神々の黄昏』は1876年、第1回バイロイト音楽祭で全曲を通して上演されたのが初演でした。
◆ジークフリートの英雄伝説をもとにした作品は、その後もさまざまなメディアで創作されてきました。漫画では里中満智子や松本零士が『ニーベルングの指環』をコミック化しています。またアプリゲーム『パズル&ドラゴンズ』『グランブルーファンタジー』などにもジークフリート伝説のモチーフが登場します。

南極交響曲

レイフ・ヴォーン・ウィリアムズ

339

12月4日

本日のテーマ▼ジャンル

映画のための音楽を交響曲に再編成

20世紀初頭のイギリスの作曲家、ヴォーン・ウィリアムズの『南極交響曲』は、彼の7番目の交響曲です。どうしてこういう愛称になったかというと、『南極のスコット』という映画のために作った音楽を交響曲に改作したものだからです。

映画『南極のスコット』は1948年製作のチャールズ・フレンド監督作で、1912年に南極点に到達したイギリスのロバート・スコット隊の探検行をモチーフにしています。南極点到達はノルウェーのアムンゼン隊に先を越され、帰路には吹雪によって隊員全員が遭難という悲劇に見舞われましたが、ヴォーン・ウィリアムズはこの情景を彩る音楽を1947年に作曲。1949年にはプラハ映画祭で音楽賞を受賞しています。

1895年に世界で初めてフランスで公開された映画は、1920年代にトーキーが発明されるまでは音声がありませんでした。しかしサイレント映画の上映の際にも、映画館でピアノやオーケストラによる音楽を流しており、1908年にサン＝サーンスが『ギーズ公の暗殺』のためにつけた音楽が世界で最初の映画音楽といわれています。サティは1924年、バレエ『本日休演』の幕間に上映した映画『幕間』（ルネ・クレール監督）のために『映画「幕間」のための音楽』を作曲しています。

その後、トーキーの時代になると映画には音楽がつきものとなり、さまざまな作曲家が映画のための音楽を書き下ろしました。ヴォーン・ウィリアムズも、『南極のスコット』以外にも1941年のイギリス映画『潜水艦轟沈す』（マイケル・パウエル監督）など、たくさんの映画音楽を残しています。

『南極交響曲』は、映画『南極のスコット』公開後の1949年に着手。映画音楽を再構成して、5楽章構成の交響曲に編み直しました。通常のオーケストラにさまざまな打楽器、風音器、女声合唱にソプラノ独唱なども加え、氷山、氷原、オーロラといった自然の描写に、人間の無力感、自己犠牲の精神といったものが表現されています。

もっと知りたい！豆知識

◆ヴォーン・ウィリアムズは6歳の頃から音楽を始め、王立音楽大学に進んで作曲家の道を目指します。しかし、デビューは遅く、最初に歌曲が出版されたときは30歳になっていました。その後、1909年に最初の交響曲『海の交響曲』が初演され、初めて大きな成功を手にすることができました。

◆『南極交響曲』の初演は1953年、マンチェスターで行われ、ジョン・バルビローニの指揮、ハレ管弦楽団の演奏でした。この数週間後に同じ組み合わせで収録が行われ、現在も配信で入手することができます。

◆『南極交響曲』が初演されたとき、ヴォーン・ウィリアムズは80歳を超えていましたが、さらにこの後、交響曲を2曲作曲します。最後の第9番が初演されたのは1958年、この世を去る３ヶ月前のことでした。

12月5日

オペラ『ウィンザーの陽気な女房たち』

340

オットー・ニコライ

本日のテーマ▼逸話

ウィーン・フィルハーモニーを創設した作曲家

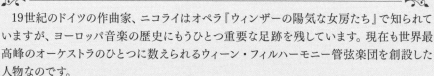

19世紀のドイツの作曲家、ニコライはオペラ『ウィンザーの陽気な女房たち』で知られていますが、ヨーロッパ音楽の歴史にもうひとつ重要な足跡を残しています。現在も世界最高峰のオーケストラのひとつに数えられるウィーン・フィルハーモニー管弦楽団を創設した人物なのです。

1810年、かつてのケーニヒスベルク、現在はロシア領のカリーニングラードに生まれたニコライは、音楽家だった父親の厳しい教育のもと、幼い頃から音楽の才能を発揮していきます。16歳で父から逃れ、ベルリンで作曲家、ツェルターの指導を受け、教会音楽を学びます。その後、ローマで礼拝オルガニストになり、最初のオペラ『イングランドのロズモンダ』が初演されるなど、イタリア・オペラで認められるようになります。

そんなニコライに転機が訪れたのは1841年。活動の拠点をウィーンに移し、宮廷劇場であるケルンナートーア劇場の楽長を務めることになります。ここでニコライは、すべての宮廷楽団員を集めて自主演奏団体を組織。「フィルハーモニー・アカデミー」という名前で、1842年に演奏会を開きます。主にベートーヴェンの管弦楽曲を演奏し、楽団員の生活向上に貢献しました。このフィルハーモニー・アカデミーが、現在のウィーン・フィルハーモニー管弦楽団に当たります。

作曲家としても、シェイクスピアの戯曲をもとにした『ウィンザーの陽気な女房たち』をオペラ化し、1849年3月にベルリン王立歌劇場で初演されます。しかし、その2ヶ月後、脳梗塞のためベルリンで息を引き取ります。1992年、ウィーン・フィルハーモニー管弦楽団の創立150周年を記念したコンサートでは、創立者ニコライへの敬意を込めて、『ウィンザーの陽気な女房たち』の序曲が演奏されました。

ウィーン・フィルハーモニー管弦楽団の本拠地、ウィーン楽友協会大ホール。

もっと知りたい！豆知識

◆ニコライがオペラ化したシェイクスピアの戯曲『ウィンザーの陽気な女房たち』はその後、イタリアのオペラ作曲家、ヴェルディが『ファルスタッフ』のタイトルでオペラにしています。ニコライはドイツ語の台本を用いており、フォード夫人はフルート夫人、ペイジ夫人はライヒ夫人とドイツ風に名前が変わっています。

◆ウィーン・フィルハーモニー管弦楽団は、ニコライが1842年に始めたフィルハーモニー・アカデミーの原則をそのまま受け継いでいます。したがっていまもウィーン国立歌劇場（かつての宮廷歌劇場）に所属する楽団員しかウィーン・フィルのメンバーになれません。さらにすべての決定はメンバーの総会で自主的に行われ、実際の管理業務は民主的に選出された12人の委員からなる委員会で実施されます。

古典交響曲

セルゲイ・プロコフィエフ

341

ロシア革命のさなか、ピアノなしで作曲に挑む

20世紀のロシアを代表する作曲家でピアニストのプロコフィエフが『古典交響曲』を完成させたのは1917年、ロシア革命の嵐が吹き荒れるさなかのことでした。父親を亡くし、母ひとり子ひとりだったプロコフィエフは徴兵を免除され、ペトログラード（現サンクトペテルブルク）近郊で作曲に取り組んでいました。

5歳で初めて作曲を手がけ、12歳で最初のオペラを作曲するなど早熟の天才だったプロコフィエフはピアノの腕も超一流で、21歳のときには自作のピアノ協奏曲第1番を自らのピアノで初演しています。作曲のかたわらには常にピアノがありました。

しかし、ロシア革命の混乱で安穏とした環境は失われました。ピアノなしで作曲を余儀なくされた彼は、構成のしっかりした古典的な雰囲気の交響曲がいいだろうと、ハイドンの技法を取り入れることにします。それもただ単にハイドンをまねるというわけではありません。「ハイドンがもしいまも生きていたら書いたであろう作品」を目指したのです。

楽器編成はハイドンの時代と同じ「2管編成・4楽章構成」という伝統的な構成になっています。しかし、オーケストレーションや突然の転調などは現代的な感覚を帯び、パロディーを試み、いたるところにユーモアをちりばめています。ハイドンの偽作のように見せながら、プロコフィエフらしさがふんだんに盛り込まれているといえるでしょう。

初演は翌1918年4月にペトログラードで、プロコフィエフ自身が指揮をして行われましたが、それからほどなくしてアメリカへの亡命を決意します。シベリア鉄道で日本を経由し、サンフランシスコまで太平洋を渡り、ニューヨークに到着したのは9月のことでした。その後、パリに移り住んだ後、1936年にようやく祖国に帰ってきます。そのときはソビエト連邦になっていました。

ロシア革命では、デモやストライキが多発し混沌とした雰囲気が漂っていました。

もっと知りたい！豆知識

◆『古典交響曲』の愛称は、プロコフィエフが自ら名付けました。その後の、『交響曲』からは番号がついており、必然的に『古典交響曲』が第1番となりますが、実はその前にもう1曲、交響曲を作曲しています。まだ10代のときに作ったもので、未熟な曲と判断して番号はつけず、この『古典交響曲』を第1番としました。彼は第7番まで作曲しています。

◆プロコフィエフは『古典交響曲』を作曲後、アメリカに亡命する途中、日本で2ヶ月ほど滞在しています。1918年5月31日に敦賀港に上陸したプロコフィエフは、6月1日に東京に到着。南米行きの船を探しますが、すでに出航した後で、8月まで日本にとどまることにします。その間、東京、京都、奈良、軽井沢、箱根などを訪問。その間、東京で2日間、横浜で1日、自作を含むピアノのコンサートを開き、8月2日に日本を離れました。

12月7日

本日のテーマ▼周辺

342

交響曲『ゆく河の流れは絶えずして』

柴田南雄

昭和50年を記念して『方丈記』の無常観を交響曲に

鎌倉時代の初期に鴨長明が記した『方丈記』は、清少納言の『枕草子』、吉田兼好の『徒然草』と並んで、日本の三大随筆のひとつといわれています。日本人の無常観を表現した文章として知られ、冒頭の「ゆく河の流れは絶えずして、しかももとの水にあらず」の一文をそらんじて覚えている人も多いことでしょう。

この言葉をコーラスが客席を歩きながら歌う曲があります。20世紀の日本の作曲家で音楽学者でもあった柴田南雄の交響曲『ゆく河の流れは絶えずして』です。

この曲は、1975年に昭和50年を迎えるに当たり、中日新聞社が柴田に「昭和」をテーマに曲を委嘱。戦争から敗戦、復興に経済成長と波乱に富んだ昭和の50年間は、作曲様式にも激しい変化がありました。柴田は、ちょうど20世紀の真ん中に位置する半世紀の音楽家、日本作曲界、そして自分の音楽体験の回顧を試みようと思いました。

曲は8つの楽章からなり、第1部（第1～5楽章）は古典派、ロマン派から20世紀の前衛音楽までの総決算、第2部（第6～8楽章）はステージから客席まで劇場空間全体を使い、合唱が「方丈記」のテキストを歌い、語ります。第3楽章で『会議は踊る』や『三文オペラ』（P.148）といった映画の音楽を引用したり、第6、7楽章では室町時代にさかのぼる『今様』のモチーフを取り入れたりするなど、各楽章はバラエティーに富んでいます。合唱のメンバーが聴衆の間近で歌い、語りかける場面は、劇場全体が喧騒に包まれ、次々と災害に見舞われた京の街で人々がなすすべなく右往左往する景色を目の当たりにすることになります。

日本の音楽史のなかでも重要な位置を占める曲ですが、大編成を要するため、1975年に名古屋フィルハーモニー交響楽団で初演された後は、それほど演奏される機会はありませんでした。2016年には、柴田南雄の生誕100年を記念して、日本フィルハーモニー管弦楽団による27年ぶりの再演が行われ、話題を呼びました。

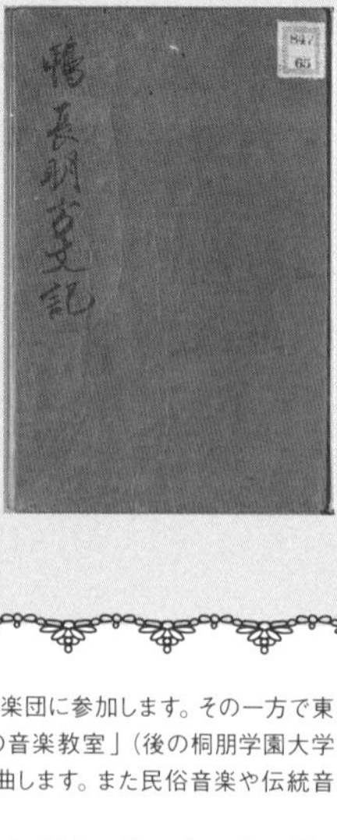

『方丈記』の写しのいくつかは、国立国会図書館に収蔵されています。

もっと知りたい！豆知識

◆子どもの頃からピアノ、チェロ、作曲、指揮を学んだ柴田南雄は、20歳の頃にチェリストとして東京弦楽団に参加します。その一方で東京帝国大学（現東京大学）理学部に進学し、大学院で植物学を研究しました。戦後は「子供のための音楽教室」（後の桐朋学園大学音楽科）の設立に参加。音楽学者や作曲家の育成に努めるかたわら、数々の合唱曲、管弦楽曲を作曲します。また民俗音楽や伝統音楽の研究にいそしみ、たくさんの著書を残しています。

◆鴨長明が随筆『方丈記』を著したのは1212年頃、長明が58歳のときです。武家勢力の台頭で世の中が乱れに乱れ、争いごとや災いに見舞われた日本では、末法思想、浄土信仰が流布します。そのような世の中で「世のすべてのものは常に移り変わり、いつまでも同じものはない」とつづった『方丈記』は、当時の人々の思いを伝えるものとして貴重な文学的資料といえるでしょう。

組曲『展覧会の絵』

343

モデスト・ムソルグスキー

音の魔術師の編曲で一挙に人気を獲得

モデスト・ムソルグスキーの『展覧会の絵』はいまではとても有名ですが、作曲者の生前は、楽譜が出版されなかったどころか、一度も演奏されることがありませんでした。もともとはピアノ組曲として1874年に作曲された曲で、1881年に42歳でムソルグスキーがこの世を去った後、同じ「ロシア5人組」の作曲家で友人のリムスキー＝コルサコフが発見し、自ら手を加えた改訂ピアノ譜を1886年に出版します。さらに5年後の1891年には、リムスキー＝コルサコフの弟子のトゥシュマロフがオーケストラに編曲しますが、特に話題を呼ぶほどではありませんでした。

この曲が爆発的に人気を呼んだのは1922年、フランスの「音の魔術師」ことラヴェルがオーケストラに編曲したことがきっかけでした。指揮者のセルゲイ・クーセヴィツキーから依頼を受けたラヴェルは、金管楽器やサクソフォーンに数々の打楽器をそろえ、きらびやかで彩り豊かな管弦楽曲に生まれ変わらせました。なかでも曲の間をつないで、ムソルグスキーが展覧会場を絵から絵へと歩んでいる様子を表した「プロムナード」は、冒頭ではトランペットのソロで高らかに演奏されたかと思えば、2曲目の導入ではホルンと木管楽器が柔らかく呼応し、9曲目の導入は弦楽器がトレモロで不気味に奏でるといった具合に、楽器の特性を最大限に発揮してイメージを膨らませています。

このラヴェル編曲版は同年10月、パリのオペラ座で初演され、これが呼び水となってムソルグスキーがピアノ組曲として書いた原典版も再評価されます。多くのピアニストがこぞって原典版を演奏するようになった他、ラヴェル以降も自在に編曲を試みる作曲家が次々と現れ、さらにこの曲の価値を高めています。

サクソフォーンは、アドルフ・サックスによって1840年頃に作られた比較的新しい楽器です。

もっと知りたい！豆知識

◆『展覧会の絵』は、ムソルグスキーの親友の画家、ヴィクトル・ハルトマンが39歳で他界し、その遺作展を見たときの印象を音楽に仕立てたものです。10枚の絵をモチーフにした10曲と、その絵を見て歩くムソルグスキー自身の歩みを表現した「プロムナード」からなり、およそ3週間で書き上げたといいます。

◆『展覧会の絵』はラヴェル以降も、さまざまな音楽家が多様な編曲を試みています。管弦楽としては指揮者のレオポルド・ストコフスキーが編曲したものが知られている他、ピアニストのウラディミール・ホロヴィッツが独自にピアノで編曲。またイギリスのプログレッシブ・ロックバンドの「エマーソン・レイク・アンド・パーマー」によるアレンジは大反響を呼び、『展覧会の絵』はこのバンドの代名詞的な曲になっています。

思い出

フランティシェク・ドルドラ

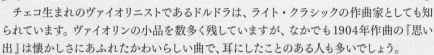

気軽に楽しめるライト・クラシックのヴァイオリン曲

チェコ生まれのヴァイオリニストであるドルドラは、ライト・クラシックの作曲家としても知られています。ヴァイオリンの小品を数多く残していますが、なかでも1904年作曲の『思い出』は懐かしさにあふれたかわいらしい曲で、耳にしたことのある人も多いでしょう。

ライト・クラシックはセミ・クラシックとも称し、18～19世紀に生まれた音楽のジャンルです。英語では「light music」といい、本格派クラシックではない軽く楽しめる音楽のことで、現在のポピュラー音楽につながっています。モーツァルトやハイドンなどもこの系譜に連なる軽妙な曲を残していますし、19世紀に入ると、フランツ・フォン・ズッペやアーサー・サリヴァンといった作曲家が、気軽に楽しめるオペレッタを量産しました。

オーケストラとしてこのジャンルを牽引したのは、米ボストンを本拠地にするボストン・ポップス・オーケストラでしょう。1881年に創立されたボストン交響楽団が、オフシーズンの音楽普及を目的にライト・クラシックの演奏用に名乗ったもので、1885年に活動を始めています。なかでも1930年に常任指揮者に就いたアーサー・フィードラーは、『シンコペイテッド・クロック』や『トランペット吹きの休日』といったルロイ・アンダーソンの曲をレパートリーとして精力的に活動。音楽のすそ野を広げることに貢献しました。

ドルドラもそんなライト・クラシックの人気作曲家のひとりで、チェコやハンガリーの民族音楽を交えて、軽めの小品をいくつも作曲しました。『思い出』は、友人宅を訪ねにウィーン郊外の電車に乗っていたとき、シューベルトの墓の前を通ったときにふと旋律が思いつき、慌てて切符に書き留めた曲がもとになっています。

アメリカのボストンは、ボストン・ポップス・オーケストラの他、ボストン交響楽団やニューイングランド音楽院などでも知られる、音楽の街です。

もっと知りたい！豆知識

◆現在のチェコ東部、ズジャールナドサーザヴォウで生まれたドルドラは、プラハ音楽院を出た後、ウィーン音楽院でアントン・ブルックナーに音楽理論を、フランツ・クレンに作曲を学びます。ヴァイオリニストとしてヨーロッパ各地やアメリカを巡回し、大人気を博しました。

◆「ライト・クラシックの巨匠」と呼ばれたアメリカのルロイ・アンダーソンは、オーケストラでさまざまな音の表現を試みています。『ワルツィング・キャット』ではクラリネットで猫の鳴き声を、『そりすべり』ではトランペットで馬のいななきを描写しています。また『タイプライター』という曲では実際にタイプライターを用い、キーをたたく音やリターンレバーの操作音などを巧みに取り入れています。

連作歌曲集『美しき水車小屋の娘』

フランツ・シューベルト

345

12月10日

本日のテーマ▼主題

粉ひき親方の娘に失恋した若者を描いた連作詩集に作曲

31年の短い生涯に約600もの歌曲を作曲したシューベルトは、「歌曲の王」と呼ばれているほどです。なかでも連作歌曲集『美しき水車小屋の娘』と『冬の旅』のふたつは、シューベルトがこの分野に残した偉大な功績といえるでしょう。連作歌曲集はいくつかの歌曲が集められたものですが、そこにストーリーが設定されているものを指します。もともとストーリー性のある連作詩集に曲をつける場合もありますし、作曲家が詩を選んでストーリー性を持たせる場合もあります。

シューベルトが26歳のときに作曲した『美しき水車小屋の娘』は、ドイツの詩人、ヴィルヘルム・ミュラーの連作詩集に音楽をつけた20曲からなる歌曲集です。粉ひき職人の若者が娘に恋をして、恋に破れ、最後は永遠の眠りにつくという物語になっています。

第1曲『さすらい』は、粉ひきの修業の旅に出発する若者の希望に満ちた喜びが歌われます。こうして旅に出た若者が川に沿って歩いていくと、とある水車小屋で職人として雇われることになります。水車小屋の親方には美しい娘がいて、若者は彼女に恋心を抱きます。しかし彼女はなかなか心を開いてくれないばかりか、狩人が現れるとたちまち彼になびいてしまいます。絶望した若者は川に身を投じ、自らの命を絶つのです。

友人の家でミュラーの連作詩集を目にしたシューベルトは、主人公の若者の姿に共感。詩集を持って帰った翌日には早くも3曲を作曲したというほど、この作品に強く惹かれるものがあったようです。また、第18曲の「しぼめる花」のメロディを主題として、フルートとピアノのための変奏曲を作曲しています。

水車を備えた小屋のことを水車小屋といい、水の力を使って粉ひきや織物の生産をしていました。

もっと知りたい！豆知識

◆『美しき水車小屋の娘』のもとになった連作詩集の詩人、ヴィルヘルム・ミュラーは1794年の生まれで、シューベルトとほぼ同年代ですが、直接の接触は全くなかったといわれています。シューベルトはその後、やはりミュラーの詩集をもとに、24曲からなる連作歌曲集『冬の旅』を書いています。この第5曲『菩提樹』は、単独で歌われることも多い名曲として知られています。

◆シューベルトは連作歌曲集『美しき水車小屋の娘』を、友人のテノール歌手、カール・フォン・シェーンシュタインに献呈しています。本職は裁判所の職員だったシェーンシュタインは高音を得意としていたため、テノール向けに書かれていますが、いまでは移調してバリトンやバスが歌うケースもしばしば見受けられます。

12月11日

ポルカ「テープは切られた」

エドゥアルト・シュトラウス1世

346

本日のテーマ▼ジャンル

チェコ発祥の民族舞曲がウィーンを席巻

19世紀のウィーンを席巻したシュトラウス家の一員、ヨハン・シュトラウス1世の四男に当たるエドゥアルト・シュトラウス1世の代表曲が『テープは切られた』です。この曲は、ポルカのなかでもテンポの速いポルカ・シュネルに分類されています。

ポルカとは19世紀に起こったチェコ発祥の民族舞曲です。タタタン、タタタンの軽快なリズムによる弾んだステップが特徴で、またたく間にウィーンの舞踏会で流行します。シュトラウス1世の長男、ヨハン・シュトラウス2世はポルカを160曲以上も書いており、『トリッチ・トラッチ・ポルカ』や、次男のヨーゼフ・シュトラウスとの合作による『ピツィカート・ポルカ』は特に有名です。

ポルカにはいくつか種類があり、ポルカ・マズルカはポーランドの伝統舞曲のマズルカにポルカのアレンジを加えたもので、3拍子のポルカです。こちらはヨーゼフ・シュトラウスが得意にしていました。

さらに速いテンポのポルカ・シュネル、ゆったりとしたポルカ・フランセーズがあり、前者の代表曲だとヨハン・シュトラウス2世の『雷鳴と稲妻』、後者だとやはりヨハン2世の『クラップフェンの森で』などがあります。

『テープは切られた』は、フェルディナント皇帝北部鉄道の開業30周年を記念した舞踏会のためにエドゥアルト・シュトラウス1世が作曲したポルカ・シュネルです。出発進行の笛の音に始まり、列車が軽快に走っていく様子を描写しており、思わずステップを踏みたくなるようなわくわくした気分に浸ることができます。

フェルディナント皇帝北部鉄道は、いまではオーストリア北部鉄道としてオーストリアとドイツ・チェコ・ポーランドを結んでいます。

もっと知りたい！豆知識

◆エドゥアルト・シュトラウス1世は、「ワルツの父」ヨハン・シュトラウス1世の四男で、ヨハン・シュトラウス2世やヨーゼフ・シュトラウスの弟に当たります。長兄のヨハン2世によって強引に音楽家の道に導かれ、生涯で約300曲の作品を残しました。兄2人と比べていまでも演奏される曲は多くはありませんが、オーケストラの統率力は優れていたといわれます。息子のヨハン・シュトラウス3世、孫のエドゥアルト・シュトラウス2世も音楽家として活躍しました。

◆『テープは切られた』作曲のきっかけになったフェルディナント皇帝北部鉄道は、オーストリアで最初の鉄道として1837年に開業しました。現在はオーストリア北部鉄道として、ウィーンからスロバキア国境沿いを通ってチェコのブジェツラフまでを結んでいます。

『交響曲』第3番「キャンプ・ミーティング」

347

チャールズ・アイヴズ

保険会社経営のかたわら、趣味で作り続けた前衛音楽

アイヴズは前衛音楽のパイオニアとして認められているアメリカの作曲家ですが、その作品が世に出るまでには長い時間がかかりました。

軍楽隊にいた父親から音楽の手ほどきを受けて育ったアイヴズは、イェール大学で作曲を学び、在学中に『交響曲』第1番を完成させます。しかし、卒業後は保険会社に入社し、やがて自ら保険代理店を営みます。自分の音楽を追求していっては生計を立てることができないと判断してのことでした。

本業のかたわら、作曲は趣味で続けていました。交響曲、ピアノ曲、歌曲とおびただしい数の曲を作りながら、決して発表されることはありませんでしたが、それらの曲は現代音楽に先駆ける先見性を備えたもので、ある評論家は「ストラヴィンスキーよりも早く複調性を用い、シェーンベルクよりも先に無調性に挑んだ」と評したほどです。

そんなアイヴズの曲が初めて世のなかに披露されたのは1946年、『交響曲』第3番「キャンプ・ミーティング」が初演されたときのことです。すでにアイヴズは70歳を超えていました。

アメリカ開拓期の宗教集会をモチーフにしたこの曲は1904年に作曲され、1909年からニューヨーク・フィルハーモニックの指揮者を務めていた作曲家のマーラーの知るところとなります。マーラーはヨーロッパで演奏したいとこの楽譜を持ち帰りますが、すでに体調を崩していたマーラーは1911年にこの世を去り、この曲が世に出ることはありませんでした。

その後、アメリカの現代音楽の作曲家、ルー・ハリソンがアイヴズの作品と出合い、高く評価。ついに1946年、『交響曲』第3番が、ハリソンの指揮によりニューヨークのカーネギー室内楽ホールで初演されます。この初演は大成功を収め、翌年にはアメリカの優れた報道、芸術活動に授与されるピュリツァー賞を受賞するなど、アイヴズの名前は広く知れわたることになりました。

もっと知りたい！豆知識

◆アイヴズは作品が世に出ることがないまま、たくさんの曲を作り続けました。ところが、1918年に心臓発作に襲われ、その後、趣味の作曲活動はぐっと減って、1926年を最後に新しく作曲はしていません。『交響曲』第3番「キャンプ・ミーティング」で世の中に知られるようになったのは、それから20年後のことでした。

◆アイヴズの曲が長く埋もれていたひとつの理由に、演奏の困難さが挙げられます。アイヴズは無調性、多調性に加え、リズムの異なる声部を同時に演奏するポリリズム、半音よりもさらに細かく分けた音程である微分音などを駆使して作曲し、容易には手が出せない難曲を生み出しました。その後、アメリカの指揮者、マイケル・ティルソン＝トーマスが交響曲全曲を録音するなど、多くの指揮者、演奏家が積極的に挑戦し、耳にする機会は多くなっています。

フーガの技法

ヨハン・セバスティアン・バッハ

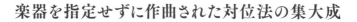

楽器を指定せずに作曲された対位法の集大成

ヨハン・セバスティアン・バッハが活躍した18世紀前半のドイツでは、宮廷楽長や教会の合唱長など、音楽家として最高の地位に就くためには、大学教育を受けていることが有利でした。バッハはラテン語学校を修了しただけで、その後はオルガニストとしての人生を歩んだので、大学教育を受けていません。そのため、音楽家としての「学識」を示す必要を強く感じたのでしょう。これまでバッハの作品は、若い頃に教会カンタータを1曲出版しただけでしたが、合唱長になってから『クラヴィーア練習曲集』全4部を出版します。第1部は『パルティータ』(P.257)、第4部は『ゴルトベルク変奏曲』(P.350)です。

バッハは対位法という作曲技法に通じていて、フリードリヒ大王に献呈した『音楽の捧げもの』も、大王から提示された主題によるフーガやカノンで構成しました。こうした対位法の理論を俯瞰的に考察するために、単一主題によるフーガとカノンを体系化したのが、『フーガの技法』です。

いま残っている自筆譜には14曲が記譜されています。最初にある9つのフーガは1742年頃に書かれており(第1稿)、その後1749 ～ 1750年までに段階的に残りの楽曲が記載されました(第2稿)。音域や演奏技法の点から、鍵盤楽器での演奏が可能です。しかし、五線譜が2段組になっている大譜表ではなく、伝統的に理論的な意図をもった楽曲が記譜されてきた総譜(スコア譜)で記譜されており、そのために後世にさまざまな編成での可能性が試みられました。

大譜表

ショパン『ピアノ・ソナタ』

大譜表とは、現在のピアノの楽譜によく見られるような五線譜が2段組になっている譜面のことをいいます。総譜(スコア)とは、オーケストラなど複数の楽器や歌が参加する曲において、それぞれがどんな動きをしているのか見わたせるように、五線譜を縦線でひとつに結んだ状態の楽譜のことです。

総譜(スコア)

ブラームス『ピアノ協奏曲』第1番

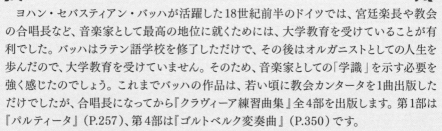

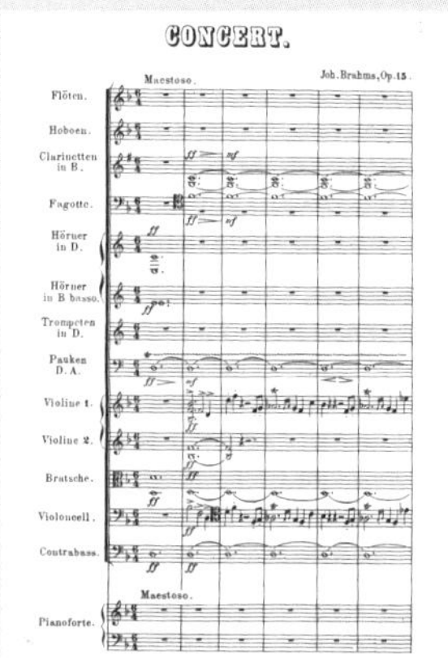

もっと知りたい!豆知識

◆バッハの死後、次男エマヌエルによって出版されますが、バッハの自筆譜とは曲の配列や記譜法などにずれがあり、いまでは自筆譜版で演奏されることも多いようです。

◆『フーガの技法』の再版時、次男エマヌエルは印刷に使う銅版を売却したようで、同時代の人にこの曲はあまり必要とされなかったようです。しかし、徐々に多くの音楽家によって評価が高まり、1838年にチェルニーによる改訂ピアノ譜が発表されます。さらに19世紀後半以降になると、サン=サーンスら優れたピアニストがこぞってピアノで演奏するようになり、広く知られるようになりました。

ワルシャワの生き残り

349

アルノルト・シェーンベルク

ナチスのホロコーストをテーマに語りと合唱で構成

オーストリア生まれの作曲家、シェーンベルクは、長調や短調がない無調の音楽を追求し、十二音技法を創始した現代音楽の巨匠です。ウィーンで高い評価を受けますが、ユダヤ人だったことでナチスから逃れ、1933年にアメリカに移住しました。そして第二次世界大戦後の1947年、ナチス・ドイツによるユダヤ人虐殺、いわゆるホロコーストの悲劇をモチーフに作曲したのが『ワルシャワの生き残り』です。

この曲は、語り手、男声合唱、オーケストラのための作品で、語り手はひとつの楽器と同じように非常に重要なパートを受け持っています。

語り手が語るのは、ワルシャワのユダヤ人ゲットー（強制的な居住地区）で生き残った男の体験談。シェーンベルク自らが書いたテキストは、地の文が英語でドイツ兵の台詞はドイツ語、最後のユダヤ教の祈祷文による合唱はヘブライ語になっています。ドイツ兵に殴られて気を失った語り手は、記憶の片隅でドイツ軍の軍曹の怒りの言葉を耳にします。

「俺は1分以内に知りたいんだ。何人をガス室送りにするのかを」

恐怖の極限を描写した語り手のパートも楽譜に書かれており、音楽に合わせてどのタイミングで語るのかが細かく指定されています。この語りに合わせて、軍隊ラッパや殴る音、喘ぎ声などがオーケストラで表現されます。

この曲は、やはりユダヤ系でロシアからアメリカに亡命した指揮者、セルゲイ・クーセヴィツキーが設立した財団の委嘱によるもので、当初はクーセヴィツキー指揮のボストン交響楽団が初演する予定でした。ところが、この作品のことを聞きつけたカート・フレデリックというアルバカーキ市民交響楽団の指揮者が、ぜひ初演させてほしいとシェーンベルクに頼み込み、シェーンベルクもクーセヴィツキーも同意します。こうして1948年11月、ニューメキシコ州のアルバカーキで初演されたのです。

ホロコーストによって最大級の犠牲者をだしたのは、アウシュビッツの強制収容所です。ワルシャワと同じポーランドにある街です。

もっと知りたい！豆知識

◆シェーンベルクは、ハンガリー出身のユダヤ人だった父とチェコ出身のユダヤ人だった母のもと、ウィーンで生まれます。一時、アレクサンダー・フォン・ツェムリンスキーに短期間、師事しますが、ほぼ独学で作曲理論を習得します。十二音技法を創始して、弟子のアルバン・ベルク、アントン・ヴェーベルンらとともに、「新ウィーン楽派」と呼ばれています。

◆アメリカに亡命した後、シェーンベルクはロサンゼルスに居を構え、カリフォルニア大学ロサンゼルス校などで教鞭を執ります。教え子にはジョン・ケージやルー・ハリソンら、現代アメリカ音楽を代表する作曲家も含まれます。1941年にはアメリカの市民権を取得し、ロサンゼルスで息を引き取りますが、遺品を管理する寄付が集まらず、オーストリアが引き取って、生まれ故郷のウィーンにシェーンベルク・センターが設立されました。

『ピアノ・ソナタ』第2番

350

ジョルジェ・エネスク

頭のなかだけで書き上がっていた幻の楽譜

ルーマニアに生まれた20世紀の作曲家、エネスクは、ヴァイオリニストでもあり、ピアニストでもあり、指揮者でもありと、まさに音楽の申し子といえるような存在でした。まずはじめにエネスクが才能を発揮したのは、ヴァイオリンの腕前でした。7歳でウィーン国立音楽院に進んだエネスクは、メンデルスゾーンやサラサーテ、ブラームスなどを弾きこなします。ブラームスにはじかに本人から激励されたこともありました。後にエネスクは、クライスラー、ティボーとともに20世紀前半の三大ヴァイオリニストのひとりに数えられます。

10代前半でパリ国立音楽院に入ったエネスクは、マスネとフォーレに作曲を学びます。一方でピアノの才能も開花し、ラヴェルの弟子として知られる指揮者のマニュエル・ロザンタールによれば、「エネスクは当時、最高のピアニストのひとりだった」そうです。ヴァイオリンも含め、ほぼすべての曲を暗譜で演奏できるほど、あらゆる音楽家の作品を研究し尽くしました。さらに1923年にはニューヨークで指揮者としてもデビューを飾ります。自作の曲を自らの指揮で演奏したことも少なくありません。

作曲家としては祖国ルーマニアの民俗音楽をモチーフにした『ルーマニア狂詩曲』をはじめ、管弦楽曲に室内楽曲、ヴァイオリン曲と多彩な作品を残しており、ピアノ・ソナタも3曲手がけています。しかし、第1番と第3番は楽譜が出版されていますが、第2番は存在するのかどうかも不明のままです。

「存在しないピアノ・ソナタ」とはいったいどういうことでしょうか。第2番は1927年に作曲したとされています。しかし、エネスクは常々「頭のなかでは曲はできあがっているが、まだ紙に書いていないだけだ」と話していました。

いったい彼の頭のなかにできあがっていた第2番はどんな曲だったのでしょうか。

ヴァイオリンに秀でた作曲家といえば、パガニーニがいます。

もっと知りたい！豆知識

◆ヴァイオリニストとしてのエネスクは、数多くの録音を残しており、その卓越した技術を耳にすることができます。その演奏は情熱的でヴィブラートをほどよく用いた美しい音色で知られ、特にベートーヴェンやシューマンのヴァイオリン・ソナタは名演奏といわれています。ヴァイオリンの門下生には、ユーディ・メニューイン、アルテュール・グリュミオーらがいます。

◆パリを活動の拠点にしていたエネスクですが、祖国ルーマニアの民族音楽にもとづいた曲を数多く創作した他、同胞の作曲家が書いた作品を頻繁に演奏するなど、ルーマニア音楽の振興に努めました。第二次世界大戦後に共産主義国になってからは祖国に帰ることはありませんでしたが、ルーマニアの首都、ブカレストにはジョルジェ・エネスク国立博物館が建てられている他、5レウ紙幣にはエネスクの肖像が使用されています。

351

カンツォーネ「オー・ソレ・ミオ」

エドゥアルド・ディ・カプア、アルフレード・マッツッキ

ナポリ発祥のカンツォーネが音楽祭で発展

イタリア語で「歌」を意味するカンツォーネは、狭義ではイタリアの大衆歌謡、それも南部の港町、ナポリで発達したカンツォーネ・ナポリターナのことを指します。その起源はぐっと古く、現存する最古のカンツォーネ・ナポリターナとしては12世紀初頭に作られた歌が残っているそうです。

カンツォーネの発展は、特に15世紀に始まったピエディグロッタ音楽祭の功績が大きいとされます。もともとはナポリの船乗りたちが聖母像に歌や踊りを奉納するお祭りでしたが、やがてナポリを挙げての音楽祭として、盛大に執り行われるようになります。1891年には出品された新曲を審査して優勝を決めるコンテスト形式の音楽祭になり、ここから「オー・ソレ・ミオ」や「帰れソレントへ」といった名曲が誕生しています。

「オー・ソレ・ミオ」は1898年のピエディグロッタ音楽祭で2位を獲得した曲です。作曲者のディ・カプアはナポリ周辺のレストランで歌ったりしながら、カンツォーネの作曲活動をしていました。この歌は父親の楽団とともにロシアへの旅の途中、ウクライナのオデッサに滞在中に作曲したといわれています。かつてはディ・カプア単独の作曲とされていましたが、2002年になって、彼の筆記者を務めていたマッツッキが作曲したメロディーを原曲としてディ・カプアが作品にしたことが認められ、いまでは2人の共同作曲となっています。

ピエディグロッタ音楽祭はその後、1930年代になってイタリアの経済の中心地がナポリから北部のミラノに移ってきて、徐々に衰退していきました。1951年にはフランス国境に近い地中海沿岸の街、サンレモで音楽祭が始まり、「ボラーレ」や「チャオ・チャオ・バンビーナ」「アル・ディ・ラ」といった新たなカンツォーネのヒット曲を生み出します。ピエディグロッタ音楽祭は1982年、その長い歴史に幕を閉じました。

カンツォーネが発展したイタリア・ナポリ。
暖かく、風光明媚な場所です。

もっと知りたい！豆知識

◆ディ・カプアは、音楽家であった父親から手ほどきを受け、ナポリ音楽院で音楽を学びます。1883年頃から作曲を始め、自ら歌手活動を行うかたわら、「オー・ソレ・ミオ」の他、『マリア・マリ』『あなたに口づけを』といったカンツォーネの数々を残しています。

◆「オー・ソレ・ミオ」をディ・カプアと共同で作曲したマッツッキは、ピアノを弾きながら作曲家の手助けをする仕事をしていました。「オー・ソレ・ミオ」がピエディグロッタ音楽祭で第2位に選ばれたときも、自分のメロディがもとになっているとは名乗り出ませんでした。ところが彼の死後、娘が申し出て、ディ・カプアの子孫との間で争議が起こります。さまざまな検証の結果、2002年、トリノ裁判所が2人の共同作曲ということを認めました。

12月17日

352

子供の情景

ロベルト・シューマン

本日のテーマ▼主題

子どもの心を描いた大人のための作品

ドイツ・ロマン派を代表する作曲家、シューマンの『子供の情景』は、13曲からなるピアノ曲です。なかでも第7曲の「トロイメライ(夢)」(P.8)はさまざまな映画で使用されたり、いろんな楽器にアレンジされたりして、耳になじみのある人も多いことでしょう。

『子供の情景』は、子どもがピアノを学習するための音楽ではなく、「子どもの心を描いた大人のための作品」だとシューマンは語っています。作曲した当時は、シューマンが後に妻となるクララと恋人だった頃で、結婚に反対していたクララの父親の目を盗んで手紙のやりとりをしていました。そのときのシューマンがクララにあてた手紙には「君から『あなたってときどき子どもみたいね』といわれた言葉の余韻のなかで作曲し、『子供の情景』と名付けたのです」と書かれています。

『子供の情景』の13曲は明確な意図を持って構成され、心理的な情景の変化が描かれています。それぞれの曲には標題がつけられており、第1曲「見知らぬ国と人々について」、第2曲「不思議なお話」、第3曲「鬼ごっこ」、第4曲「ねだる子供」、第5曲「満足」、第6曲「重大な出来事」、第7曲「トロイメライ(夢)」、第8曲「炉端で」、第9曲「木馬の騎士」、第10曲「むきになって」、第11曲「怖がらせ」、第12曲「眠っている子供」、第13曲「詩人は語る」となっています。最後の「詩人」はシューマン自身のことです。

この作品は1838年に完成し、翌1839年に出版されました。この楽譜を手にしたリストは感動し、シューマンにあてて「この曲のおかげで、私は生涯最大の喜びを得ることができた」との手紙を送っているほどです。

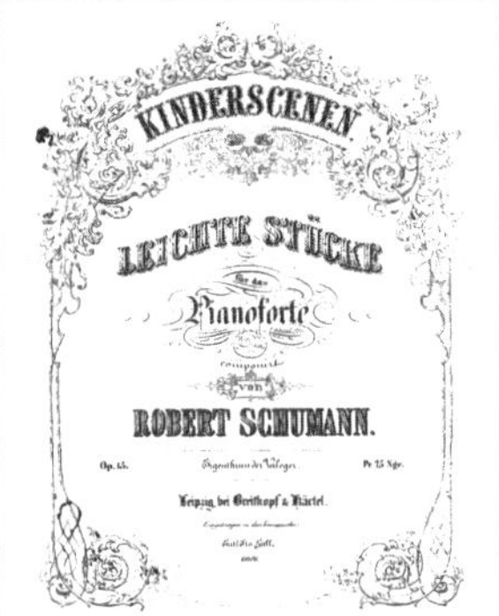

楽譜の表紙に書いてある『KINDERSCENEN』は、ドイツ語タイトルです。直訳すると「幼児のシーン」です。

もっと知りたい！豆知識

◆シューマンはもともとピアニストを目指していましたが、1932年頃に右手の指を故障して、ピアニストの夢を断念します。一時は音楽の道をあきらめることも考えましたが、再び作曲に精を出します。この時期の作品は、『子供の情景』をはじめピアノの名曲が集中していますが、その原動力として、ピアノの天才少女といわれ、後に結婚するクララの存在が大きかったと思われます。

◆『子供の情景』は、さまざまなアレンジで映画やテレビドラマ、CMなどでも頻繁に耳にします。大林宣彦監督の映画『転校生』(1982年)では冒頭に流れて、ノスタルジックな雰囲気を効果的に醸し出していました。

353

『スケルツォ(全4曲)』

フレデリック・ショパン

陽気な軽い諧謔曲を独立した深刻な作品に昇華

「ピアノの詩人」と呼ばれたポーランドの作曲家ショパンは、さまざまなタイプのピアノ曲を手がけています。ポーランド民族舞曲のマズルカにポロネーズ、3拍子の舞曲のワルツ、さらにはエチュード(練習曲)、アンプロンプチュ(即興曲)、ノクターン(夜想曲)、プレリュード(前奏曲)、バラード(譚詩曲)など実に多種多様ですが、スケルツォも全部で4曲を残しています。

スケルツォとはイタリア語で「冗談」「気まぐれ」といった意味で、もともとはおどけた感じの陽気で軽い曲のことでした。日本語では「諧謔曲」と称されます。

その後、古典派の時代になると、ベートーヴェンが交響曲やピアノ・ソナタなどの第3楽章に速いテンポの3拍子の曲を置き、スケルツォと呼ぶようになります。やがて19世紀になって、独立した小品にもこの名称がつけられるようになりました。

ショパンのスケルツォはすべて3部形式で書かれていて、本来の意味とは異なり、いずれも音楽的にはかなり深刻な曲調になっています。第1番は、支配国であったロシアにポーランドが武装蜂起し、失敗に終わった頃の作曲で、中間部ではポーランドのクリスマスの歌が引用されています。

なかでも第2番はつとに人気が高く、甘美で流麗なメロディーが親しみやすさをもたらしています。作曲は、1837年のことです。冒頭の問いかけと応答のようなフレーズが印象的で、その後、下降と上昇を伴う力強く優雅な主部に対し、中間部ではコラール風の主題と華麗な展開が転調を繰り返しながら絡み合って盛り上がり、また主部に戻るという構成になっています。シューマンはこの曲のロマン性を絶賛しています。

その後、第3番が1839年、第4番が1842年に作曲されていますが、いずれもショパンのなかでは難曲とされており、多くのピアニストがさまざまな表現でこの作品に挑んできました。みなさんはこの曲のどこに諧謔性を見いだすでしょうか。

もっと知りたい!豆知識

◆祖国ポーランドへの愛国心が強かったショパンは、さまざまな曲にポーランドへの特別な思いを盛り込んでいます。

◆ショパンのようにスケルツォを独立した曲として手がけた作曲家には、シューベルト、リスト、ブラームス、ドヴォルザークらがいます。フランスの作曲家、デュカスの代表曲『魔法使いの弟子』(P.66)もスケルツォで、もともとは『ゲーテの詩による交響的スケルツォ』というタイトルがついていました。現在でも、交響的スケルツォ『魔法使いの弟子』というのが正式な曲名です。

オペラ『エフゲニー・オネーギン』

354

ピョートル・チャイコフスキー

ロシアの国民的詩人、プーシキンの韻文小説をオペラ化

数々のバレエ音楽で知られるチャイコフスキーですが、オペラも10作品を作曲しています。なかでもよく上演されるのが、19世紀初頭のロシアの国民的詩人、プーシキンの韻文小説をもとにした『エフゲニー・オネーギン』です。

舞台はロシアの農村地帯です。タチヤーナとオリガの姉妹が暮らすラーリン家に、オリガの婚約者、レンスキーが親友のオネーギンを連れてやってきます。一目で恋に落ちたタチヤーナは、オネーギンへの思いを手紙につづりますが、手紙を読んだオネーギンは、自分は家庭に向かないとタチヤーナを冷たくあしらいます。

やがて冬になり、レンスキーはタチヤーナのパーティーにオネーギンを誘います。機嫌の悪いオネーギンは、レンスキーへの腹いせにオリガをダンスに誘います。これに嫉妬をしたレンスキーはオネーギンに決闘を申し込み、レンスキーは命を落とします。数年後、親友を殺したことに呵責の念を抱くオネーギンの前に、美しい女性が現れます。彼女は、公爵夫人になっていたタチヤーナでした。

プーシキンが1823年から8年かけて執筆したこの名文学のオペラ化を、チャイコフスキーが知人の女性歌手から提案されたのは1877年5月のことです。当初は「突拍子もないこと」と渋っていたチャイコフスキーでしたが、やがて自ら台本を手がけ、オペラ化に乗り出します。翌1878年の1月にはすべてのスコアが完成。わずか8ヶ月でオペラを書き上げたことに、チャイコフスキーは「言いようもない喜びに打ち震えながら作曲した」と述懐しています。

プーシキンの文学作品は他に、『ポルタヴァ』が『マゼッパ』のタイトルで1884年に、『スペードの女王』が1890年に、やはりチャイコフスキーによってオペラ化されたほか、『ルスランとリュドミラ』をグリンカが、『カフカスの捕虜』をキュイが、『ボリス・ゴドゥノフ』をムソルグスキーが、『モーツァルトとサリエリ』『サルタン皇帝』をリムスキー＝コルサコフがオペラにしています。

もっと知りたい！豆知識

◆音楽の志向としては、同時代の国民楽派の作曲家と比べると西欧的とされるチャイコフスキーですが、オペラはロシア文学にもとづく作品を多く手がけています。プーシキンの作品の他にも、『オプリーチニク』はラジェーチニコフの悲劇、『チェレヴィチキ』はゴーゴリの短編集、『チャロデイカ』はシュパジンスキーの戯曲をもとにしたオペラです。

◆ロシアの国民的詩人といわれるアレクサンドル・プーシキンの妻、ナターリアは名うての美人でした。フランス革命を逃れ、ロシアに亡命していたフランス人士官、ジョルジュ・ダンテスは執拗にナターリアに言い寄り、業を煮やしたプーシキンはダンテスに決闘を申し込みます。結果はプーシキンがダンテスの撃った弾丸に当たり、37歳で命を落とします。『エフゲニー・オネーギン』で描いた世界が、まさに自分の身に降りかかったのでした。

交響詩『パリのアメリカ人』

ジョージ・ガーシュウィン

都会の喧騒を描写したシンフォニックジャズ

20世紀のアメリカの作曲家、ガーシュウィンは、シンフォニックジャズを編み出した人物として知られています。シンフォニックジャズとは、ジャズの用法をクラシック音楽に応用した作品のことです。

ジャズは、19世紀後半にアメリカで起こった新しい大衆音楽です。奴隷として連れてこられたアフリカ系の民族音楽とヨーロッパの西洋音楽の融合で生まれ、楽器編成やメロディーなどはヨーロッパ系、リズムやサウンドはアフリカ系の感覚を受け継いでいます。1900年頃にニューオーリンズから始まり、シカゴ、ニューヨークなどに伝わり、多くのミュージシャンがジャズに取り組みました。

ユダヤ系ロシア人移民の子としてニューヨークに生まれたガーシュウィンは、13歳の頃からピアノを習い、やがてポピュラーソングの作曲を手がけるようになります。なかでも1919年作曲の『スワニー』は、人気歌手のアル・ジョルソンが繰り返し歌ってヒットを呼びました。

そんなガーシュウィンに、ニューヨークで自分の楽団を率いていた指揮者のポール・ホワイトマンが声をかけます。オーケストラの曲を作ってはどうかとの提案でした。まだオーケストレーションに精通していたわけではなく、編曲家として活動していたグローフェがアレンジを手がけ、ピアノと管弦楽のための曲が完成します。それが『ラプソディー・イン・ブルー』(P.44)でした。この新感覚の音楽を、ジャーナリストらが「シンフォニックジャズ」と呼んだのです。

その後、ガーシュウィンはオーケストレーションを独学で極め、1928年には交響詩『パリのアメリカ人』を発表します。旅行で訪れたパリの印象を描いた標題音楽で、タクシーのクラクションを楽器として使用するなど、都会の喧騒が華やかに描写されます。ニューヨークのカーネギーホールでニューヨーク・フィルハーモニックの演奏で初演されましたが、いまもシンフォニックジャズを代表する曲として多くの人に愛されています。

もっと知りたい！豆知識

◆ガーシュウィンは、クラシック音楽とポピュラー音楽の両面でたくさんの曲を残しています。ミュージカルが50曲にオペラも2曲、さらに管弦楽曲に室内楽、ピアノ曲もあるかと思えば、ポピュラーソングは数限りなく作曲しました。現代音楽の多調性や十二音技法にも興味を持ち、『2つの調による即興曲』では多調を試みています。

◆交響詩『パリのアメリカ人』をモチーフにした作品に、1951年のミュージカル映画『巴里のアメリカ人』(ヴィンセント・ミネリ監督)があります。アメリカ人の画家とフランス人女性の恋を描いた作品で、ジーン・ケリーが主演を務めています。映画に使用された音楽はすべてガーシュウィンの作品で、『パリのアメリカ人』のほか、ピアノ協奏曲『ヘ調の協奏曲』や歌曲『ス・ワンダフル』『アイ・ガット・リズム』などが流れます。1952年のアカデミー賞では、作品賞などの他、作曲賞も受賞しました。

12月21日

本日のテーマ▼周辺

大管弦楽のための牧歌『夏風の中で』 アントン・ヴェーベルン

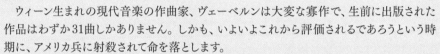

356

闇取引の合図と間違われてアメリカ兵に射殺

ウィーン生まれの現代音楽の作曲家、ヴェーベルンは大変な寡作で、生前に出版された作品はわずか31曲しかありません。しかも、いよいよこれから評価されるであろうという時期に、アメリカ兵に射殺されて命を落とします。

オーストリアの貴族の家系に生まれたヴェーベルンは、ウィーン大学で音楽学を学び、やがて無調音楽を追求し、十二音技法を創始したシェーンベルクに師事します。1908年に最初の作品、管弦楽のための『パッサカリア』を発表し、その後も同じシェーンベルク門下のベルクらとともに師を補佐しながら、指揮者としても活躍します。

作曲においては、シェーンベルクと同様に無調音楽を経て、1925年の『3つの宗教的民謡』で初めて十二音技法に挑戦。これ以降はすべて十二音技法による作品を発表しています。

しかし、時代はナチス・ドイツが台頭してきた時期でした。ユダヤ人だったシェーンベルクは1934年、いち早くアメリカに亡命。1938年にはオーストリアがドイツに併合され、ヴェーベルンの音楽は「退廃的」との烙印を押されます。1945年にドイツが降伏すると、作曲活動を再開するためにウィーンを離れ、オーストリア西部のミッタージルで暮らす娘の家に避難しますが、娘婿が元ナチ親衛隊員だったことから、今度はアメリカ兵の監視の対象となります。

9月15日、たばこを吸おうとベランダに出て火をつけたところ、オーストリアを占領していたアメリカ兵の銃が火を噴きます。闇取引の合図と間違われて、ヴェーベルンは射殺されてしまったのです。61歳でした。

没後、残された遺品から、生前に発表されなかった楽譜がいくつか発見されます。そのひとつが大管弦楽のための牧歌『夏風の中で』です。ちょうどシェーンベルクに師事することになった20歳の頃に書かれた作品で、後期ロマン派の影響が見られると同時に、後のヴェーベルンらしい豊かな音の組み合わせがうかがえます。

1962年にユージン・オーマンディの指揮によりシアトルで初演され、現在も人気の曲としてしばしば演奏されます。

もっと知りたい！豆知識

◆ヴェーベルンはナチス政権に親近感を抱いており、音楽を弾圧されながらもウィーンを離れることはありませんでした。むしろ「ヒトラーに十二音技法の意義を納得させる」と考えていたといわれます。

◆ヴェーベルンが唯一作曲した交響曲は、1929年にニューヨークで初演されました。しかし反応に困った聴衆が笑い出し、ヴェーベルンはかなり落胆したといいます。十二音技法はなかなか一般聴衆には理解されなかったようです。

◆ヴェーベルンの作品はその死後、フランスの作曲家で指揮者のピエール・ブーレーズが全集を録音するなど、評価が高まります。ブーレーズのほか、カールハインツ・シュトックハウゼンやジョン・ケージといった現代音楽の作曲家に影響を与えたばかりか、ストラヴィンスキーも晩年、ヴェーベルンに傾倒していったと見られています。

クラリネット協奏曲

ヴォルフガング・アマデウス・モーツァルト

357

12月22日

本日のテーマ▼謎

更新されるケッヘル番号

ヴォルフガング・アマデウス・モーツァルトは1791年36歳のときに、ウィーンで他界します。モーツァルトはこの年が人生の「最後の年」になるとは、ゆめゆめ思っていませんでした。この年の1月には『ピアノ協奏曲』（K 595）を完成させ、妻コンスタンツェが妊娠のため療養するバーデンではモテット『アヴェ・ヴェルム・コルプス』を作曲します。そして7月に息子のフランツ・クサーヴァーが誕生した1ヶ月後にプラハに行き、オペラ『皇帝ティートの慈悲』（K 621）を、その翌月にはウィーンに戻ってオペラ『魔笛』を初演します。

10月初旬には、クラリネットとバセットホルン（低音域を拡張した特別なクラリネット）の名手だったアントン・シュタードラーのために、『クラリネット協奏曲』（K 622）を完成させます。そして、かねてから作曲の依頼があった『レクイエム』（K 626）に本腰を入れて取り組みました。しかし急の病（現在でも病名は不明）で、12月5日午前0時55分、帰らぬ人となってしまいます。

これらがモーツァルトの最後の年に起こった主な出来事です。誕生した息子クサーヴァーはその後音楽家になり、モーツァルト2世として活躍しますが、父親の生きた姿を見ることはありませんでした。『クラリネット協奏曲』では、クラリネットの幅広い音域が活用され、華麗な音楽が展開されます。なんといっても第2楽章のメロディは、モーツァルトが死期を予測していたのかと想像してしまうような美しさがあります。

ちなみに、それぞれの作品に振られている「K○○○」という記号と番号は、モーツァルトの作品目録番号で、ルートヴィヒ・フォン・ケッヘルという人物が作成した目録の番号です。Kは「ケッヘル（Köchel）」の頭文字です。KVと書く場合もありますが、これは目録の「Verzeichnis」の頭文字です。KやKVのあとにピリオドを入れる場合がありますが、KやKVそのものが記号なので、略号としてのピリオドは必要ありません。

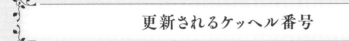

楽譜にもケッヘル番号が記されています。

もっと知りたい！豆知識

◆モーツァルトと親しかったクラリネットとバセットホルン奏者のアントン・シュタードラーは、特に低音の演奏を得意にしていたといわれています。楽器製造者と協力して低音域を広げたクラリネットであるバセットクラリネットを開発し、この楽器に合わせた曲を作曲家に依頼していました。モーツァルトの『クラリネット協奏曲』（K 622）も、もともとは通常のクラリネットでは出せない低音がありました。現行の楽譜は、1801年に出版された際、何者かによって編曲されたものが使われています。シュタードラーが開発したバセットクラリネットは、現在も流通しています。

◆モーツァルトの全作品目録を編んだルートヴィヒ・フォン・ケッヘルは、音楽学者であると同時に、植物学者、鉱物学者でもありました。後年、移り住んだモーツァルトの故郷ザルツブルクでは、『ザルツブルク公国の鉱石』という本も手がけています。

エレミアの哀歌

トマス・タリス

358

多声様式の宗教曲が花開いたルネサンス期の音楽

ヨーロッパのクラシック音楽は、グレゴリオ聖歌に端を発したように、キリスト教の礼拝と密接に関連して発展してきました。もちろん世俗の音楽も盛んでしたが、楽譜として記録されることがなかったために、今日ではその全容を知ることはできません。

礼拝音楽の歌詞は、多くの場合が聖書です。人々の感情を喚起し、音楽表現に適した聖句が歌詞として採用されました。そのなかでもひときわ多くの作曲家が歌詞として採用したり、インスピレーションを得たりしたのが、旧約聖書のエレミア書の後に書かれている「哀歌」です。英語ではラメンテーションと訳されているので、まさしく嘆きの歌です。

旧約聖書時代に活躍した預言者エレミアは、エルサレムを占領されたユダヤの民に、これが神の戒めで神との新しい契約を予告したのが「哀歌」です。

「哀歌」を歌詞とした初期の名曲が、16世紀のイギリスで活躍した音楽家トマス・タリスの『エレミアの哀歌』です。聖書に記された「哀歌」の第1章1～5節を歌詞とし、第1部（第1～2節）と第2部（第3～5節）で構成されます。

曲は5声部（アルト、2テノール、2バス）からなり、各声部は他声部で歌われたメロディを模倣します。歌詞そのものを聴き取ることは難しくなりますが、5つの声部の音が美しいハーモニーを醸し出すルネサンス時代に典型的な声楽様式です。

タリスが生きた時代のイギリスは、宗教改革とその後の混乱のなかで揺れ動いていました。そのために王室礼拝堂のオルガニストであった彼の雇主は、宗教改革を行ったヘンリー8世、イギリス国教会の確立に尽力したエドワード6世、そしてカトリック教会を救済したメアリー1世女王、さらにエリザベス1世と、代わっていきました。国教会なら英語を歌詞とする簡素な音楽、カトリックならラテン語を歌詞とする華麗な音楽と、求められる音楽の歌詞も変化しました。この曲はエリザベス1世時代に作曲されたと推測されていますが、ラテン語の歌詞を使用していることから、演奏も制限された可能性があります。出版されたのもタリスが他界した後でした。

もっと知りたい！豆知識

◆『エレミアの哀歌』は、タリスの他にも、ジョヴァンニ・ダ・パレストリーナ、オルランド・ディ・ラッソ、エミリオ・デ・カヴァリエーリといったルネサンス期の作曲家が音楽をつけています。近年も、バーンスタインがエレミアの哀歌を歌詞にした楽章を持つ『交響曲』第1番「エレミア」を、ストラヴィンスキーが独唱と合唱でエレミアの哀歌を歌いあげる『トレニ―預言者エレミアの哀歌』を作曲するなど、多くの音楽家が引用しています。

バレエ音楽『三角帽子』

359

マヌエル・デ・ファリャ

粉屋の女房に言い寄る代官を描いた民話が原典

20世紀初頭に活躍したスペインの作曲家、ファリャの代表曲のひとつが、バレエ音楽『三角帽子』です。ファリャはスペイン伝統のオペラであるサルスエラや劇付随音楽、バレエ音楽などでさまざまな作品を残しています。

バレエの物語の舞台はスペイン南部のアンダルシア地方です。働き者の粉屋の女房は大変な美人で、通りすがりの好色な代官が彼女に目をつけます。何とか粉屋が追い払いますが、その日の夜、村人たちが祭りで踊っていると警官がやってきて、粉屋を逮捕してしまいます。代官の陰謀でした。代官は粉屋の女房に迫ろうとしますが、誤って水車小屋の前の川に落ち、服を乾かしているところへ粉屋が戻ってきます。粉屋に服を奪われた代官は、代わりに粉屋の服を着ていたのを警官に見つかって村人たちにつかまり、ほうほうの体で逃げていく、というお話です。

スペインの小説家、ペドロ・アントニオ・デ・アラルコンが伝承民話をもとに原作の短編小説を書いたのは1874年でした。これに目をつけたファリャが曲をつけ、当初は『代官と粉屋の女房』というタイトルでパントマイムの上演でした。1917年のことです。

しかし当初からロシア出身の名興行師、セルゲイ・ディアギレフが、自身が主宰するバレエ団、バレエ・リュスのために作曲を依頼していたこともあり、小編成オーケストラ向けだった元の曲を大幅に改編します。こうしてできたのがバレエ音楽『三角帽子』で、1919年、ロンドンでバレエ・リュスによって初演されました。舞台美術と衣装デザインはスペインを代表する画家、ピカソが手がけました。

いまもバレエとして上演される他、後にファリャ本人によって演奏会用に組曲として抜粋され、オーケストラのレパートリーとしてもしばしば演奏されます。ちなみにタイトルは権威の象徴として代官がかぶっている帽子に由来します。

帽子のつばの両側と後ろを折り返しているので、上から見ると三角形に見えるため、三角帽子(トリコーン)と呼ばれます。

もっと知りたい！豆知識

◆ファリャは近代スペインを代表する作曲家ですが、1936年にスペイン内乱が勃発し、友人の詩人、ガルシア・ロルカが銃殺されると、国外への亡命を決意します。1939年に南米のアルゼンチンに渡り、そのまま祖国に戻ることなくこの世を去りました。

◆バレエ音楽『三角帽子』のもとになったアラルコンの短編小説『三角帽子』は各国語に翻訳され、世界中に広まっています。日本にもスペイン文学者の会田由の翻訳本が1939年に出版されました。これをもとに劇作家の木下順二が戯曲『赤い陣羽織』を著し、1947年に刊行します。この作品はその後、歌舞伎やオペラにもなり、テレビドラマ化や映画化もされました。オペラは大栗裕の作曲で、1955年に大阪で初演されています。

アディオス・ノニーノ

アストル・ピアソラ

360

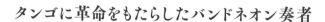

タンゴに革命をもたらしたバンドネオン奏者

『アディオス・ノニーノ』は、南米アルゼンチンの作曲家でバンドネオン奏者でもあったピアソラが、アメリカで暮らしていた1959年に書いた曲。「ノニーノ」とはイタリア語でおじいちゃんという意味で、イタリア系移民だったピアソラの父親の愛称でした。父親はピアソラにバンドネオンを教えた音楽の師で、この年、アルゼンチンで他界しますが、ピアソラには故郷に帰る旅費がありません。悲しみのなか、異国の地フランスで父親を思って作った曲が、「さよなら、おじいちゃん」という意味をタイトルに込めた『アディオス・ノニーノ』でした。

バンドネオンは小型の蛇腹楽器で、アルゼンチン・タンゴには欠かせないものです。バンドネオン奏者としてタンゴ楽団でも活躍していたピアソラでしたが、1954年、タンゴに限界を感じ、クラシックの作曲家を目指してフランスに渡ります。パリで、コープランドやバーンスタインらを育てた音楽指導者、ナディア・ブーランジェに師事しますが、彼女から「タンゴこそあなたの音楽の原点だ」と指摘され、再びタンゴの世界に戻ります。

タンゴはもともと18世紀後半にスペインで発祥した舞踊曲ですが、19世紀後半に南米に伝わり、スペインやイタリアからの移民の間で大流行します。アルゼンチンの首都、ブエノスアイレスを中心に発展したことからアルゼンチン・タンゴと称され、やがて20世紀になると、ピアノ、ヴァイオリン、コントラバスにバンドネオンという楽器編成の楽団が主流になります。

センチメンタルなメロディーとわかりやすい構造をもった伴奏音楽としてのタンゴに、パリ留学から帰ったピアソラはクラシックやジャズの要素を融合させました。強いビートと重厚な音楽構造の上にセンチメンタルなメロディーを自由に展開するという、前衛的なタンゴを生み出します。彼の作品は、タンゴ楽団だけでなく、クラシックや現代音楽の演奏家からも支持され、さまざまな楽器編成で今日まで受け継がれています。

アコーディオンは左手で押し引きして音を出しますが、バンドネオンは左右どちらで押し引きしても音が出る仕組みです。

もっと知りたい！豆知識

◆ピアソラの音楽は「ヌオーヴォ・タンゴ（新しいタンゴ）」と呼ばれ、伝統的な楽器編成にエレキギターを加えた五重奏団を結成しました。その音楽はタンゴの表現を逸脱していて、「踊れないタンゴ」として当初の評判はよくありませんでした。しかしニューヨークなどアルゼンチン以外で評価が高まり、タンゴの可能性を押し上げたとして、現在ではピアソラの曲は世界中で愛されています。

◆『アディオス・ノニーノ』が作曲された当初は、前奏に当たるカデンツァの部分はありませんでした。1969年にピアソラの五重奏団が新たに再結成され、ダンテ・アミカレリというピアニストが加入します。アミカレリはジャズ出身でテクニックに優れ、ピアソラは彼の腕前を試そうと、演奏会の前日にこのカデンツァを書き上げます。アミカレリはこれを見事に弾きこなし、以後はこのカデンツァ付きで演奏するようになりました。

おもちゃの交響曲

ミヒャエル・ハイドン

361

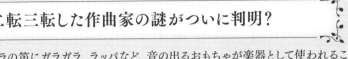

二転三転した作曲家の謎がついに判明？

カッコウやウズラの笛にガラガラ、ラッパなど、音の出るおもちゃが楽器として使われることで知られる『おもちゃの交響曲』は、誰が作曲したかをめぐってさまざまな推測が入り乱れてきた曲としても有名です。

最初は古典派を代表するオーストリアの作曲家、フランツ・ヨーゼフ・ハイドンの作品とされていました。1786年にイギリスで出版された最初の楽譜でも、ハイドンの作となっていましたが、あまりにもハイドンとは作風が違いすぎることから、当時から疑問視されていました。次に候補になったのは、ハイドンの5歳下の弟、ミヒャエル・ハイドンでした。彼の名前を記した楽譜が多数残されていますが、これも確証が得られませんでした。さらにはヴォルフガング・アマデウス・モーツァルトの作品だという説も浮上しました。

長らく混沌としていた作曲者問題に進展があったのは、20世紀も半ばを過ぎた1951年のことです。モーツァルトの父親、レオポルトが作曲した7つの楽章からなる『カッサシオン』の楽譜がドイツのバイエルン州立図書館で発見され、7楽章のうち第3、第4、第7楽章が『おもちゃの交響曲』と同じだったのです。息子の才能を見いだし、その売り込みに一生をささげたレオポルトでしたが、息子の天才ぶりが発揮される以前に彼はひとかどの作曲家でした。

今度は1992年になって、オーストリアのチロル地方にあるシュタムス修道院の蔵書のなかから『おもちゃの交響曲』の写譜が見つかり、そこには「エドムント・アンゲラーが1770年頃に作曲した」と記されていました。アンゲラーは、同じチロル地方で修道士をしながら、音楽教師やオルガン奏者として活動していました。おもちゃの楽器を使用した曲は、18世紀にはザルツブルクやベルヒテスガーデン地方に特有の、子どもの誕生日や聖名祝日を、おもちゃの楽器を演奏して祝う習慣に由来しており、そのために本来の作曲者名が記されずに、編曲しただけでもその人の曲になって伝承されることが多いようです。アンゲラーも、どうも編曲しただけで、元の交響曲を伝えている楽譜にはミヒャエル・ハイドンの名前が書かれているので、やはりここはミヒャエルの作とした方がいいと思われます。

もっと知りたい！豆知識

◆アンゲラーはオーストリアのザンクト・ヨハン生まれの神父で、同じチロル地方のフィーヒトにある修道院で音楽教師を務めていました。シュタムス修道院から発見された写譜には、『ベルヒテスガーデンの木製玩具を使った音楽』というタイトルが付記されていました。

◆レオポルト・モーツァルトはヴォルフガング・アマデウス・モーツァルトのステージパパとして知られていますが、本人もザルツブルク宮廷楽団のヴァイオリン奏者から宮廷作曲家、副楽長まで務め上げました。『おもちゃの交響曲』の作曲者ではなかったようですが、交響曲や協奏曲などが残されています。ただ我が子の天才ぶりが明らかになってからは、積極的に作曲することはなくなっていきました。

無伴奏チェロ・ソナタ

コダーイ・ゾルターン

362

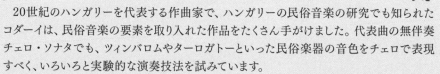

変則調弦と超絶技巧で民族の心を表現

20世紀のハンガリーを代表する作曲家で、ハンガリーの民俗音楽の研究でも知られたコダーイは、民俗音楽の要素を取り入れた作品をたくさん手がけました。代表曲の無伴奏チェロ・ソナタでも、ツィンバロムやターロガトーといった民俗楽器の音色をチェロで表現すべく、いろいろと実験的な演奏技法を試みています。

そのひとつがスコルダトゥーラです。弦楽器を本来とは異なる音に調弦するもので、日本語では変則調弦法と呼ばれています。バロック時代にはリュートなどの楽器で多用されましたが、弦楽器の演奏法が確立された古典派以降ではめったに用いられなくなりました。

ヴァイオリンでは、パガニーニの『ヴァイオリン協奏曲』第1番やサン＝サーンスの交響詩『死の舞踏』で使用されていますが、チェロではコダーイの作品が有名です。チェロは本来、高音の弦から順にイ音、ニ音、ト音、ハ音に調弦されていますが、この曲では第3弦、第4弦をそれぞれ半音下げて、変ト音、ロ音に調弦します。これによって独特の響きをもたらすとともに、左手のピツィカートや重音奏法といった演奏技法も加わって、超難度の作品となっています。チェロという楽器の持つ可能性を最大限に引き出す工夫が施されているといっていいでしょう。

もうひとつ、この曲で重要な要素がヴェルブンコシュの様式です。ヴェルブンコシュとは、18世紀末から19世紀にかけてのハンガリーで発展した舞踊音楽のスタイルで、ヴェルブンクという新兵募集の集会で踊られた男性のダンスです。曲は3つの楽章から構成されていて、演奏時間は34分程度です。

チェロは中型の弦楽器で、楽器の底にあるエンドピンと呼ばれる支柱を床に立てて演奏します。

もっと知りたい！豆知識

◆コダーイは作曲のかたわら、ハンガリーの民俗音楽の収集、教育にも尽力しました。20歳過ぎた頃から村々を訪ねて民謡を集め、1906年には『ハンガリー民謡の詩節構造』という論文を手がけた他、終生にわたって民謡の研究を続けます。また、1930年にはブダペスト大学の哲学科で教鞭を執るようになり、民俗音楽の歴史と意義を学生たちに伝えました。

◆チェロのスコルダトゥーラとしては、他にバッハの『無伴奏チェロ組曲』第5番が知られています。この曲では第1弦をイ音ではなく全音下げたト音に調弦することで、本来の調弦ではできない重音を演奏することができます。この他、シューマンのピアノ四重奏曲やレスピーギの交響詩『ローマの松』などに、チェロのスコルダトゥーラが用いられています。

管弦楽のための協奏曲

363

バルトーク・ベーラ

ナチス台頭を嫌ってアメリカに亡命

バルトークが生まれた19世紀後半のハンガリーは、オーストリア=ハンガリー帝国として、ドイツ系のハプスブルク家が支配していました。やがて第一次世界大戦が勃発し、1918年にオーストリア=ハンガリー帝国が敗れると革命が起こり、独立します。一時は共和制が敷かれたりもしましたが、1920年からは国王不在のまま、立憲君主制のハンガリー王国が誕生します。

ようやくハンガリー民族による自主統治が始まったと思ったのもつかの間、政権はファシスタ党が独裁制を敷くイタリアや、ナチスが台頭してきたドイツと接近し、ユダヤ人排斥運動が起きます。こうして枢軸国の一員として第二次世界大戦へと突入していきました。

バルトークが亡命した1940年は、ちょうど戦火を交える前夜のことでした。ナチスの文化政策への反発もあり、作曲活動と民族音楽の研究に没頭できる環境を求めて、国外への移住を考えます。最初はトルコを検討しましたが、1940年春に演奏旅行でアメリカを訪れた際、ニューヨークのコロンビア大学で客員教授に就く手はずを整え、その年の秋にアメリカへ亡命します。その後、2度と祖国に帰ることはなく、1945年にニューヨークで息を引き取りました。

ただ、アメリカも決して居心地のいい場所ではなく、ほとんど作曲に手をつけず、困窮にあえいでいたといいます。そんなバルトークに手を差し伸べたのが、ロシアからアメリカに移住していたユダヤ系の指揮者、セルゲイ・クーセヴィツキーで、1943年に新作を委嘱します。こうして誕生したのが、バルトーク晩年の代表曲、『管弦楽のための協奏曲』でした。

ハンガリー・ブダペストの風景。この頃は、戦争によって祖国を離れざるをえなかった人々がたくさんいました。

もっと知りたい！豆知識

◆バルトークの『管弦楽のための協奏曲』は、曲は5つのが楽章からなり、第1楽章「導入」、第2楽章「対による提示」、第3楽章「哀歌」、第4楽章「中断された間奏曲」、第5楽章「終曲」といった標題がつけられています。「協奏曲」の名の通り、オーケストラのそれぞれの楽器が独奏のように扱われます。第2楽章は『対による提示』として、ファゴット、オーボエ、クラリネット、フルート、トランペットの順で、1番奏者と2番奏者が同じリズムを異なる音程で演奏する「対による遊び」の要素がちりばめられています。

◆バルトークは、ナチス・ドイツやソビエト共産主義の名前が残っているうちは祖国に埋葬しないでほしいという遺言を残しました。そのためニューヨークで埋葬されましたが、ハンガリーの民主化が進んだ1988年、同郷出身の指揮者、ゲオルク・ショルティの尽力で遺体がハンガリーに移送され、国葬が行われました。

12月29日

本日のテーマ▼謎

364

アイネ・クライネ・ナハトムジーク

ヴォルフガング・アマデウス・モーツァルト

何のために書かれたのか不明なセレナーデ

モーツァルトのあまたある楽曲のなかでも有名すぎるほど有名な『アイネ・クライネ・ナハトムジーク』ですが、この曲にもさまざまな謎が存在しています。完成されたのはモーツァルトが自作の目録に記したように、1787年10月10日とはっきりしていますが、この曲は何のために書かれたのかというのがはっきりしていません。

『アイネ・クライネ・ナハトムジーク』はセレナーデです。セレナーデはもともと、夕方に恋人の窓辺で歌い奏でられた曲でしたが、18世紀になって、いくつかの楽章からなる娯楽的な合奏曲のことを指すようになりました。日本語では「夜曲」や「小夜曲」と称されますが、『アイネ・クライネ・ナハトムジーク』は、ドイツ語で「小さな夜の音楽」という意味です。

モーツァルトの時代、セレナーデは誰かに依頼されて作るというものでした。例えば『ハフナー・セレナーデ』として知られるモーツァルトの第7番は、ザルツブルクの富豪、ハフナー家の結婚前夜祭のために依頼されて作曲したものです。また、第12番『ナハトムジーク』は、リヒテンシュタイン公アロイス1世の楽団が開く音楽会のために書かれた曲です。

第13番に相当する『アイネ・クライネ・ナハトムジーク』は、ちょうど大作のオペラ『ドン・ジョヴァンニ』の作曲中に手がけていたもので、誰かからの依頼に応じて作られたのは間違いありません。モーツァルトの親友の父親のために書かれたのではないかという説もありますが、この曲の初演の記録が残っていないのです。楽譜が出版されたのも、モーツァルトの死から36年後のことでした。

もうひとつ、この曲は現在、4つの楽章で構成されていますが、モーツァルトは自作の目録に5楽章の曲として記しており、第2楽章のメヌエットが消えています。たくさんの謎を抱えたままというのも、この曲が広く愛されている理由のひとつなのかもしれません。

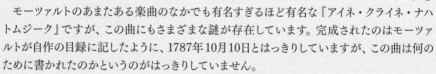

有名な第1楽章の冒頭部分。弦楽器は全て同じメロディを奏でます。

もっと知りたい！豆知識

◆モーツァルトが『アイネ・クライネ・ナハトムジーク』を作曲した1787年は、父親のレオポルト・モーツァルトが亡くなった年です。レオポルトは5月28日にザルツブルクで亡くなりますが、ウィーンにいたモーツァルトは埋葬にも立ち会いませんでした。しかし悲しみは深く、友人にあてて「僕の心境を察してくれ」と手紙を書いています。『アイネ・クライネ・ナハトムジーク』が完成したのは、それから２ヶ月あまり後の8月10日のことでした。

◆『アイネ・クライネ・ナハトムジーク』は、東武東上線池袋駅3、4番ホームの発車メロディーに第3楽章が使われています。駅前に東京芸術劇場があるなど、芸術文化創造都市・池袋の玄関口にふさわしい発車音と選ばれ、1、2番ホームは同じモーツァルトの『ディヴェルティメント』(K 36)の第1楽章が使われています。ちなみに5番ホームはベートーヴェンの『交響曲』第6番「田園」第1楽章(P.22)です。

『タンホイザー』より「序曲」

リヒャルト・ワーグナー

ロマン派オペラを代表する愛の対比を序曲でも表現

ドイツの作曲家リヒャルト・ワーグナーのオペラや楽劇のなかで、人気の高い作品のひとつが『タンホイザー』です。オペラの序曲、行進曲、そして「夕星の歌」といったアリアが単独で演奏されることが多いからです。

ワーグナーはこのオペラの副題として、「3幕からなるロマン的オペラ」と記しています。ここでの「ロマン的」というのは、オペラがタンホイザーとエリーザベトの愛をテーマにするからといって、男女の愛に関係するロマンではありません。ロマン（romantic）という言葉は、現実的(realistic)の反対の意味を持っているのです。神話や民話、歴史や異国、子どもの世界など、日常的には存在しない世界を表現するのが、ロマンティクなのです。だから、『タンホイザー』も13世紀のドイツの城を舞台した神話的な世界を描いています。

ワーグナーは戯曲と音楽が有機的に結びついた作品世界の創造を目指して自ら台本を執筆します。さらに劇中の人物や出来事、理念に音楽的動機をあてがい、劇に統一性をもたらします。こうして構築されたワーグナーの作品は、単にオペラとしてだけではなく、ヨーロッパの文学界や哲学界にも波紋を投げかけました。

そんなワーグナーによるロマン派オペラのひとつの頂点ともいえるのが、『タンホイザー』です。ミンネゼンガーと呼ばれる中世期のドイツの恋愛歌人に材を取ったこの作品は、主人公のタンホイザーが女神ヴェーヌスと愛欲にふけったことでローマ教皇によって追放されるものの、清純な乙女エリーザベトの自己犠牲によって魂が救済されるという物語です。官能的な愛の世界とキリスト教の禁欲の世界の対比を、音楽でも表現しているところが高い評価となっています。

『タンホイザー』の「序曲」の冒頭部分。クラリネット、ホルン、ファゴットの優しい音色ではじまります。

もっと知りたい！豆知識

◆『タンホイザー』は、ワーグナーが5番目に完成させたオペラです。副題に『3幕からなるロマン的オペラ』とつけられており、ワーグナー自らロマンティックな作品であることを意識していました。1845年にドレスデン宮廷歌劇場で行われた初演はワーグナー自身が指揮をしましたが、聴衆の反応は芳しくなく、8日間の上演で打ち切られました。大半の人が内容を理解できなかったといわれています。

◆ワーグナーはその後、1859年の『トリスタンとイゾルデ』（P.25）から、自らのオペラのことを楽劇（Musikdrama）と名付けます。舞台の大規模化とともに、1幕を途切れることなく音楽が流れる無限旋律や言語的表現力を持つ示導動機を用い、音楽だけでなく文学、美術、舞踊などの総合芸術として確立しました。その終着点ともいえるのが、4夜にわたって上演する全15時間の大作『ニーベルングの指環』（P.53）です。

家庭交響曲

リヒャルト・シュトラウス

366

自らの家庭の様子を標題音楽として表現

本日のテーマ▼主題

ドイツ・ロマン派の作曲家、リヒャルト・シュトラウスは、標題音楽を数多く手がけています。標題音楽とは、物語や心象風景といった音楽以外の世界を聴き手に想起させる音楽のことで、シュトラウスは「音楽は何だって表現できる。ティースプーンさえも」と豪語していたほどだといいます。

そしてシュトラウスの音楽による描写が発揮された標題音楽の代表的な曲が『家庭交響曲』です。この曲は、シュトラウス自身の家庭の様子を描いたといわれています。

家族は夫婦と息子ひとりの3人です。夫の主題は「のんびりとした」「夢見るような」と指示されている一方、妻の主題は「とても活発な」と書かれています。第1部は、この2人に息子の主題が加わって、その組み合わせで展開していきます。三者三様の性格の違いを楽しむことができるとともに、伯父や伯母も登場します。

第2部に相当するスケルツォは子どもの遊びが中心です。夫と妻も付き合って遊びますが、やがて日も暮れて、子どもを寝かしつける子守唄になります。最後に時計が7回鳴って、子どもは眠りにつきます。

第3部の緩徐部では、夫、つまりシュトラウス自身は曲作りに打ち込み、その傍らに寄り添う妻とのふれあいが美しく推移します。夫婦の愛の情景が情熱的に描かれた後、時計がまた7回鳴って、朝を迎えます。

終曲の第4部では、夫婦が子どもの教育方針をめぐって言い争いを始めます。そこに息子が不安げに顔を出し、複雑な二重フーガが展開されます。騒ぎは子どもが泣き出すほど激しいものとなりますが、次第に落ち着いてきて、2人は和解します。

シュトラウスがこの曲を書いたのは1902年から1903年にかけてで、ソプラノ歌手の妻、パウリーネとの間にできた長男フランツは5 ～ 6歳でした。

もっと知りたい！豆知識

◆リヒャルト・シュトラウスが妻パウリーネと結婚したのは1894年、シュトラウスが30歳のときでした。指揮者でもあったシュトラウスはこの年、バイロイト音楽祭でワーグナーのオペラ『タンホイザー』（P.387）を指揮し、ヒロインのエリーザベト役を演じていたパウリーネを見初めました。結婚後のパウリーネは、夫の尻をたたく「悪妻」という評価が立ちますが、シュトラウスはこの『家庭交響曲』だけでなく、交響詩『英雄の生涯』（P.33）、オペラ『影のない女』でも妻を音楽で表現しています。

◆『家庭交響曲』の作曲から20年あまり後の1924年から1925年にかけて、シュトラウスは『家庭交響曲』の子どもの主題を用いた『左手のためのピアノ協奏曲』を書いています。『家庭交響曲余録』として1925年ラヴェルの有名な『左手のためのピアノ協奏曲』（P.305）を初演した、パウル・ヴィトゲンシュタインのピアノで初演されました。

さくいん

あ行

か行

さ行

た行

な行

は行

ま行

や行

ら行

わ行

主な参考文献

『音楽再発見100エピソード』久保田慶一、『西洋音楽史100エピソード』久保田慶一（以上、教育芸術社）／『クラシック 名曲謎解きミステリー あのクラシックの名曲に隠された驚きの真実とは……』夢プロジェクト（KAWADE夢文庫）／『音楽がたのしくなる「クラシック鑑賞」事典 楽器や作曲家がよくわかる』下道郁子（PHP研究所）／『決定版　はじめての音楽史 古代ギリシアの音楽から日本の現代音楽まで』久保田慶一 他、『最新版 名曲名盤500 ベスト・ディスクはこれだ！』「レコード芸術」（以上、音楽之友社）／『クラシック音楽全史　ビジネスに効く音楽の教養』松田亜有子、『クラシック名曲全史 ビジネスに効く世界の教養』松田亜有子（ダイヤモンド社）／『ものがたり西洋音楽史』近藤譲（岩波ジュニア新書）／『1冊でわかるポケット教養シリーズ　1日1曲365日のクラシック』近藤憲一、『1冊でわかるポケット教養シリーズ クラシックの作曲家たち』萩谷由喜子、『この曲わかる？　聴きながら楽しむクラシック入門100』「この曲、わかる？」編集委員会、『すぐわかる！　4コマ西洋音楽史1〜古代・中世〜バロック初期〜』森本眞由美・千原櫻子、『すぐわかる！　4コマ西洋音楽史2〜バロック中期〜ロマン派初期〜』森本眞由美・千原櫻子、『すぐわかる！　4コマ西洋音楽史3〜ロマン派中期〜近現代〜』森本眞由美・千原櫻子、『読んでわかる！　きいてわかる！　クラシック音楽の歴史 大人の音楽史入門【CD付】』長沼由美・二藤宏美（以上、ヤマハミュージックメディア）／ピティナ・ピアノ曲事典（https://enc.piano.or.jp/）

多くの人が触れたことがある楽器、ピアノ。
楽器をはじめるのは、いまからでも遅くありません。

おわりに

読者の方で、本書の最初から1日1ページごとに読んだという方はもしかしたら少ないかもしれませんね。大好きな曲や作曲家、あるいは関心のあるテーマから読んでいったという人も多いかもしれません。どうでしょうか、クラシック音楽のこれまでのイメージが変わりましたでしょうか?

インターネットのストリーミング・サービスには、クラシック音楽関連もたくさんありますので、次はご自分の「366日」のクラシックカレンダーを作ってみてください。YouTubeを活用すれば、「レアな」録音や録画を発見することもできますので、あなたのカレンダーもきっとユニークなものになるはずです。

最後に、クラシック音楽の歴史に関心を持たれた方は、拙著『音楽史を学ぶ:古代ギリシャから現代まで』か『西洋音楽史100エピソード』(共に教育芸術社)を読んでいただければ幸いです。

久保田 慶一

久保田 慶一

東京藝術大学大学院修士課程を修了。フライブルク大学、ハンブルク大学、ベルリン自由大学に留学。東京学芸大学教授、国立音楽大学教授・副学長を経て、現在、東京経済大学客員教授。音楽学博士(東京藝術大学大学院)。『音楽史を学ぶ』(教育芸術社、2017年)、『音楽分析の歴史』(春秋社、2020年)他、多数。

366日の西洋音楽

2020年11月15日　第1刷発行
2022年 3月 1日　第2刷発行
定価（本体2,300円＋税）

監修　久保田慶一
写真　アフロ、Shutterstock、PIXTA

DTP　佐々木志帆（ナイスク）
文　奈落一騎、阪井薫、藤井克郎
協力　ナイスク（http://naisg.com）
松尾里央、高作真紀
藤原祐葉、安藤沙帆

発行人　塩見正孝
編集人　神浦高志
販売営業　小川仙丈
中村崇
神浦絢子

印刷・製本　図書印刷株式会社

発行　株式会社三才ブックス
〒101-0041
東京都千代田区神田須田町2-6-5 OS'85ビル
TEL：03-3255-7995
FAX：03-5298-3520
http://www.sansaibooks.co.jp/

facebook　http://www.facebook.com/yozora.kyoshitsu/
Twitter　@hoshi_kyoshitsu
Instagram　@suteki_na_kyoshitsu

※本書に掲載されている写真・記事などを無断掲載・無断転載することを固く禁じます。
※万一、乱丁・落丁のある場合は小社販売部宛てにお送りください。
送料小社負担にてお取り替えいたします。

©三才ブックス2020